Reinigungs- und Pflegemittel im Haushalt

Chemie, Anwendung, Ökologie und Verbrauchersicherheit

Herausgeber

Hermann G. Hauthal und Günter Wagner

Verlag für chemische Industrie • H. Ziolkowsky GmbH • Augsburg

Die Deutsche Bibliothek – CIP Einheitsaufnahme

Reinigungs- und Pflegemittel im Haushalt
Hermann G. Hauthal und Günter Wagner (Herausgeber)
1. Auflage 2003, über 130 Abb., mehr als 90 Tab., rund 250 Literaturzitate
ISBN-10: 3-87846-230-1, ISBN-13: 978-3-87846-230-9

Alle Rechte, auch die der Übersetzung, des Nachdrucks und der Vervielfältigung des Buches oder von Teilen daraus, vorbehalten.

© 2003 Verlag für chemische Industrie
H. Ziolkowsky GmbH, D-86015 Augsburg
© 2005 Revidierter Nachdruck
© 2007 2., aktualisierter Nachdruck
ISBN-10: 3-87846-265-4, ISBN-13: 978-3-87846-265-1

Printed in Germany
Druckerstellung: Kessler Druck + Medien, D-86399 Bobingen

® = registriertes Warenzeichen
Aus der Nennung von Markenbezeichnungen können keine Rückschlüsse darauf gezogen werden, ob es sich um geschützte oder nicht geschützte Zeichen handelt.

Vorwort zum 2., aktualisierten Nachdruck

Herausgeber, Autoren und Verlag freuen sich über den Erfolg dieses Buchs, das inzwischen auch in Englisch und in Russisch vorliegt. Nachdem der 1., revidierte Nachdruck ebenfalls schnell vergriffen war, legen wir nun einen 2., aktualisierten Nachdruck vor. Beispiele für Ergänzungen und Änderungen sind neben neuen Marktdaten die Präsentation der Biozide, ein fundierter Nachweis der Überlegenheit des maschinellen Geschirrspülens gegenüber dem Spülen von Hand, Innovationen bei Inhaltsstoffen wie Methansulfonsäure und bei WC-Reinigern, ein Abschnitt über Abflussreiniger und die Berücksichtigung neuer gesetzlicher Regelungen (Wasch- und Reinigungsmittelgesetz).

Auch dieser 2., aktualisierte Nachdruck möge bei Fachkolleginnen und -kollegen, bei Lehrerinnen und Lehrern, bei Chemiestudierenden, allen naturwissenschaftlich-technisch Interessierten und den in Forschung, Entwicklung und Anwendungstechnik der Branche Tätigen wieder eine gute Aufnahme finden, einen aktuellen Überblick über das Arbeitsgebiet vermitteln und Innovationen anstoßen.

Unser Dank gilt wiederum vielen Fachkolleginnen und -kollegen für wertvolle Hinweise sowie unserer Lektorin, Frau Evi Hoffmann, vom Verlag für chemische Industrie für ihre bewährte Unterstützung.

Hermann G. Hauthal   *Günter Wagner*

Im August 2007

Vorwort

Das Reinigen und die Pflege von Haushalt und Wohnung, von Küche und Bad, Fliesen, Wänden und Böden, Geschirr und zahlreichen anderen Gebrauchsgegenständen gehört zu den Grundbedürfnissen des Menschen. Sauberkeit trägt zum Wohlbefinden bei. Die mit dem Reinigen verbundene Hygiene dient dem Gesundheitsschutz. Die Pflege empfindlicher Oberflächen erhält und verlängert den Gebrauchswert. Kein Wunder, dass uns Geschirrspülmittel und Haushaltsreiniger, Fleckentferner und Lederpflegemittel wie viele andere Reinigungs- und Pflegemittel im Alltag ständig begleiten.

Doch welche Unterschiede bestehen zwischen Handgeschirrspülmitteln und Maschinengeschirrspülmitteln? Komme ich mit einem Allzweckreiniger aus oder brauche ich Spezialreinigungsmittel? Wie muss ich empfindliche Oberflächen behandeln? Was soll ich von Hygienereinigern halten? Wie steht es um die Verbrauchersicherheit? Wie umweltverträglich sind eigentlich Reinigungsmittel? Welche gesetzlichen Regelungen gibt es?

Auf diese und noch viel mehr Fragen gibt das vorliegende Buch wissenschaftlich fundierte Antworten. In moderner, umfassender und übersichtlicher Form werden die Grundlagen und die Fülle der Produkte für das Reinigen und die Pflege im Haushalt, ihre Inhaltsstoffe und deren jeweilige Funktion geschlossen dargestellt. Zudem werden viele aktuelle Innovationen erläutert. Das Buch liefert auch eine solide Grundlage, um die gelegentlich noch anzutreffende Diskussion über Reinigungsmittel als vermeintlicher chemischer Keulen zu versachlichen und ein differenzierteres Bild über diese Produkte zu gewinnen.

Mit diesem Buch sprechen wir Lehrerinnen und Lehrer, aber auch Lehrkräfte in der beruflichen Aus- und Weiterbildung an, die es als Grundlage für einen praxisnahen, aktuellen und fundierten Unterricht nutzen können. Das Werk wendet sich zudem an Schülerinnen und Schüler in den Leistungskursen Chemie, an Studierende der Chemie und an alle naturwissenschaftlich-technisch interessierten Leserinnen und Leser. Darüber hinaus hilft es den in Forschung, Entwicklung und Anwendungstechnik der Wasch- und Reinigungsmittelindustrie und der Rohstoffhersteller Tätigen, sich einen raschen Überblick über ihr Umfeld zu verschaffen und die eine oder andere neue Entwicklung auch in Nachbargebieten rasch aufzunehmen.

Beim Entstehen des Buchs haben zahlreiche Fachkolleginnen und Fachkollegen aus den Mitgliedsfirmen des Industrieverbandes Körperpflege- und Waschmittel e.V. (IKW), Frankfurt a.M., aus Unternehmen der chemischen Industrie, der Riechstoffindustrie und der Packmittelindustrie sowie aus Universitäten mit Rat, Informationen und Bildvorlagen uneigennützig geholfen. Ihnen allen sei dafür herzlich gedankt. Ein besonderer Dank gilt auch dem Verlag für chemische Industrie, H. Ziolkowsky GmbH, Augsburg, und der Lektorin, Frau Evi Hoffmann, für die umsichtige Betreuung und die jederzeit vertrauensvolle und produktive Zusammenarbeit.

Hermann G. Hauthal   *Günter Wagner*

Im Dezember 2002

Autoren

Dr. Bernd Glassl
Industrieverband Körperpflege- und Waschmittel e. V., Frankfurt a. M.
– Kap. 12

Dr. Claus Gutzschebauch
Henkel KGaA, Düsseldorf
– Kap. 10.2

Prof. Dr. Hermann G. Hauthal
Leuna
– Kap. 1.1, 2 (außer 2.5), 3.3, 4, 5, 6 und 7 (außer 7.4.2)

Dr. Hans-Jürgen Klüppel
Henkel KGaA, Düsseldorf
– Kap. 10.2

Dipl.-Chem. Erich Roth
Bad Ems
– Kap. 1.4, 8 und 9

Norbert Schaffrath
RZ Reinigungs- und Pflegesysteme GmbH, Meckenheim
– Kap. 3.2 und 7.4.2

Dr. Josef Steber
Henkel KGaA, Düsseldorf
– Kap. 10.1

Dipl.-Chem. Günter Wagner
Didaktik der Chemie, Universität Kassel
– Kap. 1.1, 1.3, 1.4, 2.5, 4 und 11

Prof. Dr. Gerhard Wildbrett
am FG Haushalts- und Betriebshygiene, Wissenschaftszentrum Weihenstephan, Technische Universität München
– Kap. 1.2 und 3.1 (außer 3.1.7)

Inhalt

1 Reinigen im Haushalt – Ansprüche, Bedürfnisse, Spannungsfelder ... 11

1.1 Für jeden Zweck das richtige Mittel? Produktgruppen bei Reinigungs- und Pflegemitteln heute ... 11
    1.1.1 Eine kleine Warenkunde ... 12
    1.1.2 Wirtschaftliche Bedeutung ... 18

1.2 Grundlagen der Reinigung im Haushalt ... 21
    1.2.1 Reinigungsvorgänge ... 22
    1.2.2 Systematik der Reinigungsverfahren ... 22
    1.2.3 Vorgänge bei der Schmutzablösung ... 22
    1.2.4 Beispiel Geschirrspülen ... 24
    1.2.5 Beispiel Fußbodenreinigung ... 26

1.3 Hygiene im Haushalt ... 26
    1.3.1 Hygiene im Küchenbereich ... 29
    1.3.2 Hygiene im Bad und WC-Bereich ... 31
    1.3.3 Maßnahmen zur Hygiene im Haushalt ... 31

1.4 Kleine Kulturgeschichte des Reinigens und der Reinigungsmittel ... 34
    1.4.1 Herausbildung moderner Haushalte ... 34
    1.4.2 Erste Markenartikel ... 37
    1.4.3 Das Tensid-Zeitalter ... 40
    1.4.4 Ursprung einiger Spezialreinigungsmittel ... 41
    1.4.5 Von der Produktinnovation zur Nachhaltigkeit ... 46

1.5 Literatur ... 49

2 Inhaltsstoffe von Reinigungs- und Pflegemitteln für den Haushalt ... 51

2.1 Tenside ... 51
    2.1.1 Was ist ein Tensid? ... 52
    2.1.2 Basistenside ... 52
    2.1.3 Spezialtenside (Cotenside) ... 58
    2.1.4 Eigenschaften und Wirkungsweise ... 59
    2.1.5 Synergismus und Anwendung ... 67
    2.1.6 Entwicklungsperspektiven ... 69

2.2 Säuren und Alkalien ... 69
    2.2.1 Säuren ... 69
    2.2.2 Alkalien ... 73

2.3	***Bleichsysteme***	74
	2.3.1 Bleichsysteme in Maschinengeschirrspülmitteln	74
	2.3.2 Bleichmittel in WC-Reinigern und Hygienereinigern	77
2.4	***Enzyme***	77
2.5	***Antimikrobielle Wirkstoffe***	78
	2.5.1 Konservierungsstoffe	79
	2.5.2 Wirkstoffe zur Keimverminderung auf Oberflächen	83
	2.5.3 Wirkungsmechanismus antimikrobieller Wirkstoffe	85
	2.5.4 Wie groß ist das Risiko von Resistenzen bei der Anwendung antimikrobieller Wirkstoffe in Reinigungsmitteln?	91
2.6	***Lösemittel***	93
2.7	***Lösungsvermittler (Hydrotrope)***	94
2.8	***Abrasiva***	95
2.9	***Komplexbildner und Dispergatoren***	96
2.10	***Verdicker***	99
2.11	***Parfümöle, Geruchsabsorber und Farbstoffe***	100
	2.11.1 Geruchsschwellen	101
	2.11.2 Parfümöle für Haushaltsreiniger	101
	2.11.3 Geruchsabsorber	105
	2.11.4 Farbmittel für Reiniger und Pflegemittel im Haushalt	106
2.12	***Pflegekomponenten***	108
	2.12.1 Wachse	108
	2.12.2 Polymerdispersionen	110
	2.12.3 Silicone	111
	2.12.4 Fluorcarbonharze	113
2.13	***Literatur***	114
3	**Werkstoffe und Oberflächen im Haushalt**	**119**
3.1	***Harte Oberflächen***	119
	3.1.1 Metalle	119
	3.1.2 Glas	122
	3.1.3 Natur- und Kunststeine	129
	3.1.4 Tonkeramische Werkstoffe	130
	3.1.5 Kunststoffe	131
	3.1.6 Linoleum	137
	3.1.7 Holz	140
3.2	***Textile Bodenbeläge***	142
	3.2.1 Woraus besteht ein Teppichboden?	144

	3.2.2 Herstellungsverfahren	145
	3.2.3 Zusätzliche Ausrüstungen	146
3.3	*Nanostrukturierte Oberflächen*	147
3.4	*Literatur*	149

4 Geschirrspülmittel — 153

4.1	*Handgeschirrspülmittel*	154
	4.1.1 Anforderungen an Handgeschirrspülmittel	154
	4.1.2 Reinigungsleistung	156
	4.1.3 Anwendungsaspekte	158
	4.1.4 Angebotsformen	160
4.2	*Produkte zum maschinellen Geschirrspülen*	161
	4.2.1 Anforderungen an maschinelle Geschirrspülmittel	161
	4.2.2 Maschinengeschirrreiniger	163
	4.2.3 Klarspüler und Regeneriersalz	166
	4.2.4 2-in-1- und 3-in-1-Produkte	166
	4.2.5 Maschinenpfleger und Deos	170
	4.2.6 Produkt- und Angebotsformen	171
	4.2.7 Geschirrspülmaschinen	171
	4.2.8 Schmutzarten	177
	4.2.9 Spülgut	178
	4.2.10 Reinigungsleistung	179
4.3	*Geschirrspülen – von Hand oder maschinell?*	184
4.4	*Literatur*	187

5 Allzweckreiniger und Scheuermittel — 189

5.1	*Allzweckreiniger*	190
	5.1.1 Anforderungen an Allzweckreiniger	190
	5.1.2 Reinigungsleistung	193
	5.1.3 Anwendungsaspekte	194
	5.1.4 Angebotsformen	195
5.2	*Feuchte Reinigungstücher*	195
5.3	*Scheuermittel*	197
5.4	*Literatur*	198

6 Reiniger für Küche, Bad und WC — 199

6.1	*Reiniger für Küche und Bad*	199
	6.1.1 Anforderungen an Reiniger für Küche und Bad	199

	6.1.2 Produkte für spezielle Reinigungsprobleme	200
	6.1.3 Anwendungsaspekte	205
	6.1.4 Angebotsformen	206
6.2	*WC-Reiniger, -Duftspüler und -Steine*	207
	6.2.1 WC-Reiniger	207
	6.2.2 WC-Duftspüler und -Steine	209
6.3	*Abflussreiniger*	212
6.4	*Literatur*	214
7	**Reinigungs- und Pflegemittel für spezielle Anwendungen**	**215**
7.1	*Glasreiniger*	215
7.2	*Fleckentferner*	217
	7.2.1 Fleckensalze	217
	7.2.2 Spezial-Fleckentferner	218
7.3	*Möbelpflegemittel*	220
7.4	*Fußbodenreinigungs- und -pflegemittel*	221
	7.4.1 Reinigungs- und Pflegemittel für harte Fußböden (Hartböden)	221
	7.4.2 Reinigungs- und Pflegemittel für textile Beläge	230
7.5	*Geruchsabsorber, Textilerfrischer und Raumbedufter*	235
	7.5.1 Geruchsabsorber und Textilerfrischer	236
	7.5.2 Raumbedufter	238
7.6	*Literatur*	239
8	**Schuh- und Lederpflege**	**241**
8.1	*Leder, ein einzigartiges Material*	241
8.2	*Lederherstellung*	242
8.3	*Schuhlederpflege*	245
	8.3.1 Grundimprägnierung	245
	8.3.2 Glattlederpflege	246
	8.3.3 Raulederpflege	249
	8.3.4 Grundreinigung	250
8.4	*Pflege anderer Gegenstände aus Leder*	251
8.5	*Literatur*	252
9	**Autoreinigungs- und -pflegemittel**	**253**
9.1	*Autowäsche*	253
9.2	*Felgenreiniger*	257

9.3	*Lackpflege*	258
	9.3.1 Lackreinigung	258
	9.3.2 Konservierung und Versiegelung	259
	9.3.3 Autopolitur	259
9.4	*Scheibenreiniger*	261
	9.4.1 Außenreinigung	261
	9.4.2 Innenreinigung	262
9.5	*Kunststoffreiniger*	263
9.6	*Literatur*	264

10 Ökologische Aspekte bei der Anwendung von Reinigungs- und Pflegemitteln im Haushalt — **265**

10.1	*Ökologische Sicherheit von Reinigungs- und Pflegemitteln*	265
	10.1.1 Grundlagen der ökologischen Sicherheitsbewertung von Produktinhaltsstoffen	265
	10.1.2 Biologischer Abbau	267
	10.1.3 Ökotoxizität	270
	10.1.4 Weitere ökologische Bewertungskriterien	272
	10.1.5 Ökologische Aspekte der Inhaltsstoffe im Einzelnen	273
10.2	*Ökobilanzen*	280
	10.2.1 Was ist eine Ökobilanz?	280
	10.2.2 Nutzen von Ökobilanzen	282
	10.2.3 Normungen	283
	10.2.4 Erstellen von Ökobilanzen	284
	10.2.5 Kritische Prüfung	288
	10.2.6 Bericht	288
	10.2.7 Beispiel zur Anwendung von Ökobilanzen	289
10.3	*Literatur*	297

11 Verbrauchersicherheit bei der Anwendung von Reinigungs- und Pflegemitteln — **299**

11.1	*Allgemeine toxikologische Aspekte*	299
11.2	*Haut und Hautschutz*	300
11.3	*Toxikologische Aspekte bei Inhalation*	303
11.4	*Die Inhaltsstoffe im Einzelnen*	303
	11.4.1 Tenside	303
	11.4.2 Lösemittel	305
	11.4.3 Säuren und Alkalien	307

	11.4.4 Bleichmittel	308
	11.4.5 Duftstoffe	309
	11.4.6 Antimikrobielle Wirkstoffe	309
	11.4.7 Enzyme	310
	11.4.8 Nebenprodukte bei der Produktion von Inhaltsstoffen für Reinigungs- und Pflegemittel	310
11.5	*Unfälle im Haushalt und missbräuchliche Handhabung*	311
11.6	*Literatur*	314

12 Gesetzliche Regelungen und freiwillige Vereinbarungen zu Reinigungs- und Pflegemitteln — 317

12.1	*Lebensmittel-, Bedarfsgegenstände- und Futtermittelgesetzbuch (LFGB)*	317
12.2	*Europäische Detergenzienverordnung, Wasch- und Reinigungsmittelgesetz (WRMG)*	318
12.3	*Chemikaliengesetz*	320
12.4	*Eichgesetz, Fertigpackungsverordnung*	324
12.5	*Freiwillige Vereinbarungen*	324
12.6	*Literatur und Anmerkungen*	326

Sachregister	327
Bildquellen-Nachweis	359

1 Reinigen im Haushalt – Ansprüche, Bedürfnisse, Spannungsfelder

Neben der Körperreinigung und dem Wäschewaschen gehört das Reinigen des Haushalts und der Wohnung sowie zahlreicher Gebrauchsgegenstände zu den Grundbedürfnissen des modernen Menschen. Reinigung ist zudem eine entscheidende Voraussetzung für Hygiene und damit für Gesundheitsvorsorge.

Angesichts der heute im Haushalt verwendeten vielfältigen und z.T. empfindlichen Materialien, besonders in Küche, Bad und WC, hat zudem die Pflege einen wesentlich höheren Stellenwert als früher. Der Erhalt von Gebrauchseigenschaften und Aussehen von Haushalt und Einrichtungsgegenständen hat an Bedeutung gewonnen.

Demzufolge sind die Ansprüche an moderne Reinigungsmittel sehr komplex. Sie sollen nicht nur umweltverträglich bei günstigem Preis eine hohe Reinigungs- und Hygieneleistung erbringen, sondern auch hautschonend und gesundheitlich unbedenklich sein, Materialschonung und -pflege gewährleisten und möglichst einen Zusatznutzen wie angenehmen Duft und Bequemlichkeit in der Anwendung aufweisen (**Abb. 1.1**).

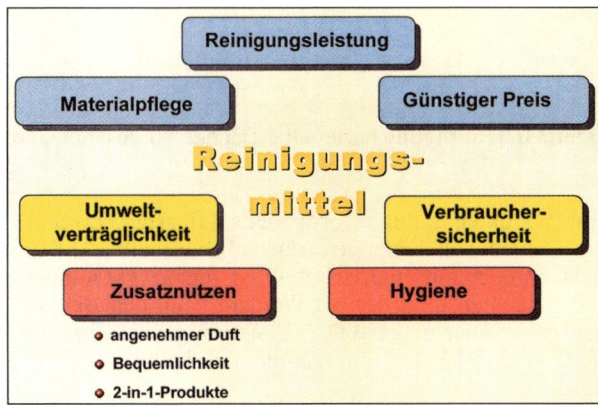

Abb. 1.1: Ansprüche an Reinigungsmittel heute

1.1 Für jeden Zweck das richtige Mittel? Produktgruppen bei Reinigungs- und Pflegemitteln heute

Die Fülle der für Reinigung und Pflege im Haushalt angebotenen Produkte ist kaum überschaubar (**Abb. 1.2**). Deshalb bietet sich eine Einteilung in Produktgruppen an (**Tab. 1.1**).

Abb. 1.2: Reinigungs- und Pflegemittel im Einzelhandelsregal

1.1.1 Eine kleine Warenkunde

Eine kleine Warenkunde vermittelt einen ersten Überblick über die Eignung verschiedener Produkte für einzelne Anwendungsbereiche und über die Angebotsvielfalt (Geschirrspülmittel s. Kap. 4):

Allzweckreiniger

Allzweckreiniger sind für die allgemeine Reinigung harter Oberflächen vorgesehen und universell einsetzbar.

Man findet eine breite Palette von Produkten in Pulverform oder als flüssige Formulierung. Flüssige Produkte sind in verschiedenen Angebotsformen als Normalware, Konzentrat, mit antibakteriellen Zusätzen oder mit etherischen Ölen versetzt (»Orangenreiniger«) auf dem Markt. Im Allgemeinen liegt der pH-Wert im neutralen Bereich. Flüssige Formulierungen werden auch sauer eingestellt (»Essigreiniger«, »Zitronenreiniger«). Pulverförmige Produkte sind sodahaltig und reagieren deshalb immer alkalisch.

Scheuermittel

Für starke Verschmutzungen sind Scheuermittel gut geeignet. Sie enthalten als Hauptwirkstoff Abrasivstoffe (Schleif- und Polierstoffe) und sind als Scheuerpulver oder Scheuermilch (Suspension) erhältlich. Scheuermilch wirkt auf Grund weicherer Putzkörper milder und ist bequemer zu handhaben.

Scheuermittel sind für kratzempfindliche Oberflächen nicht geeignet.

Tab. 1.1: Produktgruppen bei Reinigungs- und Pflegemitteln

Anwendungsbereich	Produktgruppen

Geschirrspülen	Handgeschirrspülmittel
	Maschinengeschirrspülmittel
	    Reiniger, Klarspüler, Regeneriersalz,
	    Duftspüler, Maschinenpfleger

Allgemeine Oberflächenreinigung	Allzweckreiniger, Scheuermittel, Reinigungstücher
Küchenreinigung und -pflege	Küchenreiniger, Herdreiniger, Glaskeramikreiniger, Backofen- und Grillreiniger, Metallputzmittel, Entkalker
Badreinigung und -pflege	Badreiniger, Wannenreiniger, Duschkabinenreiniger, WC-Reiniger, automatische Duftspüler und Spülreiniger, Hygienereiniger, Abflussreiniger
Glas- und Fensterreinigung	Glasreiniger, Antibeschlagmittel
Fußbodenreinigung und -pflege	Fußbodengrundreiniger, Schmierseife, Seifenreiniger, Wischpflegemittel Selbstglanzemulsionen mit und ohne reinigende Wirkung Spezialreiniger für glatte Fußböden Reiniger für textile Beläge (Teppichreiniger)
Möbelpflege	Möbelpolitur, Kunststoffreiniger und -pflegemittel, Polstershampoos
Lederpflege	Schuhlederpflegemittel, Grundimprägniermittel, Grundreinigungsmittel, Glattlederpflegemittel, Raulederpflegemittel, Lederpflegemittel für Kleidung und Möbel
Autoreinigung und -pflege	Autoshampoos Felgenreiniger, Scheibenreiniger Lackpflegemittel, Kunststoffreiniger
Fleckentfernung	Oxidierende oder reduzierende Fleckentferner Lösemittelhaltige Fleckentferner Fleckseifen (Gallseifen), Spezialfleckmittel
Lufterfrischung, Duftverbesserung	Raumbedufter Geruchsabsorber Textilerfrischer

Reinigungstücher

Feuchte Einmal-Reinigungstücher dienen der schnellen und bequemen Reinigung von unterschiedlichen Oberflächen. Sie wirken gleichzeitig keimmindernd.

Küchenreiniger

Küchenreiniger dienen zum Entfernen von fetthaltigen Verschmutzungen auf Arbeitsflächen, Dunstabzugshauben und anderen Küchenoberflächen.

Sie sind von der Formulierung her ähnlich aufgebaut wie Allzweckreiniger und enthalten oft zusätzlich stark fettlösende Lösemittel, z.B. Glykolether.

Herdreiniger

Herdreiniger sind für alle Herd- und Ofenoberflächen außer Glaskeramik geeignet. Es handelt sich dabei um alkalisch oder sauer eingestellte Mittel mit Abrasivstoffen und Lösemitteln zum Beseitigen hartnäckiger Verschmutzungen. Zur Pflege von Elektroherdplatten werden ruß- und graphithaltige Mittel angeboten.

Backofen- und Grillreiniger

Diese Produkte sind stark alkalische Mittel zum Beseitigen hartnäckiger Fettverschmutzungen und Verkrustungen im Backofen. Sie enthalten fettlösende Glykolether zur Verstärkung der Reinigungswirkung.

Reinigungs- und Pflegemittel für Glaskeramik (Kochfelder)

Zur schonenden Reinigung und Pflege von Glaskeramikkochfeldern (z.B. Ceran®-Kochfeldern) dienen schwach saure, tensidhaltige Reinigungsemulsionen mit Polierkörpern.

Pflegemittel enthalten Siliconöle, die einen Schmutz abweisenden Film auf der Glaskeramikoberfläche bilden.

Metallputzmittel

Metallputzmittel werden optimiert für einen Metalltyp angeboten. Edelstahlreiniger sind schwach sauer eingestellt und enthalten Lösemittel zur Beseitigung fetthaltiger Verschmutzungen und einen sehr feinen Polierkörper zur Erhöhung des Oberflächenglanzes. Kupfer- und Buntmetallreiniger sind schwach alkalisch eingestellt und beseitigen dunkle Verfärbungen (Oxidschichten).

Silberputzmittel, sauer eingestellte Formulierungen, enthalten einen Komplexbildner (Thioharnstoff) zur Ablösung schwarz angelaufener Oberflächenschichten aus Silbersulfid.

Entkalker

Entkalker dienen zum Entfernen von Kalkrückständen auf Haushaltsgeräten und Kochgeschirr. Sie enthalten als Wirkstoff eine Kalk lösende Säure.

Badreiniger

Badreiniger sind für die Reinigung von Badezimmeroberflächen aus Fliesen, Keramik, Email, Glas, Kunststoff und Metallarmaturen optimiert. Sie dienen zum Beseitigen fetthaltiger, kalkseifenhaltiger und kalkhaltiger Rückstände und sind überwiegend schwach sauer eingestellte Formulierungen auf Basis moderner Tenside.

Badreiniger sind für Marmoroberflächen *nicht* geeignet.

Mit flüssigen Formulierungen, Konzentraten, Sprays und Schaumsprays existiert eine große Angebotsvielfalt. Teilweise kommen auch spezialisierte Produkte in Sprayform als Wannen- oder Duschkabinenreiniger zum Einsatz.

WC-Reiniger

WC-Reiniger dienen zum Beseitigen hartnäckiger kalkhaltiger Verschmutzungen (»Urinstein«) in WC-Becken. Durch länger haftende Duftstoffe sorgen sie für einen frischen Geruch.

WC-Pulver sind stark sauer eingestellte Produkte. Flüssige Formulierungen sind hochviskos oder gelförmig und haften dadurch lange an der Oberfläche.

WC-Becken-Tabletten werden direkt in das WC-Becken gegeben und lösen sich sprudelnd im Abflussrohr auf. Sie wirken kalklösend, keimabtötend und sorgen für einen angenehmen Duft.

Automatische Spülreiniger (Duftspüler)

Direkt im Spülbecken oder im Wasserkasten werden automatische Spülreiniger (WC-Duftspüler) platziert. Sie geben beim Spülen ständig reinigende und/oder desodorierende Substanzen an das Spülwasser ab. Typisch ist ein frischer, lang anhaltender Duft.

Zur breiten Angebotsvielfalt gehören Wasserkastensteine, WC-Spüler-Gele und WC-Spülsteine.

Hygienereiniger (keimmindernde Reiniger / Schimmelentferner)

Zum Reinigen und zur Keimminderung stehen Hygienereiniger zur Verfügung. Sie enthalten als keimmindernde Wirkstoffe Aktivchlor, Aktivsauerstoff oder kationische Tenside und sorgen durch lange haftende Duftstoffe für frischen Geruch. Aktivchlorhaltige Mittel sind immer alkalisch, Mittel mit anderen Wirkstoffen überwiegend sauer eingestellt.

Aktivchlorhaltige Mittel, die Hypochlorit enthalten, dürfen nie zusammen mit sauren Mitteln verwendet werden (Gefahr der Chlorgasentwicklung). Hypochlorithaltige Mittel sind gut geeignet zum Reinigen von durch Schimmel befallenen Flächen und Fugen und deshalb teilweise auch als Schimmelentferner ausgewiesen.

Abflussreiniger

Zum Lösen von Verstopfungen in Abflussrohren werden Abflussreiniger eingesetzt. Sie enthalten als Wirkstoffe Natriumhydroxid, Aluminiumkörnchen und teilweise noch Aktivsauerstoffträger. Bei der Anwendung kommt es in Gegenwart von Wasser zu einer chemischen Reaktion des Aluminiums mit Natriumhydroxid, wobei sich Wärme und den Schmutz aufwirbelnde Gase entwickeln (Wasserstoff).

Seit einiger Zeit werden auch nicht ätzende, langsam wirkende Mittel auf Enzym- und Tensidbasis angeboten.

Beim Umgang mit stark ätzenden Mitteln sind Warnhinweise und Dosiervorschriften unbedingt zu beachten.

Glasreiniger, Fensterreiniger

Glas- und Fensterreiniger dienen zum Beseitigen von fetthaltigem Schmutz und Rückständen aller Art auf Glasoberflächen.

Es handelt sich dabei überwiegend um neutrale Mittel mit einem hohen Anteil an Alkohol zur streifen- und rückstandsfreien Reinigung. Glasreiniger werden als Flüssigkeit, Spray, Pumpspray und neuerdings auch als flüssiger Zweiphasenreiniger angeboten. Neu sind zudem Antibeschlagmittel, die für einen bestimmten Zeitraum die durch Kondensation von Feuchtigkeit bedingte Schleierbildung auf Glas- und Spiegelglasscheiben verhindern.

Fußbodengrundreiniger

Fußbodengrundreiniger entfalten eine starke Reinigungswirkung zum Beseitigen von Wachsen und alten Polymerschichten auf Fußböden. Sie wirken stark alkalisch und enthalten Glykolether als Lösemittel für alte Pflegeschichten.

Fußbodengrundreiniger dürfen nicht für alkaliempfindliche Fußböden, z.B. Linoleum, verwendet werden. Gebrauchsanleitungen sind besonders zu beachten.

Schmierseife und Seifenreiniger

Schmierseife ist stark alkalisch und hinterlässt einen dünnen Schutzfilm aus Kalkseife auf behandelten Oberflächen. Sie ist sehr empfindlich gegenüber hartem Wasser. Seifenreiniger enthalten Seife in Kombination mit modernen Tensiden und häufig auch Alkohol. Sie dienen der Reinigung und Pflege von Fußbodenoberflächen, hinterlassen ebenfalls einen dünnen Schutzfilm aus Kalkseife und sind nicht so alkalisch und härteempfindlich wie reine Schmierseife.

Wischpflegemittel

Mit Wischpflegemitteln werden harte Fußböden aller Art gereinigt und gepflegt. Sie enthalten Tenside und zusätzlich Wachse oder fein verteilte Polymere, die als Schutz auf dem Fußboden verbleiben.

Selbstglanzemulsionen

Selbstglanzemulsionen dienen zum Pflegen (und Reinigen) von harten Fußböden. Sie enthalten Tenside und zusätzlich fein verteilte Polymere, die als Schutz auf dem Fußboden verbleiben und ohne Polieren einen Glanz erzeugen. Selbstglanzemulsionen werden mit und ohne reinigende Wirkung angeboten. Selbstglanzemulsionen werden bei der Erstanwendung zunächst unverdünnt aufgetragen, um einen stabilen Oberflächenfilm zu erzeugen, der später bei verdünnter Anwendung nur aufgefrischt wird. Die Polymerschichten sind empfindlich gegenüber alkalischen Reinigungsmitteln.

Reinigungs- und Pflegemittel für spezielle Fußbodenbeläge

Bohnerwachs: Bohnerwachse dienen zum Pflegen von Holzoberflächen auf unbehandelten Fußböden. Sie enthalten als Wirkstoff Wachse, meist Bienenwachs, und ein Lösemittel, das nach der Anwendung verdunstet. Bohnerwachse werden als Paste oder Flüssigkeit angeboten und müssen nach dem Auftragen poliert werden.

Parkettreinigungs- und -pflegemittel: Parkettflächen sind heute überwiegend versiegelt, so dass eine Reinigung mit Allzweckreinigern möglich ist. Spezielle Parkettreinigungs- und -pflegemittel sind nur noch für gewachste oder geölte Böden erforderlich.

Steinfußbodenreinigungs- und -pflegemittel: Die Formulierung dieser Produkte ist vom Charakter der zu reinigenden Oberflächen abhängig. Während geschliffene und polierte Oberflächen mit Allzweckreinigern behandelt werden können, sind für raue Oberflächen oft Scheuermittel erforderlich. Um den Glanz von glatten Flächen zu erhöhen, werden siliconhaltige Wischpflegemittel eingesetzt. Siliconhaltige Imprägnierungen schützen unglasierte Keramikoberflächen vor dem Eindringen von Schmutz in die vorhandenen Poren.

Zementschleierentferner: Diese Produkte dienen zum Entfernen von Zementrückständen bei neu verlegten Fliesen- und Natursteinböden. Sie sind stark sauer eingestellt und nicht für kalkhaltige Oberflächen (z.B. Marmor) geeignet.

Reiniger für textile Oberflächen (Teppichreiniger)

Diese Reiniger werden zum Säubern von Teppichböden aller Art eingesetzt. Schaum- und Pulverreiniger werden feucht aufgetragen oder aufgeschäumt und nach dem Trocknen abgesaugt. Sie enthalten als Wirkstoffkomponenten Tenside zum Ablösen des Schmutzes und Polymere, z.B. Cellulose, die als Schmutzträger wirken und anschließend mit dem Schmutz abgesaugt werden. Sprühextraktionsreiniger werden nass mit speziellen Maschinen aufgetragen und nass abgesaugt. Die Formulierungen enthalten häufig noch einen Aktivsauerstoffträger zum Beseitigen von farbigen Flecken.

Autoreinigungs- und -pflegemittel

Diese Produkte dienen der regelmäßigen Wäsche und der Reinigung des Fahrzeugs, außen aber auch innen, von den Verschmutzungen des normalen Fahrbetriebs.

Die enthaltenen Wirkstoffe, moderne Tenside, Wachse und/oder Siliconöle, lösen die Schmutzpartikel und führen zu einer Kurz- bis Langzeitkonservierung, d.h. Bildung eines Schutzfilms auf der Lackoberfläche. Es kommt zu Glanz und Farbauffrischung. Die Produkte können sowohl als Waschwasserzusätze in automatischen Waschanlagen als auch von Hand in Selbstwaschboxen eingesetzt werden.

Schuh- und Lederpflegemittel

Da das Material Leder als tierisches Naturprodukt über sehr unterschiedliche Eigenschaften verfügt, ist es zwar vielseitig verwendbar, aber auch sehr empfindlich. Dieser Vielfalt entsprechend ist auch das Pflegemittelangebot sehr komplex und umfangreich.

Hydrophobe Wirkstoffe wie Siliconöle oder Fluorcarbonharze bewirken eine Grundimprägnierung, verhindern somit eine übermäßige Durchfeuchtung und beugen der Verhärtung und dem Brüchigwerden des Leders während einer Trocknungsphase vor. Öle, Fette und Wachse halten die Lederfasern elastisch und führen zu Glanz und Farbauffrischung.

Der besonderen Empfindlichkeit der Lederoberfläche tragen vielseitige Applikationsformen und Konsistenzen der Pflegemittel Rechnung. Cremes in unterschiedlicher Viskosität, Schäume oder Emulsionen werden mit Hilfe von Schwämmen, Pumpzerstäubern oder Spraydosen auf die Lederoberfläche aufgetragen. So werden eine feine Verteilung der Pflegemittel und eine gleichmäßige Umhüllung der Lederfasern erreicht.

1.1.2 Wirtschaftliche Bedeutung

Reinigungs- und Pflegemittel sind wichtige Segmente im Gesamtmarkt der Wasch- und Reinigungsmittel, deren jährliches Umsatzvolumen in Deutschland bei knapp 3,8 Mrd. Euro liegt [1.1]. Während Voll- und Spezialwaschmittel sowie Waschhilfsmittel etwa noch 48 Prozent dieses Marktes ausmachen, teilen sich die übrigen 52 Prozent auf die Reinigungs- und Pflegemittel auf. Die wertseitigen Anteile der wichtigsten Produktgruppen zeigt **Abb. 1.3**, die im Jahr 2006 verbrauchten Mengen **Tab. 1.2**.

Wesentliche Triebkräfte für die große Dynamik in der Entwicklung der Angebotspalette sind

- der Innovations- und Kostendruck auf Grund der weitgehenden Marktsättigung,
- die Erschließung von Wachstumsnischen, z.B. spezielle Pflegeprodukte für neue empfindliche Materialien im Haushalt,
- die Veränderung der individuellen Lebensbedingungen wie Zunahme der Single-Haushalte und des Anteils der älteren Bevölkerung,
- erhöhte Ansprüche an den Verbraucherschutz (keine ätzenden, keine reizenden Produkte).

Nachdem bei *Geschirrspülmitteln* bis 2000 in Folge der wachsenden Ausstattung der Haushalte mit Geschirrspülmaschinen die Maschinengeschirrspülmittel zu Lasten der Handgeschirrspülmittel ein stetiges Wachstum gezeigt hatten, trat 2001 zum ersten Mal

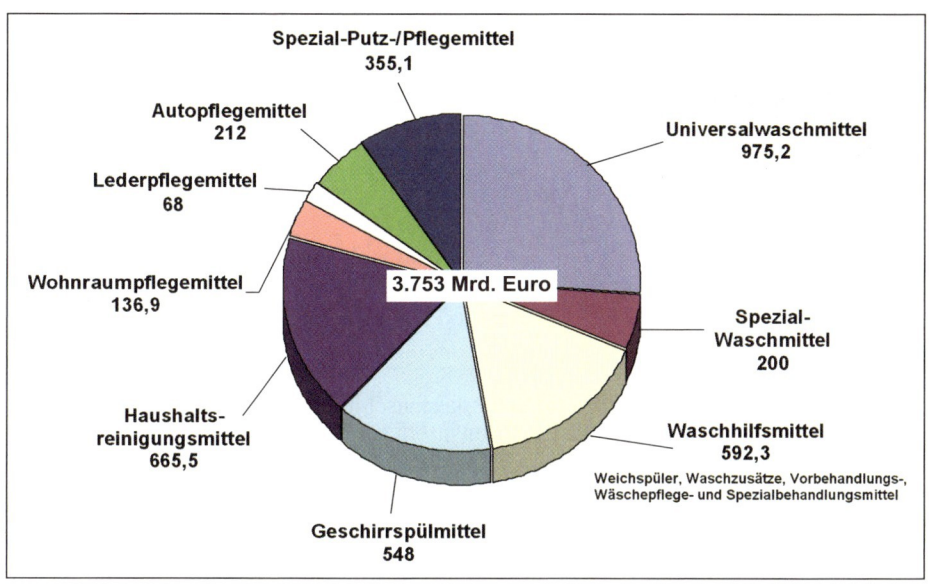

Abb. 1.3: Wasch-/Putz-/Reinigungsmittelmarkt 2006 in Deutschland (Angaben in Mio. Euro zu Endverbraucherpreisen) (*Quelle:* IKW)

Tab. 1.2: Verbrauchsmengen Wasch- und Reinigungsmittel in Deutschland (2006) (*Quelle:* IKW)

Produktgruppe	Tonnen
Wasch- und Reinigungsmittel ges.*	1 425 420
Waschmittel ges.	606 400
davon:	
Universalwaschmittel	512 600
Pulver	357 600
Flüssigprodukte	140 800
Tabs	14 200
Spezialwaschmittel	93 800
Pulver	30 600
Flüssigprodukte	63 200
Weichspülmittel	222 400
Waschhilfsmittel (ohne Weichspüler)	37 500
* ohne Putz- und Pflegemittel	

Produktgruppe	Tonnen
Reinigungsmittel ges.	559 120
davon:	
Handgeschirrspülmittel	114 570
Maschinengeschirrspülmittel	142 210
Reiniger (incl. Booster)	68 290
Klarspüler	11 860
Salz	59 650
Maschinenpflegemittel/Deos	2 410
Glaspflege	30
Allzweckreiniger	84 170
Scheuermittel	15 790
Sonstige (Spezialreiniger, WC-Produkte, ohne Sanitärreiniger)	202 380

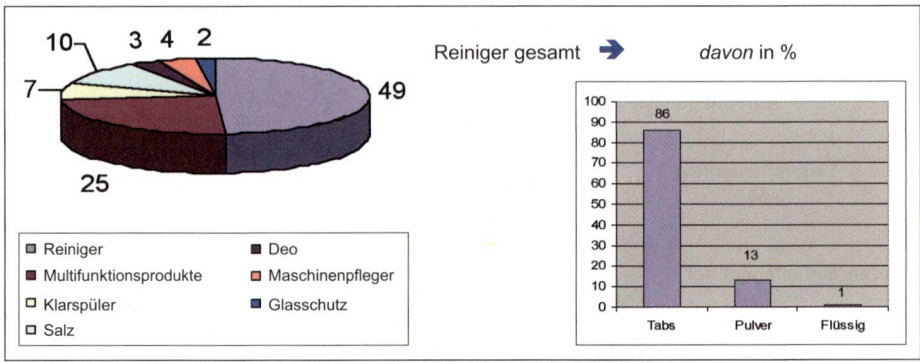

Abb. 1.4: Wertanteile [%] der Produkte für das maschinelle Geschirrspülen in Deutschland. Europa: Reiniger 43%, Multifunktionsprodukte 33% (Gesamtmarkt Ende 2006: Deutschland 335 Mio. Euro, Europa 1.150 Mio. Euro)

ein Umsatzrückgang auch bei den Maschinengeschirrspülmitteln ein. Wachstumsnischen bilden noch Maschinenpflegemittel und Deodorantien. Die Ausgaben deutscher Haushalte für Maschinen- und Handgeschirrspülmittel verhielten sich 2006 wie 2 : 1. Die Marktanteile der einzelnen Produkte für das maschinelle Geschirrspülen sind in **Abb. 1.4** angegeben.

Der Markt für *Haushaltsreiniger* ist seit Jahren relativ konstant. Während bei den Allzweckreinigern (Universalreinigern) und Scheuermitteln ein stetiger Rückgang zu verzeichnen war, hatten einige Spezialreiniger in den letzten Jahren einen Zuwachs erreicht, z.B. Glasreiniger, WC-Produkte und Sanitärreiniger. Der Anteil der Reinigungstücher am Gesamtmarkt der Haushaltsreiniger betrug 2006 5,6 Prozent. In **Tab. 1.3** sind charakteristische Marktdaten zu Allzweck- und Spezialreinigern für Europa und Deutschland zusammengestellt.

Rechnet man alle Produktsegmente zusammen, so kommt man für die Spezialreiniger im europäischen Durchschnitt auf einen Anteil von fast zwei Drittel an den Reinigern für harte Oberflächen, in Deutschland auf über 70 Prozent. In Deutschland spielen vor allem WC-Reiniger, aber auch Reiniger für Küche und Bad, Glasreiniger und Teppichreiniger eine größere Rolle als im übrigen Europa.

Innerhalb Europas ist Deutschland mit einem Marktanteil von 21,6 Prozent der bedeutendste nationale Markt für Reinigungsmittel. Dabei liegt der Anteil der WC-Reiniger in Deutschland deutlich über dem europäischen Durchschnitt von 10,9 Prozent. Demgegenüber spielen Bleichmittel auf Chlor- oder Sauerstoffbasis eine wesentlich geringere Rolle als im übrigen Europa.

Wie schon erwähnt, ist der Markt der Reinigungs- und Pflegemittel ein gesättigter Markt. Zu beobachten ist auch das weitere Vordringen der so genannten Handelsmarken [1.2] und der starke Preiswettbewerb unter den Anbietern, die zu Stagnation und Um-

Tab. 1.3: Marktdaten zu Allzweck- und Spezialreinigern (*Quelle:* Schätzungen der Henkel KGaA für 2006 für West-Europa)

Reiniger	Europa		Deutschland	
	[Mio. Euro]	[%]	[Mio. Euro]	[%]
Reiniger für harte Oberflächen gesamt	3081,0	100,0	641,9	100,0
davon				
Allzweckreiniger/Scheuermittel	757,0	24,6	138,0	21,5
Bleichen (Hygienereiniger auf Chlor- und Sauerstoffbasis)	427,0	13,9	56,5	8,8
Fettlöser/Küchenreiniger/Grillreiniger/ Kunststoffreiniger	287,0	9,3	30,4	4,7
Power-Reiniger (sauer)	273,0	8,9	37,8	5,9
Glasreiniger	247,0	8,0	41,0	6,4
Badreiniger	229,0	7,4	47,1	7,3
Bodenreiniger			54,6	8,5
Teppichreiniger			24,7	3,8
Entkalker			18,3	2,9
WC-Reiniger/WC-Hygiene gesamt	861,0	27,9	193,5	30,1

satzrückgängen beigetragen haben. Der Anteil der Handelsmarken betrug bei Wasch- und Reinigungsmitteln im 1. Halbjahr 2007 32,2 Prozent [1.3].

Wertwachstum ist auf Basis weiterer Innovationen möglich. Beispiele sind die 2-in-1- und 3-in-1-Produkte bei den Maschinengeschirrspülmitteln, die neuen Gelreiniger oder die feuchten Reinigungstücher. Dazu gehört auch der Trend, die in der gewerblichen Reinigung angewandten Bodenreinigungssysteme (Produkt plus Gerät) und das damit verbundene Know-how schrittweise auf den privaten Haushalt zu übertragen. Dagegen ist für die nächste Zukunft nicht zu erwarten, dass die neuen nanostrukturierten, Schmutz abweisenden Oberflächen zu einer deutlichen Reduzierung des Bedarfs an Reinigungsmitteln führen werden (s. Kap. 3.3).

Der Markteintritt innovativer Produkte wird in den Industrieländern auch mit einem Verdrängungswettbewerb einher gehen. Reale Wachstumschancen liegen in den neuen Märkten in Asien, z.B. in China, umso mehr, wenn auch vor Ort produziert werden kann. Auch mittelständische Unternehmen müssen sich zunehmend global orientieren, um bestehen zu können.

1.2 Grundlagen der Reinigung im Haushalt

Reinigungsarbeiten fallen im Haushalt tagtäglich an. Allein die Hausreinigung beansprucht 16 Prozent der Gesamtarbeitszeit. Das oberste Ziel reinigender Tätigkeiten besteht darin, Schmutz einer vielfach benutzten Definition folgend als »Substanz am falschen Platz« zu entfernen. Danach wird die Oberfläche als »sauber« oder »rein« bezeichnet.

1.2.1 Reinigungsvorgänge

Gemessen an den Ansprüchen eines privaten Haushalts kann eine Oberfläche als rein gelten, wenn sie frei von sicht- und tastbaren Rückständen vorliegt. Ein höherer Reinheitsgrad – chemisch oder mikrobiell rein – ist im Normalfall nicht erforderlich. Zugleich mit dem Reinigen stellen sich weitere erwünschte Effekte ein:

- Saubere Oberflächen erfüllen ästhetische Ansprüche des Menschen; Schmutz kann Ekel erregen.
- Reinigen versetzt benutzte Gebrauchsgegenstände wie Küchengeräte, Geschirr oder Bestecke wieder in einen gebrauchsfähigen Zustand.
- Regelmäßiges Reinigen trägt dazu bei, gesundheitliche Risiken durch Mikroorganismen und Ungeziefer zu mindern bzw. auszuschließen.
- Reinigende Maßnahmen dienen der Werterhaltung, denn Schmutz kann Einrichtungen und Gebrauchsgegenstände schädigen, z.B. Fußböden durch die Scheuerwirkung von Straßenschmutz. Folglich verbindet sich mit dem reinigenden auch ein pflegender Effekt. Dieser verlängert die Gebrauchsdauer der Gegenstände und trägt dadurch zum nachhaltigen Umgang mit Ressourcen bei. Für unterstützende Pflegemaßnahmen nach dem Reinigen bietet der Markt spezielle Pflegemittel an.

1.2.2 Systematik der Reinigungsverfahren

Je nachdem, ob die Reinigung mit oder ohne Wassereinsatz erfolgt, wird zwischen Nass- und Trockenverfahren unterschieden. Zu Letzteren zählt als wichtigstes Verfahren das Entstauben durch Bürsten, Klopfen oder Absaugen. Typischerweise beruht die Wirkung von Trockenverfahren ausschließlich auf mechanischen Effekten. Eine Ausnahme bildet die Verwendung reinigungsaktiver Pulver oder Späne, die in textile Fußbodenbeläge eingearbeitet und nach einer gewissen Einwirkzeit abgesaugt werden. Allerdings sollen die genannten Hilfsmittel nicht primär Staub, sondern klebenden bzw. verfleckenden Schmutz ablösen und binden, so dass er durch Absaugen vom Teppich entfernt werden kann.

Je nach angewandter Wassermenge unterscheidet man zwischen Feucht- und Nassverfahren. Zu Ersteren zählt das Wischen nichttextiler Fußböden mit feuchtem Lappen oder Mopp oder die Applikation eines reinigenden Schaums auf Polsterbezügen. Nassverfahren dienen dazu, Fenster, nichttextile Fußböden und keramische Wandflächen zu reinigen, sowie zum Geschirrspülen. Wie diese Aufzählung belegt, entfallen die meisten reinigenden Tätigkeiten im Privathaushalt auf Feucht- und Nassverfahren, zumal wenn man die hier nicht zu behandelnde Textilwäsche mit einbezieht.

1.2.3 Vorgänge bei der Schmutzablösung

Wasser als spezielles Hilfsmittel aller Feucht- und Nassverfahren erfüllt unterschiedliche Aufgaben. Es dient als

- Löse- und Quellmittel für Verschmutzungen. Letzteres ist vor allem dann als Vorstufe zur Schmutzentfernung unverzichtbar, wenn angetrocknete oder thermisch denaturierte Speisereste an Geschirr, Besteck oder Küchengeräten haften;
- Lösemittel für reinigungsaktive Hilfsstoffe;
- Transportmedium für abgelösten Schmutz;
- Überträgermedium für mechanische Kräfte und chemische Energie;
- als Spülflüssigkeit, die gereinigte Oberflächen von verschmutzter Reinigungsflotte befreit (bei Nassverfahren).

Die genannten Funktionen des Wassers lassen bereits mehrere, den Erfolg einer Nassreinigung bestimmende Faktoren erkennen: Mechanik, Chemie und Temperatur der Reinigungslösung. Sie wirken kürzer oder länger auf den Schmutz ein, sind also untrennbar mit der Zeit gekoppelt. Üblicherweise fasst man diese verfahrensabhängigen Parameter im so genannten Waschkreis nach *Sinner* zusammen (vgl. [1.4]), der auch für Reinigungsvorgänge aller Art gilt **(Abb. 1.5)**. Das Gewicht, das jedem Parameter im Einzelfall zukommt, hängt vom jeweiligen Verfahren ab. Als weitere vorgegebene und daher verfahrensunabhängige Einflussfaktoren kommen Art, Menge und Zustand des Schmutzes sowie Werkstoff, Gestalt und Oberflächenbeschaffenheit des Reinigungsgutes hinzu.

Kommt einer der vier oben genannten Verfahrensparameter im Zuge eines Reinigungsvorgangs nur begrenzt zur Wirkung, müssen einer oder mehrere der übrigen Faktoren dies kompensieren, z.B. kann erniedrigte Temperatur ausgeglichen werden durch verlängerte Einwirkzeit der Reinigungsflotte. Damit eröffnet sich die Chance, Nassverfahren im Hinblick auf Energieeinsparung, verminderte Abwasserbelastung, geringeren Zeitaufwand, aber auch auf Materialschonung hin zu optimieren. In die gleiche Richtung zielt die generelle Empfehlung, Küchengeräte, Geschirr und Bestecke möglichst bald nach Gebrauch zu reinigen oder wenigstens mit Wasser vorzuspülen, um die Hauptmasse des anhaftenden Schmutzes zu entfernen. Damit lassen sich Alterungsprozesse, welche die Reinigung erschweren, verzögern bzw. begrenzen.

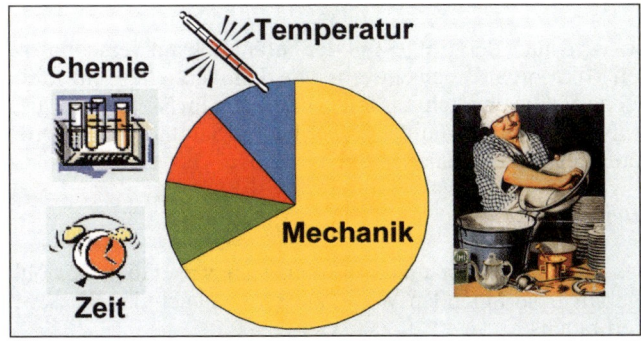

Abb. 1.5: Reinigungsfaktoren im Haushalt (Reinigungskreis nach *Sinner*)

Nass- oder Feuchtreinigungsverfahren stellen meistens komplexe Vorgänge dar. Je nach Schmutzart und -zustand müssen recht unterschiedliche Mechanismen zusammenwirken, damit als Endeffekt eine saubere Oberfläche vorliegt:

Primär müssen alle Schmutzkomponenten, gegebenenfalls auch Pflegefilmanteile in eine Form übergeführt werden, in der sie sich vom Reinigungsgut abtransportieren lassen. Als Einzeleffekte kommen dafür in Betracht:

- Unmittelbares Ablösen wasserlöslicher Schmutzbestandteile (z.b. Salze, Zucker).
- Lösen verbrauchter wachshaltiger Pflegefilme auf Fußböden durch organische Lösemittel.
- Quellen angetrockneter oder thermisch bzw. mikrobiell veränderter Speisereste (stärke-, fett-, eiweißhaltiger Schmutz).
- Chemische oder biochemische Reaktionen, wie z.b. die Reaktion von Säuren mit Kalkablagerungen, enzymatischer Abbau schwer entfernbarer Schmutzbestandteile (Stärke, Fett, Eiweiß) oder Oxidation verfleckender Farbstoffe.

Zum Abtransport des Schmutzes von der Oberfläche können beitragen:

- Mechanische Kräfte in Form einer strömenden Flüssigkeit (z.b. maschinelles Geschirrspülen) oder manuell ausgeführter Druck (z.b. manuelles Geschirrspülen, Fußboden- und Fensterreinigung).
- Umnetzung durch Tenside, die anhaftenden Fettfilm von der Oberfläche verdrängen.
- Elektrische Abstoßung infolge gleichsinniger elektrischer Aufladung durch Ionenadsorption an Schmutz und Reinigungsgut (Zetapotenzial), hervorgerufen z.B. durch die Erhöhung des pH-Werts.

Das stabile Zerteilen des abgetrennten Schmutzes in der Reinigungsflüssigkeit ist notwendig, wenn eine schmutzbeladene Flotte wie in der Geschirrspülmaschine wieder mit bereits gereinigten Oberflächen in Kontakt kommt. Daran beteiligt sind Emulgiervorgänge (Aufnahme von Fett in Tensidmicellen) sowie Dispergierprozesse für ungelöste Schmutzteilchen (Staubpartikel, Stärke- und Eiweißaggregate). Allerdings kann ein vorgegebenes Flüssigkeitsvolumen nur begrenzt Schmutz stabil zerteilen (limitiertes Schmutztragevermögen). Hat sich die Flotte erschöpft, ist ein neuer Lösungsansatz mit frischem Wasser notwendig; nur zusätzlich reinigungswirksame Substanz in die verbrauchte Lösung zu geben, bleibt weitestgehend erfolglos.

Zusammen mit dem Schmutz wird auch der größte Teil der anfänglich auf verschmutzten Oberflächen vorhandenen Mikroorganismen entfernt. Die damit erzielte Keimzahlreduktion um ein bis zwei Zehnerpotenzen reicht für Privathaushalte im Normalfall aus; eine Desinfektion ist daher abgesehen von wenigen Ausnahmen (Sanitärbereich, evtl. Spülbecken in der Küche) überflüssig [1.5] (s.a. Kap. 1.3).

1.2.4 Beispiel Geschirrspülen

Manuelles und maschinelles Geschirrspülen unterscheiden sich wesentlich sowohl hinsichtlich der das Spülergebnis bestimmenden Wirkfaktoren wie auch des Wasser-, Energie- und Chemikalienverbrauchs:

1. Wie **Abb. 1.6** an Hand des Sinnerkreises verdeutlicht, beruht die Wirksamkeit des manuellen Spülens *wesentlich* auf der mechanischen Komponente, und zwar in Form des mit der Hand ausgeübten Drucks, evtl. unter Verwendung eines Spezialschwamms oder einer Bürste. Der Druck wird dort gezielt verstärkt, wo Speisereste fest haften, während die Spülmaschine die Oberflächen des Spülguts unabhängig von Verschmutzungs- und Haftintensität gleichmäßig mit Flüssigkeitsstrahlen beaufschlagt. Zum Ausgleich für die ungezielten und unter Umständen auch schwächeren mechanischen Kräfte wirken diese jedoch deutlich länger ein als beim Handspülen.
2. Handgeschirrspülmittel müssen hautverträglich sein. In der Spülmaschine stellt die Materialverträglichkeit den limitierenden Faktor für die Rezeptur eines Reinigers dar. Da das Spülgut widerstandsfähiger gegen chemische Einwirkungen ist als die menschliche Haut, können in der Spülmaschine intensiver wirkende Reiniger eingesetzt werden. Der Faktor Chemie kommt verstärkt zur Geltung und trägt maßgeblich dazu bei, die geringere Wirksamkeit der Spülmechanik zu kompensieren.
3. Während des Handspülens sinkt die Anfangstemperatur von ca. 50°C ständig ab. Folglich muss für größere Geschirrmengen die Spülflotte evtl. vollständig erneuert werden. Dagegen steigt die Temperatur in der Spülmaschine mit dem üblicherweise vorhandenen Kaltwasseranschluss allmählich bis zur gewählten Endtemperatur zwischen 50°C und 65°C an.

Welcher prozentuale Anteil den einzelnen Wirkfaktoren am Spülergebnis zukommt, lässt sich kaum exakt ermitteln. Das hängt von der Arbeitsweise der Spülperson bzw. der Programmwahl für den Geschirrspüler ab. Deshalb kann **Abb. 1.6** die prinzipiellen Unterschiede zwischen manuellem und maschinellem Verfahren nur schematisch wiedergeben. Der wesentlich höhere Chemikalienverbrauch für das maschinelle Spülen belastet das Abwasser verstärkt, vor allem durch das Regeneriersalz für den Ionenaustauscher und die anorganischen, d.h. biologisch nicht eliminierbaren Inhaltsstoffe des Reinigers. Dem steht, verglichen mit dem Handspülen, ein geringerer Wasser- und Stromverbrauch gegenüber. Dieser Sachverhalt erschwert es erheblich, die beiden Verfahrensweisen aus ökologischer Sicht objektiv zu beurteilen, setzt doch das Urteil eine Gewichtung einerseits der Abwasserbelastung und andererseits des Ressourcenverbrauchs voraus (s.a. Kap. 10.2 Ökobilanzen).

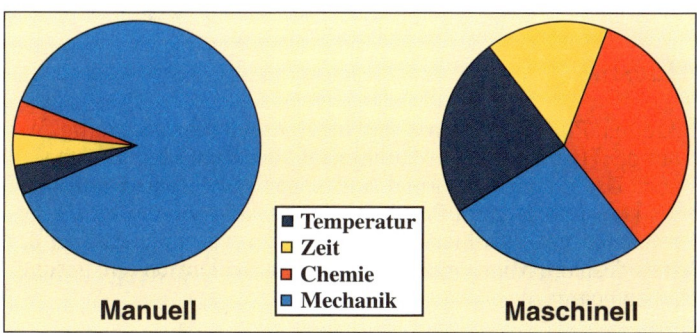

Abb. 1.6: Manuelles und maschinelles Geschirrspülen – Vergleich der Reinigungsfaktoren

1.2.5 Beispiel Fußbodenreinigung

Bei der Fußbodenreinigung unterscheidet man drei nach Intensität und Häufigkeit differierende Arten.

Unterhaltsreinigung: Laufende, in kurzen Abständen (meistens täglich) auszuführende Arbeiten. Sie sollen lose aufliegenden Schmutz (Staub, Fäden, Sand, Papierschnipsel) entfernen. Dazu dienen entweder Trockenverfahren oder das Wischen mit feuchten Textilien, was gegebenenfalls auch die Ergänzung des Pflegefilms ermöglicht.

Grundreinigung: Intensive Form der Fußbodenreinigung. Sie wird fällig, wenn die Unterhaltsreinigung nicht mehr ausreicht. Die Grundreinigung soll fest haftenden oder in den Belag eingedrungenen Schmutz, aber auch einen etwaigen Pflegefilm ablösen, weil dieser entweder abgenutzt oder durch häufig verwendete Pflegezusätze im Rahmen der Unterhaltsreinigung zu stark geworden ist, Schmutz einschließt und optisch stört. Die Intervalle von Grundreinigung zu Grundreinigung richten sich nach der Intensität der Beanspruchung und Verschmutzung des Bodens, Wirksamkeit der Unterhaltsreinigung und den Ansprüchen an Sauberkeit und Pflegezustand. Die intensive Reinigung erfordert neben leistungsstarken Reinigungsmitteln auch mechanische Hilfsmittel wie Stahlwolle oder grobe Pads.

Zur Arbeitserleichterung haben unterschiedliche Geräte Eingang in Haushalte gefunden: Nahezu jeder Haushalt verfügt über einen Staubsauger. Wesentlich seltener anzutreffen sind Mehrzweck-, Wisch-, Dampf-, Allessauger, Bohner- sowie Dampfreinigungsgeräte.

Fransenwischer bzw. Schwammtücher aus Kunststoff, aus denen sich das Schmutzwasser mittels einer Pressvorrichtung abtrennen lässt, sind hygienisch und ergonomisch vorteilhafter als Schrubber mit Putzlappen, die manuell ausgewrungen werden müssen.

Bauschlussreinigung: Sie findet nur einmalig vor Bezug der Räume statt. In der Regel führt sie nicht der Raumnutzer aus. Die Reinigung beginnt mit der Entfernung lose aufgelagerten Schmutzes wie Sand, Folienresten, Bohr- und Schleifstaub. Wasserunlöslicher, fest haftender Schmutz wie Mörtel, Zementschleier, Farb- und Lackreste verlangen spezielle chemische Hilfsmittel (Kap. 7.4) in konzentrierter oder verdünnter Form.

1.3 Hygiene im Haushalt

Mikroorganismen – Bakterien, Pilze und Viren – sind im Haushalt allgegenwärtig. Wir leben mit ihnen. Auch auf der Haut und im Verdauungstrakt des Menschen finden sich Abermillionen von ihnen. Das ist völlig normal und sogar erwünscht. Denn ohne Mikroorganismen gibt es kein Leben. Zum Problem können Mikroorganismen allerdings dort werden, wo sie sich unkontrolliert vermehren. Ein wesentliches Ziel der Hygiene im Haushalt ist es deshalb, Mikroorganismen auf ein hygienisch und gesundheitlich akzeptables Maß zu begrenzen.

Eine allgemein verbindliche Definition von Hygiene gibt es nicht. Im Gegenteil: Fast jeder hat von Hygiene eine eigene Vorstellung, ebenso davon, wie sie sich erreichen lässt. Der Begriff geht zurück auf »Hygieia«, die griechische Göttin der Gesundheit. In der Wissenschaft bezeichnet Hygiene ein Fachgebiet der Medizin, das neben der Gesundheitslehre auch die Gesundheitspflege und Gesundheitsfürsorge einschließt.

Hygiene dient also der Vorbeugung im weitesten Sinn. Sie versucht, Krankheiten zu verhüten und das Wohlbefinden und die Leistungsfähigkeit zu erhalten oder zu steigern. So spielt denn die Hygiene in allen Lebensbereichen eine wichtige Rolle: Haushalts-, Körper- oder Umwelthygiene sind nur einige Beispiele von vielen.

Im Alltagsgebrauch wird der Begriff Hygiene heute gleichbedeutend mit gründlicher Sauberkeit und allen darauf abzielenden Maßnahmen verwendet. Dieser Zusammenhang kommt nicht von ungefähr. Es ist zweifelsfrei nachgewiesen, dass die allmähliche Entwicklung reinlicher, also hygienischer Verhältnisse in Europa, vor allem seit Beginn des 20. Jahrhunderts, entscheidend zu dem heutigen Lebens- und Gesundheitsstandard beigetragen hat. Cholera und Pest gehören der Vergangenheit an, und auch Ruhr und Tuberkulose haben schon lange ihre Schrecken verloren. Dagegen sind unzureichende Hygienebedingungen in vielen Entwicklungsländern nach wie vor Ursache zahlreicher Krankheiten.

Die weitaus meisten Mikroorganismen sind absolut harmlos. Nur ganz wenige sind krankheitserregend (pathogen). Aber selbst diese haben, unter normalen Umständen, keine negativen Folgen für einen gesunden Menschen. Unter bestimmten Bedingungen können sich Mikroorganismen jedoch sehr rasch vermehren. Optimal für eine ausgeprägte Vermehrung sind Feuchtigkeit und Temperaturen zwischen 10°C und 40°C sowie das Vorhandensein organischer Substanzen, z.B. Hautschuppen oder Lebensmittelreste, als Nährboden. Kommen alle diese Faktoren zusammen, können die Mikroorganismen vom normalen »Mitbewohner« zum echten Gesundheitsrisiko werden.

Weiter verschärft wird die Situation, wenn zum unerwünschten, massenhaften Bakterienwachstum die unbeabsichtigte Verbreitung der Krankheitserreger im Haushalt kommt. Bei der so genannten Kreuzkontamination werden Mikroorganismen durch direkten Kontakt von einer befallenen Oberfläche auf eine andere übertragen. Dies ist eine der häufigsten Ursachen für mikrobielle Verunreinigungen. Sie kann auf unzähligen Wegen zur Verbreitung und Vermehrung von Mikroorganismen im privaten Haushalt führen [1.6] (**Abb. 1.7**).

Auch hat sich der gesellschaftliche Wandel teilweise negativ auf die Reinigung und Pflege des Haushalts ausgewirkt. Viele Verbraucher können oder wollen nicht mehr so viel Zeit und Aufwand in die Hausarbeit investieren. Zudem sind viele der über Jahrzehnte erprobten Haushalts- und Hygieneregeln in Vergessenheit geraten und werden nicht mehr an nachfolgende Generationen weitergegeben.

Manchmal sind es nur unbedeutend erscheinende Veränderungen, die einen großen Einfluss auf die Hygiene haben:

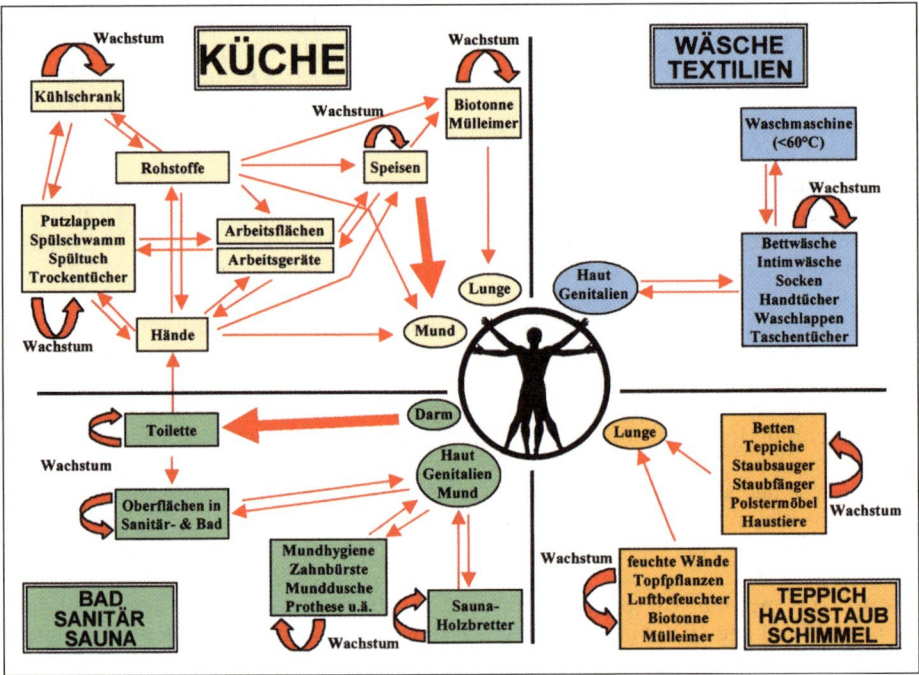

Abb. 1.7: Möglichkeiten der Verbreitung und Vermehrung von Mikroorganismen im Haushalt (Kreuzkontamination)

- Fensterlose Bäder und Toiletten lassen sich schlecht lüften. Das kann zu dauerhaften Nassflächen mit Schimmelbildung führen.
- Den positiven ökologischen und wirtschaftlichen Wirkungen von Wärmedämmungsmaßnahmen stehen wegen der behinderten Luftzirkulation hygienische Nachteile gegenüber.
- Ein an »schneller Küche« orientiertes Ernährungsverhalten führt zu mangelhafter Durchhitzung der Speisen (Mikrowelle).
- Zahlreiche moderne Küchengeräte, wie Aufschneidemaschinen oder Dosenöffner, lassen sich nicht immer gründlich reinigen.
- Die Einführung der Biotonne kann neuartige Hygieneprobleme mit sich bringen, z.B. durch Lagern von Biomüll in der Küche über mehrere Tage.
- Die heute vielfach verwendeten Spannbetttücher werden nicht mehr allmorgendlich ausgeschüttelt.
- Die Anforderungen moderner Textilien, aber auch ein gewandeltes Umweltbewusstsein haben dazu geführt, dass die Wäsche heute bei viel niedrigeren Temperaturen gewaschen wird als früher.

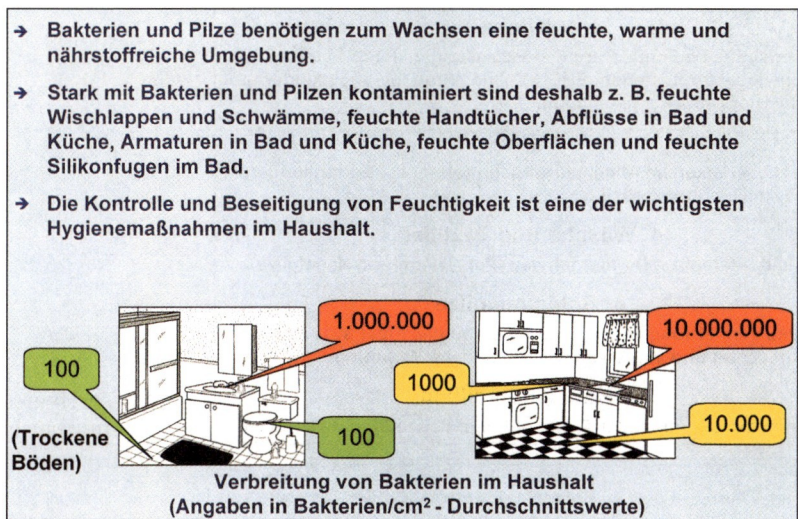

Abb. 1.8: Die Bedeutung der Feuchtigkeit für die Hygiene im Haushalt

Das von Mikroorganismen ausgehende Gefährdungspotenzial ist im Haushalt nicht überall gleich groß. Verblüffenderweise finden sich in der Küche generell höhere Keimzahlen als z.B. im Sanitärbereich. Schon aus diesem Grund kommt der Küchen- und Lebensmittelhygiene eine ganz besondere Bedeutung zu **(Abb. 1.8)**.

1.3.1 Hygiene im Küchenbereich

Während sich die meisten Verbraucher vor allem von chemisch bedingten Lebensmittelvergiftungen, z.B. auf Grund von Produktionsfehlern oder individuellen Unverträglichkeiten, sowie durch Nahrungsmittelallergien bedroht sehen, wird die Wahrscheinlichkeit einer mikrobiologisch bedingten Erkrankung häufig unterschätzt.

Von mikrobiell belasteten Lebensmitteln ausgelöste Erkrankungen reichen von Magenverstimmungen bis zu Durchfall und Erbrechen. Für Menschen mit einem geschwächten Immunsystem kann das im Extremfall lebensbedrohlich sein. In Deutschland werden pro Jahr etwa 200 000 Fälle infektiösen Durchfalls registriert; die Dunkelziffer liegt vermutlich zehnmal höher. Ursache sind meistens mikrobiell belastete Lebensmittel. Davon treten die weitaus meisten Erkrankungen in Privathaushalten auf [1.6] **(Abb. 1.9)**.

Mikroorganismen können auf zwei unterschiedlichen Wegen Durchfall erzeugen. Entweder unmittelbar durch Infektion oder durch ihre giftigen Stoffwechselprodukte. Einige dieser Stoffe sind hitzestabil. Sie können also auch dann Erkrankungen auslösen, wenn die Lebensmittel nach dem Befall noch ausreichend durchgegart wurden!

> **↓ Küche**
> ☞ Lebensmittelbedingte Durchfallerkrankungen durch Salmonellen, Campylobacter, Listerien, EHEC-Keime, Viren (bei Kleinkindern). Gefahr der Kreuzkontamination.
>
> **↓ Bad**
> ☞ Infektionsrisiken im Allgemeinen sehr gering, bei Erkrankungen in der Familie höheres Risiko.
>
> **↓ Wäsche und Textilien**
> Candida-Hefepilze, Dermatophyten (Fuß-, Haut- und Nagelpilze).
>
> **↓ Schimmelpilze**
> ☞ Starke Vermehrung in feuchten Innenräumen (über 60% rel. Luftfeuchte) und auf feuchten Stellen in der Wohnung.
>
> **↓ Hausstaubmilben**
> ☞ Finden sich bevorzugt in Teppichböden, Bettzeug und Matratzen.

Abb. 1.9: Hygienerisiken im Haushalt

Auch frische Lebensmittel sind nicht keimfrei. Durch entsprechende Hygienemaßnahmen kann aber sicher gestellt werden, dass sich die Keime im Lebensmittel nicht weiter vermehren. Die Lebensmittelhygiene richtet sich vor allem auf die richtige Auswahl, Lagerung und Verarbeitung der Nahrungsmittel. Sie wird ergänzt durch küchenhygienische Maßnahmen wie die Reinigung, das Spülen und gegebenenfalls eine spezielle Entkeimung [1.7].

Trotzdem gelangen immer wieder krankheitserregende Mikroorganismen in die Küche, z.B. über rohe Lebensmittel wie Fleisch, Geflügel, Fisch, Eier oder Gemüse, über Personen, z.B. durch das Anfassen von Lebensmitteln mit nicht sorgfältig gewaschenen Händen, über Haustiere und Haushaltsschädlinge.

Besonders die Keimverschleppung während der Zubereitung hat zu der starken Zunahme der Lebensmittelinfektionen in den letzten Jahren beigetragen. Die wichtigsten Übertragungswege für Kreuzkontaminationen sind neben den Händen die Spül- und Putzlappen. Auch wenn das selbe Schneidebrett ohne Zwischenreinigung für rohes Fleisch und das Schneiden von Gemüse verwendet wird, droht die Gefahr einer Kontamination [1.8].

Ein weiterer wichtiger Auslöser für Lebensmittelinfektionen sind Temperaturfehler, vor allem die fehlende oder mangelhafte Kühlung bei der Lagerung, die zu langsame Abkühlung von Speisen, die ungenügende Erhitzung beim Kochen und Aufwärmen sowie das lang dauernde Warmhalten bei zu niedrigen Temperaturen. Besonders gefährdet ist Fleisch. Es sollte vor dem Verzehr ausreichend durchgegart werden. Die Beachtung der richtigen Temperaturen für die Kühlung bzw. das Garen ist dazu von besonderer Bedeutung, zumal etwa zehn Prozent der tiefgefrorenen Geflügel und fünf Prozent der Schlachtschweine trotz intensiver Bemühungen auf Erzeugerseite noch immer mit Salmonellen kontaminiert sind.

1.3.2 Hygiene im Bad und WC-Bereich

Die Bedingungen im Badezimmer fördern die Vermehrung von Mikroorganismen. Die Luftfeuchtigkeit ist im Allgemeinen höher als in den anderen Bereichen des Haushalts, und es sind fast immer Rückstände an organischen Stoffen, z.B. Hautpartikel, vorhanden.

Die Mikroorganismen im Badezimmer stammen zum großen Teil vom Menschen und sind für Gesunde harmlos. Wenn aber Benutzer des Badezimmers krank sind, steigt die Zahl der krankheitserregenden Mikroorganismen stark an. In solchen Fällen können nicht nur die WC-Brille, sondern auch andere Oberflächen kontaminiert sein, vor allem Armaturen, Schalter, Waschlappen und Handtücher.

In die Toilette gelangen stets große Mengen von Bakterien (bis zu zehn Milliarden pro Gramm Exkrement). Leidet ein Toiletten-Benutzer an einer Darminfektion, können bis zu zehn Prozent dieser Bakterien krankheitserregend sein.

Bei der Spülung werden die meisten Mikroorganismen entfernt. Falls aber das WC nicht regelmäßig gereinigt wird, können Mikroorganismen in großer Zahl bis zu mehrere Wochen überleben, wenn sie sich beispielsweise in Oberflächenbelägen, so genannten Biofilmen, ansiedeln oder von Kalkablagerungen geschützt werden.

Beim Spülen des WCs entstehen feine Tröpfchen, die lebensfähige Mikroorganismen enthalten. Diese können sich auf Oberflächen und Gegenständen im Badezimmer niederschlagen.

Von besonderer Bedeutung ist jedoch die unmittelbare Übertragung von Mikroorganismen durch mit Exkrementen verunreinigte Hände auf Oberflächen, wie Wasserhähne oder Türgriffe.

Ein nährstoffreiches Umfeld finden Mikroorganismen in Abläufen von Waschbecken, Duschwannen und Abflussrohren. Auch die Wände der Dusche und der Duschvorhang bieten unter Umständen gute Bedingungen für das Wachstum von Schimmelpilzen, deren Sporen allergische Reaktionen auslösen können. Ebenso fördern Waschlappen, Handtücher und Schwämme, die lange feucht bleiben, die Vermehrung von Mikroorganismen.

1.3.3 Maßnahmen zur Hygiene im Haushalt

Abgerundet wird die moderne Haushaltshygiene durch die Wiederbelebung einiger bewährter Hygieneregeln. Die wichtigsten sind nachfolgend aufgeführt. Wie man beim Händewaschen vorgehen sollte, zeigt **Abb. 1.10**.

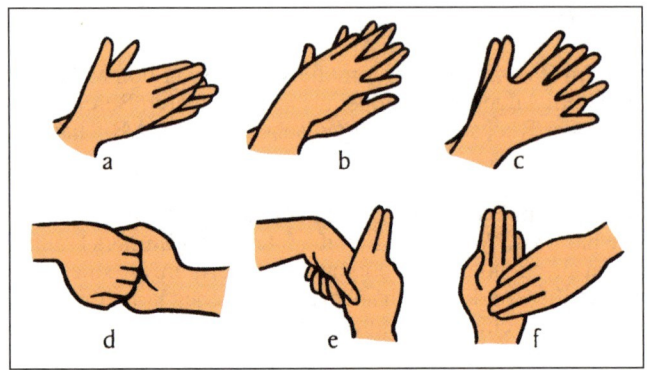

Abb. 1.10: Empfohlenes Vorgehen beim Händewaschen. a) Handfläche an Handfläche reiben. b) Mit der Handfläche der einen über den Handrücken der anderen Hand reiben. c) Handfläche an Handfläche mit verschränkten Fingern reiben. d) Fingerrücken mit der Handfläche der anderen Hand reiben. e) Kreisförmiges Reiben des Daumens in der anderen Handfläche. f) Kreisförmiges Reiben der Finger in der anderen Handfläche

Allgemeine Hygieneregeln

- Vor jedem Kontakt mit Lebensmitteln und nach jedem Toilettengang die Hände waschen
- Regelmäßig gründlich lüften
- Nasses immer sofort aufwischen
- Handtücher und Putzlappen nach Gebrauch rasch trocknen lassen. Nur wenige Tage verwenden und regelmäßig bei 60°C waschen.

Zusätzliche Hygienemaßnahmen in der Küche

- Arbeitsflächen in der Küche besonders sauber halten
- Zerkratzte Brettchen ersetzen
- Spüllappen und Tücher in regelmäßigen Abständen (ca. alle drei Tage) erneuern oder bei 60°C waschen
- Lebensmittel nicht zu lange lagern
- Lebensmittel richtig auftauen
- Fleisch, Geflügel und Fisch getrennt von anderen Lebensmitteln zubereiten
- Geflügel, Fleisch und Eierspeisen gründlich erhitzen
- Abfälle möglichst bald beseitigen.

Ein bisschen Dreck schadet nicht

Neuere Untersuchungen deuten darauf hin, dass es einen deutlichen Zusammenhang zwischen Hygiene und Allergiehäufigkeit gibt. Es wird diskutiert, dass bei Kindern, die zu wenig Kontakt mit Bakterien und Viren haben, häufiger allergisches Asthma, Heuschnupfen und andere allergische Erkrankungen auftreten [1]. Die Ergebnisse mehrerer internationaler Untersuchungen (z.B. [2] bis [4]) legen nahe, dass mangelndes Training des Immunsystems bei Kindern zu einer erhöhten Allergiehäufigkeit führen kann. Der Kontakt mit Keimen ist für die gesunde Entwicklung der Kinder wichtig.

Übertriebene Hygiene im Haushalt ist also nicht erforderlich. Der Einsatz antimikrobieller Wirkstoffe zur gezielten Keimverminderung in privaten Haushalten erfordert Sachkenntnis und sollte nicht unüberlegt erfolgen.

[1] J. Blech, *Leben auf dem Menschen – Die Geschichte unserer Besiedler*, Rororo science, Rowohlt Verlag, Hamburg, **2000**.
[2] U. Krämer, J. Heinrich, M. Wist, H.-E. Wichmann, Age of Entry to Day Nursery and Allergy in Later Childhood, *Lancet* **1998**, *352*, 450 ff.
[3] S. Illi, E. v. Murtius, S. Lau, R. Bergmann, B. Niggemann, Early Childhood Infectious Diseases and the Development of Asthma up to School Age: A Birth Cohort Study, *British Med. J.* **2001**, *322*, 390-395.
[4] P.M. Matricardi, F. Rosmini, S. Riondino, M. Fortini, L. Ferrigno, M. Rapicetta, S. Bonini, Exposure to Foodborne and Orofecal Microbes versus Airborne Viruses in Relation to Atopy and Allergic Asthma: Epidemiological Study. *British Med. J.* **2000**, *320*, 412-417.

Wie viel Hygiene in Privathaushalten?

+ Gezielte antimikrobielle Maßnahmen können die Haushaltshygiene verbessern und Gesundheitsrisiken vermindern.

☞ Die richtige Anwendung antimikrobieller Mittel erfordert Kenntnisse über ihre Wirkungsweise. Desinfizierende Maßnahmen können nicht das Reinigen ersetzen.

☞ Auf eine routinemäßige Anwendung antimikrobieller Wirkstoffe sollte verzichtet werden.

− Erhöhte Allergieanfälligkeit durch mangelndes »Training« des Immunsystems auf Grund zu geringer Mikrobenvielfalt.

1.4 Kleine Kulturgeschichte des Reinigens und der Reinigungsmittel

Die ersten Reinigungsmittel der Frühzeit waren klares kaltes, später warmes Wasser und mechanische Hilfen wie Steine und Sand. Doch war auch das Altertum keine »gute alte chemiefreie Zeit«, denn bereits damals standen schon chemische Hilfsmittel zur Verfügung. Gebrauchsgegenstände wurden mit scharfer ätzender Aschenlauge behandelt, andere Hilfsmittel waren Rosskastanienextrakt, Honig, Bohnenmehl, Kleie. Für die Kleiderreinigung nutzte man im alten Rom sogar Urin von Mensch und Tier.

Das älteste Zeugnis, das über Seife als das bekannteste und sehr breit verwendbare Wasch- und Reinigungsmittel berichtet, ist eine Tontafel aus dem Jahr 2500 v.Chr., die im Gebiet von Euphrat und Tigris gefunden wurde und in der Sprache der Sumerer verfasst ist [1.9]. Weitere Hinweise stammen ebenfalls aus Mesopotamien und beschreiben eine Seifenherstellung aus Öl und Pottasche. Auch die Ägypter benutzten zu dieser Zeit ein seifenähnliches, als »Trona« bezeichnetes Produkt, das chemisch eher einem Natrium-Karbonat mit hohem Kristallwassergehalt entsprach und nach Verdunstung aus dem Wasser nordafrikanischer Seen gewonnen wurde. Die Römer lernten Seife vermischt mit Kräutern und anderen Pflanzenextrakten und Essenzen zunächst als Kosmetikum, später auch als Reinigungsmittel etwa im 2. Jahrhundert n.Chr. kennen.

Das Herstellungsverfahren von Seife als Verseifung von Ölen oder Fetten mit Kali- bzw. Natronlauge, die durch chemische Reaktion von Pottasche oder Soda mit gelöschtem Kalk gewonnen wurden, gelangte mit den Arabern im 7. Jahrhundert nach Spanien. Hier fand sich dann auch der Ursprung der im 17. und 18. Jahrhundert beginnenden industriellen Fertigung von Seife in ganz Europa.

Nahezu genau so wie im Altertum diente noch zu dieser Zeit die Seife allein oder in Verbindung mit den oben schon erwähnten anderen Hilfsmitteln wie Sand als Basis, um das Grundbedürfnis der Reinigung auf allen Gebieten zu befriedigen. Eine erkennbare Weiterentwicklung der Reinigungsmittel hat über mehrere Jahrhunderte nicht stattgefunden. Wirkliche Fortschritte hat es erst im 20. Jahrhundert gegeben.

1.4.1 Herausbildung moderner Haushalte

Der Grund für die lange Stagnation in der Entwicklung lag in den sich ebenfalls über viele Jahrhunderte erstreckenden nur sehr langsamen Veränderungen im Lebensstil der Gesellschaftsschichten. Wie lange hat es gedauert, bis der Mensch das offene Feuer zu beherrschen gelernt hatte und es zum Mittelpunkt eines festen Hauses machte, um den sich die Familie oder die Sippe konzentrierte?! Von da an waren alle Funktionen des Lebens in einem Raum um das Feuer vereint, das Kochen, das Essen, das Schlafen, eben das »Miteinanderleben«. Erst im 17./18. Jahrhundert entwickelte sich von dieser »Wohnküche« ausgehend durch Anfügen weiterer Räume zum Schlafen oder einer »guten Stube« so etwas wie eine Wohnung heutigen Stils. Eine Ausstattung mit Elektrizität, Gas und Wasser folgte erst sehr langsam in der zweiten Hälfte des 19. Jahrhunderts. Eine mit vielen Bildern unterlegte Dokumentation dieser Entwicklung findet sich in *F. Bohmerts* Buch »Hauptsache sauber« [1.9]. Als Beispiel ist in **Abb. 1.11**

Abb. 1.11: Kleinbürgerliche Küche um 1910

eine kleinbürgerliche Küche um 1910 wiedergegeben, wie sie in vielen Wohnungen noch bis zum Zweiten Weltkrieg zu finden war.

Die Entwicklung der menschlichen Behausung vollzog sich nur in sehr kleinen Schritten. Während in den Anfängen des 17./18. Jahrhunderts Materialien wie Stein, Eisen und Holz vorherrschten, fanden später zur Einrichtung des Haushalts nach und nach auch Glas, Porzellan, Email oder Kupferblech zunehmend Verwendung.

Dieser Fortschritt führte dann zwangsläufig auch zu anderen oder ganz neuen Anforderungen an die Reinigungsmethoden und -mittel. Einige chemische Möglichkeiten, außer der Seife, waren seit Ende des Mittelalters bekannt. So wurde die Salzsäure bereits Ende des 15. Jahrhunderts entdeckt, Schwefelsäure und Ammoniak konnte man seit 1746 bzw. 1774 herstellen. Die Entwicklung technischer Verfahren zur Herstellung erforderlicher größerer Mengen dieser Chemikalien zog sich jedoch noch von 1750 bis 1910 hin.

Mit der beginnenden Industrialisierung und der damit verbundenen Verstädterung sowie der langsamen Entstehung eines Haushalts im heutigen Sinne in der zweiten Hälfte des 19. Jahrhunderts wurde nach neuen Lösungen und Methoden hinsichtlich einer Vereinfachung der Hausarbeit verlangt, besonders im Hinblick auf die Tatsache, dass mit dem Einsatz bisher bekannter Mittel erheblicher mechanischer, d.h. menschlicher Kraftaufwand verbunden war (siehe Kasten).

Arbeitstag eines Dienstmädchens

Wer immer es sich leisten konnte, beschäftigte Hauspersonal. Noch um 1890 arbeiteten z.B. in England 12% aller Frauen ab 10 Jahren als Dienstmädchen. In der Altersklasse zwischen 15 und 20 Jahren war es jede Dritte, die in fremden Haushalten Dienst tat. Ein großer Teil dieser Frauen verbrachte die Zeit, in der sie nicht schliefen, mit dem Putzen der Häuser anderer Leute. In einem großbürgerlichen Haushalt konnte um 1880 der Arbeitstag eines Dienstmädchens wie folgt aussehen:

Um 6 Uhr morgens Arbeitsbeginn. Die Fensterläden öffnen und in der Küche Feuer machen. Die rußigen Sachen über dem Kehrichtkasten ausschütteln und den Ruß dort ausleeren. Die Zimmer und die Halle fegen und Staub wischen. In den Kaminen Feuer machen. Kamingitter und Feuerhaken schwärzen. Das Esszimmer, das Wohnzimmer, die Flure, Treppen, das Zimmer der Kammerzofe der gnädigen Frau und die Fußböden im Erdgeschoss putzen – das meiste davon vor dem Frühstück.

Das Feuer im Herd anfachen und das Frühstück zu den Herrschaften raufbringen. Mehrere Paar Stiefel putzen. Die Betten machen, Nachttöpfe, Waschschüsseln und Wassereimer entleeren. Das Frühstücksgeschirr säubern und abwaschen. Die Teller und Messer säubern und das Mittagessen aufsetzen. Unzählige Töpfe, Pfannen und Kessel saubermachen. Die Küche putzen. Auf den Knien die Stufen vor dem Haus und die Fliesen putzen und Tische scheuern. Die Fliesen rund ums Haus scheuern und die Fensterbänke säubern. Auf den Knien die Toilette, den Gang und den Küchenfußboden putzen.

Das Badewasser die Treppen hinauf, das gebrauchte Wasser die Treppen hinuntertragen. Die Kohlen für die Kamine in die obere Etage schaffen. Wachsreste entfernen. Fenster putzen (Scheiben abbürsten, weißen Kalk auf die Scheiben auftragen, nass abwischen, mit einem sauberen Tuch trockenreiben). Täglich eines der genutzten Zimmer intensiv putzen (nach *Horsfield*, 1999).

Abb. 1.12: Bohnern des Fußbodens 1925

Mit der Jahrhundertwende wurden jedoch mehr und mehr Arbeitskräfte in der aufkeimenden Industrie benötigt. So fanden auch Frauen dort bessere und besser bezahlte Arbeitsbedingungen als bei der schweren Dienstmädchenarbeit, so dass für diese Tätigkeit ein Mangel entstand. Nur noch sehr gut situierte Haushalte konnten sich weiterhin ein Dienstmädchen leisten. Die Hausarbeit musste nun von der Hausfrau selbst, verbunden mit dem zunehmenden Wunsch nach mechanischen und chemischen Hilfsmitteln, übernommen werden. Einen Eindruck von der schweren Arbeit des Bohnerns vermittelt **Abb. 1.12**.

Die traditionsgebundenen Kräfte waren aber immer noch stark, die übernommenen Formen der Haushaltsführung eingefahren und Neuheiten gegenüber noch sehr zurückhaltend. Trotzdem gab es, ausgehend von der täglichen Praxis, den einen oder anderen Anstoß für eine Neuentwicklung.

1.4.2 Erste Markenartikel

Ein schönes Beispiel hierfür war die Anregung der Ehefrau des Apothekers *August Roth* im Jahre 1900, ein Produkt zur leichteren Reinigung von Waschkesseln zu entwickeln. Diese Waschkessel, die vorwiegend in Waschküchen aufgestellt und mit einem Holzfeuer beheizt wurden, bestanden aus Kupferblech. Vor jeder »großen Wäsche« mussten sie unter großer Kraftanstrengung der »Waschfrau« mit Sand und Wurzelbürste gescheuert und poliert werden, um die braune schmierige Schicht, die sich als Folge der Luftoxidation während der ungenutzten Standzeit bildete, zu entfernen.

Die Lösung des Problems bestand in einem aus den Mineralstoffen Kieselgur, Quarzmehl und Schwefelsäure bestehenden Produkt, das zu einem Stein gepresst und in säurefeste Folie verpackt wurde. In den Kupferwaschkessel zerbröselt und mit einem feuchten Lappen verrieben, stellte das anstrengende Kesselreinigen durch die gelungene Verbindung von Chemie und Mechanik fortan kein großes Problem mehr dar. »Vitrolin«, so der Name des Produkts, war somit einer der ersten Markenartikel im Markt der Reinigungsmittel, die speziell zur Anwendung an bestimmten Werkstoffen konzipiert waren **(Abb. 1.13)**. »Vitrolin« wurde über viele Jahrzehnte, auch später noch nach dem Ersatz der Waschkessel durch Waschmaschinen, zur mühelosen Reinigung von Kupfergegenständen genutzt.

Abb. 1.13: Vitrolin

Abb. 1.14: Ata-Mann

Abb. 1.15: Erdal-Frosch

Auf Grund des erreichten Haushaltsstandards und der chemischen Rohstoffe, welche die sich entwickelnde chemische Industrie inzwischen anbieten konnte, sind in dieser Zeit des beginnenden 20. Jahrhunderts zahlreiche, zum Teil sehr bekannte Markenartikel aus dem Bereich Waschen, Reinigen und Pflegen entstanden. Das bekannteste Beispiel ist das Waschmittel »Persil«, das die Hausfrau von dem sehr kraftraubenden Rubbeln, Bürsten und Schlagen der Wäsche auf Waschbrettern sowie von der aufwändigen Rasenbleiche befreite. Die bisher immer einzeln und getrennt eingesetzten Reinigungsmittel Sand, Soda und Seife hat man in den Markenartikeln »Ata« **(Abb. 1.14)** und »Vim« als Scheuermittel und somit als eine Art Vorläufer der heutigen Allzweck- oder Universalreiniger zusammengefasst. Sie wurden ebenfalls als Kombination von chemischer und mechanischer Wirkung zur Reinigung von Ofenplatten, Geräten und Gegenständen aus Glas, Porzellan, Marmor, Email, Fliesen und Steinen eingesetzt. Als ein eher pflegendes Produkt ist in dieser Zeit die Schuhcreme »Erdal« **(Abb. 1.15)** entstanden, die nicht nur den Schuhen sehr leicht einen schönen Glanz verlieh, sondern dem Leder erstmals pflegende und werterhaltende Substanzen zuführte.

Aufbauend auf diesen Innovationen ging die Entwicklung in den nächsten zwei Jahrzehnten zwischen den beiden Weltkrie-

Abb. 1.16:
IMI

gen weiter und die Produkte erfuhren viele Verbesserungen in ihren Wirkungen und Anwendungen. Besonders die Eigenschaften der Salze der Phosphorsäure fanden die Aufmerksamkeit der Reinigungsmittelchemiker, die mit ihrer Hilfe wiederum neue Produkte entwickelten, die zur Reinigung z.B. stark fett- und ölverschmutzter Haushaltsgeräte und von Geschirr, aber auch von Textilien eingesetzt wurden. Phosphate wurden somit wichtige und effektvolle Komponenten vieler Reinigungsmittelformulierungen, die im Haushalt, Gewerbe und in der Landwirtschaft breite Anwendung fanden. Der bekannteste Markenname, der für diese Entwicklungsstufe der Haushaltsreiniger steht, ist »IMI« (**Abb. 1.16**). Dieses Produkt leitete auch die Zeit des chemieunterstützten Geschirrspülens ein. Eine Haushaltstätigkeit, die in den Folgejahren, besonders nach dem Zweiten Weltkrieg, in Art und Umfang eine rasante und wirtschaftlich bedeutende Entwicklung nehmen sollte.

1.4.3 Das Tensid-Zeitalter

Trotz der zweifellos seit Mitte des 19. Jahrhunderts in der wissenschaftlichen und industriellen Chemie erzielten Fortschritte, die sich unter anderem auch im Bereich der Reinigungs- und Pflegemittel ausgewirkt haben, ist hier jedoch die Seife eine ganz wesentliche und bis dahin nicht zu ersetzende Grundlage geblieben. Durch die stark gewachsene Palette der im Haushalt und Gewerbe verarbeiteten Materialien und Werkstoffe und der infolgedessen immer größer werdenden Anwendungsbreite von Reinigungsmitteln wurden auch die negativen Eigenschaften der Seife enthaltenden Produkte immer deutlicher. Ihre hohe Alkalität, die in Verbindung mit hartem Wasser sich bildenden, von der Oberfläche nur schwer entfernbaren Kalkseifenbeläge und die Unbeständigkeit gegen Säuren und viele andere Chemikalien regte viele Forscher in Universitäts- und Industrielabors an, nach besseren Lösungen zu suchen. Nachdem fast

4000 Jahre lang die Seife die erste und einzige wasch- und reinigungsaktive Substanz darstellte, entwickelte sich ab etwa dem Jahre 1930 ein eigenständiger und sehr erfolgreicher wissenschaftlicher und industrieller Bereich, die Tensidchemie, die heute zu den mit am besten erforschten und wissenschaftlich erschlossenen Gebieten der Chemie überhaupt zählt.

Dass dies heute so ist, hat seine entscheidende Ursache in der erfolgreichen Überwindung eines großen Problems, das nach dem 2. Weltkrieg in den fünfziger Jahren im wahrsten Sinne des Wortes »sichtbar« geworden war. Der umfangreiche Einsatz des synthetischen Tensids Tetrapropylenbenzolsulfonat (TPS) als Seifenersatzprodukt in Waschmitteln, das unter Nutzung noch aus dem Krieg stammender alter Anlagen technisch relativ einfach und preiswert herzustellen war, führte zu riesigen Schaumbergen in den die Haushaltsabwässer aufnehmenden Kläranlagen und Flüssen. Dieses Tensid war nicht ausreichend und schnell genug biologisch abbaubar.

Die Entwicklung dieser neuen chemischen Stoffgruppe und die ersten Erfahrungen im praktischen Einsatz hatten zwei weitreichende Konsequenzen:

1. Sie waren Anlass und Auslöser dafür, dass Deutschland Vorreiter einer umfangreichen und effektvollen Umweltgesetzgebung wurde, die ihrerseits dazu führte, dass es heute wohl kaum eine chemische Substanzgruppe gibt, deren Auswirkungen auf die Umwelt so umfassend erforscht und durch wissenschaftliche Ergebnisse belegt sind, wie die Tenside.

2. Durch intensive Forschung ist inzwischen eine breite Palette umweltverträglicher und maßgeschneiderter Tenside für fast jeden Anwendungszweck entstanden.

Neben dem Einsatz dieser neuen Substanzen in der Kosmetik, Pharmazie, Textil- und Faserindustrie, in der Lack-, Kunststoff- und Papierindustrie bedeutete diese Stoffgruppe für die Wasch-, Reinigungs- und Pflegemittelindustrie einen formulierungs- und anwendungstechnischen Quantensprung.

1.4.4 Ursprung einiger Spezialreinigungsmittel

Nicht nur der seinerzeitige Stand der Technik, sondern insbesondere die gesellschaftliche Situation und die Wiederaufbauphase nach dem 2. Weltkrieg waren Anlass für einen Neuanfang in vielerlei Hinsicht. Die allgemeine Aufbruchstimmung erfasste sehr schnell auch die Reinigungs- und Pflegemittelindustrie, so dass schon Anfang der fünfziger Jahre wieder die ersten bekannten und traditionsreichen Markenartikel auf dem Markt angeboten wurden. Auch erste echte Innovationen mit sehr unterschiedlichem Ursprung waren erkennbar.

Backofenreiniger

Die Tatsache, dass das Angebot industriell gefertigter Lebensmittel noch sehr gering war, zwang die Menschen, Vieles in der eigenen Küche, oft auf Basis dessen, was unter anderem der eigene Garten hergab, selbst herzustellen. So war es z.B. üblich, aus Zwetschgen oder anderem Obst große Mengen Marmelade in Waschkesseln zu kochen

Abb. 1.17: Hui Backofenreiniger

oder auch größere Mengen Kuchen zu backen. Bei dieser Prozedur entstand ein großes Reinigungsproblem durch das Anbacken der zuckerhaltigen Obstsäfte in den Kesseln oder Backöfen. Diese Verschmutzungen ließen sich nur sehr mühsam mechanisch entfernen.

Diese Erfahrungen gaben die Anregung, den ersten chemischen Backofenreiniger zu entwickeln, der dann 1958 unter der Marke »Hui« auf dem Markt angeboten wurde **(Abb. 1.17)**. Es handelte sich um eine hochviskose, stark alkalische Flüssigkeit, die in einen der ersten damals zur Verfügung stehenden Kunststoffbehälter, mit einem Bakelitdeckel verschlossen, abgefüllt wurde. Zwischen Deckel und Behälter befestigt wurde ein kleiner Pinsel mitgeliefert, mit dessen Hilfe die Flüssigkeit auf die eingebrannten Saftrückstände aufgetragen werden konnte.

WC-Reiniger

Offensichtlich noch ausgehend von den Folgen des 2. Weltkriegs und amerikanischer Einflüsse, fand Anfang der fünfziger Jahre der Begriff »Hygiene« und damit die Toilette die besondere Aufmerksamkeit der Marketingexperten.

Bisher war es üblich, das Toilettenbecken, wenn überhaupt, nur mit der Bürste, die erfahrungsgemäß nur über eine sehr begrenzte Wirksamkeit verfügte, zu reinigen. Nur in Ausnahmefällen, wenn bei hartem Spülwasser sich im Geruchsverschluss Kalk ablagerte, der im Laufe der Zeit braun und unansehnlich wurde, griff man zu konzentrierter Salzsäure. Dieses Reinigungsverfahren war nicht nur begrenzt erfolgreich, sondern durch Spritzeffekte auch gefährlich. Um hier eine Verbesserung zu schaffen, im Übrigen auch als eine Maßnahme zum Verbraucherschutz, entstand unter dem sehr einprägsamen Markennamen »00« das erste WC-Reinigungsmittel in Pulverform. Durch regelmäßige Anwendung in kleinen Portionen konnte die Toilettenschüssel einschließlich Geruchverschluss kontinuierlich sauber gehalten werden. Durch ihre zukünftige Bekanntheit wurde die Marke »00« später zum Gattungsbegriff. So entstand im Laufe der Jahre ein ganzes Sortiment von Produkten, die zur Reinigung, Geruchsverbesserung und Pflege in der Toilette eingesetzt wurden.

Edelstahlreiniger

Stahl, seit dem Mittelalter ein Werkstoff der Schwerindustrie, wurde im Laufe der Jahrhunderte durch Zulegieren von anderen Metallen und umfangreiche Änderungen im Herstellungsverfahren in seinen Eigenschaften und seiner Verwendbarkeit weiterentwickelt. Die Rohstoffsituation nach dem 2. Weltkrieg war auch die Basis für eine wesentliche Verbesserung der Korrosionsbeständigkeit und Verformbarkeit dieses Werkstoffs. So genannte Chrom/Nickel-Edelstähle zu Blechen gewalzt, fanden zuneh-

Abb. 1.18: Stahlblank

mend Verwendung zur Herstellung von Geräten und Einrichtungen, die u.a. besonders korrosiven Beanspruchungen ausgesetzt waren. Durch Polieren der Bleche wurde optisch fast die Qualität von Silber erreicht. Die Einführung dieses Werkstoffs zur Herstellung von Dekorations- und Gebrauchsgegenständen im Haushalt lag daher nahe. Ein erster Schritt war der Ersatz der sehr schlag- und stoßempfindlichen Email- und Porzellanspültische in der Küche durch so genannte Nirosta-Spülen. Im praktischen Gebrauch erwiesen sich diese optisch sehr schönen, hochglänzenden Stahloberflächen jedoch als sehr empfindlich gegenüber hartem Wasser und Fettrückständen. Eine Kölner Hausfrau gab daher die Anregung, ein Reinigungsmittel zu entwickeln, mit dessen Hilfe sich der Hochglanz wirksam und leicht wieder herstellen ließ. Zur damals noch regelmäßig stattfindenden internationalen Drogerie-Fachausstellung (Indrofa) wurde 1960 unter der Marke »Stahlblank« **(Abb. 1.18)** das erste Stahlreinigungsmittel vorgestellt. Durch die zunehmende Verwendung von Edelstahl im Haushalt und Gewerbe war ein lukrativer Markt für ein zukünftig sehr erfolgreiches Produkt erschlossen.

Badreiniger

Davon, dass bereits die Römer über eine ausgeprägte Badekultur verfügten, liefern viele Bilder und die noch heute durch Ausgrabungen bekannten und zugänglichen Thermen, z.B. in Trier, ein umfangreiches Zeugnis. Auch Bilder aus dem Mittelalter weisen auf den zeitweiligen Aufenthalt der Menschen in warmem Wasser hin, der aber eher der Unterhaltung als der Sauberkeit diente. Bis in das 18. und 19. Jahrhundert hinein stanken die Zustände in Deutschland hinsichtlich persönlicher Sauberkeit buchstäblich zum Himmel. Quasi die erste ernst genommene Empfehlung, die persönliche Hygiene zu verbessern, stammt von *W. Hufeland*, Namensgeber heute noch existierender bekannter Kliniken, der um 1800 Folgendes geraten hat: »Man wasche sich täglich mit frischem Wasser den ganzen Körper und reibe zugleich die Haut, wodurch sie außerordentlich viel Leben und Gangbarkeit erhält. Man bade jahraus jahrein alle Wochen wenigstens einmal in lauem Wasser, wozu sehr nützlich noch eine Abkochung von 5 - 6 Lot Seife gemischt werden kann.«

In den Folgejahren begann sich diese Empfehlung langsam zwar, aber immerhin bei den meisten Menschen durchzusetzen. Wenn auch separate Baderäume mit Wannen zunächst nur privilegierten und reichen Leuten vorbehalten waren, wurden stellenweise so genannte Volksbäder eingerichtet. Im privaten Haushalt hielt der Holzzuber, später die Zinkwanne, zur Nutzung für das meist samstägliche Bad der Familie Einzug. Diese Prozedur war bis nach dem 2. Weltkrieg üblich. Im Rahmen der Wiederaufbauphase wurden dann zunehmend Badezimmer im heutigen Sinne in die Wohnungen eingebaut, die zunächst sehr funktionell mit Badewanne, Waschbecken und evtl. Toilette ein-

Abb. 1.19: Hui Wannen Wichtel

gerichtet waren. Später dann wurde vor allem durch junge Leute der Reiz des Badens entdeckt und das Bad in vielen Neubauten zu einem luxuriös, romantisch verspielten Raum aufgewertet. Badezimmer gehören heute fast gleichberechtigt zu den kommunikativen Räumen wie Wohnküche oder Wohnzimmer.

Die Größe, die umfangreiche und regelmäßige Nutzung des Badezimmers stellte jedoch die Hausfrau vor das Problem der ständigen Reinigung. Bereits in der Zinkwanne war neben warmem Wasser die Kernseife die Grundlage der Körperreinigung. Besonders bei hartem Wasser bildete sich in Höhe des Wasserspiegels ein so genannter Rand, bestehend aus Ablagerungen von Kalkseife, Schmutzpartikeln und Haaren, der an der Oberfläche sehr hartnäckig haftete und in der Regel mit den bekannten Scheuermitteln, bestehend aus Sand, Soda etc., nur recht mühsam entfernt werden konnte. Wenn das Scheuern schon den Holzzubern und Zinkwannen auf Dauer nicht zuträglich war, wurden die später eingesetzten Emailbadewannen sehr schnell stumpf und unansehnlich. Diese Erfahrungen waren im Jahre 1970 Anlass, ein spezielles Produkt zu entwickeln, das der Material- und Schmutzsituation im Bad optimal Rechnung trug und die Reinigungsarbeiten erleichtern sollte. »Hui-Wannenwichtel« war das erste Spezialreinigungsmittel für das Bad in flüssiger Form und Ausgangsprodukt für eine breite Palette von Badreinigern heutigen Stils, die nicht nur einer perfekten Reinigung und optimalen Materialschonung, sondern auch dem Wunsch nach Bequemlichkeit entsprechen (**Abb. 1.19**).

Lufterfrischer

Produkte zur Geruchsverbesserung kannten schon die Ägypter und Römer. Weihrauch und Myrrhe z.B. wurden als diesem Zweck dienend auch schon in der Bibel erwähnt.

Wie bereits in anderem Zusammenhang berichtet, waren die persönlichen hygienischen Verhältnisse, aber auch der Sinn für Reinlichkeit in Haus und Hof, als wesentliche Quellen für schlechte Gerüche bis zum 18./19. Jahrhundert ziemlich unterentwickelt. Lediglich in »besseren Kreisen« halfen sich die Menschen beiderlei Geschlechts durch den Einsatz von reichlich Parfümöl zur Geruchsüberdeckung.

Zur Verbesserung der Geruchssituation in Räumen wurde dieses Prinzip grundsätzlich auch genutzt. Einsatzmengen und Applikationsformen haben sich allerdings bis heute wesentlich geändert. Auch neue Chemikalien, die sich in der praktischen Anwendung als geeignet erwiesen hatten, fanden seit Beginn des 20. Jahrhunderts zunehmend Verwendung.

Beispiele hierfür sind Naphthalin, Campher und später dann auch Paradichlorbenzol (1,4-Dichlorbenzol), die neben der geruchsüberdeckenden auch leichte bakterizide und insektizide Wirkung aufwiesen. In den Zeiten, als ein Nachttopf im Schlafzimmer noch üblich war, gab es Einlagen für die Nachtschränkchen, die aus mit Naphthalin oder Paradichlorbenzol getränkter Pappe bestanden, um den Uringeruch zu überdecken.

In öffentlichen oder auch den Toiletten der Gastronomie findet man aus Paradichlorbenzol und Parfümöl bestehende Urinalsteine auch heute noch. Mit fortschreitender Entwicklung der Riechstoffindustrie sind jedoch diese »strengen« Geruchsüberdecker aus dem privaten Haushalt, beginnend nach dem Zweiten Weltkrieg, Zug um Zug weitgehend verschwunden.

Während die exklusiven und teuren Parfümkreationen für den Menschen nach wie vor direkt auf der Haut angewendet werden, haben sich die Applikationsformen für Räume in den letzten Jahren erheblich weiterentwickelt. Zum Beispiel hat man leicht flüchtige Lösemittel mit Parfümölen kombiniert und in Glasflaschen gefüllt. Hieraus verdunstete das Gemisch dann langsam über einen aus Vlies- oder Filz-Material bestehenden Docht, der zur Dosierung der Duftintensität mehr oder weniger weit aus dem Flaschenhals herausgezogen werden konnte. Später wurden dann auch so genannte Lufterfrischer-Sticks angeboten. Sie bestanden aus einem das Parfümöl enthaltenden »Alginat-Pudding«, der in einem Kunststoffbehälter verpackt war.

Während aus der Flasche das Parfümöl-Lösemittel-Gemisch weitgehend rückstandsfrei verdunstete, verblieb von dem Stick ein trockener Alginatrest, der entsorgt werden musste. Die bis heute in den verschiedenen Anwendungsbereichen eingesetzten Trägermaterialien für Riechstoffe sind sehr vielfältig und reichen von der Tontafel über verschiedene Papierqualitäten bis zum Filzmaterial. Im modernen Haushalt herrscht heute allerdings die Applikation als Spray oder Elektroverdampfer vor.

Möbelpolitur

Bereits im Mittelalter gab es möbelähnliche Einrichtungsgegenstände in den Behausungen der Menschen, deren Oberfläche zum Schutz vor Umwelteinflüssen mit einer Art Schellack, ein natürliches Harz tierischen Ursprungs, überzogen wurde. Möbel im heutigen Sinne fanden erst im 18. und 19. Jahrhundert in den Wohnungen Eingang. Zur Reinigung und Konservierung setzte man so genannte »Polishes«, ein Gemisch aus Terpentinöl und Wachs, ein. Es entstand jedoch eine klebrige Oberfläche, die zur Nutzung erst sehr mühsam mechanisch poliert werden musste.

In den dreißiger Jahren des 20. Jahrhunderts hat man ein so genanntes Stauböl, ein Mineralöl, das auch zur Reinigung von Holzfußböden Verwendung fand, mit mäßigem Erfolg zur Möbelreinigung und -pflege eingesetzt. Erst 1940 entwickelte der Chemiker

P. Schütz eine wachsfreie Emulsion mit der Bezeichnung »Polirol«, die in der Lage war, ohne Schichtenbildung und Klebeffekt die Möbeloberfläche zu reinigen und zu pflegen. Dieses Produkt war unter Einbeziehung neuer Substanzen aus der chemischen Industrie der Ausgangspunkt einer kontinuierlichen Weiterentwicklung, die zum heutigen Qualitätsstandard der Möbelpflegemittel, die in den unterschiedlichsten Anwendungs- und Applikationsformen angeboten werden, geführt hat.

Ausgehend von den vorstehend beispielhaft geschilderten Fällen und zahlreichen bekannten Marken wie »Dor«, »Hui«, »OO«, »Biff«, »Tarax« oder »Poliboy« hat sich so bis heute eine breite Palette von Spezialreinigungsmitteln entwickelt, die zur Lösung der Reinigungsprobleme im Haushalt zur Verfügung steht.

Ergänzende Einzelheiten zur historischen Entwicklung weiterer Spezialprodukte, soweit sie für deren Entstehung und Marktbedeutung von Interesse sind, werden ihrer chemisch-technischen Beschreibung in den einzelnen Kapiteln vorangestellt.

1.4.5 Von der Produktinnovation zur Nachhaltigkeit

Wenn man vom Zeitpunkt der fünfziger Jahre rückschauend noch einmal die historische Entwicklung von Reinigungs- und Pflegemitteln verfolgt, stellt man fest, dass sie zunächst im Wesentlichen von drei Kriterien bestimmt wurde:

1. von der sehr langsamen Entstehung eines Haushalts im heutigen Sinne und dem damit einher gehenden Wertewandel,

2. von dem kontinuierlich wachsenden Angebot an geeigneten industriell hergestellten Chemikalien und

3. Produktinnovationen, die eher zufälligen Anregungen einzelner Verbraucher, ausgehend von den alltäglichen praktischen Erfahrungen, entsprangen und so zu einer Problemlösung führten.

Auch für die Folgejahre blieben diese Kriterien mitbestimmend. Sie wurden jedoch durch weitere ergänzt. Die Einführung der Marktwirtschaft mit einer der sie tragenden Säulen eines intensiven Wettbewerbs und das Auftauchen des bereits in den USA früher bekannten Begriffs »Marketing« haben die allgemeine wirtschaftliche Entwicklung in ganz Europa maßgeblich gestaltet.

»Marketing«, ein Begriff, der bis dahin nur als Funktion aufgefasst wurde und der Beschreibung der Verteilungsvorgänge und Vertriebstätigkeiten von Waren und Dienstleistungen diente, bekam Ende der fünfziger Jahre eine neue, erweiterte Bedeutung. Man sprach nicht mehr von Marketing als einer Funktion, sondern vom Marketingdenken oder einem Marketingkonzept, d.h. von einer unternehmerischen Grundeinstellung, die dem Absatz und der Gestaltung des Marktes Vorrang gibt. Ziel und Zweck ist es, eine schon vorhandene Nachfrage nach Produkten zu erhalten und neue Nachfrage zu schaffen. Hinzu kommen Maßnahmen u.a. der quantitativen Marktforschung, die, orientiert an den Bedürfnissen des Marktes und den Verbraucherwünschen, auch eine entsprechend geplante Produktion ermöglichen.

Die Entstehung von Wettbewerb und die neue Definition des Marketings haben die weitere Entwicklung des Konsumgütermarktes, also auch der Reinigungs- und Pflegemittel, seit ca. 1950 in der gesamten Nachkriegszeit bis heute maßgeblich geprägt. Durch das Einwirken der oben geschilderten fünf Einzelkriterien

- Entstehung des Haushalts einschl. Wertewandel
- wachsendes Angebot industriell hergestellter Chemikalien
- Produktinnovation als Problemlösung
- praktische Umsetzung des Begriffs »Marketing«
- Entstehung von Wettbewerb

sind dann neben den bereits seit Anfang des 20. Jahrhunderts bestehenden Massenmärkten der Waschmittel, Scheuermittel und Universalreiniger, die sich ihrerseits qualitativ jeweils dem Stand der Technik entsprechend weiterentwickelt haben, ab 1955 Zug um Zug einzelne Teilmärkte entstanden, die sich auf ganz spezielle Anwendungsbereiche im Haushalt und Gewerbe beziehen.

Das kontinuierliche Wachstum des Marktes und die damit verbundene qualitative Anpassung der Produkte an die sich ebenfalls weiter entwickelnden chemisch-technischen Möglichkeiten erfuhren jedoch in der Mitte der achtziger Jahre einen Einschnitt. Das unsachgemäße Zusammenbringen eines seinerzeit auf dem Markt befindlichen Universalreinigers mit einem sauren WC-Reiniger hatte unter Freisetzung von Chlorgas zu einigen Unfällen im Haushalt geführt. Eine hiervon ausgehende Berichterstattung der Medien war der Anlass, dass die »Haushaltschemie« zu einem beachtlichen Teil der damals einsetzenden öffentlichen Diskussion zum Umwelt- und Verbraucherschutz wurde. Dieser Umstand blieb nicht ohne Einfluss auf das Verbraucher- und Behördenverhalten und hatte so eine veränderte Schwerpunktsetzung bei der Entwicklung neuer Reinigungsmittel zur Folge.

Hatten bis dahin die optimale Problemlösung durch ein Produkt und dessen Vermarktung im Mittelpunkt der Überlegungen gestanden, mussten nun auch Fragen zur Umweltverträglichkeit und zum Verbraucherschutz mit in die Entwicklungs- und Marketingstrategien einbezogen werden. Die Ereignisse Mitte der achtziger Jahre waren damit der Auslöser für eine totale Neukonzipierung von Rezepturen, Verpackung und Kennzeichnung fast aller bisherigen Reinigungs- und Pflegemittel für Haushalt und Gewerbe. Zahlreiche Gesetze und Verordnungen, aber auch freiwillige Vereinbarungen und Vorleistungen der Industrie lieferten dafür einen Rahmen (s. Kap. 12).

Spätestens seit Ende der achtziger Jahre ist immer deutlicher ins Bewusstsein der Menschen gelangt, dass wir erstmals in der Geschichte der Menschheit in globale Stoffkreisläufe eingreifen und dadurch die Umweltbedingungen unseres Planeten möglicherweise weltweit verändern werden. Ursache dafür sind die starke Zunahme der Erdbevölkerung in den letzten fünfzig Jahren, unsere heutigen technischen Möglichkeiten und eine energie- und ressourcenintensive Lebensweise in den Industrieländern.

Um diesen globalen Herausforderungen zu begegnen, ist ein neues Leitbild entstanden: *Die Nachhaltige Entwicklung*. Der Begriff Nachhaltigkeit wurde in diesem Zusammenhang zum ersten Mal Ende der achtziger Jahre von der so genannten Brundtland-Kommission der Vereinten Nationen beschrieben als wirtschaftliche Entwicklung, bei der die folgenden Generationen die gleichen Chancen zur Entwicklung besitzen müssen wie die lebende Generation – oder anders ausgedrückt: eine Entwicklung, mit der die Bedürfnisse der heutigen Generation befriedigt werden können, ohne die Bedürfnisse zukünftiger Generationen zu gefährden [1.12].

Das Leitbild der nachhaltigen Entwicklung geht damit weit über die Umweltproblematik hinaus und berücksichtigt gleichwertig auch wirtschaftliche und soziale Entwicklungen und Errungenschaften. Die drei tragenden Säulen der Nachhaltigkeit sind deshalb Ökologie, Ökonomie und soziale Verantwortung.

1. *Ökologie:* Erhaltung der natürlichen Lebensgrundlagen (Luft, Wasser, Boden), des Artenreichtums der Lebewesen (Biodiversität) sowie Schutz der Umwelt insgesamt.
2. *Ökonomie:* Aufrechterhaltung und Stabilisierung einer Wirtschaftsordnung, welche die Menschen mit allen notwendigen und nachgefragten Gütern und Dienstleistungen versorgen kann. Dazu gehört als Zielsetzung auch die Produktion von Gütern und Dienstleistungen mit möglichst geringem Energie- und Ressourceneinsatz sowie die Stärkung der Innovationskraft der Wirtschaft und der dort tätigen Menschen in die Richtung, effizient mit den begrenzten Ressourcen dieser Welt umzugehen.
3. *Soziale Verantwortung:* Wahrung der menschlichen Identität im sozialen und kulturellen Bereich. Dazu gehört als Zielvorstellung u.a. auch, allen Menschen einen angemessenen Lebensstandard zu ermöglichen, ihre persönlichen und kulturellen Grundbedürfnisse zu berücksichtigen und sie an den Möglichkeiten und Chancen unserer heutigen Welt teilhaben zu lassen.

Ausgehend von dieser Zielsetzung lassen sich Strategien zur Umsetzung einer nachhaltigen Entwicklung formulieren [1.13], die nach Möglichkeit alle Bereiche unserer Gesellschaft durchdringen müssen, wenn sie erfolgreich sein sollen:

- Erhöhung der Stoff- und Energieeffizienz,
- Schließung von Stoffkreisläufen,
- Ressourcen und Umwelt schonende Innovationen,
- umweltbewusster Lebensstil.

Es gilt, konkrete Antworten auf die neuen Herausforderungen einer sich immer schneller verändernden Welt zu finden und die ökologischen Herausforderungen mit wirtschaftlichen Interessen und sozialer Verantwortung zu verbinden [1.14]. Bei der Umsetzung einer nachhaltigen Entwicklung stehen wir noch ganz am Anfang. Eine Schwierigkeit der Nachhaltigkeitsdiskussion wird darin bestehen, abstrakte Begriffe und eher allgemein gehaltene Ansprüche, z.B. »angemessener Lebensstandard«, mit Inhalt zu füllen und eine konsensfähige Definition dafür zu finden.

Im Bereich der Wasch- und Reinigungsmittelindustrie wurden schon erste konkrete Schritte unternommen, das Thema Nachhaltigkeit auch branchenspezifisch anzugehen und Möglichkeiten zur Umsetzung aufzuzeigen [1.15]. Wichtige Aspekte dazu sind in **Abb. 1.20** zusammengefasst.

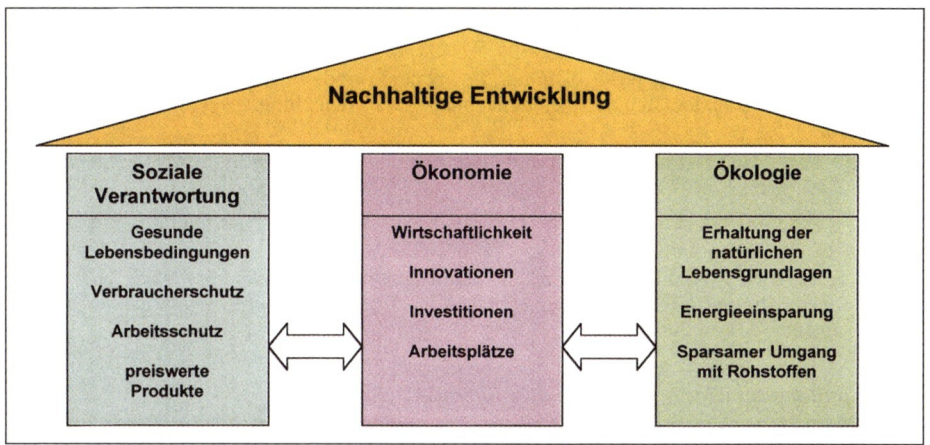

Abb. 1.20: Von der Produktinnovation zur Nachhaltigkeit: Die Entwicklung neuer Reinigungs- und Pflegemittel bezieht zunehmend die Kriterien einer nachhaltig zukunftsverträglichen Wirtschaftsweise mit ein.

1.5 Literatur

[1.1] Märkte im Jahre 2001: Körperpflegemittel, Wasch-/Reinigungsmittel, Putz- und Pflegemittel, *SÖFW J.* **2001**, *127*, H. 12, 76-79.

[1.2] H. Pöhlmann, Private Labels in Household and I&I Cleaner Markets. European Key Trends and Retailer Expectations/Demands, *SÖFW J.* **2001**, *127*, H. 6, 36-37.

[1.3] W. Twardawa, J. Mautschke, August **2007**; s.a. H. Hübsch, Die Entwicklung des Marktes der Wasch- und Reinigungsmittel – Rückblick 2001 und Ausblick 2002, *Vortrag auf der II. Intern. Fresenius Fachtagung Wasch- und Reinigungsmittel*, Bad Neuenahr, 26./27. Februar **2002**.

[1.4] G. Wagner, *Waschmittel – Chemie und Ökologie*, 2., aktualis. Aufl., Ernst Klett Verlag, Stuttgart, **1997**, S. 8

[1.5] J. Borneff, R. Hassinger, J. Wittig, R. Edenharder, Untersuchungen zur Keimverbreitung in Haushaltsküchen. 2. Mitt. Beurteilung der Resultate und hygienische Schlussfolgerungen, *Zbl. Bakt. Hyg. B* **1988**, 186, 30-44.

[1.6] M.R. Weide, M. Heinzel, Situation Analysis of Hygiene in the Home, *SÖFW J.* **2000**, *126*, H. 6, 6-11.

[1.7] International Scientific Forum on Home Hygiene (IFH), *Richtlinien zur Verhütung von Infektionen und Kreuzinfektionen im häuslichen Umfeld*, Mailand, **1998**.

[1.8] J. Borneff, Wirksame Hygiene-Maßnahmen im Haushalt heute, *Zbl. Bakt. Hyg. B* **1989**, *187*, 404-413.

[1.9] F. Bohmert, *Hauptsache sauber? Vom Waschen und Reinigen im Wandel der Zeit*, Stürtz-Verlag, Würzburg, **1988**.

[1.10] *Ullmanns Enzyklopädie der technischen Chemie*, 4. Aufl. **1972-1984**, Bände 7, 20 u. 21.

[1.11] H. Ziolkowsky (Hrsg.), *Jahrbuch für den Praktiker 1998*, Verlag für chemische Industrie H. Ziolkowsky, Augsburg, **1998**.

[1.12] M. Eissen, J.O. Metzger, E. Schmidt, U. Schneidewind, 10 Jahre nach »Rio« – Konzepte zum Beitrag der Chemie zu einer nachhaltigen Entwicklung, *Angew. Chem.* **2002**, *114*, 402-425.

[1.13] O. Renn, Nachhaltige Entwicklung – Konzept und Umsetzung in der Chemie, *Chemkon* **2002**, 9, H. 2, 66-76.

[1.14] C. Brandt, Die chemische Industrie auf dem Weg in eine grüne Zukunft? *Chem. unserer Zeit* **2002**, 36, 214-224.

[1.15] T. Behrens, J. Koplin, S. Seuring, U. Schneidewind, *Studie Nachhaltigkeit in der deutschen Waschmittelindustrie*, Universität Oldenburg, Fachgebiet Produktion und Umwelt, Oldenburg, Mai **2002**.

Kleine Kulturgeschichte – weiterführende Literatur

C. Grugel et al., *Waschmittel und Wäschepflege*, Falken-Verlag, Niedernhausen, **1996**.

Margaret Horsfield, *Der letzte Dreck – Von den Freuden der Hausarbeit*, Rütten & Loening, Berlin, **1999**.

Firma Werner & Mertz, Broschüre *Die ganze Welt der Schuhpflege*, Mainz, **2001**.

2 Inhaltsstoffe von Reinigungs- und Pflegemitteln für den Haushalt

Es gibt heute etwa 40 verschiedene Produktklassen bei Reinigungs- und Pflegemitteln (vgl. Kap. 1). Zu jeder Produktklasse wiederum gehören verschiedene Angebotsformen und Marken. Daraus erwächst eine überwältigende Produktvielfalt bei den Reinigungs- und Pflegemitteln, die jeder Verbraucher aus dem Regalumfang im Einzelhandel kennt.

Betrachtet man die Reinigungs- und Pflegemittel aus naturwissenschaftlicher Sicht genauer, so lässt sich der grundsätzliche Aufbau aller Reinigungs- und Pflegemittel auf *wenige Grundkomponenten* zurückführen. Durch unterschiedliche Kombination dieser Hauptbestandteile erhält man dann die verschiedenen Reinigungsmitteltypen. Je nach Anwendungszweck sind noch weitere spezielle Zusätze oder Hilfsstoffe erforderlich. Bei Pflegemitteln kommen Pflegekomponenten hinzu, die auf Oberflächen aufziehen und dort für längere Zeit verbleiben.

Die wichtigsten Bestandteile aller Reinigungsmittel sind

- Tenside
- Säuren und Alkalien
- Lösemittel
- Dispergatoren und Komplexbildner
- Spezielle Zusatzstoffe und Formulierungshilfen.

Bei bestimmten Produktklassen kommen als funktionelle Inhaltsstoffe Bleichsysteme, Enzyme oder Abrasiva hinzu. Grundbestandteile von Pflegemitteln sind zusätzlich Wachse, Silicone und Polymere.

2.1 Tenside

Tenside sind grenzflächenaktive Stoffe. Sie werden oft das *Herz* aller Wasch- und Reinigungsmittel genannt. Dabei kann ihr Anteil an den Formulierungen sehr unterschiedlich sein. Er reicht von weniger als einem bis etwa 40 Prozent. Geringe Anteile an Tensiden dienen nur als Netzmittel für die zu reinigenden Oberflächen bzw. den zu entfernenden Schmutz, höhere Anteile sind die »Träger« der zumeist sehr komplexen Reinigungsleistung.

Allgemein modifizieren grenzflächenaktive Stoffe, wie der Name sagt, Grenzflächen – sei es zwischen Festkörper und Flüssigkeit oder der Gasphase, zwischen zwei – nicht mischbaren – Flüssigkeiten oder Flüssigkeit und Gasphase. In der Folge bilden sich entweder andere Eigenschaften der Grenzfläche heraus, oder es kommt zu verschiedenen Prozessen, wie Netzen, Umnetzen und Entnetzen, zum Emulgieren, zur Schaumbildung, zu Reinigungsvorgängen. Tenside wirken nicht nur an Grenzflächen, sondern auch in Lösungen, wie im Einzelnen noch gezeigt wird.

2.1.1 Was ist ein Tensid?

Als Tenside werden amphiphile (bifunktionelle) Verbindungen mit einem hydrophoben und einem hydrophilen Molekülteil bezeichnet [2.1]. Der hydrophobe Rest ist zumeist eine – lineare – Kohlenwasserstoffkette mit acht bis 20 Kohlenstoffatomen. Spezielle Tenside haben auch (Dimethyl-)Siloxanketten oder perfluorierte Kohlenwasserstoffketten als hydrophoben Molekülteil. Der hydrophile Rest ist entweder eine negativ oder positiv elektrisch geladene (hydratisierbare) oder eine neutrale polare Kopfgruppe. Grenzflächenaktive Betaine (amphotere Tenside) tragen negativ und positiv geladene Gruppen in *einem* Molekül.

Basiseigenschaften der Tenside sind die

- orientierte Adsorption an Grenzflächen sowie die
- Aggregation zu Micellen, Vesikeln und flüssig-kristallinen (lyotropen) Phasen.

Tenside werden nach der Art ihrer hydrophilen Kopfgruppe in Klassen eingeteilt (**Tab. 2.1**).

Tab. 2.1: Tensidklassen

Klasse	Hydrophile Gruppe	Typische Vertreter
Anionische Tenside	$-COO^-$ $-SO_3^-$ $-OSO_3^-$	Seife Alkylbenzolsulfonate, Alkansulfonate, Alkylsulfate, Alkylethersulfate
Nichtionische Tenside (Niotenside)	$-(CH_2CH_2O)_x-$ (x = 2 bis 20) $>N \rightarrow O$	Fettalkoholethoxylate Amin-*N*-oxide
Kationische Tenside	$\mid$ $-N^+-$ $\mid$	Quartäre Ammoniumverbindungen mit einer oder zwei hydrophoben Gruppen, Salze langkettiger primärer Amine
Betaine	$\mid$ $-N^+-(CH_2)_y-COO^-$ $\mid$ (y = 2 oder 3)	Acylamidoalkylbetaine

2.1.2 Basistenside

Abhängig von ihrer wirtschaftlichen Bedeutung unterscheidet man bei Tensiden großtonnagige Produkte oder Basistenside und in geringeren Mengen am Markt befindliche Spezialtenside, die zumeist in besonderen Einsatzgebieten oder in Kombination mit Basistensiden als so genannte Cotenside verwendet werden. Sechs großtechnisch hergestellte Tenside gelten heute als Basistenside (**Tab. 2.2**). Davon werden die nicht in

Tab. 2.2: Basistenside

Anionische Tenside	Nichtionische Tenside
Seifen Lineare Alkylbenzolsulfonate (LAS) Fettalkylethersulfate (FAES) Fettalkylsulfate (FAS)	Fettalkylethoxylate (FAEO)

die Tabelle aufgenommenen Alkylphenolethoxylate (APEO) seit vielen Jahren in Wasch- und Reinigungsmitteln für den Haushalt nicht mehr verwendet.

Natürliche Fette und Öle sind die Rohstoffe für das älteste Tensid, die Seife, waren und sind aber auch die Grundlage für das erste vollsynthetische Tensid überhaupt, das Fettalkylsulfat. Mit dem Siegeszug der Petrochemie nach dem 2. Weltkrieg dominierten erdölstämmige Tenside. Heute schließt sich der Kreis: Vorzugsweise aus Kokos-, Palmkern- und Palmöl wurden im Jahr 2000 weltweit 3,8 Mio. t Fettsäuren gewonnen. Die durch Hydrierung von Fettsäuren weltweit hergestellten 1,8 Mio. t Fettalkohole (2000), in geringerem Maße auch Fettsäuremethylester und Fettamine, sind Bausteine aus nachwachsenden Rohstoffen für oleochemische Tenside.

Wachsende Bedeutung für die Tensidchemie hat auch die *Grüne* Gentechnik, mit deren Hilfe im Pflanzen-»Reaktor« fast jedes gewünschte Fettsäurespektrum hergestellt werden kann. Erste Erfolge sind die Gewinnung von C_{12}-Fettsäure (Laurinsäure) aus Raps und transgene Sonnenblumen-, Soja- und Rapspflanzen mit sehr hohem Ölsäuregehalt im Samenöl.

Eine Formelübersicht zu anionischen Tensiden ist in **Abb. 2.1** gegeben. Das kommerziell wichtigste Tensid überhaupt ist das lineare Alkylbenzolsulfonat (LAS), das auf Grund seines Preis-/Leistungsverhältnisses, seiner ökologischen Sicherheit und der bei seinem technischen Einsatz gesammelten über 40-jährigen Erfahrung *das* Basistensid für Waschmittel und viele Reinigungsmittel darstellt. LAS ist ein Homologen- und Isomerengemisch mit der durchschnittlichen Alkylkettenlänge $C_{11,6}$. Beispielhaft sind in **Abb. 2.2** neben der Formel für ein Isomerengemisch mit der Alkylkettenlänge C_{12} die Edukte und die wichtigsten Synthesetechnologien zusammengefasst.

Sulfonierung und Sulfatierung [2.2] werden heute überwiegend mit gasförmigem SO_3 im Fallfilmreaktor **(Abb. 2.3)** durchgeführt. Außer linearem Alkylbenzol (LAB) werden nach diesem Verfahren auch Fettalkohole (zu FAS), Fettalkoholethoxylate (zu FAES), Fettsäuremethylester (zu MES) und 1-Olefine (zu Olefinsulfonaten) umgesetzt.

Die Weltproduktion an Tensiden (ohne Seife) betrug im Jahr 2000 etwa 11 Mio. t, davon 2,6 Mio. t LAS. Anionische und nichtionische Tenside sind mit einem Anteil von 56 bzw. 35 Prozent die wichtigsten Tensidklassen. Die Anteile der kationischen und amphoteren Tenside betragen sieben bzw. zwei Prozent **(Abb. 2.4)**.

$H_3C-(CH_2)_n-COO^-\ Na^+$ $n = 10$ bis 20	Seifen
$H_3C-(CH_2)_n-O-SO_3^-\ Na^+$ $n = 11$ bis 17	Fettalkylsulfate
$H_3C-(CH_2)_n-O-(CH_2CH_2O)_x-SO_3^-\ Na^+$ $n = 11$ bis $15 \qquad x = 2$ bis 3	Fettalkylethersulfate
$SO_3^-\ Na^+$ $H_3C-(CH_2)_n-CH-(CH_2)_m-CH_3$ $n + m = 9$ bis 15	Sekundäre Alkansulfonate
$H_3C-(CH_2)_n-CH=CH-(CH_2)_m-SO_3^-Na^+$ $n + m = 9$ bis $15 \qquad m = 0, 1, 2, \ldots$	Olefinsulfonate
$H_3C-(CH_2)_n-\overset{3}{C}H-CH_2-CH_2-SO_3^-Na^+$ OH $n = 8$ bis 14	(Gemisch aus 60 bis 70% Alkensulfonaten, 30% 3- bzw. 4-Hydroxysulfonaten und 0 bis 10% Disulfonaten)
$H_3C-(CH_2)_n-\overset{4}{C}H-CH_2-CH_2-CH_2-SO_3^-\ Na^+$ OH $n = 7$ bis 13	
$H_3C-(CH_2)_n-CH-COOCH_3$ $SO_3^-\ Na^+$ $n = 9$ bis 15	Methylestersulfonate α-Sulfomonocarbonsäureester
$O=C\begin{matrix}(CH_2)_m-CH_3\\ N-(CH_2CH_2O)_x-SO_3^-\ Na^+\end{matrix}$ CH_2 CH_2 $O=C\begin{matrix}N-(CH_2CH_2O)_y-SO_3^-\ Na^+\\ (CH_2)_n-CH_3\end{matrix}$ $m, n = 12$ bis $16 \qquad x, y = 12$ bis 16	Beispiel für ein Gemini-Tensid

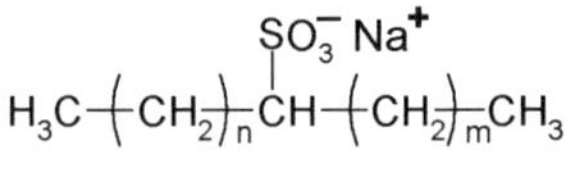

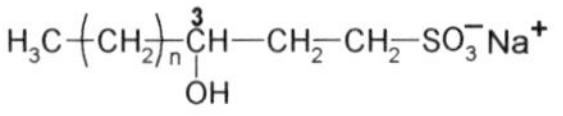

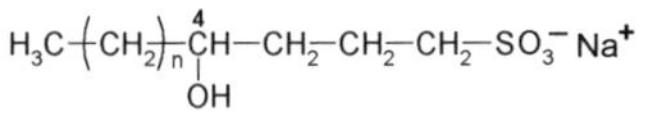

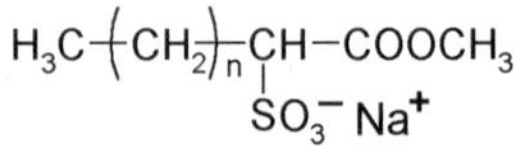

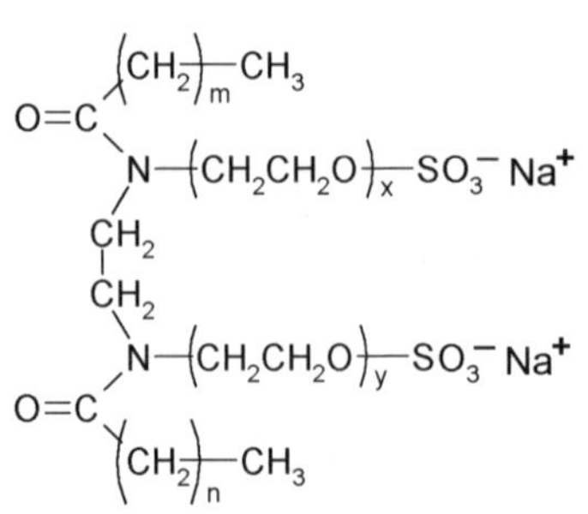

Abb. 2.1: Chemische Struktur anionischer Tenside (LAS s. **Abb. 2.2**)

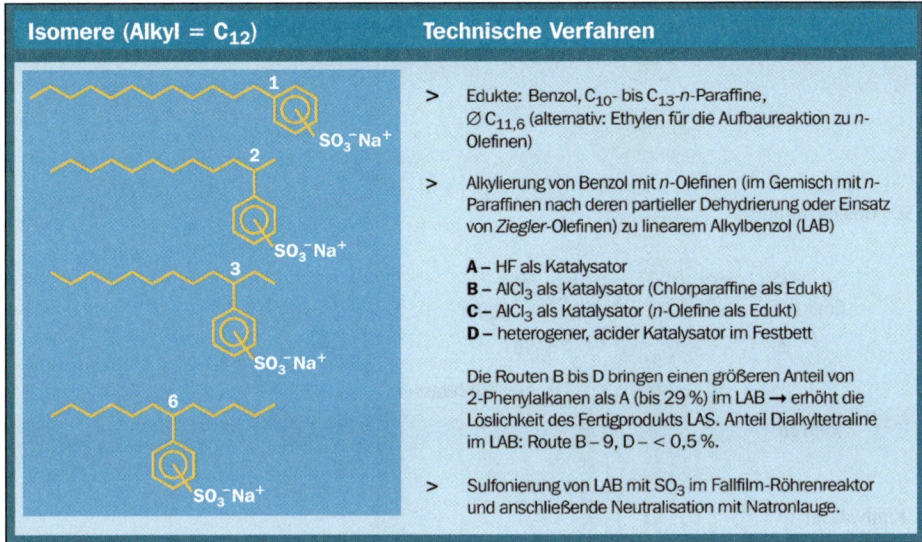

Abb. 2.2: Lineare Alkylbenzolsulfonate

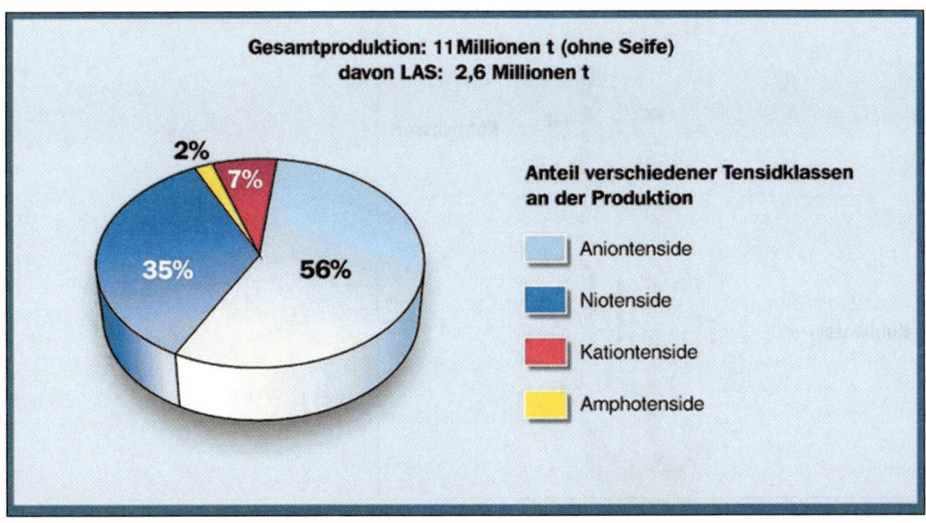

Abb. 2.4: Anteil der verschiedenen Tensidklassen am Gesamtaufkommen an Tensiden

Vom Gesamtmarkt an Tensiden in Westeuropa (1950 kt/a) entfielen im Jahr 2000 mit 54 Prozent der größte Teil auf Wasch- und Reinigungsmittel, weitere zehn auf indus-

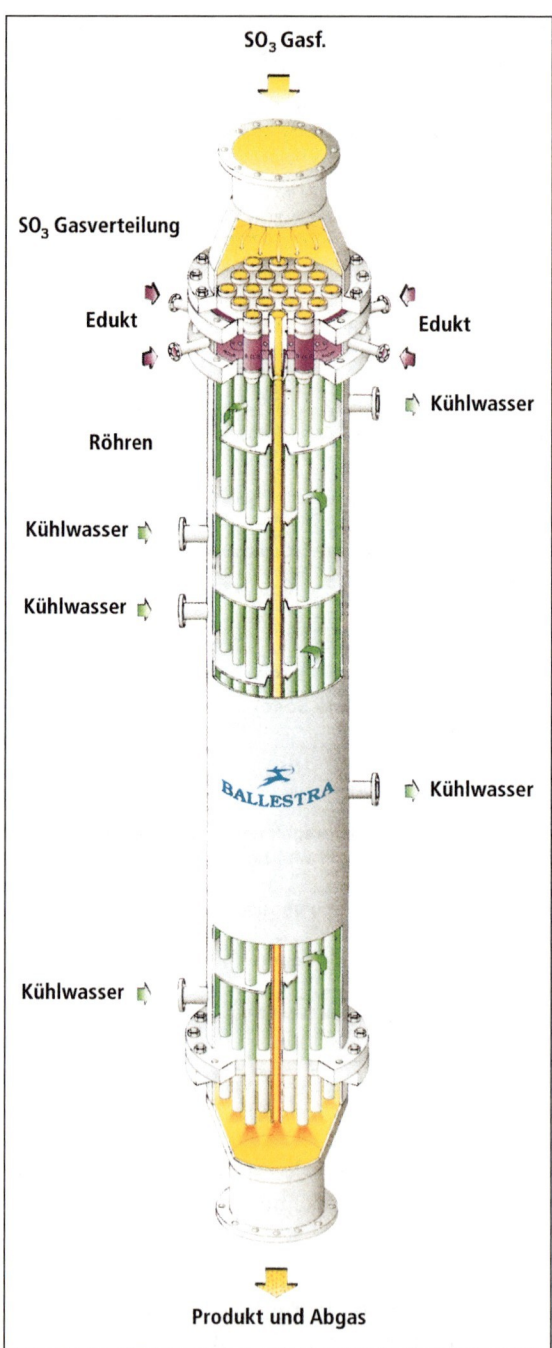

Abb. 2.3: Fallfilm-Röhrenreaktor zur Sulfonierung

trielle und gewerbliche Reiniger, neun auf Kosmetik, acht auf Textil- und Lederhilfsmittel sowie 19 Prozent auf sonstige Anwendungen. Auf industriellem Gebiet sind hohe Wachstumspotenziale vorhanden. Beispiele für den industriellen Tensideinsatz sind Reiniger (Hochdruckreiniger, Kraftfahrzeugreiniger, Metallreiniger) und Prozesschemikalien für technische Anwendungen.

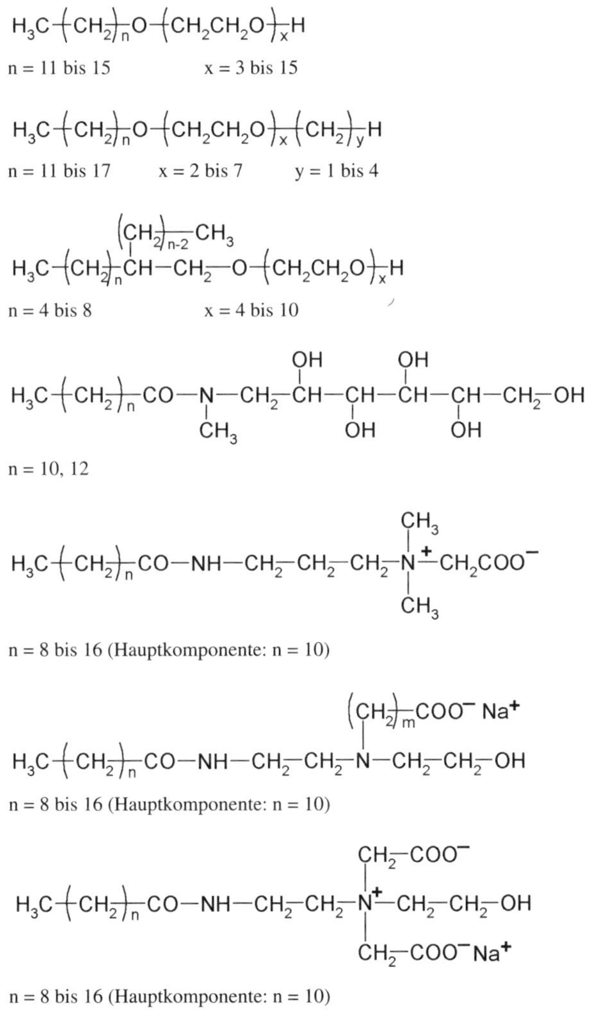

$H_3C-(CH_2)_n-O-(CH_2CH_2O)_x-H$ Fettalkylethoxylat
$n = 11$ bis 15 $x = 3$ bis 15

$H_3C-(CH_2)_n-O-(CH_2CH_2O)_x-(CH_2)_y-H$ Endgruppenverschlossene Fettalkylethoxylate
$n = 11$ bis 17 $x = 2$ bis 7 $y = 1$ bis 4

$$H_3C-(CH_2)_n-\underset{\underset{(CH_2)_{n-2}-CH_3}{|}}{CH}-CH_2-O-(CH_2CH_2O)_x-H$$
Guerbetalkoholethoxylate
$n = 4$ bis 8 $x = 4$ bis 10

$$H_3C-(CH_2)_n-CO-\underset{\underset{CH_3}{|}}{N}-CH_2-\underset{\underset{OH}{|}}{CH}-\underset{\underset{OH}{|}}{CH}-\underset{\underset{OH}{|}}{CH}-CH-CH_2-OH$$
Fettsäure-N-methylglucamide
$n = 10, 12$

$$H_3C-(CH_2)_n-CO-NH-CH_2-CH_2-CH_2-\underset{\underset{CH_3}{|}}{\overset{\overset{CH_3}{|}}{N^+}}-CH_2COO^-$$
Cocoamidopropylbetain
$n = 8$ bis 16 (Hauptkomponente: $n = 10$)

$$H_3C-(CH_2)_n-CO-NH-CH_2-CH_2-\underset{\underset{CH_2-CH_2-OH}{|}}{\overset{\overset{(CH_2)_m-COO^-\,Na^+}{|}}{N}}-$$
Cocoamidoamphoacetat ($m = 1$) bzw. -propionat ($m = 2$)
$n = 8$ bis 16 (Hauptkomponente: $n = 10$)

$$H_3C-(CH_2)_n-CO-NH-CH_2-CH_2-\underset{\underset{CH_2-COO^-\,Na^+}{|}}{\overset{\overset{CH_2-COO^-}{|}}{N^+}}-CH_2-CH_2-OH$$
Cocoamidoamphodiacetat
$n = 8$ bis 16 (Hauptkomponente: $n = 10$)

Abb. 2.5: Chemische Struktur nichtionischer und Betain-Tenside (APG s. **Abb. 2.6**)

2.1.3 Spezialtenside (Cotenside)

Moderne Spezialtenside sind in **Tab. 2.3** zusammengestellt. Im technischen Einsatz sind etwa zehn davon, wobei besonders hier eine nahezu unüberschaubare Vielfalt struktureller Abwandlungen und Angebotsformen den Markt bestimmt. Die Strukturformeln wichtiger nichtionischer und Betain-Tenside sind in **Abb. 2.5** gezeigt.

Tab. 2.3: Moderne Spezialtenside (Cotenside)

Im technischen Einsatz (Auswahl)
- Paraffinsulfonate – (sekundäre) Alkansulfonate (SAS)
- Olefinsulfonate (im Wesentlichen nur in Japan)
- Methylestersulfonate (MES) – Natriumsalze der α-Sulfomonocarbonsäureester
- Alkylpolyglucoside (APG)
- Fettsäure-*N*-methylglucamide (FAGA, GA)
- Endgruppenverschlossene Ethoxylate
- Ethoxylate auf Basis von Guerbet-Alkoholen
- Cocoamidopropylbetaine (CAPB) – *das* hautschonende Tensid z.B. für Geschirrspülmittel
- Cocoampho(di)acetate und -propionate – ebenfalls Haut schonende Tenside
- Gemini- oder »dimere« Tenside (in α- oder β-Stellung überbrückte »monomere« Tenside)

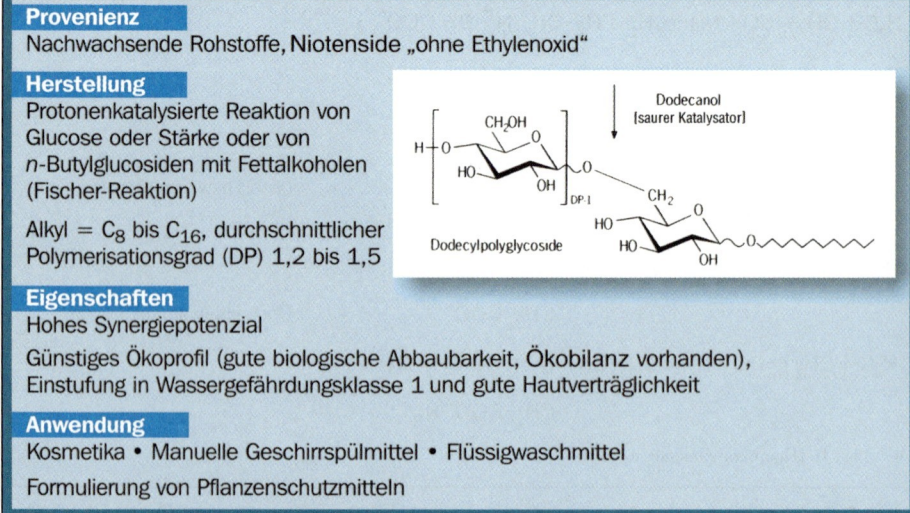

Provenienz
Nachwachsende Rohstoffe, Niotenside „ohne Ethylenoxid"

Herstellung
Protonenkatalysierte Reaktion von Glucose oder Stärke oder von *n*-Butylglucosiden mit Fettalkoholen (Fischer-Reaktion)

Alkyl = C_8 bis C_{16}, durchschnittlicher Polymerisationsgrad (DP) 1,2 bis 1,5

Eigenschaften
Hohes Synergiepotenzial
Günstiges Ökoprofil (gute biologische Abbaubarkeit, Ökobilanz vorhanden), Einstufung in Wassergefährdungsklasse 1 und gute Hautverträglichkeit

Anwendung
Kosmetika • Manuelle Geschirrspülmittel • Flüssigwaschmittel
Formulierung von Pflanzenschutzmitteln

Abb. 2.6: Alkylpolyglucoside

Als Beispiel für ein Spezialtensid sind in **Abb. 2.6** die allgemeine Strukturformel für Alkylpolyglucoside (APG) und einige Angaben zu deren Herkunft, Herstellung, Eigenschaften und Anwendung zusammengestellt.

Biotenside als häufig hoch funktionalisierte Stoffwechselprodukte von Mikroorganismen stehen noch ganz am Anfang ihrer Entwicklung und haben ihr Einsatzpotenzial zunächst als Vorstufen für Arzneimittelwirkstoffe.

2.1.4 Eigenschaften und Wirkungsweise

Tenside reichern sich in wässriger Lösung an der Grenzfläche Flüssigkeit/Luft an und verursachen eine charakteristische Abhängigkeit der Oberflächenspannung von der Konzentration. Gleiches trifft sinngemäß für die orientierte Adsorption an der Flüssig-flüssig-Grenzfläche zu (**Abb. 2.7**). Nach Überschreiten einer für das jeweilige Tensid charakteristischen Konzentration, der kritischen Micellbildungskonzentration (c_M, auch als cmc oder c.m.c. abgekürzt), kommt es in der Lösung zur Ausbildung von – primär kugelförmigen – Molekülaggregaten, den Micellen.

Als Methode zur Bestimmung von c_M-Werten hat sich heute die weitgehend automatisierte Messung und Auswertung der Konzentrationsabhängigkeit der Oberflächen- bzw. Grenzflächenspannung durchgesetzt. Unter speziellen Bedingungen kann es sinnvoll sein, die Konzentrationsabhängigkeit auch anderer physikalischer Eigenschaften amphiphiler Systeme, wie dynamische Viskosität, spezifische elektrische oder Äquivalenzleitfähigkeit, Trübung, Solubilisierung, Selbstdiffusionskoeffizient oder osmotischer Druck, zu verfolgen.

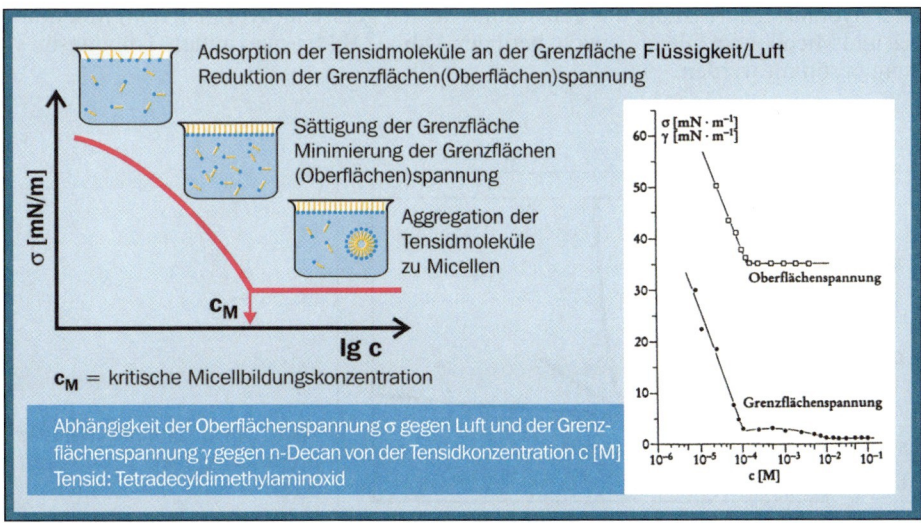

Abb. 2.7: Konzentrationsabhängigkeit der Oberflächen- bzw. Grenzflächenspannung

Tab. 2.4: Typische Werte für die Oberflächen- bzw. Grenzflächenspannung und die kritische Micellbildungskonzentration

Tenside	Oberflächenspannung σ [mN m^{-1}]	Grenzflächenspannung γ [mN m^{-1}]
Kohlenwasserstofftenside	25 bis 40	gegenüber Öl: 10^{-3} bis 10 (unpolar)
Silicontenside	15 bis 25	
Perfluortenside	15 bis 25	
c_M-Werte und Platzbedarf a		
Tensidklasse	Kritische Micellbildungskonzentration c_M [M]	Platzbedarf an der Oberfläche a [nm^2]
Anionische Tenside	10^{-2} bis 10^{-3}	0,4 bis 0,6
Nichtionische Tenside	10^{-3} bis 10^{-5}	0,4 bis 0,7

Typische Werte für die Oberflächen- bzw. Grenzflächenspannung und die kritische Micellbildungskonzentration sind in **Tab. 2.4** aufgeführt. In dieser Tabelle ist auch der Platzbedarf angegeben, den Tensidmoleküle in der Grenzfläche benötigen.

Ionische und nichtionische Tenside zeigen in wässrigen Lösungen einige unterschiedliche Phänomene. So weisen schwer lösliche ionische Tenside einen *Krafft-Punkt* auf. Das ist diejenige Temperatur, oberhalb derer ihre Löslichkeit in Folge der Micellbildung stark zunimmt. Der Krafft-Punkt ist ein Tripelpunkt, an dem sich der Festkörper oder hydratisierte Kristalle des Tensids mit dessen gelösten (hydratisierten) Monomeren und Micellen im Gleichgewicht befinden (**Abb. 2.8**). Er kann mittels Trübungsmessung bestimmt werden.

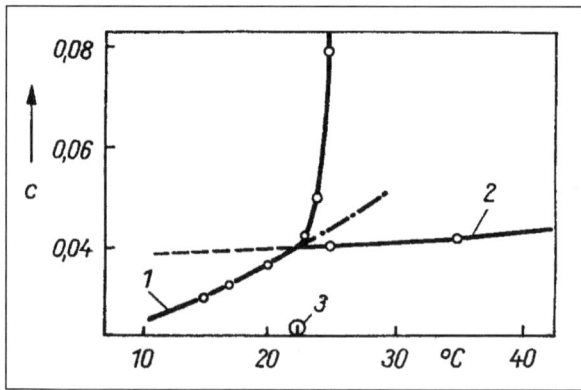

Abb. 2.8: Löslichkeitskurve eines ionogenen Tensids mit Krafft-Punkt. *1* – Löslichkeitskurve, *2* – c_M-Kurve, *3* – Krafft-Punkt

Nichtionische Tenside werden in wässriger Phase bei Temperaturerhöhung dehydratisiert, wodurch am Trübungspunkt eine Entmischung in eine micellreiche und eine micellarme Phase eintritt.

Benetzung und Umnetzung

Die Alltagserfahrung lehrt, dass hydrophobe (niederenergetische) Oberflächen durch Wasser schlecht benetzt werden (Tautropfen auf Blättern, Regen auf imprägnierter Kleidung), das Wasser »perlt ab«. Hydrophile (hochenergetische) Oberflächen wie Glas sind immer von einem Feuchtigkeitsfilm bedeckt; es bilden sich keine Tropfen, es sei denn, das Glas ist »fettig« (und damit wieder hydrophob).

Ein Wassertropfen, allgemein jeder Flüssigkeitstropfen, bildet auf einem Festkörper einen charakteristischen Randwinkel Θ aus, dessen Größe als Maß für die Benetzung geeignet ist. Dieser Randwinkel (auch Kontakt- oder Netzwinkel genannt), die Grenzflächenspannung des Festkörpers gegen Luft γ_S bzw. die Flüssigkeit γ_{SW} und die Oberflächenspannung der Flüssigkeit γ_W (σ_W) sind in der Young'schen Gleichung verknüpft (**Abb. 2.9**). Der Randwinkel ist experimentell gut zugänglich. Ein Randwinkel von 180° bedeutet *keine* Benetzung, ein Randwinkel von 0° das *Spreiten* der Flüssigkeit.

Nicht benetzbare Oberflächen zeichnen sich durch eine extrem niedrige Oberflächenenergie *und* einen geometrischen Faktor aus (*fraktale* Oberflächen). »Superwasserabstoßende« Oberflächen bildet z.B. Glas, das mit fluorierten Verbindungen oder Alkylketen-Dimeren modifiziert ist. Der Randwinkel an Glas beträgt hier 174°. Anodisch oxidiertes Aluminium, das mit fluorierten Monoalkylphosphaten modifiziert ist, zeigt

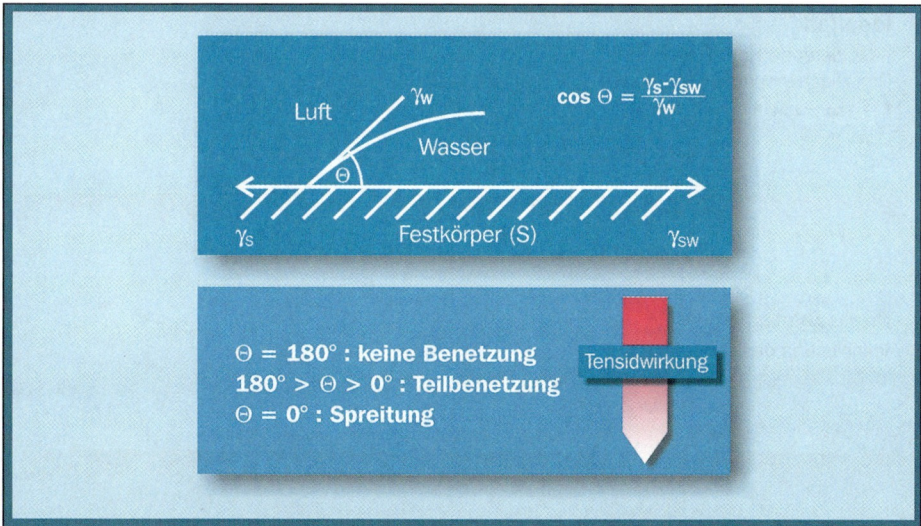

Abb. 2.9: Young'sche Gleichung

bei γ_S = 12-13 mN m^{-1} »superölabstoßende« Eigenschaften. Der Randwinkel für Rapsöl beträgt z.B. 150°. Auf hydrophilen Oberflächen wie »normalem« Glas oder Metalloxiden kann dagegen ein sehr kleiner Randwinkel gemessen werden.

In der Realität liegen selten »glatte« Oberflächen vor. Die meisten Oberflächen können durch eine bestimmte Rauigkeit charakterisiert werden, die sich als Differenz von fortschreitendem und Rückzugsrandwinkel ermitteln lässt (Randwinkelhysterese). Mit der rasanten Entwicklung der Rasterelektronenmikroskopie wurde es auch möglich, Mikrostrukturen von Festkörperoberflächen sichtbar zu machen.

Benetzen und Umnetzen sind Grundvoraussetzungen für den Wasch- und Reinigungsprozess. Ersetzt man für die Umnetzung in **Abb. 2.9** Luft durch Wasser und Wasser durch Öl, γ_S durch γ_{SW}, γ_W durch γ_{OW} und γ_{SW} durch γ_{SO}, so lautet die Bedingung für eine spontane Ablösung des Öls $\Delta G < 0$. Dafür gelten

$G_1 = A_{SO}\,\gamma_{SO} + A_{OW}\,\gamma_{OW}$

$G_2 = A_{SW}\,\gamma_{SW} + A_O\,\gamma_{OW}$, für $A_{SW} \approx A_{SO}$

$\Delta G = G_2 - G_1 = A_{SO}\,(\gamma_{SW} - \gamma_{SO}) + \gamma_{OW}\,(A_O - A_{OW})$

mit A = Grenzfläche, A_O = Grenzfläche Öltropfen/Wasser und γ = Grenzflächenspannung.

Die Mechanismen der Entfernung von Ölschmutz gründen auf der Sorption von Wasser und Tensid (Rolling-up-Mechanismus – **Abb. 2.10**, Penetration der Verschmutzung

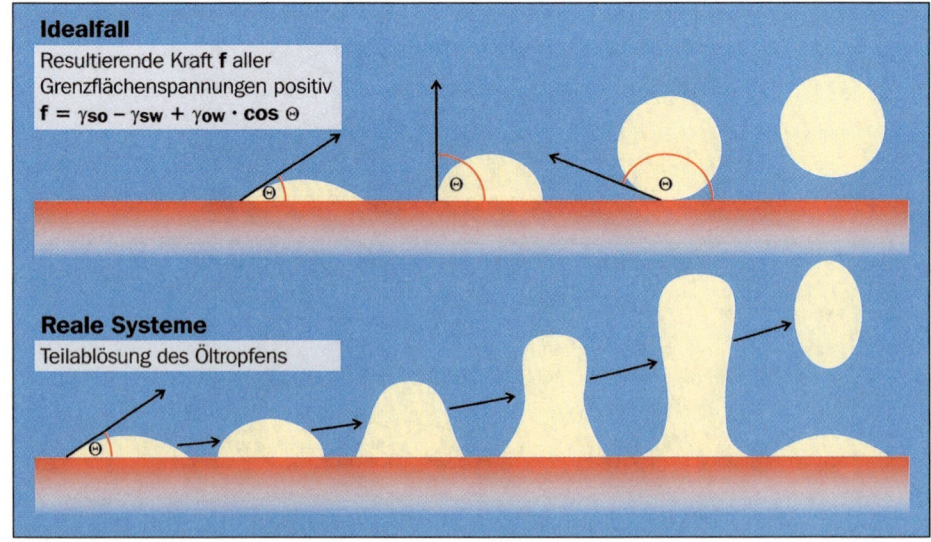

Abb. 2.10: Rolling-up-Mechanismus

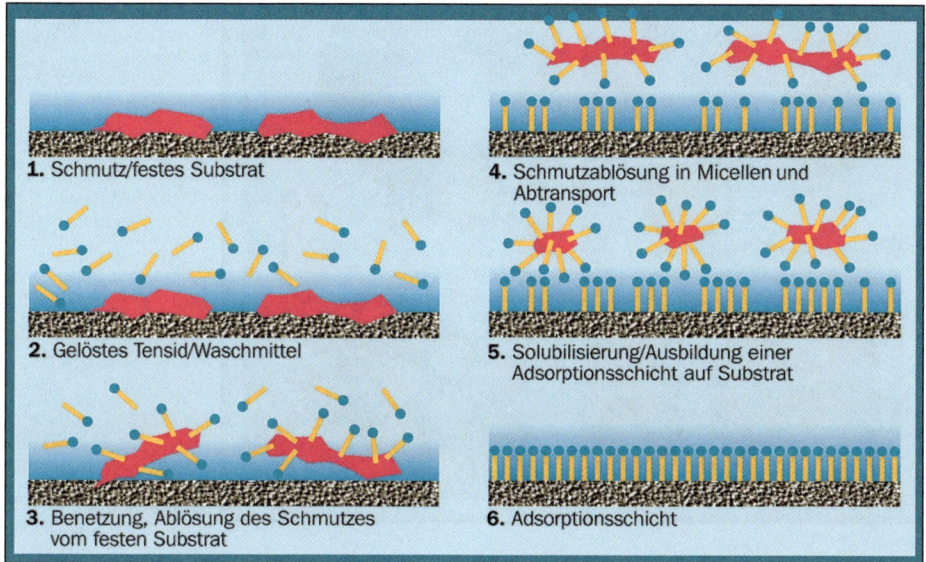

Abb. 2.11: Reinigungsprozess

sowie Solubilisierung und Emulgierung) und auf mechanischer Arbeit (hydromechanische Strömung, Faserbewegung, Schwellen der Faser oder der Appretur und ggf. Abrasion). Im Idealfall ist die resultierende Kraft f aller Grenzflächenspannungen positiv:

$$f = \gamma_{SO} - \gamma_{SW} + \gamma_{OW} \cos \theta$$

In der Realität kommt es zu einem Abreißen des Öltropfens (Teilablösung). Durch Wiederholung des Rolling-up ist eine praktisch vollständige Ölentfernung möglich. Dies ist gleichzeitig ein Hinweis auf den Zeitbedarf jedes Wasch- und Reinigungsvorgangs (Kinetik).

Im Fall von Pigmentschmutz werden die festen Teilchen nach Benetzung und Umnetzung abgelöst und – neben einer evtl. möglichen Solubilisierung (»Auflösung« in den Micellen) – vor allem durch Adsorption von Tensiden (oder Polymeren) in der Flotte dispergiert. Schließlich bildet sich auf dem Substrat eine Adsorptionsschicht aus Tensid, die beim Spülen entfernt wird **(Abb. 2.11)**.

Tensidphasen

Mit steigender Konzentration bilden Tenside in wässriger Lösung stäbchenförmige Micellen und schließlich flüssig-kristalline Phasen **(Abb. 2.12)**. In Mischungen aus kationischen und anionischen Tensiden oder aus Tensiden und geeigneten Cotensiden entstehen durch Selbstorganisation sphärisch-lamellare, meist polydisperse Strukturen unterschiedlicher Geometrie, die eine oder mehrere konzentrische Doppelschichten am-

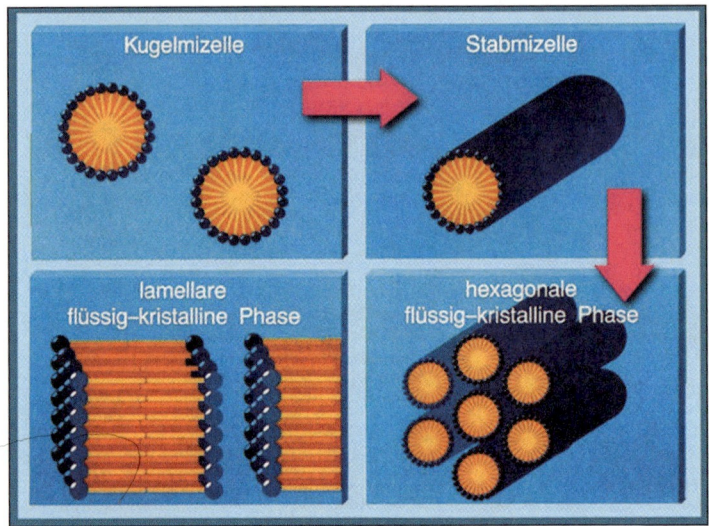

Abb. 2.12: Tensidaggregate

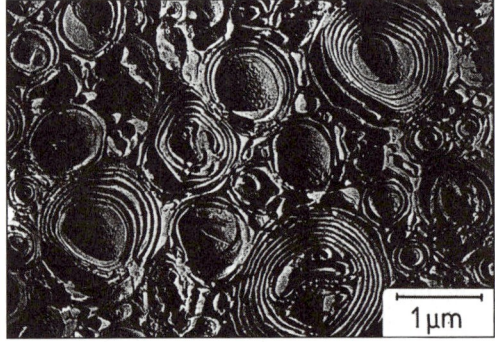

Abb. 2.13: Vesikel

phiphiler Moleküle aufweisen und Vesikel genannnt werden (**Abb. 2.13**). Sie können auch als wichtige Modelle für Biomembranen dienen.

HLB-Konzept

Kaum eine Tensidklasse bietet so viele Variationsmöglichkeiten wie die nichtionischen Tenside. So können sowohl die Kettenlänge und – in gewissen, vor allem von der ökologischen Verträglichkeit her bestimmten Grenzen – die Struktur des hydrophoben Molekülteils als auch die mittlere Zahl der Ethylenoxideinheiten pro Molekül und deren Verteilung durch die Wahl der Edukte bzw. durch die Reaktionsbedingungen bei der Ethoxylierung eingestellt werden.

Durch gezielte Variation rein aliphatischer Reste sind Alkylethoxylate zugänglich, die in ihrem Leistungsvermögen den in Wasch- und Reinigungsmitteln für den Haushalt nicht mehr eingesetzten Alkylphenolethoxylaten nicht nachstehen. Ein Beispiel liefert ein neuartiger Decylalkohol mit der Struktur eines Guerbet-Alkohols, dessen Ethoxylate hohes Netzvermögen auf harten Oberflächen mit ausgeprägter Schmutzbeseitigung, bequemem Einarbeiten in Formulierungen und gutem Ökoprofil verbinden [2.3]. Ein anderes Beispiel sind Isoundecylethoxylate mit mittlerem Ethoxylierungsgrad [2.4].

Nachstehend ist ein Beispiel für einen Guerbet-Alkohol angegeben. Guerbet-Alkohole sind chemisch einheitliche primäre, α-verzweigte Alkohole, die durch Selbstkondensation von Alkoholen, hier Pentanol, unter Einfluss von Natrium oder Kupfer bei 200°C und erhöhtem Druck über die Zwischenstufe eines Aldehyds synthetisiert werden können (Guerbet-Reaktion):

$$C_3H_7-CH_2-CH_2-OH \xrightarrow[-[H]]{\text{Na od. Cu, 200°C, Druck}} C_3H_7-CH_2-CH=O \xrightarrow[-H_2O]{\text{Aldol-Kondensation}} C_3H_7-CH_2-CH=\underset{\underset{C_3H_7}{|}}{C}-CH=O$$

$$\downarrow [H]$$

$$C_3H_7-CH_2-CH_2-\underset{\underset{C_3H_7}{|}}{CH}-CH_2-OH$$
Guerbet-Alkohol

Die unterschiedlichen Ethoxylate lassen sich nach dem Konzept der hydrophil-hydrophoben Balance nach HLB-Werten ordnen (**Abb. 2.14**), die ihrerseits ein erstes Auswahlkriterium für den Einsatz der »richtigen« nichtionischen Tenside darstellen (**Tab. 2.5**).

Mikroemulsionen

Eine besonders faszinierende Tensidwirkung besteht in der Bildung von Mikroemulsionen. Die tägliche Erfahrung lehrt, dass sich Wasser und Öl nicht mischen. Gibt man zu vergleichbaren Mengen von Wasser und Öl ein geeignetes Amphiphil, so entstehen spontan thermodynamisch stabile, makroskopisch homogene (isotrope), fluide Mischungen mit teilweise weiten Zustandsbereichen – Mikroemulsionen. Durch ihren gemischt hydrophil-hydrophoben Charakter sind Mikroemulsionen als Grundlage für Reinigungsmittel von Interesse.

Aus den genannten drei Komponenten bilden sich Mikroemulsionen nur dann, wenn das Amphiphil ein Tensid aus der Klasse der nichtionischen Tenside (außer APG) oder ein ionisches Tensid mit zwei hydrophoben Gruppen ist. Der Einsatz ionischer Tenside mit *einer* hydrophoben Gruppe oder von APG in Mikroemulsionen erfordert zusätzlich ein Cotensid, z.B. Alkohole oder Amine mit mittlerer Kettenlänge (C_4 bis C_8). Prinzipielle Unterschiede zwischen herkömmlichen Emulsionen (»Makroemulsionen«) und Mikroemulsionen sind in **Tab. 2.6** dargestellt.

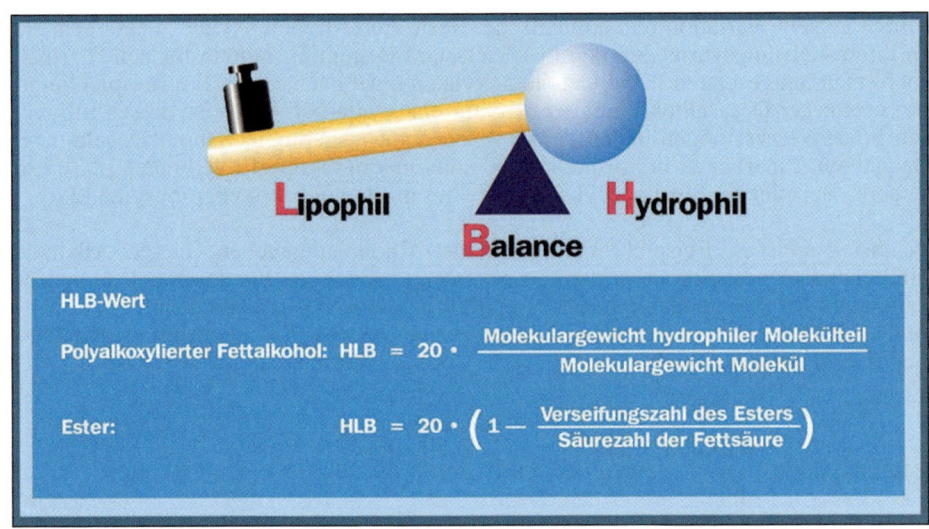

Abb. 2.14: HLB-Wert

Tab. 2.5: HLB-Werte und typische Anwendungsbeispiele

HLB-Wert	Verhalten in Wasser	Anwendungen	Geeignete Tenside
0 bis 3	unlöslich	Entschäumer, Dispergatoren von Feststoffen in Öl, Rückfetter	Glycerintri-, -di- und -monooleat
3 bis 6	unlöslich, dispergierbar	W/O-Emulgatoren, Coemulgatoren	Glycerinmonostearate, C_{12}- bis C_{18}-Fettalkoholethoxylate (2 EO)
6 bis 8	milchig, dispergierbar	Netzmittel, W/O-Emulgatoren	C_{12}-/C_{14}-Kokosfettalkoholethoxylate (2 und 3 EO)
8 bis 10	milchig trüb bis transluzent löslich	Netzmittel	C_{12}-/C_{14}-Kokosfettalkoholethoxylate (4 EO)
10 bis 13	transluzent bis klar löslich	O/W-Emulgatoren, Wasch- und Reinigungsmittel	C_{16}-/C_{18}-Talgfettalkoholethoxylate (12 EO) Isotridecanolethoxylate (8 EO)
13 bis 15	klar löslich	O/W-Emulgatoren, Wasch- und Reinigungsmittel	C_9-/C_{11}-Oxoalkoholethoxylate (9 EO), C_{16}-/C_{18}-Talgfettalkoholethoxylate (15 EO)
> 15	klar löslich	Solubilisatoren, Reinigungsmittel	C_{16}-/C_{18}-Talgfettalkoholethoxylate (30 EO)

Tab. 2.6: Makroemulsionen und Mikroemulsionen

Kriterium	Makroemulsion	Mikroemulsion
Stabilität	kinetisch	thermodynamisch
Teilchengröße	1 bis 80 µm	10 bis 200 nm*)

*) unter Voraussetzung des Tröpfchenmodells

Die Adsorption der Tenside an der Grenzfläche zwischen Wasser und Öl führt zu einer extremen Erniedrigung der Grenzflächenspannung ($< 10^{-4}$ mN m^{-1}). Neben Tröpfchenstrukturen (O/W- und W/O-Mikroemulsionen) treten auch fluktuierende Domänenstrukturen auf. Darunter versteht man aneinander grenzende zeitlich und in ihrer Ausdehnung variable Zustandsbereiche von O/W- bzw. W/O-Mikroemulsionen [2.5].

2.1.5 Synergismus und Anwendung

Die unter anwendungstechnischen Gesichtspunkten an Tenside zu stellenden Anforderungen sind in **Tab. 2.7** aufgelistet. Es ist einleuchtend, dass in einer sehr großen Zahl von Anwendungsfällen das Anforderungsprofil nicht von *einem* Tensid erfüllt werden kann. Deshalb setzt man seit langem Tensidkombinationen ein, die zudem synergistische Wirkungen zeigen.

Unter Synergismus versteht man einen nachweisbar größeren Effekt im Leistungsprofil einer mindestens binären Mischung, als den additiven Anteilen der beteiligten Komponenten entsprechen würde. Synergismus tritt nicht nur zwischen – strukturell unterschiedlichen – Tensiden auf, sondern auch zwischen Tensiden und anderen funktionellen Inhaltsstoffen von Formulierungen.

Für die Praxis wichtige Effekte sind

- geringerer spezifischer Tensideinsatz bei gleichem Gebrauchswert,
- Gebrauchswerterhöhung bei gleichem oder sinkendem Tensideinsatz,
- Erschließung neuer Tensidwirkungen.

Durch richtige Kombination von Tensiden kann man auch bestimmte Inhaltsstoffe einsparen. So lässt sich die Viskosität ohne Zusatz von Verdickern allein auf Tensidbasis regeln. Das Gleiche gilt für das Schäumverhalten, wo durch geeignete Tensidkombinationen auf Schaumverstärker bzw. Schauminhibitoren verzichtet werden kann.

Synergismus kann man z.B. als Minimum der c_M-Werte (Mischmicellen), als Maximum der Randwinkelerniedrigung oder der Solubilisierung und kalorimetrisch messen. Synergistische Wirkungen von Tensidkombinationen wurden früher empirisch gefunden und teilweise seit langem genutzt. Klassische Beispiele sind bei

- Waschmitteln die noch heute gültige Kombination von LAS und nichtionischen Tensiden,

Tab. 2.7: Anforderungen an Tenside

\multicolumn{3}{l}{Generell: Günstiges Preis-/Leistungsverhältnis, vollständige und rasche biologische Abbaubarkeit, günstige (öko)toxikologische Eigenschaften}
Eigenschaft	Effekte	Geeignete Tenside (Beispiele)
Hohes Synergiepotenzial mit Tensiden und anderen Inhaltsstoffen	Verbessertes Leistungsprofil Einsparung von Tensiden Verbesserte Formulierungen	Lineares Alkylbenzolsulfonat (LAS), Fettalkylethoxylate, Fettalkylethersulfate, Alkylpolyglucoside
Hohe Netzwirkung	Verstärkung der Reinigungsleistung; gutes Ablaufverhalten, schnelles Trocknen	Kürzerkettige Sulfonate
Schäumvermögen	*hoch:* Manuelle Geschirrspülmittel	Fettalkylethersulfate
	niedrig: Maschinengeschirrreiniger	endgruppenverschlossene Fettalkylethoxylate
Gute Löslichkeit	Konzentrate leicht herstellbar Reduzierung von oder Verzicht auf Lösungsvermittler (Hydrotrope)	Alkansulfonate
Günstiges Kälteverhalten	Niedrige Trübungspunkte	Alkansulfonate
Elektrolytverträglichkeit	Wasserhärteunempfindlichkeit	Nichtionische Tenside
Chemische Stabilität gegenüber Alkalien, Säuren, Chlor	Formulierungen mit sehr niedrigen und sehr hohen pH-Werten sowie mit Oxidationsmitteln (einschl. Hypochlorit) möglich	Sulfonat-Tenside gegenüber Chlor: Amin-*N*-oxide

- Handgeschirrspülmitteln die Kombination von Alkansulfonaten oder Fettalkylsulfaten mit Fettalkylethersulfaten.

Heute bemüht man sich, synergistische Wirkungen von Substanzgemischen, wie sie in Wasch- und Reinigungsmitteln typisch sind, durch theoretische Berechnungen zu modellieren und vorherzusagen.

Schaumarme nichtionische Tenside sind aus Fettalkoholen und unterschiedlich angeordneten Ethylenoxid- und Propylenoxid/Butylenoxid-Blöcken zugänglich [2.6].

Eine bessere Löslichkeit von Aniontensiden für hoch konzentrierte Reiniger kann z.B. durch Einsatz von wasserfreien Alkylethersulfaten erzielt werden, die Mono- oder Triisopropylammoniumgruppen als organische Kationen tragen [2.7].

Zu den langjährigen Erfahrungen der Tensidchemie gehört, dass anionische und kationische Verbindungen überwiegend schwer lösliche Ionenpaare bilden und somit keine Grenzflächenaktivität mehr zeigen, für das Leistungsprofil einer Formulierung also im doppelten Sinne »ausfallen«. Mit speziellen Kationtensiden lassen sich in einfachen anionischen Tensidsystemen jedoch Eigenschaften erzielen, die sonst nur mit hohem Formulierungsaufwand zu erreichen wären. Beispiele sind ethoxylierte quaternäre Ammoniumverbindungen, z.b. Ethyl-Bis(Polyethoxy Ethanol) Tallow Ammonium Ethosulfate (EBTAE) und Coco Pentaethoxy Methylammonium Methosulfate (CPEM), und α,ω-diquaternäre Polysiloxane (Silicondquats) mit unterschiedlicher Länge der Siliconkette [2.8]. »Tallow« steht für die Herkunft der hydrophoben Kette aus Rindertalg (C_{16} bis C_{18}), »Coco« für die Herkunft aus Kokosöl (C_{12}).

2.1.6 Entwicklungsperspektiven

Innovationen in der Produktentwicklung sind zu erwarten bei der

- weiteren Erschließung synergistischer Wirkungen (bessere Nutzung des Vorhandenen),
- Synthese neuer Spezialtenside mit maßgeschneiderten Eigenschaften,
- Entwicklung intelligenter Formulierungen für Leistungsprofile z.B. bei niedrigeren Temperaturen sowie
- verbesserten, computergestützten Modellberechnung der Eigenschaften von Vielkomponentensystemen.

Die Technologie rückt mehr und mehr in den Vordergrund: Der Trend zu Großanlagen, die ganze Wirtschaftsregionen der Erde versorgen, und neue Angebotsformen (»trockene« anionische Tenside für neue Mischtechnologien) sind dafür Beispiele.

Besonders bei den schaumarmen Tensiden werden Produkte entwickelt, die besser biologisch abbaubar sind als die bisher genutzten Verbindungen.

2.2 Säuren und Alkalien

Der Einsatz von Säuren und Alkalien für Reinigungszwecke hat eine lange Tradition. Mineralsäuren wie Salzsäure oder saure Sulfate wie Natrium- oder Kaliumhydrogensulfat dienten schon frühzeitig der Beseitigung von Kalkablagerungen und Rostflecken. Soda, Alkalisilicate und -hydroxide wurden vornehmlich für die leichtere Beseitigung von Öl- und Fettschmutz verwendet. Inzwischen ist der Einsatz von Salzsäure im Haushalt aus Gründen der Sicherheit für den Menschen und der Schonung der im Haushalt verwendeten, immer empfindlicheren Materialien Vergangenheit.

Ein Übersichtsschema zur Beseitigung von mineralischen und fetthaltigen Verschmutzungen ist in **Abb. 2.15** wiedergegeben.

2.2.1 Säuren

Säuren dienen zur Beseitigung mineralischer Verschmutzungen aller Art. Dazu gehören calciumhaltiger Schmutz, z.B. Kalkreste, Kalkseifen, Urinstein, Zementschleier und Korrosionsrückstände wie Rost, Patina oder Grünspan. Säuren sind für derartige

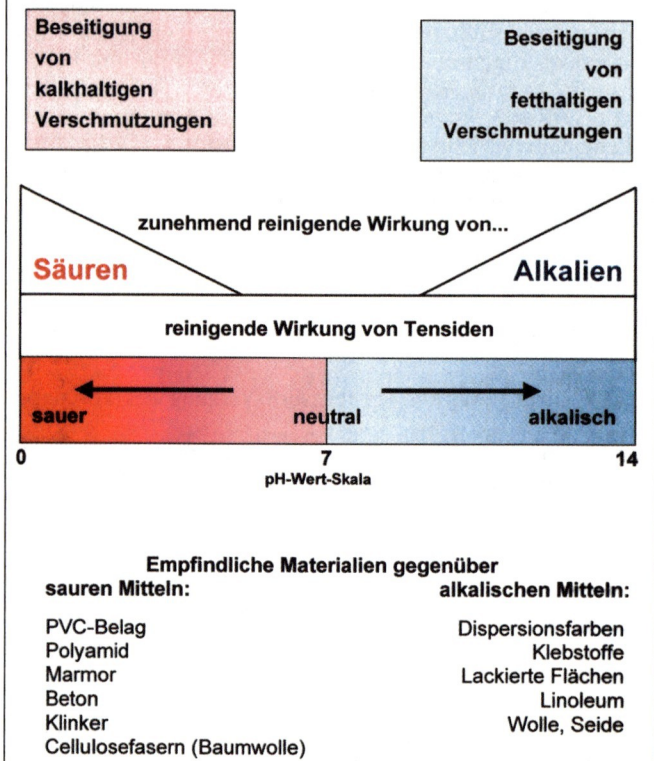

Abb. 2.15: Beseitigung von mineralischen und fetthaltigen Verschmutzungen in Abhängigkeit vom pH-Wert

Verschmutzungen eine notwendige Ergänzung zur reinigenden Wirkung der Tenside, die allein bei anorganisch-mineralischen Verschmutzungen nur wenig wirksam sind. Dementsprechend häufig findet man Säuren in Reinigungsmitteln.

Im Haushaltsbereich werden heute etwa sieben verschiedene Säuren für die verschiedenen Anwendungsfelder von Reinigungsmitteln verwendet. Die Auswahl der Säuren erfolgt nach den folgenden Kriterien:

- Erscheinungsform (fest oder flüssig)
- Löslichkeit
- Säurestärke (Aggressivität und Kalklösevermögen)
- Flüchtigkeit und Geruch
- toxikologische Unbedenklichkeit
- Herstellungskosten
- Verträglichkeit mit anderen Inhaltsstoffen der Reinigungsmittel.

Limitierend für den Einsatz der Säuren sind in der Praxis *Materialverträglichkeit* und *Gesundheitsschutz*. Anorganische Säuren gehen durch Neutralisation in die entsprechenden Salze über und können dadurch (geringfügig) den Salzgehalt der Gewässer erhöhen. Die heute verwendeten organischen Säuren sind biologisch leicht und vollständig abbaubar. Weitere Informationen zur Umweltverträglichkeit und zum Gesundheitsschutz finden sich in den Kapiteln 10.1 und 11.

Viele Materialien und Oberflächen im Haushalt sind empfindlich gegenüber Säuren. Entscheidend sind dabei Art und Konzentration der verwendeten Säure. Säureempfindliche Materialien können bei genauer Kenntnis der Materialeigenschaften durchaus mit geeigneten sauren Reinigern behandelt werden.

Zu den säureempfindlichen Materialien im Haushalt zählen:

- Kalkstein und kalkhaltige Natur- und Kunststeine (Marmor, Terrazzo, Zement- und Betonoberflächen, Klinker u.a.)
- Email (hier gibt es große Qualitätsunterschiede in der Säurebeständigkeit)
- Metalle
- Textile Oberflächen, besonders Baumwollmaterialien
- PVC.

Anorganische Säuren

Salzsäure ist eine sehr starke und aggressive Säure. Sie wurde früher in WC-Reinigern eingesetzt, heute ist sie aus dem Haushalt verschwunden. Jedoch wird sie im gewerblichen Bereich noch eingesetzt, weil sie sich durch ein sehr gutes Kalklösevermögen auszeichnet und daher zur Entfernung hartnäckiger Kalkablagerungen und von Urinstein dient. *Phosphorsäure* ist eine verhältnismäßig starke Säure. Sie wird auf Grund ihres guten Kalklösevermögens gern in Entkalkern verwendet. Gegenüber Salz- und Essigsäure hat Phosphorsäure den Vorteil, dass sie verchromte Oberflächen nicht angreift. Email wird aber unter Umständen bei konzentrierter Anwendung geschädigt.

Amidosulfonsäure (H_2N-SO_3H) findet in vielen Reinigungsmitteln Verwendung. Sie ist in geeigneter Verdünnung wenig korrosiv und zeigt ein gutes Kalklösevermögen. Durch Zusatzstoffe (Inhibitoren) lässt sich die Materialschonung noch verbessern. Man findet Amidosulfonsäure u.a. in WC-Reinigern, Entkalkern und Badreinigern. Mit Kalkablagerungen reagiert Amidosulfonsäure primär zu Calciumamidosulfonat [$Ca(SO_3NH_2)_2$], das sich nach einiger Zeit unter dem Einfluss von Feuchtigkeit in Calciumsulfat (Gips) umwandelt.

Natriumhydrogensulfat ($NaHSO_4$) wird als verhältnismäßig stark saure, feste Substanz häufig in pulverförmigen WC-Reinigern eingesetzt.

Organische Säuren

In sauren Haushaltsreinigern (Allzweckreinigern, Bad- und WC-Reinigern) werden heute überwiegend organische Säuren eingesetzt. Nachdem Essigsäure lange Zeit in den Vordergrund gestellt wurde, hat sich inzwischen *Citronensäure*,

$$\begin{array}{l} \text{H}_2\text{C--COOH} \\ | \\ \text{HO--C--COOH} \\ | \\ \text{H}_2\text{C--COOH} \end{array} \qquad \begin{array}{l} pK_{S1} = 3{,}14 \\ pK_{S2} = 4{,}77 \\ pK_{S3} = 6{,}39 \end{array}$$

mehr und mehr als *die* saure Komponente für ganz unterschiedliche Formulierungen durchgesetzt.

Citronensäure ist heute in sehr vielen Badreinigern enthalten. Man findet sie aber auch in vielen anderen sauer eingestellten Reinigungsmitteln, z.B. in Entkalkern, WC-Reinigern und anderen Formulierungen.

Daneben wird zunehmend auch *Milchsäure* empfohlen,

$$\begin{array}{l} \text{CH}_3 \\ | \\ \text{HO-CH-COOH} \end{array} \qquad pK_S = 3{,}87$$

die bisher jedoch noch keine größere Verbreitung gefunden hat [2.9].

Auch *Äpfelsäure*,

$$\begin{array}{l} \quad\quad\quad \text{OH} \\ \quad\quad\quad\; | \\ \text{HOOC-CH}_2\text{-CH-COOH} \end{array} \qquad \begin{array}{l} pK_{S1} = 3{,}40 \\ pK_{S2} = 5{,}05 \end{array}$$

und *Maleinsäure*,

$$\begin{array}{l} \text{HC-COOH} \\ \| \\ \text{HC-COOH} \end{array} \qquad \begin{array}{l} pK_{S1} = 1{,}9 \\ pK_{S2} = 6{,}5 \end{array}$$

finden sich inzwischen in Reinigerformulierungen.

Ameisensäure ($pK_S = 3{,}77$) ist eine organische Säure mit sehr großer Flüchtigkeit und einem stechenden Geruch, der besonders in konzentrierten Lösungen unangenehm ist. Sie wirkt stärker ätzend und kalklösend als Essigsäure. Ameisensäure wird gemeinsam mit anderen Säuren für Bad- und WC-Reiniger verwendet.

Essigsäure ($pK_S = 4{,}76$) eignet sich zur Kalkentfernung. Sie findet in vielen Reinigungsmitteln, z.B. Essigreinigern, Verwendung. Nachteilig ist ihr stechender Geruch, der lange Zeit als Indiz für besondere Reinigungskraft genommen wurde. Essigsäure wird in Haushaltsratgebern und der ökologischen Fachliteratur gern als umweltfreundliches Haushaltsmittel für viele Anwendungen empfohlen. Diese Einschätzung kann hier nicht geteilt werden. Essigsäure besitzt durchaus einige Nachteile, und ihre Wirksamkeit wird häufig überschätzt. Zu berücksichtigen ist z.B., dass Essigsäure auf Kupfer- und Messingarmaturen korrosiv wirkt (Grünspanbildung) und bei Fliesenfugen zu Ausblühungen führen kann. Als Alternative bietet sich die vergleichbar umweltfreundliche Citronensäure an.

Methansulfonsäure, CH_3SO_3H ($pK_S = -1,9$), erst seit wenigen Jahren in ausreichender Qualität und Menge am Markt verfügbar, gewinnt neuerdings in der Reinigungsmittelindustrie erheblich an Bedeutung. Methansulfonsäure zeigt im Vergleich zu anderen Säuren eine deutlich höhere Wirksamkeit beim Lösen von Ablagerungen wie Calciumcarbonat und im Gemisch mit z.B. Amidosulfonsäure eine schnellere Lösefähigkeit. Methansulfonsäure ist in beliebigem Verhältnis mit Wasser mischbar, hydrolysestabil, farb- und geruchlos und leicht biologisch abbaubar. Sie weist einen niedrigen Dampfdruck und ein breites Formulierungsfenster auf. Wegen ihres vorteilhaften ökologischen Profils wird sie auch als »grüne« Säure bezeichnet [2.9a].

2.2.2 Alkalien

Die reinigende und fettlösende Wirkung von Alkalien ist seit langer Zeit bekannt. Schon 2500 v. Chr. beschrieben die Sumerer ein Rezept zum Reinigen von Textilien mit Öl und Pflanzenasche. Als Alkalien dienten Pottasche (Kaliumcarbonat – K_2CO_3), ein Hauptbestandteil der Pflanzenasche, und Soda (Natriumcarbonat – Na_2CO_3), die dort genutzt wurde, wo es natürliche Vorkommen gab, z.B. in Nordafrika und Kleinasien. Die Alkalien wurden direkt oder als Rohstoffe zur Seifenherstellung verwendet. Zur Römerzeit kamen ammoniakhaltige Mittel hinzu, die aus vergorenem Urin erhalten wurden. Die alkalischen Mittel dienten damals wohl überwiegend zum Waschen der Textilien, teilweise aber auch zum Reinigen des Geschirrs.

Die ersten Waschmittel der Neuzeit bestanden zu fast 50 Prozent aus Soda und Natriumsilicaten. In den dreißiger Jahren des 20. Jahrhunderts wurden zunächst Mono- und Dinatriumphosphat, später dann Pentanatriumtriphosphat nicht nur zur Komplexierung von Calcium- und Magnesiumionen (Beherrschung der Wasserhärte), sondern auch als Alkalilieferant und -reserve bei der Reinigung erschlossen.

Heute werden alkalische Wirkstoffe in Kombination mit Tensiden in Reinigungsmitteln verwendet, um die Reinigungsleistung gegenüber fetthaltigen Verschmutzungen zu verbessern. Darüber hinaus wird im alkalischen Bereich eine Schmutzablösung generell erleichtert. Schmutz und Oberflächen haben im Allgemeinen von Natur aus eine schwach negative Oberflächenladung, das so genannte Oberflächen- oder Zetapotenzial. Durch Zugabe von negativ geladenen OH^--Ionen wird dieses Oberflächenpotenzial noch verstärkt und die gleichsinnig geladenen Oberflächen stoßen sich ab. Dadurch werden die Schmutzhaftung an Oberflächen verringert und die Ablösung des Schmutzes erleichtert. Zusätzlich werden im alkalischen Bereich Quellvorgänge von Polymeren, besonders von Proteinen und Kohlenhydraten, beschleunigt, und es kommt – pH-abhängig – zu einer teilweisen Verseifung von Ölen und Fetten. Die Summe all dieser Effekte führt zu einer verbesserten Reinigungsleistung von Tensiden im alkalischen Bereich besonders hinsichtlich fettähnlicher Verschmutzungen. Nachteilig ist, dass im alkalischen Bereich natürlich keine Säuren verwendet werden können, so dass mineralische, speziell kalkhaltige Verschmutzungen nur schlecht zu beseitigen sind. Abhilfe schaffen in diesem Fall Komplexbildner, die Calcium- und Magnesiumionen binden und in Lösung halten.

Soda, Natriumsilicate und Pentanatriumtriphosphat spielen heute in den Maschinengeschirrspülmitteln eine entscheidende Rolle und machen bis zu 60 Prozent der Formulierung aus (vgl. Kap. 4). Dabei ist das stark alkalische Natriummetasilicat durch optimierte Kombinationen aus Soda, Natriumsilicat und Pentanatriumtriphosphat ersetzt worden, die in der Reinigungsflotte niedrigere pH-Werte ergeben. Soda und Natriumsilicate finden sich auch in verschiedenen anderen Reinigern und Scheuermitteln.

Bei Verwendung alkalischer Reiniger muss auf die Materialverträglichkeit geachtet werden. Empfindlich gegenüber Alkalien sind z.B.

- Dispersionsfarben
- lackierte Flächen
- Klebeverbunde
- Linoleum
- Aluminium
- Wolle und Seide.

In flüssigen alkalischen Reinigern werden zur Einstellung des pH-Werts Natrium- oder Kaliumhydroxid, Soda, Kaliseifen, Ammoniaklösung und Amine wie Triethanolamin sowie verschiedene Natriumsilicate und -phosphate eingesetzt.

In Rohr- und Abflussreinigern dient festes Natriumhydroxid zur Verseifung fetthaltiger Ablagerungen und Freisetzung von Wasserstoff durch Reaktion mit Aluminiumspänen, um Schmutzteilchen zu dispergieren:

$$2\,Al + 6\,H_2O + 2\,OH^- \rightarrow 2\,Al[(OH)_4]^- + 3\,H_2 \uparrow$$

2.3 Bleichsysteme

Als Bleichsysteme werden in Wasch- und Reinigungsmitteln heute überwiegend Komponenten zur oxidativen Entfernung farbiger Verunreinigungen, wie Obst- und Teeflecke, eingesetzt. Mit der oxidativen Bleiche ist immer auch eine Keimminderung verbunden. Auf dem Gebiet der Reiniger finden Bleichsysteme in Maschinengeschirrspülmitteln, in WC-Reinigern und Fleckentfernern Anwendung.

In speziellen Fleckentfernern (Entfärbern für Textilfarben) dienen die Reduktionsmittel Natriumdithionit und Natriumsulfit als aktive Komponente.

2.3.1 Bleichsysteme in Maschinengeschirrspülmitteln

In Europa wurden in Maschinengeschirrspülmitteln zunächst so genannte Chlorträger, z.B. Natriumdichlorisocyanurat, später nach dem Vorbild der Sauerstoffbleiche der Wäsche Natriumperborat als Bleichmittel eingesetzt. Obwohl Bor im kommunalen Abwasser kein ernsthaftes Umweltproblem dargestellt hat (vgl. Kap. 10.1.5), wird Perborat nach dem Vorsorgeprinzip schrittweise durch Natriumpercarbonat ersetzt. Voraussetzung dafür war die technologische Lösung der borfreien Beschichtung granulierfähigen Percarbonats, um dessen Instabilität zu beherrschen.

Der generelle Trend, bei niedrigeren Temperaturen zu reinigen, machte bei der Sauerstoffbleiche den Einsatz von Bleichmittelaktivatoren nötig, da etwa Natriumperborat erst oberhalb 60°C bis 70°C wirksam ist. Aktivierte Bleichsysteme zeigen schon bei Temperaturen ab ca. 30°C in Abhängigkeit von Konzentration und pH-Wert eine hinreichende Bleichwirkung und eine ausgeprägte antibakterielle Wirkung [2.10].

Die aktivierte Sauerstoffbleiche bei oder unter 60°C beruht – bei Verwendung von *N*-Acetylverbindungen als Bleichmittelaktivatoren – auf der Bildung des Peressigsäureanions in der Waschflotte, das ein höheres Oxidationspotenzial als das durch Hydrolyse aus Perborat freigesetzte Perhydroxid-Anion hat.

$$H_2O_2 + HO^- \rightleftharpoons HOO^- + H_2O$$

Unerwünschte Nebenreaktionen sind die Freisetzung von Wasserstoffperoxid, weil dadurch die wirksame Konzentration an Peressigsäure bzw. deren Anions verringert wird, und von Sauerstoff:

$$CH_3CO\text{-}OOH + HO^- \rightarrow CH_3COO^- + H_2O_2$$

$$2\ CH_3CO\text{-}OO^- \rightarrow CH_3COO^- + O_2$$

Zur Übertragung der Acetylgruppe auf das Perhydroxid-Anion dient das auf dem europäischen Markt dominierende *N,N,N',N'*-Tetraacetyl-ethylendiamin (TAED). In den USA und neuerdings auch in Japan wird Natrium-nonanoyloxybenzolsulfonat (NOBS) bevorzugt **(Abb. 2.16)**. Der Mechanismus der TAED-aktivierten Bleiche ist in **Abb. 2.17** wiedergegeben.

In dem aus NOBS und Perborat in der Reinigungsflotte gebildeten Nonan-1-persäure-Anion halten sich Hydrophilie und Lipophilie eine so gute Balance, dass das Bleichvermögen trotz der gegenüber dem TAED-System geringeren Aktivsauerstoffwerte in der Flotte insgesamt vergleichbar ist. Nachdem TAED in Europa über viele Jahre bis

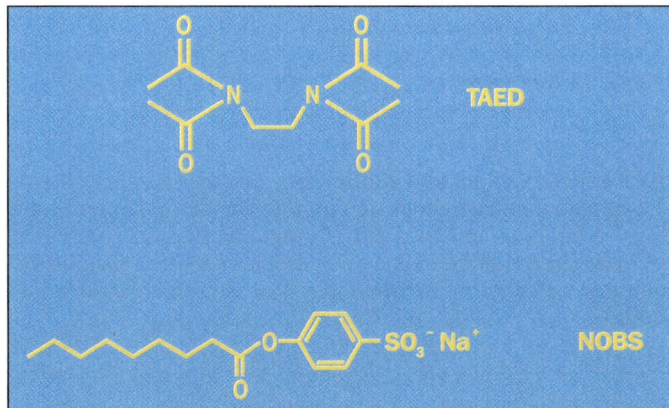

Abb. 2.16: Bleichmittelaktivatoren

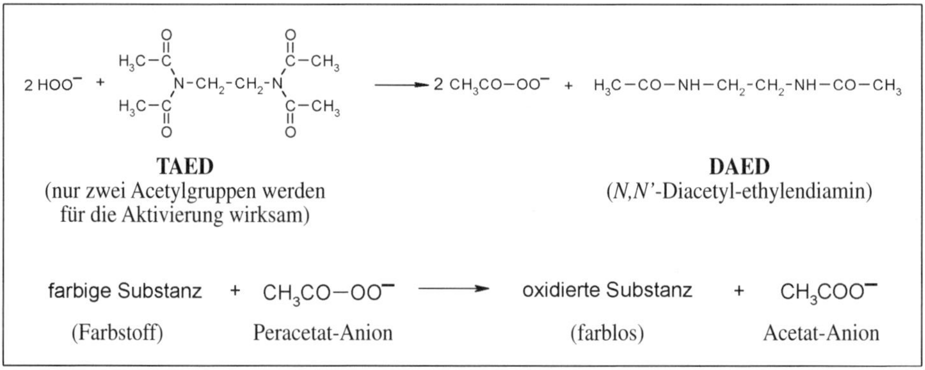

$$2\,HOO^- + \underset{\substack{\text{TAED}\\\text{(nur zwei Acetylgruppen werden}\\\text{für die Aktivierung wirksam)}}}{\begin{array}{c}H_3C-\overset{O}{\overset{\|}{C}}\\\\H_3C-\underset{\|}{\underset{O}{C}}\end{array}\!N-CH_2-CH_2-N\!\begin{array}{c}\overset{O}{\overset{\|}{C}}-CH_3\\\\\underset{\|}{\underset{O}{C}}-CH_3\end{array}} \longrightarrow 2\,CH_3CO-OO^- + \underset{\substack{\text{DAED}\\(N,N'\text{-Diacetyl-ethylendiamin})}}{H_3C-CO-NH-CH_2-CH_2-NH-CO-CH_3}$$

$$\underset{\text{(Farbstoff)}}{\text{farbige Substanz}} + \underset{\text{Peracetat-Anion}}{CH_3CO-OO^-} \longrightarrow \underset{\text{(farblos)}}{\text{oxidierte Substanz}} + \underset{\text{Acetat-Anion}}{CH_3COO^-}$$

Abb. 2.17: Mechanismus der TAED-aktivierten Bleiche

Tab. 2.8: Trends bei Bleichsystemen: Bleichmittelaktivatoren

Bleichmittelaktivator	Trend	Gründe für den Einsatz
Europa: TAED (N,N',N',N'-Tetraacetyl-ethylendiamin)	Alternativen schwierig, möglich: asymmetrische, hydrophil/hydrophobe Aktivatoren oder z.B. so genannte Nitrilquats	Preis-/Leistungs-Verhältnis Ökologische und toxikologische Sicherheit
USA und Japan: NOBS (Natrium-nonanoyloxy-benzolsulfonat)	Zunehmender Einsatz in Kompaktwaschmitteln	Nachholbedarf für Sauerstoffbleiche, Wirksamkeit auch gegenüber hydrophoben Flecken
Phthalimido-peroxyhexansäure	Künftige Bedeutung möglich	Gutes Leistungsprofil bei niedrigeren Temperaturen
Übergangsmetallkomplexe (Metallkatalyse)	Suche nach Alternativen für bisherige Mn-Komplexe (z.B. [Mn(salen)]* oder [Co(salen)] oder Pentaamminoacetato-Co(III)	Gutes Leistungsprofil für das maschinelle Geschirrspülen

* H_2salen steht für den Liganden Bis(salicyliden)ethylendiamin

heute der Bleichmittelaktivator der Wahl ist und zahlreiche Versuche gescheitert waren, Alternativen im Markt zu platzieren, zeichnet sich in jüngster Zeit doch ein Ende der Monopolstellung dieser Verbindung ab (**Tab. 2.8**). Gründe dafür sind zum einen das Bedürfnis nach einer wirksameren Bleiche auch von hydrophoben Flecken und zum anderen die bessere keimmindernde Wirkung hydrophober Aktivatoren bei weiter sinkenden Reinigungstemperaturen.

Im Unterschied zur Wäsche, bei der nach wie vor das Problem der Farb- und Faserschädigung besteht, sind Übergangsmetallkomplexe in Reinigungsmitteln, vor allem in

Maschinengeschirrspülmitteln, zur Aktivierung der Bleiche inzwischen weit verbreitet. Solche Bleichkatalysatoren haben nicht nur den Vorteil, effektive Reinigungsvorgänge bei niedriger Temperatur zu ermöglichen, sondern tragen im Vergleich zu Bleichmittelaktivatoren auch zu einem geringeren Stoffeintrag in die Umwelt bei [2.11].

2.3.2 Bleichmittel in WC-Reinigern und Hygienereinigern

Im Bereich der Hygienereiniger und WC-Reiniger werden als Bleichmittelkomponenten entweder Natriumhypochlorit (Aktivchlor) oder Wasserstoffperoxid (Aktivsauerstoff) eingesetzt. Natriumhypochlorit enthaltende Mittel haben auf Grund ihrer guten Bleichwirkung und ihrer ausgeprägten antimikrobiellen Wirksamkeit weltweit eine große Verbreitung gefunden. In Deutschland werden aus ökologischen Gründen häufiger Mittel auf Basis von Wasserstoffperoxid angeboten (Näheres hierzu in Kap. 10 und 11).

Natriumhypochlorit ist nur in alkalischer Lösung beständig. Darin ist das Hypochlorit-Anion das wirksame Oxidationsmittel.

$$HOCl + HO^- \rightleftharpoons ClO^- + H_2O$$

In saurer Lösung zerfällt Natriumhypochlorit unter Bildung von Chlorgas (vgl. Abschn. 11.4.4).

2.4 Enzyme

Während Enzyme als Inhaltsstoffe von Waschmitteln inzwischen unverzichtbar sind, ist der Einsatz von Enzymen in Reinigungsmitteln im Wesentlichen auf Maschinengeschirrspülmittel begrenzt. Praktisch alle Formulierungen in diesem Produktsegment enthalten Proteasen und Amylasen.

In einigen Fällen wird mit speziellen Enzymen das Leistungsprofil der Reiniger erweitert. Ein Beispiel dafür sind Mannanasen, welche die durch Kohlenhydrate bewirkte Schmutzbindung an die zu reinigenden Oberflächen verringern. Peroxidasen als Alternative für Bleichmittelaktivatoren (in Waschmitteln auch für Farbübertragungsinhibitoren) sind in Entwicklung. Ausbeute, Leistungsvermögen und Stabilität dieser Enzyme werden ebenfalls weiter verbessert.

Tab. 2.9 zeigt das Leistungsprofil von Enzymen für Reinigungsmittel, **Tab. 2.10** einen Überblick über die gentechnische Modifizierung der Mikroorganismen, die Enzyme produzieren, und der Enzyme selbst.

Bei der gentechnischen Produktion wird ein naturidentisches Enzym durch gentechnische Mittel mit höherer Ausbeute im Fermenter gewonnen. Dies kann entweder durch Vervielfältigung des Gens auf dem Chromosom des Wildstamms oder eines geeigneten anderen Mikroorganismus geschehen (Genamplifikation). Die zweite Möglichkeit besteht in einer Vervielfältigung der genetischen Information mit Hilfe von Plasmiden. Beim Protein-Engineering wird ein Wildtyp-Enzym durch punktuelle Mutation so verändert, dass z.B. eine Aminosäure gegen eine andere Aminosäure ausgetauscht wird.

Tab. 2.9: Leistungsprofil von Enzymen für Reinigungsmittel

Enzyme	Substrate	Abbauprodukte	Entfernen von Flecken bzw. Wirkung
Proteasen	Eiweiß (Proteine)	Lösliche Peptide, Aminosäuren	Ei, Blut, Milch, Kakao, Gras, Spinat
Amylasen	Stärke	Saccharide, lösliche Zucker	Schokolade, Haferbrei, Bratensoße, Kartoffelbrei, Möhrenmus, Gras
Mannanasen	Guaran-Verdicker (Guar-»Gummi«)	Monosaccharide	Vermindern der Schmutzbindung, Antiredepositionswirkung
Peroxidasen	Bleichbare Farbstoffe	Lösliche Oxidationsprodukte	in Entwicklung

Tab. 2.10: Gentechnik und Waschmittel-Enzyme

Ziel	Methode	Ergebnis
Konventionelle Optimierung	Klassische Selektionsverfahren	Wildtyp-Enzyme (natürliche Enzyme)
Höhere Fermentationsausbeute	Vervielfältigung der genetischen Information > auf den Chromosomen des Wildtyps (Genamplifikation) > mit Hilfe von Plasmiden	Naturidentische Enzyme
Verbesserte Stabilität > bei höheren pH-Werten und Temperaturen > in Flüssigwaschmitteln > gegen Bleiche	Protein Engineering (Veränderung der Packungsdichte und/oder Verteilung geladener Aminosäuren an der Oberfläche, Aminosäure-Austausch – ortsspezifische Mutagenese)	Hochleistungsenzyme (»neuartige« Enzyme)

Durch Austausch beispielsweise von Methionin kann eine erhöhte Stabilität gegen Sauerstoffbleiche erzielt werden.

2.5 Antimikrobielle Wirkstoffe

Chemische Substanzen, die gezielt Mikroorganismen abtöten können bzw. deren Wachstum verhindern, bezeichnet man allgemein als *antimikrobielle Wirkstoffe*. Davon abzugrenzen ist der Begriff *Biozid* bzw. *biozider Wirkstoff*. Auch dieser Begriff definiert Substanzen, die antimikrobiell wirksam sind, ist aber weiter gefasst, weil damit zusätzlich auch Substanzen erfasst werden, die gegen höhere Organismen wirken können, z.B. gegen Insekten, Schnecken oder Ratten [2.12].

Es gibt eine größere Anzahl verschiedener antimikrobieller Wirkstoffe und Wirkstoffgruppen für die verschiedenen Einsatzbereiche und Verwendungszwecke im Haushalt, in der Medizin und im Gesundheitswesen sowie für vielfältige industrielle und technische Anwendungen.

Im Bereich der Reinigungs- und Pflegemittel in Privathaushalten stehen zwei Verwendungsbereiche im Vordergrund:

- *Konservierungsstoffe* zur Verhinderung des Mikrobenwachstums in Fertigerzeugnissen sind von allgemeiner Bedeutung.
- *Antimikrobielle Wirkstoffe zur Verminderung von Keimzahlen auf Oberflächen* werden in Reinigungsmitteln mit ausgewiesener antimikrobieller Wirkung eingesetzt.

Desinfektionsmittel und desinfizierende Reiniger werden im Rahmen dieses Buchs nicht näher besprochen, da sie überwiegend im Bereich des Gesundheitswesens anzusiedeln sind (s. auch Abschn. 2.5.2).

Tab. 2.11 gibt einen Überblick über antimikrobielle Wirkstoffe, die in Reinigungs- und Pflegemitteln Verwendung finden. Je nach der chemischen Struktur (**Abb. 2.18**), den physikalischen Eigenschaften (Löslichkeit, Dampfdruck) und der Wirksamkeit gegenüber Mikroorganismen eignen sich die antimikrobiellen Wirkstoffe primär zur Konservierung, zur Anwendung auf Oberflächen oder für beide Einsatzzwecke. Die Eignung einer Substanz für den jeweiligen Einsatzzweck wird durch verschiedene Testmethoden überprüft.

In **Tab. 2.11** sind alle Substanzen aufgeführt, die ausschließlich oder vorrangig zum Zwecke der Keimverminderung eingesetzt werden. Eine eindeutige Abgrenzung gegenüber den anderen Inhaltsstoffen, die nicht explizit als antimikrobiell wirksam ausgewiesen sind, ist nicht in jedem Fall möglich. In genügend hoher Konzentration wirken praktisch alle Inhaltsstoffe keimhemmend. Beispiele dafür sind die Tenside, die in fast allen Reinigungsmitteln zu finden sind, oder Säuren und Alkalien, die verwendet werden, um die Reinigungswirkung gegenüber kalkhaltigem ($\rightarrow$ Säuren) oder fetthaltigem ($\rightarrow$ Alkalien) Schmutz zu verbessern. Ein hoher oder niedriger pH-Wert hat immer auch eine antimikrobielle Wirkung.

2.5.1 Konservierungsstoffe

Wasserhaltige Reinigungs- und Pflegemittel, die nicht selbstkonservierend sind (s.u.), benötigen einen Zusatz von Konservierungsstoffen, um eine ausreichende Lagerfähigkeit ohne mikrobiellen Befall auch bei angebrochener und geöffneter Verpackung sicher zu stellen. Letzteres ist von besonderer Bedeutung, denn beim Gebrauch der Mittel kommt es häufig zur Kontamination mit Mikroorganismen, die sich dann in der angebrochenen Verpackung vermehren können. So müssen beispielsweise die heute in Reinigungs- und Pflegemitteln eingesetzten Tenside biologisch leicht abbaubar sein. Soweit sie nicht in konzentrierter Form vorliegen, bilden sie damit eine gute Nahrungsgrundlage für Bakterien und Pilze.

Tab. 2.11: Antimikrobiell wirkende Inhaltsstoffe von Reinigungs- und Pflegemitteln
(Die in der Tabelle aufgeführten Substanzen werden gezielt zur Konservierung und/oder Keimverminderung auf Oberflächen eingesetzt. Der Übergang bezüglich der antimikrobiellen Wirkung zu weiteren hier nicht aufgeführten Inhaltsstoffen ist fließend. In genügend hoher Konzentration wirken praktisch alle Inhaltsstoffe der Reinigungs- und Pflegemittel keimhemmend.)

Wirkstoffgruppe	Wirkstoffe	Konservierung	Keimverminderung auf Oberflächen
Aldehyde	Glutardialdehyd	+	+
Alkohole	Ethanol 2-Propanol 2-Phenoxyethanol	 + +	+ +
Formaldehydabspalter	DMDM Hydantoin [1,3-Bis-(hydroxymethyl)-5,5-dimethyl-2,4-imidazolidindion]	+	
Grenzflächenaktive Verbindungen mit antimikrobieller Wirkung	Benzalkoniumchlorid Didecyldimethylammoniumchlorid (In genügend hoher Konzentration wirken alle Tenside antimikrobiell)	+ +	+ +
Organische Halogenverbindungen	Isothiazolinone: 5-Chlor-2-methyl-4-isothiazolin-3-on/ 2-Methyl-4-isothiazolin-3-on (Gemisch) (z.B. Kathon CG®, Euxyl K 100®) 2-Brom-2-nitro-1,3-propandiol (Bronopol) 1,2-Dibrom-2,4-dicyanobutan	+ + +	
Organische Schwefelverbindungen	1,2-Benzisothiazolin-3-on	+	
Oxidationsmittel	Peressigsäure Wasserstoffperoxid Natriumperborat/Natriumpercarbonat Natriumhypochlorit Chlorisocyanurate		+ + + + +
Phenolderivate	Nichthalogenierte Phenole: o-Phenylphenol Halogenierte Phenole: 4-Chlor-m-kresol (4-Chlor-3-methylphenol) 4-Chlor-m-xylenol (4-Chlor-3,5-dimethylphenol) o-Benzyl-p-chlorphenol (Chlorophen)	 + + + +	 + + + +

Tab. 2.11: Fortsetzung

Wirkstoffgruppe	Wirkstoffe	Konservierung	Keimverminderung auf Oberflächen
Säuren mit lipophilem Charakter, ihre Salze und Ester	Benzoesäure Salicylsäure Sorbinsäure (In genügend hoher Konzentration wirken alle Säuren antimikrobiell)	+ + +	+ +
Terpene und etherische Öle	Teebaumöl		+

Unter den folgenden Bedingungen liegt eine Selbstkonservierung im Sinne einer ausreichenden mikrobiologischen Stabilität vor, und es ist kein weiterer Zusatz von Konservierungsstoffen erforderlich:

- Pulverförmige und feste Produkte,
- wasserfreie, lösemittelbasierte flüssige Produkte,
- stark saures oder stark alkalisches Milieu,
- Anwesenheit von antimikrobiell wirksamen Inhaltsstoffen, z.B.
  - starke Oxidationsmittel (Peroxide, Aktivchlorverbindungen),
  - hinreichend hohe Konzentration von Tensiden,
  - Alkohole (Ethanol, 2-Propanol) in Konzentrationen oberhalb 10%.

Reinigungs- und Pflegemittel, die diese Kriterien nicht erfüllen, enthalten im Allgemeinen Konservierungsstoffe, die hinzugefügt werden, um eine unvermeidliche produktions- und/oder gebrauchsbedingte mikrobiologische Kontamination zu beherrschen.

Die Auswahl der Konservierungsstoffe richtet sich dabei nach den folgenden Kriterien:

- Gute antimikrobielle Wirksamkeit gegenüber Bakterien und Pilzen,
- toxikologische Unbedenklichkeit unter Anwendungsbedingungen,
- ökologische Verträglichkeit,
- Verträglichkeit mit den übrigen Inhaltsstoffen der Reinigungs- und Pflegemittel,
- ausreichende thermische Stabilität,
- geringe Anwendungskonzentrationen,
- Preis.

Konservierungsstoffe wirken nicht gegen alle Mikroorganismen gleichermaßen effektiv. Einige Wirkstoffe zeigen gegenüber Pilzen oder Gram-negativen Bakterien nur eine eingeschränkte Wirksamkeit und diese kann durch die Umgebungsbedingungen, z.B. pH-Wert-Veränderungen oder Gegenwart von Schmutz, weiter verringert werden (vgl. **Tab. 2.12**). In der Praxis setzt man vielfach eine Mischung verschiedener Konservierungsstoffe ein, um die Wirksamkeit zu steigern, synergistische Effekte zu nutzen und aus ökologischen und toxikologischen Gründen die Anwendungskonzentrationen bei guter Wirksamkeit möglichst gering zu halten [2.13].

Das toxikologische Potenzial der Konservierungsstoffe kann in der Praxis durchaus ein Problem sein, weil ja die Mittel einerseits biozid, also toxisch gegen Mikroorganismen wirken, andererseits aber für den Menschen unbedenklich sein sollen. Als toxikologische Risiken werden dabei vorrangig ihr mögliches allergieauslösendes Potenzial sowie Hautreizungen diskutiert. Für das toxikologische Risikopotenzial eines Wirkstoffs ist neben den inhärenten Stoffeigenschaften (z.B. darf er nicht krebserregend sein) in erster Linie seine Konzentration unter Anwendungsbedingungen ausschlaggebend. Daraus erwächst in der Realität häufig eine Gratwanderung zwischen Wirksamkeit und Unbedenklichkeit, denn genau genommen ist ein völlig unbedenklicher Konservierungsstoff auch völlig unwirksam. Dieses Spannungsfeld erklärt die kontroverse öffentliche Diskussion zu diesem Thema (**Tab. 2.13**).

Der Einsatz von Konservierungsstoffen in Reinigungs- und Pflegemitteln wird von der Biozid-Produkte-Richtlinie (98/8/EG) geregelt (vgl. Kap. 12.3). Die meisten Konservierungsstoffe, die in Reinigungs- und Pflegemitteln Verwendung finden, sind auch für kosmetische Mittel zugelassen [2.14]. Die Obergrenzen für die Konzentration der Konservierungsstoffe im fertigen Erzeugnis richten sich im Allgemeinen nach der zulässigen Höchstkonzentration gemäß Kosmetikverordnung.

Neben der toxikologischen Unbedenklichkeit müssen Konservierungsstoffe, die in Reinigungs- und Pflegemitteln verwendet werden, mit allen übrigen Inhaltsstoffen verträglich sein, die Bedingungen bei der Herstellung unbeschadet überstehen und im vorgegebenen pH-Bereich wirken (**Tab. 2.12**). In einigen Erzeugnissen werden deshalb auch Konservierungsstoffe verwendet, die nicht in der Kosmetikverordnung aufgeführt sind, die sich aber durch eine besonders gute thermische Stabilität und Wirksamkeit im alkalischen Bereich auszeichnen. Zu diesen gehört z.B. 1,2-Benzisothiazolin-3-on.

Grundsätzlich werden der Gesundheitsschutz und die Verbrauchersicherheit durch das Lebensmittel-, Bedarfsgegenstände- und Futtermittelgesetzbuch (LFGB, dort in § 30) geregelt.

Die hier genannten Eignungskriterien schränken die Zahl der heute zur Verfügung stehenden Wirkstoffe deutlich ein.

Eine Deklaration »frei von Konservierungsmitteln« bedeutet, dass Konservierungsstoffe, die gemäß der Biozid-Produkte-Richtlinie verwendet werden dürfen, nicht im Produkt enthalten sind. Keimhemmende Inhaltsstoffe, die im Reinigungs- und Pflegemittel eine andere Funktion erfüllen, können trotzdem enthalten sein, z.B. Alkohole, Tenside in höherer Konzentration und/oder etherische Öle.

Tab. 2.12: Wirkungsbereich von Konservierungsstoffen

Wirkstoffe	Wirksamer pH-Bereich	Bakterien Grampositiv	Bakterien Gramnegativ	Hefen	Schimmelpilze	Einsatzkonzentration in mg/L
Formaldehyd, Formaldehydabspalter	3,5 - 10	+	+	+	+	125 -500
2-Brom-2-nitro-1,3-propandiol (Bronopol)	5 - 9	+	+	(+)	(+)	50 - 70
1,2-Dibrom-2,4-dicyanobutan	2 - 9,5	+	+	+	+	5 - 100
5-Chlor-2-methyl-4-isothiazolin-3-on/2-Methyl-4-isothiazolin-3-on (Gemisch)	4 - 9	+	+	+	+	15
Benzalkoniumchlorid	4 - 10	+	+	+	+	500 - 1000
2-Phenoxyethanol	3 - 10	+	(+)	(+)	(+)	4000 - 5000
Sorbinsäure	3 - 5	(+)	(+)	+	+	100 - 500
Benzoesäure	3 - 5	(+)	(+)	+	+	700 - 1500

+ = wirksam
(+) = eingeschränkt wirksam

Tab. 2.13: Pro und contra Konservierung

Pro	Contra
Schutz vor Verderben durch Mikroorganismen	Kontaktallergien (Induktion neuer Allergien, Auslösung bestehender Allergien)
Schutz vor Krankheitserregern	Hautreizungen
	Teilweise unzureichende biologische Abbaubarkeit

2.5.2 *Wirkstoffe zur Keimverminderung auf Oberflächen*

An mikrobiell stärker belasteten Orten im Haushalt, z.B. im Bereich der Waschbecken in Bad und WC, der Arbeitsplatten und Spülbecken in der Küche oder bei Schimmelbildung kann es sinnvoll und notwendig sein, Mikroorganismen gezielt zu bekämpfen.

Dafür stehen verschiedene Produktgruppen von Reinigungsmitteln zur Verfügung, die Wirkstoffe zur Keimverminderung auf Oberflächen enthalten, z.b. ein starkes Oxidationsmittel. Als Wirkstoff dieser Reiniger wird in Deutschland überwiegend Wasserstoffperoxid verwendet, während europa- und weltweit gesehen hypochlorithaltige Mittel gebräuchlich sind.

Stark saure und stark alkalische Mittel, z.B. WC-Reiniger oder Abflussreiniger, werden wegen ihrer kalk- bzw. fettlösenden Eigenschaften eingesetzt. Daneben entfalten diese Mittel, sozusagen als Zusatznutzen, immer auch einen stark keimvermindernden Effekt. Vergleichbares gilt für maschinelle Geschirrspülmittel. Dort hat das enthaltene Bleichmittel (meist Natriumpercarbonat, selten ein Aktivchlorträger), das zur Beseitigung farbintensiver Flecken notwendig ist, eine ausgeprägte antimikrobielle Wirkung.

Seit 1999 gibt es in Deutschland auch antimikrobielle Allzweckreiniger, Handgeschirrspülmittel und andere Produktgruppen mit Zusatz von antimikrobiellen Wirkstoffen. Verwendet werden dafür als Wirkstoffe Kationtenside (Benzalkoniumchlorid), Säuren mit lipophilem Charakter (z.B. Benzoesäure oder Salicylsäure) oder Terpene (z.B. Geraniol), selten werden auch Aldehyde (Glutardialdehyd) eingesetzt. Diese Mittel werden dann z.B. mit dem Attribut »antibakteriell« o.ä. ausgewiesen. Während diese Produktgruppen in Amerika und Südeuropa schon seit vielen Jahren erfolgreich am Markt vertreten sind, konnten sie sich in Deutschland bisher nicht durchsetzen. **Tab. 2.14** gibt einen Überblick über Reinigungsmittel und die verwendeten Wirkstoffe zur Keimverminderung auf Oberflächen.

Tab. 2.14: Reinigungsmittel mit deutlich keimreduzierender Wirkung

Produkttyp (Auswahl)	Wirksame Inhaltsstoffe
Maschinelle Geschirrspülmittel	Natriumperborat, Natriumpercarbonat (Wirkstoffe auf Chlorbasis, z.B. Chlorisocyanurate, werden in Deutschland kaum noch verwendet)
Reinigungsmittel mit ausgewiesener antimikrobieller Wirkung (»Hygienereiniger«)	Wasserstoffperoxid, Natriumhypochlorit
Antischimmelmittel (Sanierung)	Benzalkoniumchlorid, Natriumhypochlorit
Reinigungsmittel mit Zusatznutzen in Form eines zusätzlich ausgewiesenen antimikrobiellen oder antibakteriellen Effekts (Manuelle Geschirrspülmittel, Allzweckreiniger, Badreiniger u.a.)	Benzoesäure, Salicylsäure, Glutardialdehyd, Benzalkoniumchlorid
WC-Reiniger zur Verwendung im Toilettenbereich	Säuren in höherer Konzentration, z.B. Amidosulfonsäure, Phosphorsäure, Kalium- und Natriumhydrogensulfat u.a.
Abflussreiniger/Rohrreiniger	Natriumhydroxid, Kaliumhydroxid
Feuchte Reinigungstücher	Wasserstoffperoxid, Alkohol

Sollen keimvermindernde Reinigungsmittel wirksam eingesetzt werden, so sind dabei einige Grundregeln zu beachten (vgl. auch Kap. 1.3). Entscheidend für eine hinreichende Wirksamkeit sind die folgenden Faktoren:

- Konzentration des Wirkstoffs
- Einwirkungsdauer
- Temperatur und pH-Wert
- hemmende Umgebungseinflüsse, z.B. Schmutz, besonders in Form organischer Verunreinigungen.

Zu starke Verdünnung und zu kurze Einwirkungsdauer führen dazu, dass der keimvermindernde Effekt verloren geht. Ebenso kann eine starke Schmutzbelastung die keimvermindernde Wirkung beeinträchtigen. Eine spezielle Definition oder Normung, wie wirkungsvoll als antibakteriell oder antimikrobiell deklarierte Reinigungsmittel sein müssen, gibt es bisher nicht.

Von den Reinigungsmitteln zur allgemeinen Keimverminderung in Privathaushalten abzugrenzen sind Desinfektionsmittel und Desinfektionsreiniger. Sie sind dadurch definiert, dass sie bei vorschriftsmäßiger Anwendung die Keimzahlen auf Oberflächen mindestens um den Faktor 10^5 (Bakterien) bzw. 10^4 (Hefen, Schimmelpilze) reduzieren [2.15]. Sie sind von zentraler Bedeutung für den Bereich des Gesundheitswesens, z.B. der Krankenhaushygiene (Flächendesinfektion, Gerätedesinfektion, Wäschedesinfektion, Wunddesinfektion), und der Betriebshygiene, z.B. in der Lebensmittel verarbeitenden Industrie. Da Desinfektionsmittel, auch wenn sie in Privathaushalten verwendet werden, dem Bereich der Gesundheit zuzuordnen sind, berühren sie die Thematik des hier vorliegenden Buchs nur am Rande. Obwohl die Wirkstoffe der Desinfektionsmittel zum Teil identisch sind mit den Wirkstoffen der Reinigungsmittel mit antimikrobieller Wirkung, ist die Zielsetzung bei der Verwendung eine andere. Weiterhin bestehen sowohl bei der Konzentration der Wirkstoffe im fertigen Erzeugnis als auch bei der Gebrauchsanweisung deutliche Unterschiede.

2.5.3 Wirkungsmechanismen antimikrobieller Wirkstoffe

Eine systematische Erforschung der Wirkungsweise antimikrobieller Substanzen begann erst nach 1950. Von einigen Wirkstoffen liegen heute, aufbauend auf diesen Forschungen, Erklärungsmodelle ihrer Wirkung auf molekularer Ebene vor, allerdings besteht auch heute noch Forschungsbedarf in vielen Bereichen. Noch ist die Wirkungsweise nicht von allen Wirkstoffen aufgeklärt ([2.15] bis [2.18]).

Zum Verständnis der Wirkungsweise antimikrobieller Substanzen sind einige Kenntnisse über Mikroorganismen wichtig. Der erste Kontakt eines antimikrobiellen Wirkstoffs mit einem Mikroorganismus (Bakterien und Pilzen) verläuft über die Zellwand.

Die Zellwände von Bakterien und Pilzen bestehen aus mehreren Schichten. Die innere Schicht wird als Cytoplasmamembran bezeichnet und besteht überwiegend aus Lipiden (Phospholipide, Lipoproteine, Lipopolysaccharide) und verschiedenen Proteinen. Darüber liegt bei Bakterien eine Schicht aus Peptidoglykanen. Die Zellwand Gram-ne-

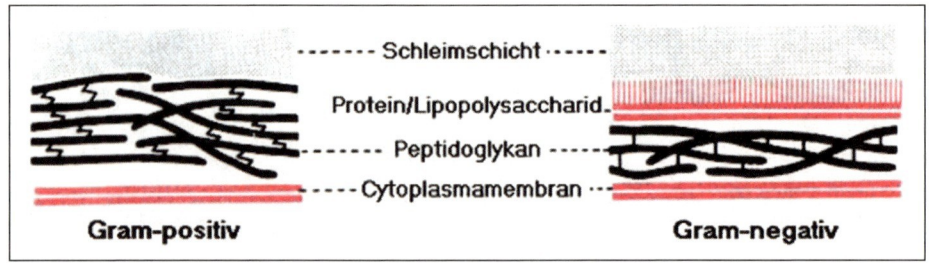

Abb. 2.18: Aufbau der Zellwand verschiedener Mikroorganismen

gativer Bakterien ist im Allgemeinen komplexer aufgebaut als die der Gram-positiven Bakterien (**Abb. 2.18**).

Bei Gram-negativen Bakterien ist die Peptidoglykanschicht verhältnismäßig dünn, dafür besitzen sie noch eine weitere amphiphile Außenmembran aus Lipopolysacchariden und Proteinen, die den Gram-positiven Bakterien fehlt. Diese Außenmembran ist für viele Substanzen nur schwer zu durchdringen, deshalb sind Gram-negative Bakterien z.T. robuster gegenüber den Angriffen antimikrobieller Wirkstoffe als Gram-positive Bakterien. Die Zellwand von Pilzen ist anders gebaut und besteht u.a. aus Chitin, Glukanen und Mannan.

Sporen von Pilzen (ruhende Zellen zur Verbreitung des Pilzes) und von Bakterien (Dauerform zum Überstehen widriger Umgebungsbedingungen) stellen vielfach erhöhte Anforderungen an eine effektive Keimbekämpfung. Besonders bakterielle Sporen sind in der Regel äußerst widerstandfähig gegen den Angriff von Chemikalien oder auch extremen physikalischen Bedingungen (z.B. Hitze oder Strahlung).

Bei Viren gelten andere Gesetzmäßigkeiten als bei Bakterien und Pilzen. Da Viren ein eigener Stoffwechsel fehlt, sind Substanzen, deren Wirkmechanismen auf der Störung von Stoffwechselvorgängen beruht, gegen Viren weitgehend unwirksam. Darüber hinaus entfällt bei einer großen Gruppe von Viren auch die Membran als Hauptangriffspunkt vieler antimikrobieller Wirkstoffe. Daher sind besonders die unbehüllten Viren oftmals schwer zu inaktivieren.

Die Unterschiede im chemischen Aufbau der verschiedenen Mikroorganismen machen deutlich, dass Kenntnisse über die Wirkungsweise antimikrobieller Wirkstoffe notwendig sind, um diese Wirkstoffe richtig einsetzen zu können.

Die antimikrobiellen Wirkstoffe (**Abb. 2.19**) lassen sich nach ihrem Wirkungsmechanismus in drei große Gruppen einteilen.

- *Membranaktive Verbindungen* greifen die Cytoplasmamembran von Mikroorganismen an und verändern bzw. zerstören diese.
- *Elektrophil wirksame Substanzen* können die Zellwand durchdringen und gehen als starke Elektrophile chemische Reaktionen mit nucleophilen Zellbestandteilen ein.

Auf diese Weise inaktivieren sie die für die Lebensvorgänge der Zelle wichtigen Enzyme, verändern aber auch andere Substanzen in der Zelle.
- *Unspezifisch wirkende Substanzen* zerstören Zellmembranen und Zellen durch Hydrolyse bzw. Oxidation von Lipiden und Proteinen.

Membranaktive Wirkstoffe

Zu den membranaktiven Substanzen zählen u.a. Säuren mit lipophilem Charakter, Alkohole, Phenole und quaternäre Ammoniumverbindungen.

Ob eine membranaktive Substanz bakteriostatisch oder bakterizid wirkt, hängt ausschließlich von der Wirkstoffkonzentration ab. Alle membranaktiven Wirkstoffe werden zunächst an der Zellmembran adsorbiert. Voraussetzung für eine Adsorption ist eine ausreichende Fettlöslichkeit (Lipophilie) der Substanz, weil nur dann eine Wechselwirkung mit der lipophilen Zellmembran möglich ist. Die Wirksamkeit membranaktiver Substanzen steigt deshalb mit abnehmender Wasserlöslichkeit, d.h. zunehmender Lipophilie, an.

Auf Grund der Adsorption kommt es zu Störungen der Membranfunktion, wobei die Art der Störung bei den einzelnen Wirkstoffen unterschiedlich ist. Es kann zur Denaturierung von Membranproteinen kommen, zur Zerstörung der Lipiddoppelschicht der Cytoplasmamembran, zur Störung der Durchlässigkeit der Zellmembran oder zur Blockade der ATP-Synthese. Bei genügend hoher Wirkstoffkonzentration und Einwirkungsdauer führen alle diese Eingriffe in den Zellstoffwechsel zur Zerstörung der Zelle. Bei kürzerer Einwirkungsdauer und geringerer Wirkstoffkonzentration sind die Effekte zum Teil reversibel, Mikroorganismen werden an der Vermehrung gehindert, sterben aber nicht notwendigerweise ab.

Zusammenfassend lässt sich die Wirkung membranaktiver Verbindungen folgendermaßen beschreiben [2.16]:

1. Unspezifische Adsorption an der Zellmembran
2. Störung der Funktion der Membranproteine
3. Verlust der Barrierefunktion der Membran, Austritt von Ionen und organischen Molekülen
4. Inhibierung des Substrattransports und der ATP-Synthese [2.16].

Beispiele für *Säuren mit lipophilem Charakter* sind die Konservierungsstoffe Benzoesäure, Salicylsäure und Sorbinsäure. Die Wirkung der Säuren beruht nicht auf einer Säure/Base-Reaktion, sondern sie greifen im undissoziierten Zustand in den Stoffwechsel der Zellmembran ein. Ihre Wirksamkeit ist auf den sauren pH-Bereich beschränkt, weil nur dann hinreichend undissoziierte, fettlösliche Säuremoleküle vorliegen, die in die Zellmembran eindringen können. Oberhalb von pH > 6 verlieren sie schnell an Wirksamkeit. Diese Konservierungsstoffe können also nur bei mehr oder weniger sauer eingestellten Reinigungsmitteln eingesetzt werden.

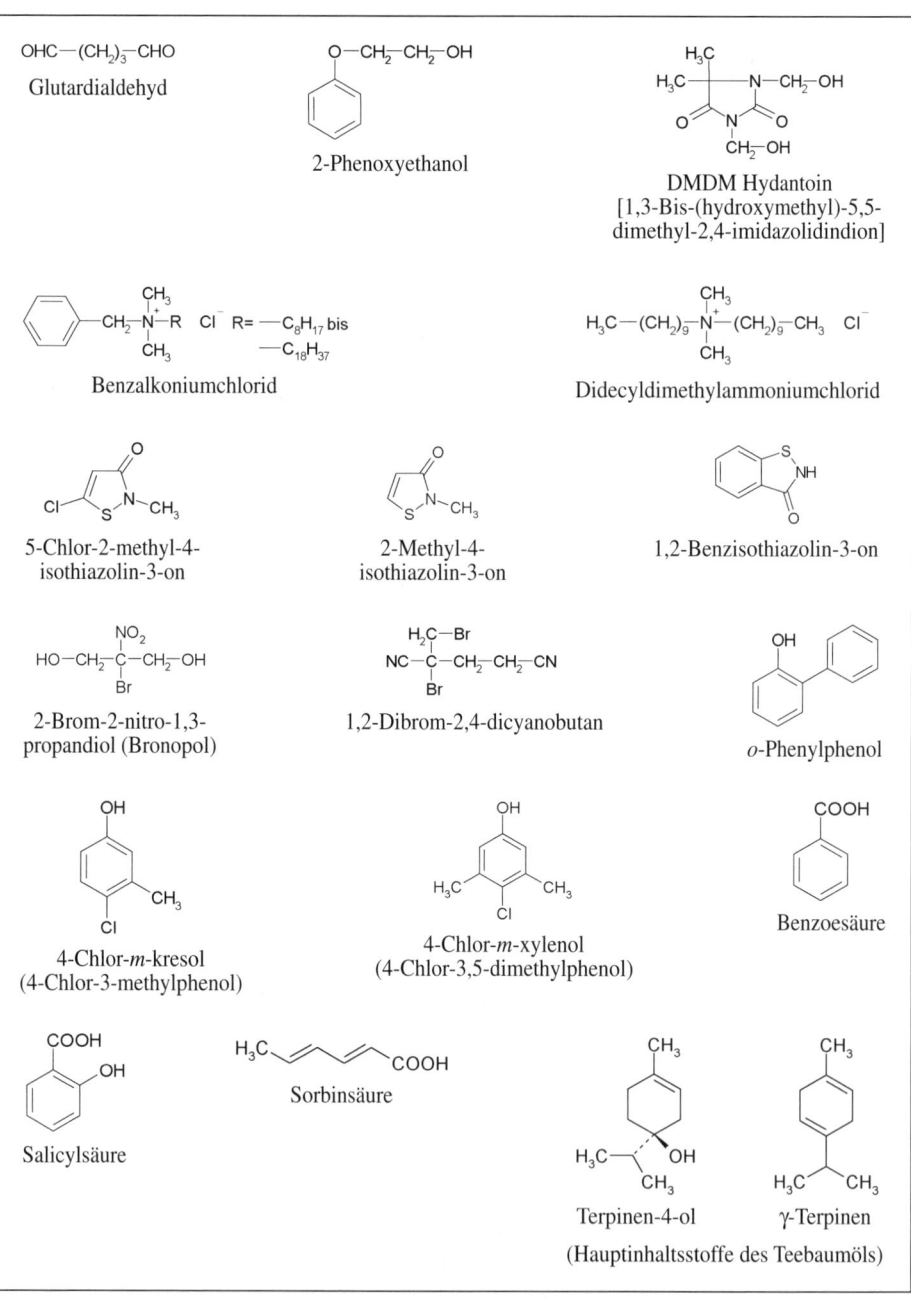

Abb. 2.19: Chemische Struktur von Konservierungs- und antimikrobiellen Wirkstoffen

Phenol und substituierte Phenole sind lange bekannte und gut wirksame Desinfektionsmittel im medizinischen Bereich. Phenol selbst wird nicht mehr verwendet, weil es im gut wirksamen Bereich sehr geruchsintensiv und humantoxisch ist und heute durch besser wirksame Verbindungen ersetzt werden kann, z.B. 4-Chlor-*m*-kresol. Auch diese Substanzen haben einen charakteristischen Eigengeruch. Chlorierte Phenole werden in Deutschland kaum in Haushaltsreinigern verwendet, in den USA und Südamerika sind sie dagegen in Haushaltsprodukten weit verbreitet. Triclosan soll aus ökologischen Gründen in Wasch-, Reinigungs- und Pflegemitteln für den Privathaushalt nicht mehr eingesetzt werden (Empfehlung des Internationalen Verbandes der Wasch-, Reinigungs-, Putz- und Pflegemittelindustrie, der AISE).

Als Konservierungsstoff in Reinigungsmitteln wird auch *o*-Phenylphenol verwendet, das als Konservierungsstoff für Lebensmittel und kosmetische Mittel zugelassen ist.

Alkohole wirken fettlösend und können dadurch in das Innere der Zellen eindringen. Die Alkohole können Membranproteine denaturieren und die Aktivität von Enzymen im Inneren der Zelle vermindern. Ein normaler Stoffwechsel wird dadurch gestört. Mikroorganismen werden zunächst am Wachstum gehindert, bei genügend langer Einwirkung sterben sie ab. Ethanol und Propanole wirken am stärksten in etwa 70-prozentiger wässriger Lösung. Die Koagulation von Proteinen wird als Hauptwirkmechanismus von Alkoholen angesehen. Die Beobachtung, dass Alkoholkonzentrationen oberhalb 80 Prozent (v/v) eine abnehmende Wirksamkeit zeigen, wird dadurch erklärt, dass Proteine in wasserärmerem Medium weniger stark denaturiert werden als in Gegenwart von Wasser [2.19]. Unterhalb einer Konzentration von 10 Prozent (v/v) in wässrigem Medium ist in der Regel nicht einmal mehr eine ausreichende Konservierung gewährleistet.

Die Wirkung von grenzflächenaktiven Verbindungen, den *quaternären Ammoniumverbindungen* (Kationtenside) und bestimmten, antimikrobiell wirksamen Amphotensiden (vgl. **Tab. 2.11**), beruht auf ihrer Reaktion mit der Zellmembran von Bakterien und Pilzen. Als grenzflächenaktive Substanzen werden Tenside stark an der Oberfläche von Zellen adsorbiert. Auf der Zellmembran reagieren die quaternären Ammoniumverbindungen bevorzugt mit Phospholipiden. Als Folge davon wird die Oberflächenbeschaffenheit der Zellmembran verändert. Die normale Durchlässigkeit der Zellmembran wird dadurch blockiert und der Austausch von Zellinhaltsstoffen mit der Umgebung vorübergehend unterbunden. Bei längerer Einwirkungsdauer kommt es zu Ausstülpungen der Zellwand und zum unkontrollierten Austritt von Zellinhaltsstoffen. Im letzten Schritt gelangen die quaternären Ammoniumverbindungen auch in die Zelle, reagieren dort mit den negativen Ladungen von Proteinen und verändern die räumliche Struktur (Tertiärstruktur) der Enzyme. Die Proteine werden denaturiert, die Enzymaktivität und der Zellstoffwechsel brechen letztendlich zusammen.

Die antimikrobielle Wirksamkeit sowohl der kationischen Tenside als auch der Amphotenside wird durch anionische Tenside stark eingeschränkt. Dem Einsatz in Reinigungsmitteln sind dadurch enge Grenzen gesetzt, denn Aniontenside sind Bestandteil der meisten Haushaltsreiniger. Von den im Haushaltsbereich eingesetzten Kationtensiden ist Benzalkoniumchlorid der am häufigsten verwendete Wirkstoff. Antimikrobiell wirksame Amphotenside werden in Haushaltsreinigern praktisch nicht verwendet.

Elektrophil wirksame Substanzen

Zu den elektrophil wirksamen Substanzen zählen z.b. Aldehyde, Formaldehydabspalter, Isothiazolinone, 2-Brom-2-nitro-1,3-propandiol (Bronopol) und 1,2-Dibrom-2,4-dicyanobutan.

Die elektrophil wirksamen Substanzen besitzen eine reaktive funktionelle Gruppe, die mit Proteinen, Aminosäuren und Nukleinsäuren reagieren kann, sowie ggf. weitere Strukturelemente, die für einen Transport zum Wirkort von Bedeutung sind und Einfluss auf die Fettlöslichkeit (Lipophilie) haben [2.18].

Aldehyde weisen ein breit gefächertes Wirkungsspektrum gegen Bakterien, Pilze und Viren auf, Aldehyde zählen aber zu den eher langsam wirkenden Mitteln. Einer ausreichenden Einwirkungszeit kommt daher eine große Bedeutung zu. Sie eignen sich sehr gut als Konservierungsstoffe. Die Aldehydgruppe ist eine sehr reaktionsfähige Gruppe und reagiert vorwiegend mit den Aminogruppen von Proteinen und freien Aminosäuren. Proteine werden dabei irreversibel denaturiert. Durch die Schädigung von Zellwand-Proteinen kommt es letztlich zum Zelltod. Solche Reaktionen laufen auch mit Proteinen der menschlichen Haut ab, so dass Aldehyde in höherer Konzentration stark hautreizend wirken. Die Denaturierung der Haut-Proteine kann zur Bildung von Antigenen führen und erklärt auch das Sensibilisierungspotenzial der Aldehyde. Grundsätzlich reagieren dabei die heute verwendeten Aldehyde ähnlich. Glutardialdehyd und Glyoxal, die als Ersatzstoffe für Formaldehyd verwendet werden, bieten somit keine Vorteile aus toxikologischer Sicht.

Formaldehydabspalter (z.B. DMDM Hydantoin) enthalten Formaldehyd in gebundener Form, z.B. an Amido-Stickstoff gebunden. Das Wirkprinzip ist das gleiche wie Formaldehyd, doch wird dieser in einer Gleichgewichtsreaktion erst langsam freigesetzt. Man vermeidet dadurch zwei Nachteile des freien Formaldehyds, die große Flüchtigkeit und leichte Desaktivierbarkeit, und erzielt durch die geringere Konzentration an freiem Formaldehyd auch eine bessere Hautverträglichkeit.

In Reinigungsmitteln häufig zu finden sind *Isothiazolinone* wegen ihrer guten Wirksamkeit, ihres günstigen Preis-Leistungsverhältnisses sowie der geringen Anwendungskonzentrationen. Ihre Wirkung beruht auf zwei Mechanismen [2.16].

5-Chlor-2-methyl-4-isothiazolin-3-on: Die konjugierte (vinyloge) Carbonylgruppe übt einen deutlichen elektronenanziehenden Effekt auf die C-Cl-Bindung aus. Die Polarität dieser Bindung wird dadurch erhöht. Als Folge davon wird die C-Cl-Bindung gelockert und die elektrophile Potenz des dem Chlor benachbarten C-Atoms erhöht. Über einen Additions-Eliminierungs-Mechanismus können Nucleophile an dieses Kohlenstoffatom gebunden werden. Bei Reaktion mit Enzymen, Lipiden o.ä. werden diese inaktiviert, Stoffwechselprozesse von Mikroorganismen gestört und Zellen geschädigt (biozide Wirkung). 5-Chlor-2-methylisothiazolin-3-on wird herstellungsbedingt immer im Gemisch mit 2-Methylisothiazolin-3-on verwendet.

2-Methyl-4-isothiazolin-3-on und 1,2-Benzisothiazolin-3-on: Die antimikrobielle Wirkung dieser Substanzen beruht auf der Reaktivität der polaren Schwefel-Stickstoff-

Bindung. Unter Ringöffnung kann eine Reaktion des Schwefels mit Aminosäuren und Proteinen stattfinden. Die nichtchlorierten Isothiazolinone sind etwas weniger wirksam als die entsprechenden chlorierten Verbindungen, wobei 1,2-Benzisothiazolin-3-on wiederum wirksamer ist als 2-Methylisothiazolin-3-on (**Abb. 2.19**).

Unspezifisch wirkende Substanzen

Zu den unspezifisch wirksamen Substanzen zählen Säuren, Alkalien und starke Oxidationsmittel.

Schon seit Ende des 18. Jahrhunderts werden *Halogene* für Desinfektionszwecke verwendet. Ab 1825 diente *Natriumhypochlorit* eine Zeit lang zur Wundbehandlung. Die Wirkung der Halogenverbindungen, z.B. Natriumhypochlorit oder Trichlorisocyanursäure, auf Zellen ist komplex und beruht einerseits auf der hohen Reaktivität des Halogens bzw. der Halogenverbindung, andererseits auf der stark oxidativen Wirkung. Proteine werden sofort denaturiert. Oxidationsempfindliche Sulfhydryl-Gruppen (-SH) von Proteinen werden oxidiert. Mit Amino-Gruppen reagieren Halogene und Halogenverbindungen zu zelltoxischen Chloraminen. Weiterhin reagieren in die Zelle eingedrungene Chlorverbindungen direkt mit der Desoxyribonucleinsäure (DNA) und blockieren die DNA- und Protein-Synthese.

Peroxide wirken stark oxidierend. Oxidationsempfindliche Sulfhydryl-Gruppen (-SH) von Proteinen werden oxidiert. Daneben greifen Peroxide auch oxidativ in die Struktur der Desoxyribonucleinsäure (DNA) ein und blockieren dadurch die DNA- und Protein-Synthese.

Die Wirkung der *Säuren* ist in erster Linie abhängig vom pH-Wert. Bei einem pH-Wert unter 3 wird die Durchlässigkeit der Zellmembran erhöht und die Säuren gelangen leichter durch die Zellwand. In der Zelle können eingedrungene Säuren Amid- und Esterbindungen spalten und dadurch zur Zerstörung von Proteinen führen. Durch den niedrigen pH-Wert werden einige Proteine denaturiert, die Enzymaktivität wichtiger Enzyme wird massiv beeinträchtigt. Während einige Enzyme blockiert werden, nimmt die Ribonucleaseaktivität stark zu und führt zu einer »Selbstverdauung« der Zelle, indem die zelleigene DNA und RNA zerstört werden [2.18].

Laugen spalten zunächst Zellwand-Lipide und zerstören dadurch die Oberflächenstruktur der Zellen. Anschließend werden im Zellinneren Proteine und Fette hydrolytisch gespalten. Laugen wirken grundsätzlich ähnlich wie Säuren, indem sie tiefgreifend verschiedene Zellbestandteile zerstören.

2.5.4 Wie groß ist das Risiko von Resistenzen bei der Anwendung antimikrobieller Wirkstoffe in Reinigungsmitteln?

Vor dem Hintergrund der zunehmenden Resistenzentwicklung von Mikroorganismen gegenüber Antibiotika werden auch Fragen der Resistenzentwicklung gegenüber antimikrobiellen Wirkstoffen häufiger diskutiert.

Resistenzen können sich ausbilden, wenn über längere Zeit subletale Konzentrationen eines Wirkstoffs auf einen Mikroorganismus einwirken. Daraus entsteht ein Selektionsdruck, der Zufallsmutanten, die gegenüber dem Wirkstoff besonders unempfindlich sind, einen Wachstumsvorteil verschafft. Die dabei gebildeten Resistenzgene sind stabil und können sowohl innerhalb der Art als auch zwischen verschiedenen Gattungen übertragen werden. Eine einmal erworbene Resistenz kann im Gegensatz zur Adaption über lange Zeit erhalten bleiben und sich auch weiter ausbreiten.

Eine Resistenzbildung setzt einen spezifischen Wirkungsmechanismus zwischen Organismus und Wirkstoff voraus. Deshalb ist eine Resistenzbildung gegenüber unspezifisch wirkenden antimikrobiellen Wirkstoffen wie starken Oxidationsmitteln (Aktivsauerstoff, Aktivchlor) oder Säuren und Alkalien nur schwer vorstellbar.

Als Resistenzmechanismen, mit denen sich Mikroorganismen vor einem Wirkstoff schützen, werden z.B. diskutiert:

- Wirkstoffinaktivierung z.B. durch metabolisierende Enzyme oder durch Bildung von inaktivierenden Reaktionspartnern,
- Beeinflussung des Wirkstofftransports in die Zelle,
- Beeinflussung des Zielorts für den Wirkstoff, entweder durch Veränderung oder durch Überproduktion.

Resistenzen gegenüber antimikrobiellen Wirkstoffen sind dokumentiert, z.B. von bestimmten Gram-negativen Bakterien gegenüber Benzalkoniumchlorid, Formaldehyd, Triclosan und anderen Wirkstoffen. Dieses Problem ist vorrangig im klinischen Bereich (der Krankenhaushygiene) und der Betriebshygiene von Bedeutung. Im Haushaltsbereich hat die Resistenzentwicklung von Mikroorganismen bisher keine praktische Relevanz erlangt, zumal dort häufiger unspezifisch wirkende Mittel zur Keimverminderung auf Oberflächen verwendet werden (dabei spielen Adaptionen eine wesentlich größere Rolle). Insgesamt wird das Risiko der Resistenzentwicklung durch die Verwendung antimikrobieller Wirkstoffe in Privathaushalten als gering angesehen ([2.20] bis [2.22]).

Eine *Adaption* ist eine vorübergehende Unempfindlichkeit eines Mikroorganismus gegenüber einem Wirkstoff durch äußere Einflüsse. Sie geht wieder verloren, wenn die äußeren Bedingungen sich verändern. Eine Adaption von Mikroorganismen ist grundsätzlich immer möglich. Manche Adaptionen führen zu einer veränderten Zusammensetzung der Zellhülle, häufig sind im Haushalt auch Adaptionen in Form von Biofilmen (Schleimhüllen) zu finden, die eine Kultur von Mikroorganismen umgeben. Der Biofilm kann antimikrobielle Wirkstoffe adsorbieren und inaktivieren sowie den Zugang von antimikrobiellen Wirkstoffen zur Zellhülle erschweren. Durch richtiges Reinigen und Kontrolle der Feuchtigkeit im Haushalt lässt sich die Bildung von Biofilmen verhindern. Haben sich Biofilme einmal ausgebildet, so können sie am besten durch Anwendung von Reinigungsmitteln mit Aktivsauerstoff oder Aktivchlor beseitigt werden.

2.6 Lösemittel

Wasserlösliche Lösemittel unterstützen die reinigende Wirkung der Tenside, sorgen für Rückstandsfreiheit auf Oberflächen, dienen als Lösungsvermittler für nicht mischbare Inhaltsstoffe und wirken als Konservierungsmittel (**Tab. 2.15**). Einige wasserlösliche Lösemittel (z.B. Aceton) und die wasserunlöslichen Lösemittel lösen fettähnlichen Schmutz auch ohne Tenside. In Pflegemitteln dienen sie als Lösemittel für Wirkstoffe und Pflegekomponenten. Sie verdunsten nach Gebrauch und tragen so zur Erhöhung der VOC-Emissionen (VOC = volatile organic compounds, flüchtige organische Verbindungen) in die Atmosphäre bei.

Die wichtigsten Lösemittel, die in Reinigerformulierungen verwendet werden, sind niedere aliphatische Alkohole wie Ethanol, 1-Propanol und 2-Propanol. Produktbeispiele sind Handgeschirrspülmittel, Allzweckreiniger, Glas- und Fensterreiniger. Die Alkohole dienen sowohl als Lösungsvermittler als auch zur Verstärkung der Reinigungswirkung. Häufig wird auch ihre antibakterielle Wirkung genutzt (vgl. Kap. 2.5).

In speziellen Fällen werden in Reinigern Gemische von Terpenalkoholen, z.B. Orangenöl, eingesetzt, die sowohl die Bildung von Mikroemulsionen fördern (vgl. Abschn. 2.1.4) als auch den Reinigungseffekt verstärken. Man findet diese Inhaltsstoffe oft unter der Bezeichnung »Bioalkohol« oder »naturidentischer Alkohol« deklariert, da sie durch Anwendung nur physikalischer Trennprozesse aus z.B. Orangen gewonnen werden.

Wasserunlösliche Lösemittel können in Leder- und Möbelpflegemitteln, in Autopflegeprodukten, Teppichreinigungsmitteln und Fleckentfernern vorhanden sein.

Tab. 2.15: Übersicht über Lösemittel für Reinigungs- und Pflegemittel

Lösemittelklasse	Stoffklassen	Beispiele
Wasserlösliche Lösemittel	Alkohole	Ethanol, 1-Propanol, 2-Propanol
	Glykole	Ethylenglykol, Glycerin
	Glykolether	Ethyldiglykol, Butylglykol, Butyldiglykol
	Ketone	Aceton
Wasserunlösliche Lösemittel	Aliphaten	Benzin, verzweigte Alkane
	Ester	Ethylacetat, Butylacetat, Fettsäuremethylester
	Ether	Di-n-octylether
	Aromaten	Toluol, Xylol
	Halogenhaltige Kohlenwasserstoffe	Perchlorethylen*)
	Etherische Öle	Orangenöl, Limonen

*) Chlorierte Kohlenwasserstoffe werden in Reinigungsmitteln auf Grund ihrer starken Umweltbelastung heute nicht mehr eingesetzt (Ausnahme: Chemische Reinigungen, geschlossene Anlagen).

Lösemittel sind in der Regel leichtentzündlich und verlangen beim Umgang besondere Sicherheitsvorkehrungen. Besonders niedrig siedende Lösemittel können auf Grund ihres hohen Dampfdrucks zu einer gesundheitlichen Belastung der Innenraumluft führen. Bei ihrer Anwendung sollte immer auf gute Durchlüftung geachtet werden. Alle Lösemittel können wegen ihrer entfettenden Wirkung hautreizend wirken.

Aromatische Lösemittel sind heute aus gesundheitlichen Gründen weitgehend durch aliphatische Lösemittel ersetzt.

2.7 Lösungsvermittler (Hydrotrope)

Als Lösungsvermittler im engeren Sinne (Hydrotrope), die ihrerseits kein Lösemittel darstellen, dienen kurzkettige aromatische Sulfonate wie Xylol- und Cumolsulfonat oder auch bestimmte Glykolethersulfate oder Harnstoff. Als Alternative für die aromatischen Verbindungen werden zunehmend kürzerkettige rein aliphatische anionische oder amphotere Lösungsvermittler eingesetzt, die gelegentlich auch als hydrotrope Ten-

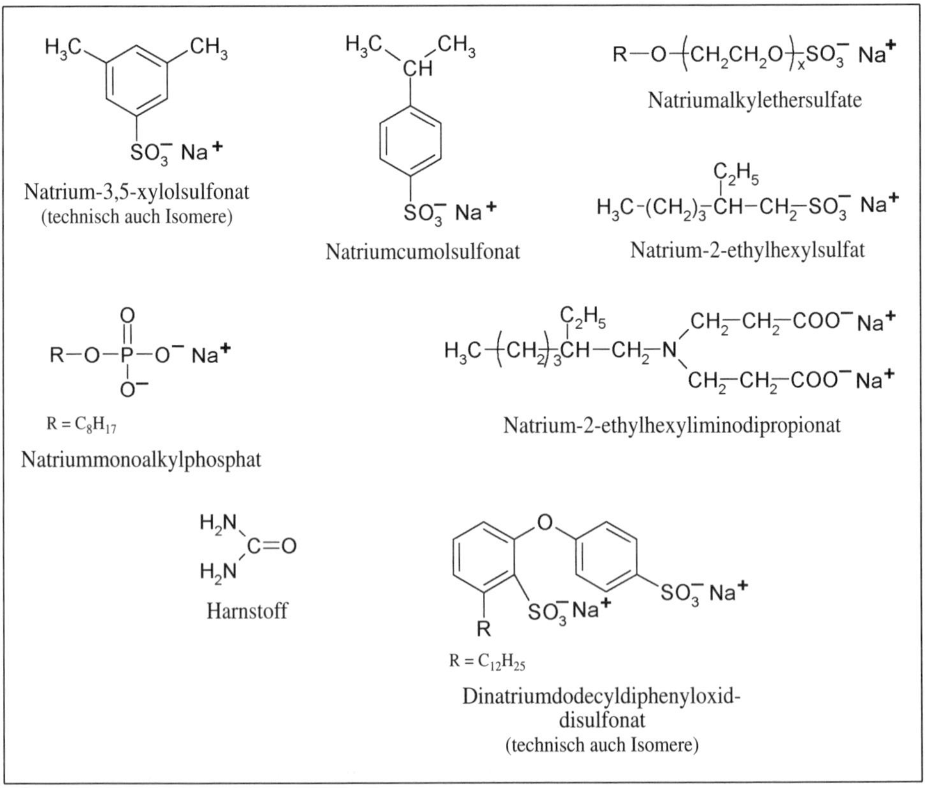

Abb. 2.20: Chemische Struktur von Hydrotropen und hydrotropen Tensiden

side bezeichnet werden [2.23]. Beispiele sind kurzkettige Natriumalkylsulfate (C_8 bis C_{10}), Natrium-2-ethyl-hexyl-iminodipropionat, Alkylphosphorsäurepartialester und Didodecyldiphenyloxiddisulfonate. Die chemische Struktur wichtiger Hydrotrope und hydrotroper Tenside ist in **Abb. 2.20** gezeigt.

Die Wirkung dieser Hydrotrope in den Reinigerformulierungen wird auf ihre Einlagerung in Micellen zurückgeführt, die dadurch ein erhöhtes Solubilisierungsvermögen aufweisen. Hydrotrope erhöhen den Trübungspunkt von nichtionischen Tensiden, was deren Einarbeitung in elektrolythaltige Formulierungen, z.B. alkalische Reiniger, erst ermöglicht (»Klarstellen«). Für besonders hohe Ansprüche werden zusätzlich funktionalisierte Hydrotrope eingesetzt [2.24].

Hydrotrope beeinflussen auch die Assoziation von Tensidmolekülen zu flüssig-kristallinen Strukturen und damit die Viskosität von Flüssigformulierungen, was für deren Verarbeitung wichtig ist.

2.8 Abrasiva

Der Begriff Abrasiva ist sehr weit gefasst und schließt neben den hier interessierenden Produkten mit Kornstrukturen auch Metallwolle, Kunststoffpads, Bimsstein und gebundene Formen wie Schleifsteine oder Sandpapier ein. In Reiniger- und Pflegeformulierungen dienen Abrasiva unterschiedlicher chemischer Zusammensetzung, Korngröße und -struktur der Beseitigung hartnäckiger (Pigment-)Verschmutzungen von Oberflächen bzw. deren Regenerierung, Aufwertung oder Pflege durch mechanische Einwirkung wie Reiben, Bürsten, Scheuern mittels geeigneter Schleifkörper (Scheuermittel, Pflegepasten). Dabei dürfen nur solche Abrasiva zum Einsatz gelangen, welche die Oberflächen reinigen oder polieren, aber nicht schädigen.

Aus diesem Grund werden solche Schleifkörper bevorzugt, deren Teilchen runde oder ovale Geometrien aufweisen. Natürliche Rohstoffe wie Quarz(sand), Granat und Korund (kristalline α-Tonerde) mit scharfkantigen Kornstrukturen finden eher technischen Einsatz. Dies gilt auch für synthetische Diamanten, synthetisch erzeugtes Silicium- und Borcarbid sowie Borstickstoff.

Kieselerdeprodukte stellen von Natur aus eine interessante Kombination von sehr harten, aber abgerundeten Quarzteilchen und relativ weichen Kaolinitplättchen dar. Aus diesem Grund weisen sie keine scharfkantigen Strukturen auf und ermöglichen die Herstellung von Produkten mit relativ einheitlichen Korngrößen, die ein schonendes Polieren der Oberfläche zulassen. Beim Polieren werden die relativ losen Haufwerke der Kieselerdestruktur durch Scherung zerstört. Die flachen Kaolinitplättchen legen sich auf die zu polierende Oberfläche und behindern den direkten Kontakt mit den Quarzplättchen, so dass die Ausbildung von Riefen in den weicheren Oberflächen des Polierguts verhindert wird [2.25].

Neben Calciumcarbonat und verschiedenen Aluminiumsilicaten spielen in den letzten Jahren Tonerden (Aluminiumoxide) eine immer größere Rolle, da sie außer der Reinigung auf Grund ihrer Polierwirkung auch kleinere Kratzer entfernen können. Alumi-

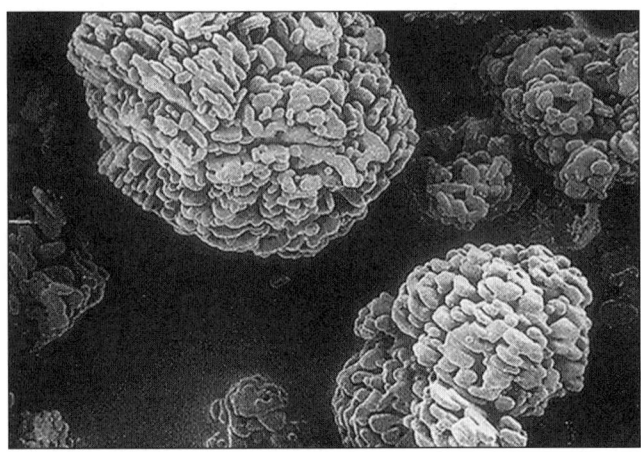

Abb. 2.21: Struktur einer Polier-Tonerde

niumoxid hat eine Struktur, die beim Polieren in immer kleinere Segmente zerteilt wird (**Abb. 2.21**), was auch bei empfindlichen Poliergütern zu einer glanzvollen kratzfreien Oberfläche führt [2.26].

Eine hohe Reinigungs- bzw. Polierqualität wird durch die optimale Abstimmung der Abrasiva mit den pflegenden, grenzflächenaktiven und schmutzlösenden Substanzen in den Formulierungen erreicht.

Abrasiva werden u.a. in Scheuermitteln, Glaskeramik- und Edelstahlreinigern, Fußbodenreinigern und Poliermitteln für die Autopflege eingesetzt.

2.9 Komplexbildner und Dispergatoren

Komplexbildner werden in sehr vielen Reinigungsmitteln eingesetzt, um ubiquitär vorhandene Schwermetallionen wie Kupfer-, Eisen- und Manganionen zu binden. So können eventuelle farbige Verfleckungen durch diese Ionen und vor allem die von ihnen induzierte Zersetzung von Peroxidverbindungen, die als Bleichmittel in Maschinengeschirrspülmitteln, WC-Reinigern und Fleckensalzen verwendet werden, vermieden werden. Als eine der Hauptkomponenten in Maschinengeschirrspülmitteln binden Phosphate in ihrer Eigenschaft als Komplexbildner Calcium- und Magnesiumionen, die auch bei vorenthärtetem Wasser in der Maschine immer vorhanden sind. Zusätzlich wird calciumhaltiger Schmutz durch Komplexierung der Calciumionen aufgelockert, was die Schmutzablösung insgesamt erleichtert.

Als Komplexbildner für Schwermetalle dominieren in Wasch- und Reinigungsmitteln heute Natriumphosphonate (**Abb. 2.22**). Nachdem die Natriumsalze der Ethylendiamintetraessigsäure (EDTA) wegen deren schlechter biologischer Abbaubarkeit und Potenzials zur Remobilisierung von Schwermetallen in Haushaltsprodukten heute nicht mehr verwendet werden, hatten sich als Ersatz zunächst die Natriumsalze der Nitrilotriessigsäure (NTA) angeboten. NTA – ursprünglich als Phosphat-Alternative für Waschmittel im Gespräch – ist biologisch gut abbaubar und remobilisiert Schwermetalle nicht. Doch im Unterschied zu »harten« und »weichen« Tensiden (z.B. Substitution des in Bezug auf biologischen Abbau »harten« Tetrapropylenbenzolsulfonats durch »weiches« LAS) wurde in Deutschland in der breiten Öffentlichkeit zwischen »harten« und »weichen« Komplexbildnern zunächst nicht differenziert: NTA hatte im deutschen Markt für Wasch- und Reinigungsmittel, anders als etwa in der Schweiz, keine Chance.

Inzwischen stehen neue Aminopolycarbonsäuren mit guten Leistungs- und Ökoprofilen als Inhaltsstoffe für Reinigungsmittel zur Verfügung. Beispiele für Komplexbildner auf dieser Basis sind die Natriumsalze von Methylglycindiessigsäure (MGDA) [2.27] und Iminodibernsteinsäure (IDS) [2.28]. Die chemischen Strukturen sind in **Abb. 2.22** gezeigt.

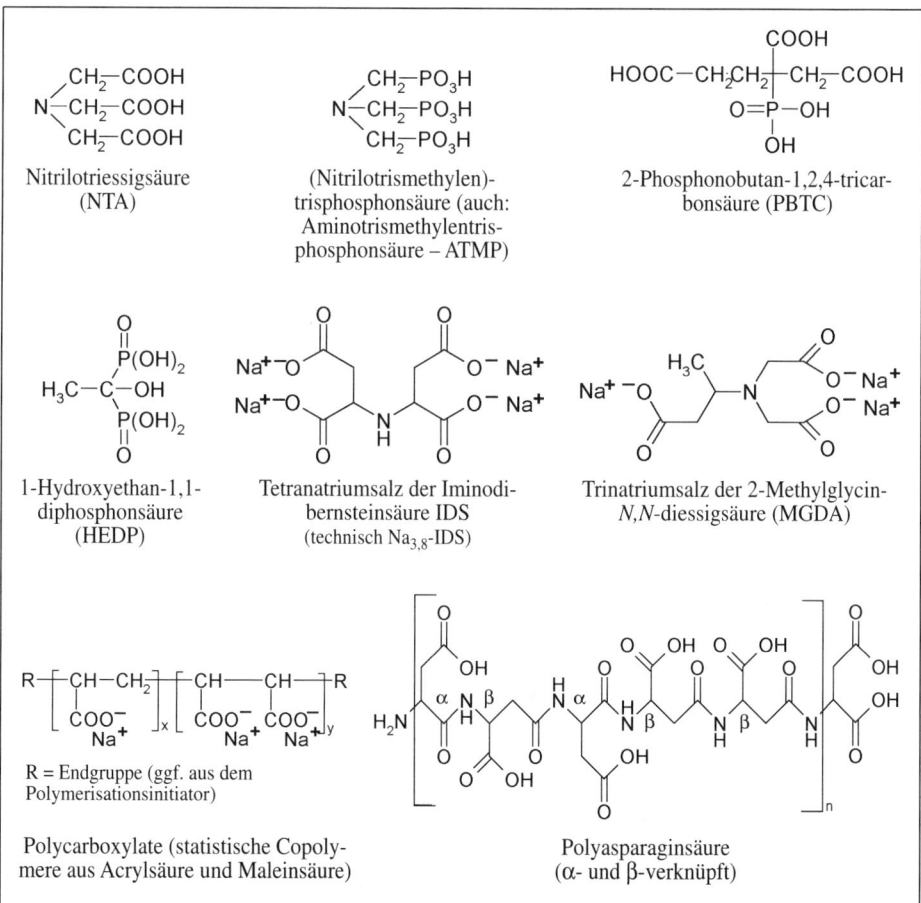

Abb. 2.22: Chemische Struktur wichtiger Komplexbildner und Dispergatoren

Die Aufgabe von Dispergatoren in Reinigungsmitteln besteht vor allem darin, das Wachstum der aus der Wasserhärte resultierenden Calciumcarbonat-Kristalle zu inhibieren sowie den von den zu reinigenden Oberflächen abgelösten Pigmentschmutz in der Reinigungsflotte zu halten und dessen Redeposition zu verhindern.

Als Dispergatoren eignen sich außer bestimmten Tensiden wie Fettalkylethoxylaten mit hohem Ethoxylierungsgrad und Pentanatriumtriphosphat z.B. die so genannten Polycarboxylate. Darunter versteht man die Natriumsalze carboxylgruppenhaltiger Homo- oder Copolymere überwiegend aus Acrylsäure und ggf. Maleinsäure als Comonomer (**Abb. 2.22**) [2.29]. Während in Waschmitteln die Natriumsalze statistischer Copolymerer aus Acrylsäure und Maleinsäure dominieren, bieten in Maschinengeschirrspülmitteln Homopolymere, z.B. Polyacrylate mit relativ niedrigen Molmassen um 4500, Vorteile hinsichtlich einer geringeren Flecken- und Streifenbildung nach dem Trocknen des gereinigten Geschirrs. Die Sulfonierung solcher Homopolymere führt zu wasserlöslichen Produkten, die auch Vorteile hinsichtlich der Schmutzdispergierung in der Reinigungsflotte aufweisen.

Polycarboxylate adsorbieren nicht nur an Schmutzteilchen und verhindern so durch elektrostatische Abstoßung deren Redeposition auf den zu reinigenden Oberflächen, sondern auch an Kristallkeimen von Calciumcarbonat, das in hartem Wasser zu Ablagerungen führt. Auf diese Weise wird das Wachstum der Kristalle verzögert. Man bezeichnet die Polycarboxylate, die in unterstöchiometrischen Mengen eingesetzt werden, in diesem Zusammenhang auch als Threshold-Inhibitoren (»Thresholder« – threshold engl. steht für »Schwelle(nwert)«).

Bei Adsorption an bereits gebildeten makroskopischen Kristallen von Calciumcarbonat wird zudem deren Agglomeration verhindert, so dass eine sehr feine Dispersion der

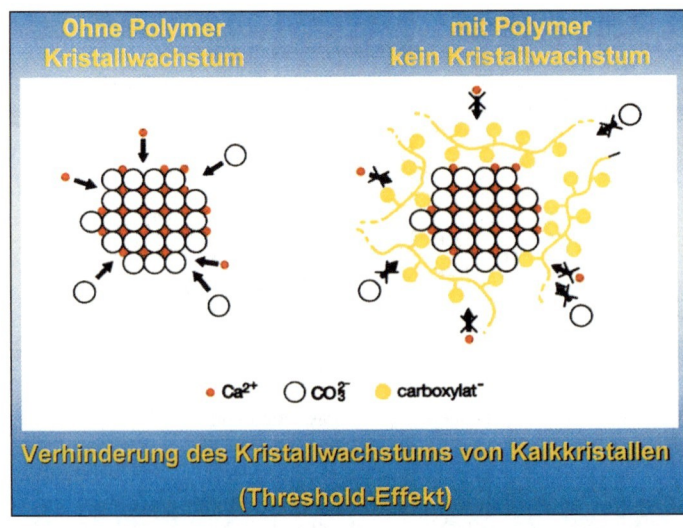

Abb. 2.23: Wirkmechanismus von Polycarboxylaten

Feststoffteilchen entsteht, die nicht mehr zu Ablagerungen neigt. Der Wirkmechanismus von Polycarboxylaten ist in **Abb. 2.23** gezeigt.

Eine ökologisch sinnvolle Alternative zu den in Kläranlagen biologisch praktisch nicht abbaubaren, aber durch Adsorption im Klärschlamm so gut wie vollständig eliminierten Polycarboxylaten (vgl. Kap. 10.1) bieten die Natriumsalze der Polyasparaginsäuren [2.28] [2.30], die in neuester Zeit zunehmend Einsatz finden (**Abb. 2.22**). Auch diese Produkte, die biologisch abbaubar sind, wirken sowohl als Dispergiermittel als auch als Threshold-Inhibitoren.

2.10 Verdicker

Beim Reinigen von vertikalen oder Decken-Flächen sind viskose Formulierungen oder Gele von besonderem Interesse, da sie bis zu zwanzigmal länger haften als herkömmliche flüssige Reinigungsmittel und dadurch die Effektivität des Reinigungsprozesses gesteigert werden kann. Um die Viskosität von Flüssigkeiten zu erhöhen und die thixotropen Eigenschaften von Gelen zu verbessern, werden Verdicker eingesetzt. Unter diesem Begriff wird eine Vielzahl von sehr unterschiedlichen organischen natürlichen und modifizierten Verbindungen, organischen synthetischen und anorganischen Substanzen zusammengefasst. Beispiele sind Agar-Agar, Carrageene, Gummi arabicum, Alginate, Pectine, Guar, Stärke, Dextrine, Carboxymethylcellulose, Celluloseether, Hydroxyethylcellulose, Polyacrylate, Polyacrylamide und deren Copolymere, Polykieselsäuren, Montmorillonite und Tone [2.31].

Die Erhöhung der Viskosität einer Flüssigkeit ist immer mit Strukturbildung oder -veränderung verbunden. Damit wird klar, dass in vielen Fällen bei Wahl der richtigen Parameter auch ohne Zusatz externer Verdicker die gewünschte Viskosität – ggf. sogar unter Anwendungsbedingungen – eingestellt werden kann.

So bilden Tensidlösungen bei höheren Konzentrationen flüssig-kristalline Phasen aus (vgl. Abschn. 2.1.4), was unter bestimmten Bedingungen auch für Formulierungen genutzt werden kann. So kann man sich bildhaft vorstellen, dass sich die bei höheren Konzentrationen aus den Tensidmicellen bildenden Stäbchen »verhaken« und dadurch die Viskosität erhöht wird. Durchlaufen die Komponenten der Lösung bei Kontakt mit überschüssigem Wasser zudem das Zustandsgebiet einer Mikroemulsion, so können die zu reinigenden Flächen anschließend einfach und rückstandsfrei abgespült werden.

Der einfachste Weg, wässrige Lösungen bestimmter anionischer Tenside (z.B. Fettalkylethersulfate) zu verdicken, besteht im Zusatz von Elektrolyten wie Kochsalz, wobei das Maximum der Viskosität konzentrationsabhängig ist. Fettalkylsulfate sprechen auf Kochsalz nicht an.

Bei Polymeren unterscheidet man nicht assoziative und assoziative Verdicker für tensidhaltige Lösungen. Im ersten Fall kann die Viskosität der Lösung durch Knäuelbildung, sterische Hinderung und elektrostatische Abstoßung ansteigen. Assoziative Verdicker weisen hydrophobe Gruppen längs der Polymerkette auf.

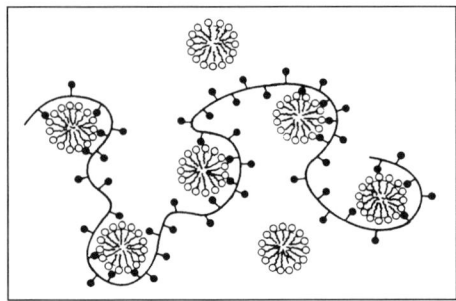

Abb. 2.24: Verdicker – Assoziation von Natriumpolyacrylat und Micellen von Tetradecyl-N,N-dimethylaminoxid

Man beobachtet eine kritische Assoziationskonzentration, die vom HLB-Wert des – nichtionischen – Tensids, aber auch von der Länge und Struktur der Kohlenstoffkette abhängt. Je niedriger der HLB-Wert bei Fettalkoholethoxylaten ist, desto höher ist bei bestimmten Mengenverhältnissen Polymer/Tensid die Wechselwirkung und damit die Viskosität. Für vergleichbare HLB-Werte gilt: Je größer das Molekulargewicht des Tensids ist, desto höher ist die erreichte maximale Viskosität bei der kritischen Assoziationskonzentration [2.32].

Die Assoziation von Natriumpolyacrylat und Tetradecyl-N,N-dimethylaminoxid ist modellhaft in **Abb. 2.24** gezeigt [2.33]. Bei Systemen mit Fettalkyl-N,N-dimethylaminoxiden sind Protonierungsgrad und die Art des Anions für die unterschiedlichen Viskositäten verantwortlich. Durch Protonierung und Aufladung des Aminoxids ändert sich die Größe der Kopfgruppe, und der hydrodynamische Radius wird kleiner. Dadurch ändert sich auch der Krümmungsradius der Aminoxidmicelle: Aus kugelförmigen werden stäbchen- oder wurmförmige Micellen, die sich wie dynamische Polymere verhalten und verschlaufen können. Nach Zusatz eines Säureüberschusses bricht die Viskosität der Lösung zusammen, die resultierenden Systeme sind zweiphasig und dünnflüssig. Durch Zusatz von Wasser können sie problemlos wieder verdickt werden (»Verdicken durch Verdünnen«) [2.34] [2.35].

In praktischen Anwendungen wie Kalkentfernern für den Sanitärbereich werden Gelreiniger eingesetzt, da die hohe Viskosität eines solchen Reinigers zu einer längeren Einwirkzeit auf der verschmutzten Oberfläche führt. Die Viskosität eines solchen Systems kann durch Einsatz einer geeigneten Kombination von Tensiden mit der entkalkungsaktiven Säure ohne zusätzliches Additiv eingestellt werden. Problematisch bei der Formulierung solcher Reiniger ist die Tatsache, dass eine zu hohe Viskosität zu einer Absenkung des Kalkablösevermögens führt. Die Steuerung dieses Effekts durch die Rheologie des Reinigers ist unter Verwendung von Talgdihydroxyethylbetain als viskositätsregulierendem Tensid möglich [2.36].

2.11 Parfümöle, Geruchsabsorber und Farbstoffe

Parfümöle haben in Reinigerformulierungen zumindest zwei Funktionen: unangenehme Gerüche zu überdecken (zu »maskieren«) und die Kaufentscheidung der Verbraucher für das jeweilige Produkt positiv zu beeinflussen. Außerdem wird bei der Reinigung großer Flächen oder von Bad- und Sanitärkeramik ein angenehmer, raumerfüllender Duft erwartet, der einige Zeit anhalten soll. Gleiches gilt für die Raumerfrischer. Der Charakter des Parfüms soll bei den Verbrauchern »ankommen« und das Produktimage unterstützen.

2.11.1 Geruchsschwellen

Die Eigenschaft eines Parfümöls, aus der Formulierung in die Raumluft z.B. einer Küche oder eines Badezimmers zu diffundieren und dort als Duft für einige Zeit zu verweilen, ist schwer zu quantifizieren. Üblicherweise werden fünf trainierte Testpersonen gebeten, in einem standardisierten Badezimmer in Intervallen – unmittelbar nach Anwendung des Produkts, nach 15, 30, 60, 90 und schließlich 120 Minuten – ihren Eindruck von der Duftintensität subjektiv auf einer Skala von 0 (kein Parfüm zu riechen) bis 5 (sehr starker Duft) im Vergleich zu einem Marktprodukt zu bewerten [2.37].

Geruchsschwellen liegen z.T. bei extrem niedrigen Konzentrationen. Beispiele sind in **Tab. 2.16** gegeben. Verbindungen mit der stärksten Geruchsintensität wie Pyrazine und Organoschwefelverbindungen, die zumeist einen sehr unangenehmen Geruch aufweisen, haben Geruchsschwellen, die bis zu drei Größenordnungen und mehr unter denjenigen typischer Parfümölinhaltsstoffe liegen. Auch solche Verbindungen werden in extremer Verdünnung als Bestandteile von Grapefruit- oder anderen exotischen Düften eingesetzt.

Tab. 2.16: Geruchsschwellen typischer Parfümölkomponenten (vgl. **Abb. 2.26**)

Komponente	Konzentration für die Geruchsschwelle in ng L^{-1} Raumluft
α-Pinen	265
Amylacetat	95
Benzylacetat	40
Phenylethylalkohol	8
Heliotropin	1
α-Damascon	0,4
Ambrox	0,3
Hedion	0,2

2.11.2 Parfümöle für Haushaltsreiniger

Die Anforderungen an industrielle Parfümöle sind sehr komplex [2.38]. Neben dem erwünschten Dufteindruck sind die Stabilität, vor allem gegenüber dem pH-Wert und den Inhaltsstoffen der Formulierung, darunter Bleichmittel, toxikologische Unbedenklichkeit und leichter biologischer Abbau zu nennen. Das Parfümöl darf keine Verfärbung und keine Phasentrennung der Formulierung hervorrufen. Der Duft soll über lange Zeit konstant bleiben. Die Komposition des Parfümöls muss auch kostengünstig sein.

Für Verbraucher, die allergisch auf Duftstoffe reagieren, sind in einigen Produktgruppen unparfümierte Reiniger im Angebot.

Parfümöle sind komplexe Gemische flüchtiger organischer Verbindungen (Riechstoffe) mit Molmassen bis zu 300. Der Aufbau eines Parfümöls ist schematisch in **Abb. 2.25** gezeigt. Leicht flüchtige Verbindungen bilden die so genannte Kopfnote, die für den ersten Eindruck des Produkts verantwortlich ist und Frische vermittelt. Die »Mitte« des Parfümöls steht für den Charakter des Dufts. Die Basisnote sichert den lang anhaltenden Duft (Substantivität). Parfümöle für Geschirrspülmittel werden demzufolge ohne Basisnote kreiert.

In **Abb. 2.26** sind die chemischen Strukturen ausgewählter Duftstoffe zusammengestellt. Für die Komposition eines Parfümöls werden etwa 20 bis 100 Komponenten aus den Stoffklassen Kohlenwasserstoffe, Alkohole, Ester, Aldehyde sowie Mono- und Sesquiterpene und etherische Öle aus Pflanzenextrakten eingesetzt. Das sind deutlich weniger als bei den Kosmetikdüften, wo oft einige hundert Inhaltsstoffe verwendet werden. Eine weitere Einschränkung ergibt sich bei sauren (pH < 4,5) und alkalischen Reinigern (pH > 8). Hier stehen insgesamt nur 20 bis 30 Riechstoffe zur Verfügung. Ein Beispiel für die Zusammensetzung eines Parfümöls für einen Haushaltsreiniger gibt **Tab. 2.17** [2.37], für einen sauren WC-Gelreiniger **Tab. 2.18** [2.39].

Der Citrusduft im Haushaltsreiniger wird durch den Einsatz von Citral und Geranonitril bewirkt. Citral kann jedoch als konjugiert ungesättigter Aldehyd wegen seiner Instabilität nur in niedrigen Konzentrationen eingesetzt werden. Deshalb wird diese Komponente teilweise durch Geranonitril, das dem Citral entsprechende Nitril, substituiert, das ebenfalls einen wenn auch »strengeren« Citruscharakter aufweist.

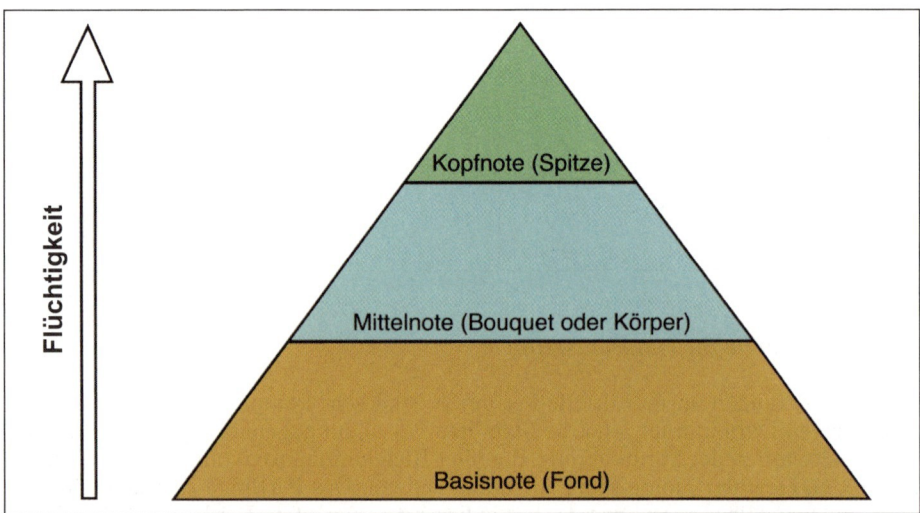

Abb. 2.25: Aufbau eines Parfümöls

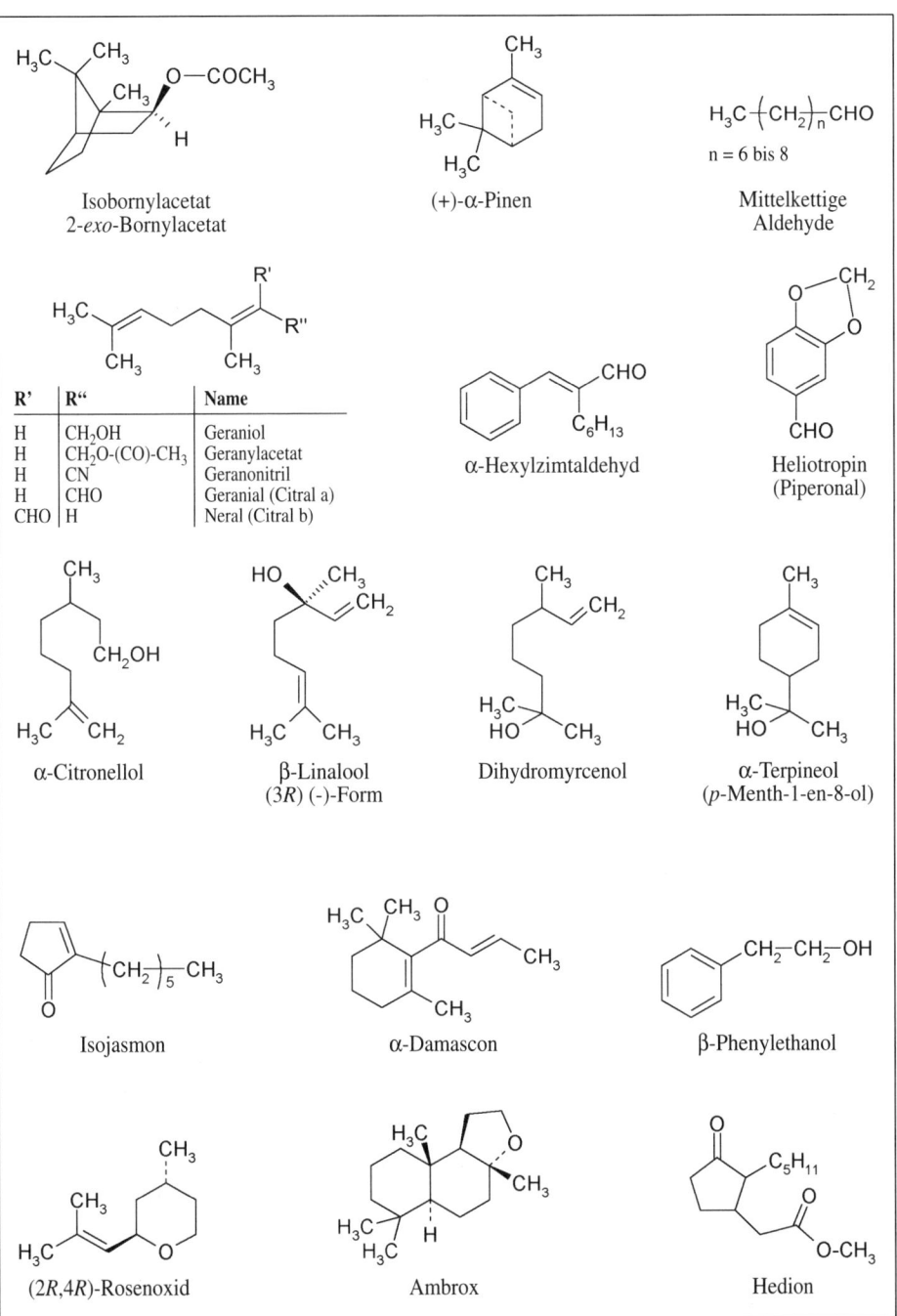

Abb. 2.26: Chemische Struktur von Duftstoffen

Tab. 2.17: Typische Zusammensetzung eines Parfümöls für einen Haushaltsreiniger (Citrusnote, Einsatzkonzentration: 0,5 bis 1%, vgl. auch **Abb. 2.26**)

Inhaltsstoff	Anteil in %
Octylaldehyd	0,10
Nonylaldehyd	0,15
Decylaldehyd	0,25
Dihydromyrcenol	4,10
Citral	0,15
Geranonitril	0,35
Petitgrainöl (Öle aus Blättern von Citrusbäumen)	0,50
Orangenöl, kaltgepresst	50,00
Citronenöl, kaltgepresst	2,50
Ligustral (2,4-Dimethyl-3-cyclohexen-1-carboxaldehyd)	0,25
Methyl Pamplemousse (6,6-Dimethoxy-2,5,5-trimethyl-hex-2-en)	0,35
Linalool	4,40
Eucalyptus globulus Öl	1,25
Citronellol	7,40
Geraniol	2,30
Geranylacetat	0,50
Rosenoxid	0,20
Terpineol	4,00
2-*tert.*-Butylcyclohexylacetat	0,90
Benzylacetat	1,80
Isojasmon	0,05
Hedion	2,50
Hexylzimtaldehyd	7,00
Benzylsalicylat	6,50
Ethylenbrassylat (1,4-Dioxacycloheptadecan-5,17-dion)	2,50

Methyl Pamplemousse wird zugegeben, um die Citrusnote durch einen Hauch von Grapefruit zu modernisieren. Petitgrain vermittelt Frische und einen gewissen Anteil von Eau-de-Cologne-Effekt. Ligustral, eine so genannte Grünnote, wird zusammen mit den Aldehyden wegen des »Schäleffekts« verwendet. Eucalyptus und Terpineol verstärken die Assoziation mit der Reinigungswirkung.

Für die Raumerfüllung dienen Blumendüfte wie Hedion, Hexylzimtaldehyd und Benzylsalicylat ebenso wie makrocyclische Moschusdüfte, z.B. Ethylenbrassylat.

Essigsäure und Ammoniak galten früher als »Signal« für eine besonders ausgeprägte Reinigeraktivität. Auch heute sind noch entsprechende Produkte im Handel. Die Gerüche dieser Substanzen können aber auch als sehr unangenehm empfunden werden. Ammoniak, etwa aus der Zersetzung von Harnstoff, zu »maskieren«, gelingt z.B. mit Me-

Tab. 2.18: Typische Zusammensetzung eines Parfümöls für einen sauren WC-Gelreiniger (vgl. **Abb. 2.26**)

Inhaltsstoff	Anteil in Promille
Eucalyptusöl	30
Dihydromyrcenol	100
Isobornylacetat	20
Geranonitril	120
Cycloester [4-*tert*-Butylcyclohexanylacetat)	30
Lilestralis (2-[4-*tert*-Butylbenzyl]-propanol)	5
Undecalacton (10% Dipropylenglykol)	5
Nerolin Yara Yara (2-Methoxynaphthalin)	1
Fixolid (6-Acetyl-1,1,2,4,4,7-hexamethyltetralin)	10
Isoamylsalicylat	10
Damascon (1% Dipropylenglykol)	20
Verdylacetat (Tricyclodecenylacetat)	75
Galbanum artessence (synthetische geruchliche Nachstellung von Galbanum-Extrakt)	10
Orangenölterpene	564

thyl- oder Ethyllactat. Durch chemische Reaktion wird Ammoniak unter Bildung von Ammoniumlactat verbraucht.

Ein anderer Mechanismus basiert darauf, dass die menschliche Nase physiologisch unterschiedlich auf verschiedene Duftstoffe reagiert. Konkurrieren »angenehme« Düfte mit »unangenehmen« erfolgreich um die Geruchsrezeptoren, werden als Gesamteindruck unangenehme Gerüche weniger stark oder gar nicht wahrgenommen. Durch einen sehr starken Duft kann der Beitrag eines – schwächeren – unangenehmen Dufts verringert werden.

Darüber hinaus wird angenommen, dass bestimmte flüchtige Moleküle auch Rezeptoren blockieren können, ohne ein »Signal« hervorzurufen. Dies würde eine temporäre Geruchsschwäche oder gar Aufhebung des Geruchsvermögens (Anosmie) bedeuten. Ein reproduzierbarer Nachweis hierfür fehlt bisher jedoch [2.38].

2.11.3 Geruchsabsorber

Eine besonders elegante Lösung, unangenehme Gerüche tatsächlich zu beseitigen, ist in den letzten Jahren durch den Einsatz sehr spezifischer Absorber gelungen. Das wichtigste Beispiel dafür sind die Cyclodextrine.

Cyclodextrine sind cyclische Oligomere der Stärke. Die wichtigsten Vertreter sind α-, β- und γ-Cyclodextrin mit sechs, sieben bzw. acht Anhydroglucoseeinheiten (**Abb.**

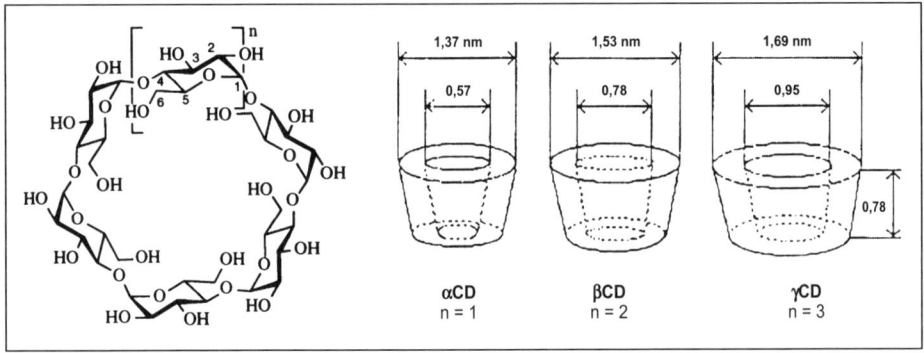

Abb. 2.27: Aufbau von Cyclodextrinen (CD)

2.27). Die Besonderheit dieser konusförmigen Moleküle liegt zum Einen darin, dass sie durch ihre nach außen weisenden Hydroxylgruppen wasserlöslich und chemisch modifizierbar sind, was zur Solubilisierung schwer wasserlöslicher Verbindungen und zu Trennprozessen genutzt wird. Zum Anderen können sie in ihrem hydrophoben Hohlraum von 0,5 bis 0,8 nm Durchmesser lipophile Gastmoleküle einlagern [2.40].

Da die meisten Geruchsträger auch hydrophobe Eigenschaften haben, kann man mit Hilfe von Cyclodextrin-Aerosolen die unangenehmen Gerüche aus der Raumluft filtern, aber auch an textilen Oberflächen dauerhaft binden. Ein anderer Absorber mit dieser Funktion ist Zinkricinoleat.

2.11.4 Farbmittel für Reiniger und Pflegemittel im Haushalt

Farbmittel umfassen lösliche Farbstoffe und unlösliche Pigmente, jeweils natürlichen oder synthetischen Ursprungs. In Reinigungsmitteln für den Haushalt findet man sowohl wasserlösliche organische Farbstoffe, die vor allem in flüssigen Formulierungen eingesetzt werden, als auch Pigmente – oft gemischt mit einzelnen Inhaltsstoffen als so genannte Sprenkel – für Pulver, Granulate oder Tabletten.

Farbe in Reinigungsmitteln für den Haushalt dient vorrangig der Ästhetik, hat aber auch funktionellen Charakter. Durch unterschiedliche Einfärbung sollen Produkte differenziert werden. Auch kann so die Eigenfarbe von Rohstoffen überdeckt werden. Sogar so genannte farblose Formulierungen enthalten oft geringe Anteile an Farbstoffen, um den »Glanz« des jeweiligen Flüssigprodukts zu erhöhen. Duftnote und Einfärbung einer Formulierung müssen zueinander passen. So suggeriert z.B. Gelb Citrusduft. Bevorzugte Farbtöne für Reiniger sind Blau und Grün.

In Schuh- und Lederpflegemitteln dienen im Wesentlichen Pigmente dem Farberhalt und der Farbauffrischung. Einige Pigmente für Schuhpflegemittel, die zu 90 Prozent als wässrige Dispersionen zum Einsatz kommen, sind in **Tab. 2.19** zusammengestellt. Zur Erhöhung von Brillanz und Farbauffrischung werden üblicherweise lösliche Farbstoffe, normalerweise Säure- oder Direktfarbstoffe, zugesetzt.

Tab. 2.19: Pigmente für Schuhpflegemittel

Farbton	Pigmente
Weiß	Titandioxid (auf Grund des höheren Deckvermögens meist Rutiltypen)
Gelb	Monoazo- und Disazo-Pigmente, Eisenoxide
Rot	Monoazo- und Disazo-Pigmente, Eisenoxide
Braun	zumeist Mischungen aus Gelb-, Rot- und Blau/Schwarz-Pigmenten, Monoazo-Braunpigmente
Blau	Phthalocyanin-Pigmente
Grün	Kupfer-phthalocyanin-Pigmente
Violett	Mischungen aus Rot- und Blau-Pigmenten, Dioxazin/Carbazol-Pigmente
Schwarz	zumeist Ruß, z.T. auch noch Nigrosin-Farbstoffe

Farbstoffe und Pigmente müssen eine Reihe von Anforderungen erfüllen, um für den Einsatz in Reinigern geeignet zu sein. Dazu gehören kräftige Farbtöne, Verträglichkeit mit anderen Inhaltsstoffen, Licht- und thermische Stabilität sowie toxikologische Sicherheit. Im Unterschied etwa zu Textilfarbstoffen sollen Farbstoffe für Reiniger hinsichtlich der zu behandelnden Oberflächen ein geringes Aufziehvermögen (Substantivität) aufweisen [2.41].

Mit den so genannten flüchtigen Farben, die zur Identifizierung von Fasern und Garnen in der Textilverarbeitung dienen, kamen aus diesem Bereich wichtige Anregungen für den Einsatz auch in Haushaltsreinigern. Als flüchtige Farben dienen etwa wasserlösliche Polymere, die chromophore Gruppen an der Polymerkette tragen (polymere Farbstoffe). Ein Beispiel dafür ist 4-*N,N*-Di(polyoxyethylen)-amino-4'-nitro-azobenzol (s. Formel).

4-*N,N*-Di-(polyoxyethylen)-amino-4'-nitro-azobenzol

Fluorescein (Dinatriumsalz)

Wegen ihrer guten Wasserlöslichkeit kommen in flüssigen Formulierungen auch saure Triphenylmethan-Farbstoffe, die häufig Sulfonatgruppen tragen, zum Einsatz. Als Beispiel für einen Triphenylmethan-Farbstoff sei das Dinatriumsalz von Fluorescein genannt.

Ein Beispiel für häufig verwendete lichtstabile Pigmente sind Ultramarine, die vorzugsweise blaue, aber auch grüne, rote oder violette Farbtöne ermöglichen. Ultramarine sind schwefelhaltige Natriumaluminiumsilicate wechselnder Zusammensetzung.

2.12 Pflegekomponenten

Die wichtigsten Inhaltsstoffe von Pflegemitteln sind Polymerdispersionen, Wachsemulsionen und Silicone. Eine eher abnehmende Rolle spielen außerdem die so genannten Fluorcarbonharze in der Schuh- und Lederpflege. Fast alle Formulierungen enthalten mindestens zwei dieser Pflegekomponenten.

2.12.1 Wachse

Unter Wachsen versteht man bei Raumtemperatur knetbare, feste bis brüchig harte organische Massen von grob- bis feinkristalliner Konsistenz, die teilweise durchscheinend, jedoch nicht glasartig sind. Wachse schmelzen oberhalb 40°C ohne Zersetzung und zeigen schon wenig oberhalb ihres Schmelzpunkts relativ niedrige Viskositäten. Wachse sind unter leichtem Druck polierbar. In Pflegemitteln dienen sie der Filmbildung und damit dem Schutz, aber auch dem Glanz von Oberflächen.

Naturwachse

Zu den Naturwachsen gehören nachwachsende tierische und pflanzliche Wachse sowie fossile Wachse aus Braunkohle und Erdöl [2.42]. Natürliche Wachse wie Bienen- und Lanolinwachs, Carnaubawachs (ein brasilianisches Palmblätterwachs) und Candelillawachs (von Blättern und Zweigen eines mexikanischen Euphorbia-Strauchs) sind Monoester langkettiger Fettsäuren (Wachssäuren) mit langkettigen Fettalkoholen, Triterpen- oder Steroidalkoholen. Diese Wachsester enthalten auch freie Hydroxyl- und Carboxygruppen, welche die Bildung von Emulsionen ohne Zusatz externer Emulgatoren ermöglichen (Selbstemulgierung).

Synthetische Wachse

Zu den synthetischen Wachsen zählen Wachse aus der Fischer-Tropsch-Synthese oder aus der Olefinpolymerisation. Solche Kohlenwasserstoffwachse werden häufig durch nachträgliche Oxidation funktionalisiert, Polyolefinwachse auch durch Einbau von Comonomeren mit Carboxygruppen [2.43]. Zu den synthetischen Wachsen gehören ebenfalls die Polyethylenglykolwachse (**Tab. 2.20**). Siliconwachse s. Abschn. 2.12.3.

Montanwachse

Aus Braunkohle einer speziellen Herkunft, z.B. aus dem Mansfelder Land, wird durch zweistufige Extraktion Montanwachs gewonnen, das man auch das Bitumen der Braunkohle nennt. Es besteht zu über 50 Prozent aus Estern von C_{22}- bis C_{34}-Fettsäuren (im Wesentlichen Hexacosan-, Octacosan- und Triacontansäure) mit C_{24}-, C_{26}- und C_{28}-Wachsalkoholen. Weitere Inhaltsstoffe sind freie Fettsäuren und Hydroxyverbindungen, Ketone, Harze und asphalthaltiges Material [2.44] [2.45].

Tab. 2.20: Überblick über natürliche und synthetische Wachse

Wachsart	Beispiele
Esterwachs (Ester aus langkettigen Wachssäuren und langkettigen Wachsalkoholen, Triterpen- oder Steroidalkoholen, ggf. auch Glykolen)	*Tierische Herkunft:* Bienenwachs, Lanolinwachs (Wollwachs), Schellack-Wachs (Schildlaus) *Pflanzliche Herkunft:* Carnaubawachs, Candellilawachs, Reiswachs, Zuckerrohrwachs *Fossile Pflanzenwachse:* Montanwachs (Braunkohle)
Kohlenwasserstoffwachse (nur aus Kohlenstoff und Wasserstoff aufgebaut)	*Fossile Wachse:* makro- und mikrokristalline Paraffinwachse aus Braunkohle und Erdöl *Synthetische Wachse:* Wachse aus der Fischer-Tropsch-Synthese, Polyolefinwachse (Molmassen von 2000 bis 10 000)
Polare Kohlenwasserstoffwachse (sauerstofffunktionalisiert)	Oxidierte (Carboxylgruppen enthaltende) Polyethylenwachse, Wachse aus dem oxidativen Abbau von Polyolefinen, mit Wachs gepfropfte Polyolefine, Copolymere
Polare Wachse mit Ether- oder Amidgruppen	Polyethylenglykolwachse, (teilsynthetische) Fettsäureamidwachse (Ethylenbis[stearoylamid], Erucaamid)

Entharztes Rohmontanwachs wird mit Chromsäure oxidiert. Neben der Bleichung führt die damit verbundene chemische Modifikation (Estergehalt sinkt, Säuregehalt steigt) zu dem so genannten Säurewachs, das mit Alkoholen zu modifizierten Esterwachsen weiter verarbeitet werden kann. Durch Teilverseifung entstehen Mischungen von Esterwachs und Wachsseife.

Verwendung

Für die Herstellung von Wachsemulsionen wird der selbst emulgierende Effekt der funktionalisierten Wachsester genutzt. Meist sind jedoch externe Emulgatoren wie Sorbitanester mit hohem Ethoxylierungsgrad und spezielle Alkylpolyglucoside erforderlich.

Wachse finden in Pflegemitteln breiten Einsatz. Sie sind aber auch in der kosmetischen, pharmazeutischen und Lebensmittelindustrie, für die Herstellung von Kerzen und als Prozesschemikalien in der Kunststoffverarbeitung und Textilindustrie (Gleitmittel), für die Beschichtung von Zitrusfrüchten sowie in vielen anderen Bereichen unverzichtbar.

Die jährliche Weltproduktion an Wachsen beläuft sich auf etwa 3,3 Mio. Tonnen, davon makro- und mikrokristalline Paraffinwachse 3,0 Mio., Polyolefinwachse 130 000, tierische und pflanzliche Wachse 10 000 bzw. 15 000 Tonnen.

2.12.2 Polymerdispersionen

Synthetische organische Polymere spielen sowohl als Komplexbildner und Dispergatoren in Reinigungsmitteln (vgl. Kap. 2.9) als auch als Pflegekomponenten vor allem in Bodenpflegemitteln, aber auch in der Lederpflege eine wichtige Rolle. In der Auto- und Möbelpflege ist ihr Einsatz unbedeutend.

In Bodenpflegemitteln werden vor allem Polyacrylate und Styrol-Acrylsäure-Copolymere als Dispersionen, aber auch besonders feinteilige Polyolefin-Dispersionen (Polyethylen und modifiziertes Polypropylen) sowie Polyurethandispersionen im Gemisch mit Wachsemulsionen eingesetzt, um eine temporäre oder mehr oder weniger permanente Schutzschicht auf den betreffenden Boden aufzubringen. Diese Schutzschicht verhindert die Schädigung des Bodens und das Eindringen von Schmutz (darunter die so genannte Verstrichung, also das strichförmige Verkratzen durch Schmutzpartikel) und sorgt gleichzeitig für ein ansprechendes Aussehen des Bodenbelags (Ästhetik). Polyolefin-Dispersionen tragen zur Rutschhemmung bei. Anforderungen an Polymerdispersionen für Bodenpflegemittel sind in **Tab. 2.21** zusammengestellt.

Styrol-Acrylsäure-Copolymere können durch Zink vernetzt werden und erhöhen so die Zähigkeit und damit die Begehbarkeit von Schutzschichten, was vor allem bei hoher Beanspruchung wie im gewerblichen Bereich von Bedeutung ist. Eine relativ neue Entwicklung sind wachsgepfropfte Polymere, welche die Vorteile beider Komponenten in einem Rohstoff vereinen [2.46] [2.47].

Für die Formulierung von Bodenpflegemitteln aus Polymerdispersionen und Wachsemulsionen sind zumeist noch zusätzliche Emulgatoren und – für die bei der Anwendung angestrebte Filmbildung – auch Weichmacher erforderlich.

Tab. 2.21: Anforderungen an Polymerdispersionen für Bodenpflegemittel

- Gute Verteilbarkeit
- Gutes Verlaufsverhalten
- Kein unangenehmer Geruch während oder nach der Verarbeitung
- Gleichmäßiges streifenfreies Auftrocknen
- Hohe Füllkraft
- Ansprechender Glanz der Schutzschicht
- Hohe Strapazierfestigkeit
- Geringe Schmutzaufnahme
- Gute Rutschsicherheit
- Hohe Wasser- und Reinigungsmittelbeständigkeit bis hin zur Beständigkeit gegen Desinfektionsmittel
- Ökologische Sicherheit

2.12.3 Silicone

Silicone werden in Pflegemitteln eingesetzt, um Glanz, Schutz und Glätte der zu pflegenden Oberfläche sowie deren Benetzung und damit den Auftrag der Produkte zu verbessern. Silicone sind vor allem in Autopflegemitteln und -polituren sowie in Formulierungen für die Leder- und Möbelpflege zu finden. Ein wichtiger Einsatzbereich sind zudem Reinigungs- und Pflegemittel für Glaskeramik-Kochfelder. Aber auch der Glanz von Fliesen kann durch Silicone erhöht werden. Silicone sind für die Bodenpflege nur als Entschäumer von Bedeutung.

Zur Einarbeitung in Pflegemitteln steht eine fast unüberschaubare Vielfalt von Siliconen in Form von so genannten Fluids (Ölen) mit Molmassen von mehr als 100 000, Wachsen, dreidimensional vernetzten Harzen und Emulsionen zur Verfügung. Hochviskose Polydimethylsiloxane tragen zu einer höheren Beständigkeit und zu höherem Glanz des Schutzfilms bei, neigen aber zu Schlieren-, Schleier- und Wolkenbildung. Ein optimales Ergebnis lässt sich nur durch geschickte Kombination verschiedener Komponenten erzielen.

Pflegemittel beinhalten neben Siliconen unterschiedlicher chemischer Struktur eine Vielzahl anderer Bestandteile, u.a. natürliche und synthetische Hart- und Weichwachse. Üblicherweise verwendete Wachstypen, die mit Siliconen gut kombiniert werden können, sind Paraffinwachse, Polyethylenwachse, Säure- und Esterwachse sowie plastische Mikrowachse. Synergieeffekte ergeben sich hierbei vor allem in Bezug auf die hydrophobierende Wirkung.

Zur Erhöhung der Dauerhaftigkeit und der Reinigungsmittelbeständigkeit finden vernetzte oder nicht vernetzte aminofunktionelle Silicone Verwendung. Die darin enthaltenen polaren Aminogruppen sorgen für eine wirksame Verankerung der Politur auf dem Lacksubstrat. Durch Verwendung von dreidimensional vernetzten Siliconharzen lässt sich auch die Hydrophobie der Politur erhöhen.

Eine Übersicht zu den Silicontypen, die in Pflegemitteln für Auto (Lackpolituren, Lackkonservierer, Tiefenpfleger, Heißwachse, Aufrissmittel), Möbel, Leder, Metall und Glaskeramikflächen üblicherweise eingesetzt werden, gibt **Tab. 2.22** [2.48].

Generell zeigen Silicone eine nur geringe Abhängigkeit ihrer physikalischen Eigenschaften von der Temperatur. Pflegemittelformulierungen auf Basis von Siliconen können ohne Leistungseinbußen auch bei tieferen und höheren Temperaturen eingesetzt werden.

Tab. 2.22: Silicontypen in Pflegemitteln

Silicontyp	Eigenschaften	Wirksamkeit
Polydimethylsiloxane mit kinematischen Viskositäten von 0,65–60 000 mm^{2}s^{-1} in Form von Ölen und nichtionogen und/oder anionogen stabilisierten O/W-Emulsionen	Niedrige Oberflächenspannung, extrem hohe Flexibilität der Polymerketten, niedrige intermolekulare Wechselwirkungskräfte	Gutes Spreitverhalten, Unterstützung des Reinigungseffekts, leichte Verteilbarkeit, leichte Auspolierbarkeit, gute Wasserabweisung, gute Glanzgebung, kein Schichtenaufbau
Aminofunktionelle Polydimethylsiloxane mit kinematischen Viskositäten von 15–1000 mm^{2}s^{-1} in Form von Ölen und nichtionogen und/oder kationogen stabilisierten O/W-Emulsionen	Niedrige Oberflächenspannung, extrem hohe Flexibilität der Polymerketten, polare Aminfunktionen	Leichte Verteilbarkeit, leichte Auspolierbarkeit, sehr gute Wasserabweisung, sehr gute (Tiefen-)Glanzgebung, gute Adhäsion auf Substraten
Nichtreaktive Siliconharze in Form von Reinharzen oder O/W-Emulsionen	Viskos, dreidimensionales Netzwerk	Leichte Verteilbarkeit, exzellente und dauerhafte Wasserabweisung, sehr gute Adhäsion auf Substraten, kein Aufbau
Nichtreaktive organomodifizierte Siliconwachse mit Schmelzbereichen von 30–75°C in Form von Reinwachsen oder nichtionogen stabilisierten O/W-Emulsionen	Schmelzbereiche von 30–75°C	Herausragende und äußerst dauerhafte Wasserabweisung, ggf. Ölabweisung, herausragende Reinigungsmittelbeständigkeit, gute Glanzgebung, kein Schichtenaufbau
Siloxan-Polyether-Copolymere	Hydrophil, wasserlöslich oder wasserdispergierbar	Gute Spreiteigenschaften, guter Antistatikeffekt, keine Trübung, ggf. Emulgatoreigenschaften

Die detaillierte chemische Struktur der oft auch als Gemische eingesetzten Silicone gehört häufig zum geheim gehaltenen Wissen der Anbieter. Ausgangspunkt ist die Grundstruktur der Polydimethylsiloxane, die durch Methanolyse von Dimethyldichlorsilan erhalten werden:

$$x\,(CH_3)_2SiCl_2 \xrightarrow[-2\,x\,CH_3Cl,\,-\,x\,H_2O]{+\,2\,x\,CH_3OH} CH_3-(Si-O)_x-CH_3$$

mit Seitengruppen CH_3 am Si.

Die allgemeine Formel für aminofunktionelle Polydimethylsiloxane lautet:

$R(CH_3)_2SiO-[(CH_3)_2SiO]_x-[R\{(CH_2)_mNH(CH_2)_nNH_2\}SiO]_y-Si(CH_3)_2R$

Polydimethylsiloxane können terminal oder lateral durch Polyethergruppen auf Basis von Ethoxy- oder gemischten Ethoxy-/Propoxy-Blöcken modifiziert sein (Dimethicone Copolyols). Die allgemeine Struktur von solchen lateral aufgebauten Siloxan-Polyether-Copolymeren lässt sich wie folgt darstellen:

$(CH_3)_3SiO\text{-}[(CH_3)_2SiO]_x\text{-}[(CH_3)\{(CH_2)_mO(C_2H_4O)_n(C_3H_6O)_oR\}SiO]_y\text{-}Si(CH_3)_3$

Solche Verbindungen eignen sich als Emulgatoren, Netzmittel und je nach Struktur sowohl als Schaumverstärker als auch als Schauminhibitoren. Typische Anwendungsbereiche für Schaumverstärker und -inhibitoren auf Siliconbasis sind Nass- und Trocken-Teppichreiniger bzw. Reiniger für harte Oberflächen und Trockenglanz-Fußbodenpolituren.

Siliconharze und Siliconwachse können durch folgende Bruttoformeln beschrieben werden:

$[(CH_3)_3SiO_{0,5}]_x[(CH_3)_2SiO]_y[SiO_2]_z$ bzw. $(CH_3)_3SiO\text{-}[(CH_3)_2SiO]_x\text{-}[(CH_3)\{(CH_2)_mCH_3\}SiO]_y\text{-}Si(CH_3)_3$

Interessante Strukturen bieten auch Trisiloxan-Copolymere, deren Siloxan-Rückgrat nur drei Silicium-Atome enthält:

```
         CH3  CH3  CH3
          |    |    |
   CH3–Si–O–Si–O–Si–CH3
          |    |    |
         CH3  CH2  CH3
               |
              CH2
               |
              CH2
               |
               O
                \
                 (CH2CH2–O)x–R
```

An das mittlere Silicium-Atom können unterschiedliche Ethoxy- und Propoxy-Blöcke sowie Alkylgruppen gebunden sein (Heptamethyltrisiloxan-Tenside).

Diese Beispiele verdeutlichen die Vielfalt möglicher Strukturen.

2.12.4 Fluorcarbonharze

Für die Schmutz abweisende Ausrüstung von Teppichen, für Textilien, in Imprägniersprays und -schäumen für die Lederpflege (Glatt- und Rauleder) werden zur Hydrophobierung und Oleophobierung Fluorcarbonharze eingesetzt (s. z.B. [2.49]). Gelegentlich findet man sie auch in Pflegeemulsionen in flüssiger oder Pastenform.

Fluorcarbonharze basieren überwiegend auf mehrfach fluorierten C_4- bis C_8-Seitenketten. Zwei Strukturtypen haben sich durchgesetzt: Zum einen werden auf Basis von Perfluoralkylethanolen durch Polyaddition an Polyisocyanate Polyurethanstrukturen aufgebaut. Von größerer Bedeutung ist inzwischen der zweite Weg, die (Co-)Polymerisation von Acrylsäureperfluoralkylestern und anderen Acrylsäuremonomeren zu Fluorcarbonharzen. Um nicht zu hohe Molmassen zu erhalten, wird alternativ zur Polymerisation auch eine Telomerisation, d.h. die Oligomerisation eines ungesättigten Monomeren in Gegenwart eines (Lösemittel-)Moleküls AB, des so genannten Telogens, durchgeführt, z.B. zu:

$$A-(CH_2CH)_x-B$$
$$\quad\quad\quad |$$
$$\quad\quad\quad CO$$
$$\quad\quad\quad |$$
$$\quad\quad\quad O$$
$$\quad\quad\quad \setminus$$
$$\quad\quad\quad C_8F_{17}$$

A, B stehen für die aus dem Telogen gebildeten Endgruppen

Die fluorierten Seitenketten sind für die hydrophoben und oleophoben Eigenschaften verantwortlich. Filmbildung und Haftung werden von den Alkylketten im Polymer gesteuert. Bei Beachtung der Ionogenität sind Fluorcarbonharze mit Wachs- und Siliconemulsionen sowie mit Polymerdispersionen kompatibel.

Eine Übersicht über organische Polymere in Wasch- und Reinigungsmitteln s. [2.50].

2.13 Literatur

Allgemeine, weiterführende Literatur
Tenside
K. Kosswig, Surfactants, in: *Ullmann's Encyclopedia of Industrial Chemistry, 5th Ed.*, Vol. A 25, S. 747-817.
Surfactant Science Series, Vol. 1 – 140ff., New York: Dekker, und Atlanta, GA/USA: CRC Press – Vol. 140: Mai **2007**.
Z.B.: H.W. Stache (Hrsg.), *Anionic Surfactants – Organic Chemistry, Surfactant Science Series*, Vol. 56, Marcel Dekker, New York, **1996**.
K. Esumi u. M. Ueno (Hrsg.), *Structure-Performance Relationships in Surfactants, Surfactant Science Series*, Vol. 70, Marcel Dekker, New York, **1998**.
N.M. van Os (Hrsg.), *Nonionic Surfactants – Organic Chemistry, Surfactant Science Series*, Vol. 72, Marcel Dekker, New York, **1998**.
K. Holmberg (Hrsg.), *Novel Surfactants, Surfactant Science Series*, Vol. 74, Marcel Dekker, New York, **1998**; 2. rev. u. erw. Aufl., Vol. 114, **2003**.
U. Zoller (Hrsg.), *Handbook of Detergents (In Six Parts), Part A: Properties* (Hrsg.: G. Broze), *Surfactant Science Series*, Vol. 82, **1999**, *Part B: Environmental Impact* (Hrsg.: U. Zoller), Vol. 121, **2005**, *Part C: Analysis* (Hrsg.: H. Waldhoff, R. Spilker), Vol. 123, **2005**, Part D: Formulation (Hrsg.: M. Showell), Vol. 128, **2005**, CRC Press, Atlanta, GA/USA.

D. Balzer, H. Lüders (Hrsg.), *Nonionic Surfactants – Alkyl Polyglucosides, Surfactant Science Series*, Vol. 91, Marcel Dekker, New York, **2000**.

F.E. Friedli (Hrsg.), *Detergency od Specialty Surfactants*, Vol. 98, Marcel Dekker, New York, **2001**.

R. Zana, E.W. Kaler (Hrsg.), *Giant Micelles: Properties and Applications, Surfactant Science Series*, Vol. 140, Atlanta, GA/USA: CRC Press, **2007**.

M. u. I. Ash (Hrsg.), *Handbook of Industrial Surfactants – 2000 Edition*, Vol. 1 und 2, Synapse Information Resources, Endicott, NY/USA, 2000 – auch als *Electronic Handbook* (CD-ROM, **2002**) erhältlich.

H.G. Hauthal, Progress in Surfactants – Some Highlights of the Last 50 Years, *SÖFW J. (Engl. Version)* **2003**, 129, H. 10, 3-19.

Parfümöle

T. Markert, Parfums – Kunstwerke für die chemischen Sinne, *SÖFW J.* **2002**, 128, H. 10, 100-107.

Wachse

Katrin Zeitz, Wachse und Wachsemulsionen als Basis-Komponenten für Pflegemittel, *SEPAWA Kongress-Schrift*, **2002**, S. 105-107.

Spezielle Literatur

Tenside, Säuren und Alkalien

[2.1]   K. Kosswig u. H. Stache (Hrsg.), *Die Tenside*, Carl Hanser, München, **1993**.

[2.2]   G. Wagner, *Waschmittel – Chemie und Ökologie*, 2., aktualis. Aufl., Ernst Klett, Stuttgart, **1997**.

[2.3]   M. Scholtissek, J. Tropsch, Tenside auf Basis eines neuen Decylalkohols, *Conf. Proc. 48. Kongress der SEPAWA*, Bad Dürkheim, **2001**, 67-72 – ref. in *SÖFW J.* **2001**, 127, H. 12, 7-8.

[2.4]   H.L. Möhle, U. Ohlerich, Effective Alternatives to Nonylphenol Ethoxylates and Isotridecyl Alcohol Ethoxylates, *SÖFW J.* **2001**, 127, H. 6, 24-29.

[2.5]   T. Sottmann, R. Strey, Struktur und Grenzflächenspannungen in Mikroemulsionen, *Tenside Surf. Det.* **1998**, 35, 34-45.

[2.6]   J. Tropsch, H. Gümbel, G. Oetter, New low-foaming surfactants for dishwasher detergents and rinse aids, *SÖFW J.* **2001**, 127, H. 11, 2-5.

[2.7]   U. Schoenkaes, R. Grothe, M. Brock, Water-free alcohol ether sulfates – New high-active surfactants for superconcentrated detergent formulations, *Vortrag auf der I. Intern. Fresenius Fachtagung Wasch- und Reinigungsmittel*, Darmstadt, 15./16.02.2000 – ref. in *SÖFW J.* **2000**, 126, H. 5, 22-28.

[2.8]   Jutta Henning, F. Müller, J. Peggau, Cationic and Anionic Surfactants – Compatibilities and New Effects on Hard Surfaces, *SÖFW J.* **2001**, 127, H. 6, 30-35; Divergente Tensidsysteme für Haushaltsprodukte, *Conf. Proc. 48. Kongress der SEPAWA*, Bad Dürkheim, **2001**, S. 235-243.

[2.9]   P.K.E. Houtman, $L(+)$ Lactic Acid in Acidic Cleaning Formulations, *SÖFW J.* **2000**, 126, H. 10, 120-124. Siehe auch R. Nolles, $L(+)$ Lactic Acid: A BPD-Registered Anti-microbial Ingredient for Acidic Cleaners, *SÖFW J.* **2006**, 132, H. 4, 94-99.

[2.9a] T. Heidenfelder, H. Witteler, Das Reinigen mit Methansulfonsäure – Die Lösung für viele Probleme, *Conf. Proc. 53. Kongress der SEPAWA*, Würzburg, **2006**, S. 41-55 – ref. in *SÖFW J.* **2006**, 132, H. 12, 7-8.

Bleichmittel

[2.10] M. Betz, G. Cerny, Antimicrobial effects of bleaching agents, Part 1: *Tenside Surf. Det.* **2000**, 37, 230-235; Part 2: *ibid.* **2001**, 38, 242-249.

[2.11] G. Reinhardt, Bleichkatalysatoren – Nutzen und Risiken, *Conf. Proc. 48. Kongress der SEPAWA*, Bad Dürkheim, **2001**, S. 62-66 – ref. in *SÖFW J.* **2001**, 127, H. 12, 7.

Antimikrobielle Wirkstoffe

[2.12] J. Gutknecht, Auswirkungen der neuen Biozidrichtlinie auf die Entwicklung von Desinfektionsmitteln. *Conf. Proc. 48. Kongress der SEPAWA*, Bad Dürkheim, **2001**, S. 219-227.

[2.13] A. Markowetz, Neue Aspekte bei der Konservierung von Kosmetika. *SÖFW J.* **2002**, 128, H. 4, 20-24.

[2.14] Verordnung über kosmetische Mittel in der Fassung vom 7. Oktober 1997 (*BGBl. I*; S. 2410), zuletzt geändert durch 31. Änderungsverordnung vom 9. November 2001 (*BGBl. I*, S. 3030).

[2.15] K.H. Wallhäußer, *Praxis der Sterilisation – Desinfektion – Konservierung*, Georg Thieme, Stuttgart, **1995**.

[2.16] H.-G. Schmitt, Über die Wirkung antimikrobieller Substanzen. *Parfümerie und Kosmetik* **1987**, H. 1.

[2.17] H.R. Widmer, *Mikrobiologie und Infektiologie für Ärzte und Apotheker*, Wissenschaftliche Verlagsgesellschaft, Stuttgart, **1995**.

[2.18] H. Edelmeyer, Über Eigenschaften, Wirkmechanismen und Wirkungen chemischer Desinfektionsmittel, *Archiv f. Lebensmittelhygiene* **1982**, 33, H. 11.

[2.19] Seymor S. Block (Hrsg.), *Disinfection, Sterilisation and Preservation*, 5th Edition, Lippincott Williams & Wilkins, Philadelphia, **2001**.

[2.20] DGK-Fachgruppe Mikrobiologie und Betriebshygiene, Entwickeln Mikroorganismen eine Resistenz gegen antimikrobielle Wirkstoffe? *Parfümerie und Kosmetik* **1999**, 80, H. 9, 32-33.

[2.21] Gemeinsame Stellungnahme der hygienisch-medizinischen wissenschaftlichen Fachgesellschaften zur Flächendesinfektion, *HygMed* **2000**, 25, H. 11, 469-472.

[2.22] W. Fritsch, *Mikrobiologie*, 1. Aufl., Gustav Fischer, Jena, **1990**, S. 52.

Lösemittel, Hydrotrope

[2.23] A. Bach, Hydrotrope Tenside – Funktion und Anwendung, *Vortrag auf der I. Intern. Fresenius Fachtagung Wasch- und Reinigungsmittel*, Darmstadt, 15./16.02.2000 – ref. in *SÖFW J.* **2000**, 126, H. 5, 22-28.

[2.24] H.R. Motson, The Systematic Formulation of New Multi-Functional Hydrotropes into High Electrolyte Cleaners, *SÖFW J.* **2000**, 126, H. 3, 13-18.

Abrasiva

[2.25] S. Solka, Gudrun Klein, B. Klein, Abrasiva – Wichtige Bestandteile von Polier- und Reinigungsmitteln in B. Ziolkowsky (Hrsg.), *Jahrbuch für den Praktiker 1996*, Verlag für chemische Industrie H. Ziolkowsky, Augsburg, **1996**, S. 78-91.

[2.26] D. Prippenow, B. Rehbein, Poliertonerden – die bessere Lösung in Haushaltsreinigern, *Conf. Proc. 46. Kongress der SEPAWA*, Bad Dürkheim, **1999**, S. 199-133.

Komplexbildner und Dispergatoren

[2.27] T. Greindl, A. Oftring, L. Siggel, *Vortrag auf dem 44. SEPAWA-Kongress 1997*, Bad Dürkheim – ref. in *SÖFW J.* **1997**, 123, 938-940.

[2.28] Neue Rohstoffe und Konzepte – Reiniger in: *Jahrbuch für den Praktiker 2001, 2002* (45. bzw. 46. Ausg.), Verlag für chemische Industrie H. Ziolkowsky, Augsburg, **2001**, S. 318-322; **2002**, S. 128-133.

[2.29] P. Zini, Polymers in Detergents, in: *Handbook of Detergents, Part A: Properties* (Hrsg.: G. Broze), *Surfactant Science Series*, Bd. 82, Marcel Dekker, New York, **1999**, S. 559-595.

[2.30] M. Schwamborn, Polyasparaginsäuren, *Nachr. Chem. Tech. Lab.* **1996**, 44, 1167-1170.

Verdicker

[2.31] H. Ziolkowsky, Verdickungs- und Geliermittel. Einteilung – Neuere Entwicklungen – Handelsprodukte, *Jahrbuch für den Praktiker 1998* (41. Ausg.), Verlag für chemische Industrie H. Ziolkowsky, Augsburg, **1998**, S. 480-498.

[2.32] M.G. Coccia, M. Aspes, Interaction between hydrophobically modified water dispersable rheology modifiers and surfactants in household detergent applications, in: *Proc. 5th World Surf. Congr. Firenze*, **2000**, Vol. 2, S. 1262-1271.

[2.33] H. Hoffmann, Polymere und Tenside, *Tenside Surf. Det.* **1995**, 32, 462-469.

[2.34] Manuela Pflaumbaum, H. Rehage, Verdicken ohne Verdicker – Neue Ansätze für saure Gelreiniger, *Conf. Proc. 47. Kongress der SEPAWA*, Bad Dürkheim, **2000**, S. 89-97.

[2.35] Manuela Pflaumbaum, F. Müller, J. Peggau, W. Goertz, B. Grüning, Rheological properties of acid gel cleansers, *Colloids and Surfaces A. Physicochem. Eng. Aspects* **2001**, 183-185, 777-784.

[2.36] Karin Fürch, J. Meyer, F. Müller, J. Peggau, J. Venzmer, Zur Wirkungsweise von rheologischen und grenzflächenaktiven Additiven in modernen Reinigersystemen, *Conf. Proc. 49. Kongress der SEPAWA*, Bad Dürkheim, **2002**, S. 208-218.

Parfümöle und Geruchsabsorber, Farbstoffe

[2.37] H. Denutte, *pers. Mitteilung*, Procter & Gamble European Technical Center, Brüssel, März **2002**.

[2.38] J. Raamsbotham, Perfumes in Detergents, in: *Handbook of Detergents, Part A: Properties* (Hrsg.: G. Broze), *Surfactant Science Series*, Bd. 82, Marcel Dekker, New York, **1999**, S. 691-720.

[2.39] S. Reuter, *pers. Mitteilung*, Bell Fragrances Europe, Miltitz, Mai **2002**.

[2.40] T. Höfler, G. Wenz in: H. Eierdanz (Hrsg.), *Perspektiven nachwachsender Rohstoffe in der Chemie*, VCH Verlagsgesellschaft, Weinheim, **1996**, S. 226-279.

[2.41] R.L. Mahaffey, Jr., The Use of Colorants in Soaps and Detergents, in: *Handbook of Detergents, Part A: Properties* (Hrsg.: G. Broze), *Surfactant Science Series*, Bd. 82, Marcel Dekker, New York, **1999**, S. 721-742.

Wachse, Polymere und Silicone

[2.42] K.-H. Peleikis, *SÖFW J.* **2000**, 126, H. 1/2, 39-43.

[2.43] F.-L. Heinrichs, E. Krendlinger, Wachse im technischen Einsatz, *SÖFW J.* **2000**, 126, H. 10, 108-115.

[2.44] L. Matthies, Montanwachs und Montanwachsderivate: Zusammensetzung, Anwendung und Analyse, in: B. Ziolkowsky (Hrsg.), *Jahrbuch für den Praktiker 1997*, Verlag für chemische Industrie H. Ziolkowsky, Augsburg, **1997**, S. 273-283.

[2.45] L. Matthies, Natural Montan Wax and Its Raffinates, *Eur. J. Lipid Sci. Technol.* **2001**, 103, 239-248.

[2.46] B. Ziolkowsky, Rohstoffe 2001: Was war neu? In: B. Ziolkowsky (Hrsg.), *Jahrbuch für den Praktiker 2002*, Verlag für chemische Industrie H. Ziolkowsky, Augsburg, **2002**, S. 227-228.

[2.47] W. van Drunen, Neue Entwicklungen bei Fußbodenpflegemitteln – Megaplan-Technologie und wachsgepfropfte Polymere, *Conf. Proc. 49. Kongress der SEPAWA*, Bad Dürkheim, **2002**, S. 181-186.

[2.48] Wacker-Chemie, Produktinformationen, München, **2002**.

[2.49] J.M. Corpart, A. Dessaint, Fluorine-based textile finishes, *Firmenmitt. Atochem.*

[2.50] H.G. Hauthal, Organische Polymere in Wasch- und Reinigungsmitteln, *SÖFW J.* **2006**, 132, H. 10, 2-22.

3 Werkstoffe und Oberflächen im Haushalt

Für Böden, Wände, Decken, Treppen, Fenster und Türen in Wohnung und Eigenheim sowie für Möbel, Armaturen und Gebrauchsgegenstände aller Art wird eine Fülle ganz unterschiedlicher Werkstoffe eingesetzt, deren Oberflächen zu reinigen und zu pflegen sind. Neben textilen Oberflächen sind als so genannte harte Oberflächen vor allem metallische Oberflächen und Glas, die Oberflächen von Natur- und Kunststein sowie Tonkeramik, von Kunststoffen, lackierten Flächen und Laminaten, von Linoleum und Holz von Bedeutung.

3.1 Harte Oberflächen

3.1.1 Metalle

Primär bestehen metallische Werkstoffe aus Kristallen einer einzigen Atomart, doch werden sie vielfach mit einem oder mehreren Elementen kombiniert (legiert). Gezieltes Zulegieren anderer Metalle verändert mechanische Eigenschaften, Leitfähigkeiten oder auch die chemische Beständigkeit eines Grundmetalls wesentlich. Das schafft die Möglichkeit, den Werkstoff auf die spezifischen Anforderungen für den vorgesehenen Verwendungszweck auszurichten. Deshalb finden sich im Haushalt vielfach Legierungen. Das gilt ganz besonders für das Grundmetall Eisen. Die rostfreien Edelstähle – sie enthalten mindestens 13 Prozent Chrom – haben in den Haushalten während der vergangenen Jahrzehnte andere Metalle zurückgedrängt. Am bedeutendsten sind die Chrom-Nickel-Stähle **(Tab. 3.1)**. Daneben ist Aluminium interessant, weil es bei etwa gleich hoher Zugfestigkeit wie Stahl wesentlich leichter ist (Leichtmetall). Außerdem leitet es Wärme und elektrischen Strom besser als Edelstahl.

Gegenüber den beiden genannten Werkstoffgruppen haben Kupfer, Chrom und Silber für den Haushalt eher eine untergeordnete Bedeutung. Die beiden letztgenannten Metalle dienen vorwiegend als schützende bzw. dekorierende Überzüge für unedlere Metalle **(Tab. 3.1)**.

Versilberte Bestecke bestehen entweder aus Chrom-Nickel-Stahl oder aus Neusilber (45 bis 67% Kupfer, 10 bis 26% Zink und 12% Nickel) als Trägermaterial mit einem Silberüberzug. Die Auftragsstärke des elektrolytisch aufgebrachten Silberüberzugs beträgt entweder 34 µm (Bezeichnung als 90er Auflage) oder 45 µm (bezeichnet als 100er Auflage). Stark beanspruchte Partien wie die rückwärtige Auflagefläche von Löffeln erhalten oft eine verstärkte Silberauflage. Im Gegensatz zu versilberten Bestecken bestehen Silberbestecke in der Regel aus 800er Silber und enthalten 20 Prozent Kupfer, um das Metall zu härten, oder seltener aus Sterlingsilber mit nur 7,5 Prozent Kupfer.

Abgesehen von den Edelmetallen liegen die übrigen Metalle als Bestandteile der Erdkruste in Form chemischer Verbindungen vor. Sie daraus durch Reduktion in reiner Elementarform zu gewinnen, erfordert einen hohen Energieaufwand. Dem entsprechend leicht gehen unedle Metalle unter dem Einfluss von Sauerstoff, Säuren oder anderen

Tab. 3.1: Beispiele für Metalloberflächen im Haushalt

Werkstoffgruppen	Werkstoffe	Einsatz	Anmerkungen
Eisenwerkstoffe	Gusseisen	Kochtöpfe, Elektrokochplatten	2% < C < 4,5%
	Chromstahl	Schneidende Besteckteile	Cr 15 – 17%, vielfach auch Mo 0,45 – 1,3%
	Chrom-Nickel-Stahl	Innenräume von Geschirrspülern, Waschmaschinen, Elektro- und Mikrowellenherden; Spülbecken, Kochmulden	Cr 18%, Ni 10%
	Chrom-Molybdän-Stahl	Messerklingen, -scheiben in Küchengeräten	Cr 15,5 – 17,5% Mo 0,8 – 1,3%
Aluminiumwerkstoffe	Reinaluminium Aluminium eloxiert	Regale, Möbelgestelle Fensterrahmen, Türbeschläge	Al 99 – 99,9%
	Aluminium-Magnesium-Silicium-Legierung	Lebensmittelbehälter, Geländer	Mg 2 – 4% Si 1 – 3%
	Aluminium-Magnesium-Mangan-Legierung	Töpfe, Pfannen	Mn ≤ 0,6% Mg 0,6 – 7,2%
Kupferwerkstoffe	Kupfer	Kochgeschirre	
	Messing	Armaturen, Ziergegenstände	Zn 10 – 45%
Metallüberzüge	Silber	Nicht schneidende Besteckteile	Grundmetalle Cr-Ni-Stahl, Neusilber (Cu 45 – 67%, Ni 10 – 26%, Zn 12 – 45%)
	Chrom	Armaturen	Hartverchromung > 100 µm

chemischen Substanzen wieder in den oxidierten Zustand über. An der Luft können sich auf der Oberfläche Oxidfilme bilden, im Kontakt mit Säuren entstehen Salze.

Oxidation muss kein Nachteil sein, weil beispielsweise im Fall von Aluminium und Chrom der Oxidfilm auf der Oberfläche das darunter liegende Metall gegen chemischen Angriff aus der Umgebung schützt. Auf Grund seiner Stellung in der elektrochemischen Spannungsreihe ist Aluminium ein unedles Metall. Aber ein natürlicher Oxidfilm auf der Oberfläche – 0,01 bis 0,1 µm stark – erhöht seine Beständigkeit so weit, dass es im Haushalt als Aluminiumgeschirr verwendet werden kann. Die natürliche Oxidschicht lässt sich galvanisch um zwei bis drei Größenordnungen verstärken (Eloxal). Zunächst entsteht ein poröser Film, der noch keinen Schutz bietet. Deshalb muss er in heißem Wasser oder in chromat- bzw. phosphathaltigen Lösungen zu einer porenfreien Schicht verdichtet werden. Allerdings beschränkt sich der Schutzeffekt auf den ziemlich engen Bereich zwischen pH 5 und 8.

Die Bezeichnung Edelstahl umfasst Stähle, die sich dadurch von einfacheren Stahlsorten unterscheiden, dass sie weniger Begleitstoffe insbesondere nichtmetallischer Art enthalten. Die Beständigkeit nichtrostender Edelstähle beruht auf der oberflächlichen Chromoxidschicht. Folglich greifen oxidierende Säuren nicht an, sondern verstärken den Schutzfilm sogar noch. Veredelnde Zusätze wie Nickel und Molybdän erhöhen die chemische Beständigkeit des Chromstahls weiter, so dass auch viele nicht oxidierende Säuren ebenso wenig korrodieren wie Laugen. Jedoch verursachen Halogenidionen in saurer Lösung lokale Korrosion an vielen aktiven Zentren des Stahls (Lochfraß).

Im Gegensatz zu den übrigen Gebrauchsmetallen besitzt Kupfer wie Edelmetalle gegenüber Wasserstoff ein positives elektrochemisches Normalpotenzial. Bei Raumtemperatur ist Kupfer in Abwesenheit von Sauerstoff weitgehend beständig gegen verdünnte Säuren. Bei Messing hängt die Korrosionsbeständigkeit vom Zinkgehalt ab. Überschreitet dieser 50 Prozent, ist es korrosionsanfälliger als bei niedrigerem Legierungsgrad. Messingarmaturen können durch Verchromen gegen mechanische und chemische Einflüsse geschützt werden. Der Überzug lässt die Oberfläche glänzen. Dafür genügt schon ein sehr dünner Film, der jedoch wegen seiner porösen Beschaffenheit nicht vor Korrosion schützt, denn im Kontakt mit Elektrolyten entstehen Lokalelemente, die örtlich begrenzte Korrosion hervorrufen. Die zum Schutz vor Korrosion notwendigen stärkeren Chromoxidschichten bezeichnet man als »Hartchromüberzüge«.

Vielfach erfolgt das Reinigen der Metallteile von Küchengeräten, von Bestecken und Kochgeschirren in der Spülmaschine, es kann aber auch manuell geschehen. Die Deklaration »Spülmaschinenfest« setzt voraus, dass Bestecke nach 1000 Spülgängen keine erkennbaren Veränderungen in Aussehen, Form und Gebrauchsfähigkeit erkennen lassen (deutsche Vorschrift RAL-RG 604). Besteckteile aus Chrom-Nickel-Stahl mit einem Chromgehalt über 15 Prozent sowie Silber erfüllen die Anforderungen (**Tab. 3.2**). In der Praxis sollten jedoch Silber- und Edelstahlbestecke getrennt in die Besteckkörbe eingeordnet werden, um Kontaktkorrosion zu vermeiden [3.1].

Die Aussagen zur Spülmaschineneignung in **Tab. 3.2** gelten nur für Oberflächen in einwandfreiem Zustand, anderenfalls sind Schäden nicht auszuschließen: Fehlstellen im Emailüberzug lassen frei liegendes Eisen rosten; Rostflecken an Töpfen, Pfannen oder Besteckteilen können Fremdrost auf intakte Stahloberflächen übertragen und auch zur Rostentwicklung an normalerweise beständigen Stahloberflächen führen. Auch wenn solche Schadstellen klein und unbedeutend erscheinen, sollten schadhafte Teile von Hand gespült werden.

Nach mehrmaligem Spülen in der Spülmaschine zeigen titanhaltige Edelstähle gelegentlich Verfärbungen, die vermutlich auf Citronensäure im Klarspüler zurückgehen. Die Säure ist ein wirksamer Komplexbildner und löst Nickel, Chrom und Eisen aus der Stahloberfläche heraus. Dadurch entsteht eine titanreichere Schicht. Dieses Titanoxid hemmt den anfänglichen, nur geringfügigen Angriff der Citronensäure [3.2].

Tab. 3.2: Spülmaschineneignung von Werkstoffen im Haushalt

Werkstoffe	geeignet	bedingt geeignet	ungeeignet	Anmerkungen
Metalle				
Gusseisen			+	
Chrom-Stahl	+			Cr 15 – 17% [1]
Chrom-Molybdän-Stahl	+			Cr 13,8 – 17,5%, Mo 0,45 – 1,3%
Chrom-Nickel-Stahl	+			Cr 17 – 19%, Ni 8,5 – 10,5%
Reinaluminium		+ bis	+	[2]
Reinaluminium eloxiert	+	bis	+	[2]
Silber	+	+		[2]
Glas				
Kalk-Natron-Glas	+ bis	+		[2]
Kristallglas	+ bis	+		[2]
Bleikristallglas	+ bis	+		
Email	+			
Glasierte Keramik				
Ohne Dekor	+			
Unterglasurdekor	+			
Inglasurdekor	+			Scharffeuerfarben
Aufglasurdekor			+	
Kunststoffe				
Polycarbonat	+			
Polyethylen (HD)	+			PE mit hoher Dichte
Polypropylen	+			
Polystyrol			+	
Polystyrol schlagfest			+	
Styrol-Acrylnitril-Copolymerisat	+			
Polymethylmethacrylat		+ bis	+	[2]
Duroplaste	+			
Holz		+ bis	+	

[1] bei Chromgehalten von 12 bis 14% wegen Lochfraßgefahr nur bedingt geeignet
[2] Eignung unterschiedlich je nach Zusammensetzung des Spülmittels

3.1.2 Glas

Glas stellt eine zähflüssige, anorganische Schmelze dar, die praktisch ohne Kristallisation erstarrt. Deshalb definiert man Glas auch als Flüssigkeit von extrem hoher Zähigkeit. Organische Gläser zählen nicht zu der hier zu behandelnden Werkstoffgruppe.

Die stoffliche Basis anorganischer Gläser stellt SiO_2 in Form von Quarzsand als Rohstoff dar. Er wird zusammen mit Metalloxiden geschmolzen. Siliciumdioxid bildet in Glas ein Netzwerk, in dessen Maschen Metallionen eingelagert sind. Sie stören eine re-

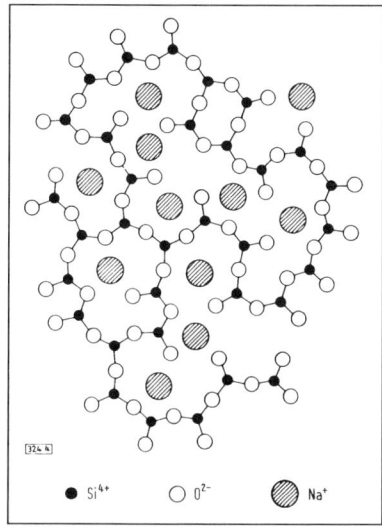

Abb. 3.1: Zweidimensionales Modell eines Natriumsilicatglases; Aufspaltung des Netzwerks durch Netzwerkwandler Na$^+$

gelmäßige Fernorientierung des Siliciumoxidnetzes zu einer kristallinen Struktur [3.5] **(Abb. 3.1)**. Art und Menge der zugesetzten Metalloxide bestimmen die Eigenschaften der Gläser. Sie ermöglichen es, diese dem vorgesehenen Verwendungszweck anzupassen. Als färbende Zusätze dienen Salze mehrwertiger Metalle. Demnach kann die chemische Zusammensetzung von Gläsern stark variieren **(Tab. 3.3)**.

Tab. 3.3: Chemische Zusammensetzung einiger Glassorten [3.4]

Bestandteile	Prozentanteile in		
	Natron-Kalk-Glas [1]	**Borax-Silicat-Glas**	**Bleikristallglas**
SiO_2	72 – 75	81	60
B_2O_3	+	13	1
Al_2O_3	0,5 – 1,5	2	–
CaO	8 – 10	–	–
BaO	–	–	–
MgO	0 – 0,4	–	1
Na_2O	14 – 14,5	4	1
K_2O	0 – 0,6	–	13
PbO	–	–	24 [2]

[1] Unterschiedliche Zusammensetzung je nachdem, ob Fenster-, Behälter- oder Wirtschaftsglas
[2] Hochbleikristallglas: PbO > 30%

Eine Sonderform des Glases stellt die Glaskeramik insofern dar, als sie feinkristalline Struktur besitzt. Hauptbestandteile können neben SiO_2 beispielsweise Al_2O_3 und Li_2O sein. Im Verlauf einer allmählichen Wiedererwärmung des primär erschmolzenen Glases bilden sich kleine, langsam wachsende Kristalle. Zusätze wie TiO_2 oder ZrO_2 begünstigen die Entstehung zahlreicher Kristallkeime [3.5].

Aus Glas werden nicht nur Formteile gefertigt, sondern auch Überzüge (Glasuren) für andere Materialien: Zum Glasieren von Keramikgegenständen wird eine Aufschlämmung glasbildender Rohstoffe auf den gebrannten Scherben aufgetragen. Beim »Glattbrand« schmilzt eine Glasschicht auf die Oberfläche auf. So genannte »Salzglasuren« entstehen durch Zugabe von Kochsalz während des Brennprozesses. In der heißen Ofenatmosphäre entstehende Natronlauge reagiert mit den Silicaten der Keramikmasse und bildet einen oberflächigen Glasfilm. Zum Emaillieren wird fein gemahlenes Glas (Fritte) auf das Grundmetall aufgeschmolzen.

In jedem Fall erleichtert die glatte Glasur das Reinigen verschmutzter Teile. Darüber hinaus hat die Glasur auch eine Schutzfunktion: Sie verhindert, dass Flüssigkeit in den Keramikscherben eindringt, und verhütet Metallkorrosion an Kochgeschirren durch aggressive Kontaktmedien, z.B. saure Speisen. Schließlich verbessern glänzende Glasuren auf Geschirrteilen deren Aussehen.

Wegen seiner optischen Eigenschaften findet Glas vielseitig Anwendung im Haushalt (**Tab. 3.4**). Darüber hinaus gilt Glas als inertes, gegen Kontaktmedien weitgehend be-

Tab. 3.4: Beispiele für Glasoberflächen im Haushalt

Einsatzformen	Beispiele	Anmerkungen
Formteile		
Hohlglas	Tafelgeschirr	Kalk-Natron-Glas, Kristall- und Bleikristallglas
	Vorratsbehälter für Lebensmittel	Kalk-Natron-Glas
	Beleuchtungskörper	Kalk-Natron-Glas, Kristallglas
Flachglas	Fensterscheiben	Kalk-Natron-Glas
	Möbelverglasung	
	Spiegel	
	Sichtscheiben an Haushaltsgeräten	Borosilicatglas bei thermischer Beanspruchung (Backofen, Waschmaschine)
	Glasbausteine	Kalk-Natron-Glas
	Kochplatten	Glaskeramik
Überzüge		
Glasuren	Tafelgeschirr	Kalk-Natron-Glas
	Mikrowellengeschirr	
Email	Koch- und Bratgeschirr	Borosilicatglas
	Backofen-Innenraum	
	Sanitärgegenstände (z.B. Badewannen)	

> **Reaktionen in wässriger Lösung**
>
> pH ≈ 7 $\quad$ ≡Si-O-Si≡ + H_2O → ≡Si-OH + HO-Si≡
>
> $\quad\quad\quad$ Reaktionsgeschwindigkeit äußerst gering, Reaktion aber immer vorhanden.
>
> pH < 7 $\quad$ ≡Si-O$^-$Na$^+$ (Gel) + H$^+_{aq.}$ → ≡SiO-OH (Gel) + Na$^+_{aq.}$
>
> $\quad\quad\quad$ Ionenaustauschprozess (Auslaugung)
> $\quad\quad\quad$ Bildung einer wasserreichen, (erdalkali-)armen Oberflächenschicht (Gelschicht)
> $\quad\quad\quad$ pH-Wert einer stationären Angriffslösung steigt an.
>
> pH > 7 $\quad$ ≡Si-O-Si≡ + $^-$OH → ≡Si-OH + $^-$O-Si≡
>
> $\quad\quad\quad$ ≡Si-O$^-$ + H_2O → ≡Si-OH + $^-$OH
>
> $\quad\quad\quad$ Glasnetzwerkauflösung,
> $\quad\quad\quad$ alle Glaskomponenten gehen in Lösung.

Abb. 3.2: Chemie der Glaskorrosion

ständiges Material. Deshalb dienen Glasbehälter häufig als Vorratsgefäße für Lebensmittel.

Doch sind Gläser selbst gegen Wasser nicht dauerhaft beständig. Darauf weist auch die Einteilung der Glassorten in hydrolytische Klassen hin. Beispielsweise greifen Gase wie CO_2 oder SO_2 (saurer Regen) nach Reaktion mit Wasser zu Säuren Fensterglas an. Dabei werden Wasserstoffionen gegen Alkaliionen des Glases ausgetauscht. Es entsteht ein gelartiger Oberflächenfilm, der weiteren Säureangriff hemmt. Jedoch steigt infolge des Übergangs von Alkaliionen der pH-Wert im Flüssigkeitsfilm. Der einsetzende Angriff von Lauge spaltet das Silicatgerüst. Die chemischen Vorgänge bei der Glaskorrosion im sauren und alkalischen Bereich gibt **Abb. 3.2** wieder (in Anlehnung an [3.6]). Wegen der geschilderten Vorgänge soll Glasgeschirr stets trocken, geschützt vor Feuchtigkeit, aufbewahrt werden.

An der Außenseite von Fensterscheiben verstärken wechselnde Temperaturen den Verwitterungsprozess.

Glasschäden (**Tab. 3.5**) können im Laufe des Gebrauchs in unterschiedlicher Form auftreten und verschiedene Ursachen haben. Häufig sind sie nicht durch den maschinellen Spülprozess verursacht, sondern werden dadurch nur sichtbar. Schäden können sich schon nach relativ wenigen Spülgängen allein mit Wasser ohne Spülmittelzusatz zeigen. Großflächige Trübungen deuten auf fortgeschrittene Zerstörung hin.

Glasdekors unterliegen einem stärkerem Angriff als Porzellan mit Aufglasur [3.7]. Wie die Beständigkeit unter Bedingungen des maschinellen Spülens mit konventionellen,

Tab. 3.5: Glasschäden und ihre Ursachen [3.7] [3.8]

Ausgangspunkte	Erscheinungformen	Ursachen	Anmerkungen
Fertigung	Kratzer, Nadelstiche, flusenartige Erscheinungen	Lokale Spannungen im Glas	Deutlich verstärkt durch maschinelles Spülen
	Rissbildung	Kühlung des Glases	Bruch von Glasteilen
Gebrauch	Kratzer, Rüttelschäden	u.a. falsches Einordnen in Geschirrkorb	Verstärkt, vor allem durch Temperaturwechsel zwischen Flotte und Zwischenspülwasser
Maschinelles Spülen mit niederalkalischen Reinigern	Schillernde, irisierende Farben [1]	Silicatablagerung in dünner Schicht	Gläser werden dunkler, bleiben aber durchsichtig

[1] Weitere an gespülten Gläsern beobachtete Veränderungen ohne Ursachenerklärung: z.B. klebrige Oberfläche, Fremdgeruch könnten auf zugegebenem Schmutz in der Spülflotte beruhen.

Tab. 3.6: Abhängigkeit des Schadenseintritts an unterschiedlichen Glassorten von der Temperatur-Zeit-Kombination während des alkalischen Spülens (in Anlehnung an [3.8])

Maximale Temperatur	Spülzeit	Zahl der Programme bis zum ersten Auftreten erkennbarer Schäden an			
°C		Bleiglas		Kalkglas	Pressglas
		24% PbO	30% PbO		
70	kurz	90	80	40	60
57	mittel	100	100	100	90
50	lang	100	120	80	100

hochalkalischen Reinigern von den Spülparametern und der Glaszusammensetzung abhängt, belegt **Tab. 3.6**. Es zeigt sich:

1. Unabhängig von der Glaszusammensetzung schädigt eine hohe Spültemperatur jede Glassorte nach relativ kurzer Gebrauchsdauer, auch wenn die Einwirkzeit je Spülzyklus nur kurz ist.
2. Gläser mit hohem Bleigehalt (über 24%) widerstehen dem Angriff durch eine stark alkalische Flotte besser als bleifreie Sorten.

Beginnende Glasschädigung beschränkt sich auf eine äußerst dünne Schicht und deutet sich als irisierende Flecken an. Diese schillernden Farben verschwinden nach eini-

Abb. 3.3: Glaskorrosion: Trübung bei Gläsern in Abhängigkeit von der Wasserhärte nach 100 Spülzyklen bei 65°C (von li.: 8°, 1° und 0,1° dH)

ger Zeit wieder; das Glas beginnt trüb zu werden [3.10] **(Abb. 3.3)**. Großflächige Trübungen zeigen fortgeschrittene Veränderungen des Glases an.

Als Ursachen für Glasschäden kommen neben Spannungen auch Entmischungen und Inhomogenitäten an der Glasoberfläche in Betracht. Diese führen zu lokalen Löslichkeitsunterschieden und können nach vielfachem Spülen makroskopisch erkennbare Schäden bewirken [3.9]. Ein Beispiel dafür sind die auf bestimmte Bereiche beschränkten Trübungen, die sich mikroskopisch als Lochkorrosion darstellen **(Abb. 3.4)**. Üblicherweise treten derartige Erscheinungen am Trinkrand oder Boden thermisch nachbehandelter Gläser (Feuerpolitur) auf. Ein anderes Beispiel ist die Linienkorrosion **(Abb. 3.5)**,

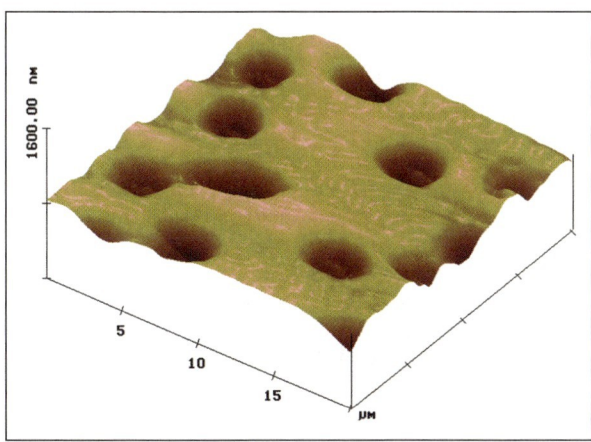

Abb. 3.4: Lochkorrosion an Kristallglas nach 200 Spülzyklen im 65°C-Programm mit handelsüblichem, niederalkalischem Reiniger (Bleichsystem: Peroxid + TAED als Aktivator) ohne Schmutzbelastung der Flotte und mit handelsüblichem Klarspüler (Wasserhärte < 0,1° dH; 20 min Abkühlphase bei geöffneter Maschinentür [3.11]

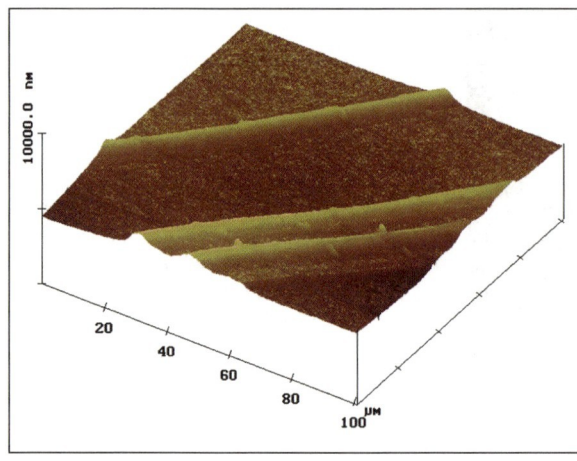

Abb. 3.5: Linienkorrosion an Kristallglas nach 200 Spülgängen (Versuchsbedingungen s. **Abb. 3.4**) [3.11]

die meist das gesamte Glas betrifft. Zunächst »unsichtbare« feine Schlieren aus der Glasschmelze werden sichtbar, wenn das umgebende, weniger widerstandsfähige Glas beim Spülen aufgelöst wird. Die Anzahl der Spülzyklen, nach denen der Schaden in Erscheinung tritt, ist in beiden Fällen wesentlich von den Spülbedingungen abhängig (Temperatur, Wasserresthärte).

Die beispielhaft angeführten Schadensbilder lassen sich auf den Herstellungsprozess zurückführen und sind unter Umständen vermeidbar. Da dafür kostenintensive Optimierungsmaßnahmen erforderlich sind, ist das nur bei hochwertigem Glas rentabel.

Immerhin bestätigen die Ergebnisse auch frühere Aussagen, dass sehr geringe Wasserhärte Glaskorrosion durch maschinelles Spülen erhöht. Deshalb sollten Haushalte mit sehr weichem Wasser auf eine Enthärtung mittels eines Ionenaustauschers verzichten. Günstig ist eine Wasserhärte von 3° bis 4° dH.

Für den Einsatz des Geschirrs im Haushalt ist die Beständigkeit des Glases gegen Temperaturwechsel bedeutsam; sie hängt von der linearen Wärmeausdehnung ab. Wichtig ist diese im Falle einer festen Verbindung zwischen Glas und Metall (Email) sowie für die Gestaltung des Spülprogramms in der Geschirrspülmaschine. Bei raschem Temperaturwechsel entsteht wegen der geringen Wärmeleitfähigkeit des Glases ein Temperaturgefälle zwischen Oberfläche und darunter liegenden Schichten, das Spannungen verursacht. Sie können in dem spröden Glas Risse verursachen oder zum Zerspringen führen. Besonders kritisch sind auftretende Zugspannungen, denn die Zugfestigkeit von Glas liegt um den Faktor 10 bis 15 niedriger als die Druckfestigkeit.

Als Ursache für die Schädigung glaskeramischer Herdplatten durch stark zuckerhaltige Speisen werden ebenfalls Spannungen vermutet: Es wird angenommen, dass der Zucker aus überlaufendem Kochgut in der Wärme mit SiOH-Gruppen der Glaskeramik unter Wasserabspaltung reagiert. Infolge der hohen Temperaturen sollen sich in der

Grenzfläche Spannungen ausbilden, weil sich Glaskeramik nicht ausdehnt, wohl aber die Reaktionsschicht in der Oberfläche, so dass diese rissig wird.

3.1.3 Natur- und Kunststeine

Natursteine und Keramikplatten kommen in Haushalten verbreitet für Fußböden zum Einsatz, aber auch für Treppenstufen, Fensterbänke, Wandverkleidungen, Arbeitsplatten, Tür- und Fensterfassungen. Als Natursteine seien Marmor, Jurakalk – bekannt unter der Bezeichnung Solnhofer Platten, Granit und Sandstein genannt, als Beispiele für Kunststeine Keramikfliesen ohne und mit Glasur (letztere s. Abschn. 3.1.2) sowie Terrazzo. Letzterer besteht aus einer Betonunterschicht und einer dekorativen Oberschicht aus farbigen Steinsplittern, eingebettet in weißen Zement als Bindemittel [3.12].

Neben Art und Intensität der Verschmutzung entscheiden Oberflächenbeschaffenheit sowie Beständigkeit gegen mechanische, chemische und thermische Beanspruchung über das jeweils anwendbare Reinigungsverfahren. In dieser Hinsicht bildet Granit einen idealen Belag, denn auf Grund seines hohen Gehalts an SiO_2 ist er nicht nur sehr hart, sondern auch beständig gegen praktisch alle Reinigungsmittel (**Tab. 3.7**).

Raue und poröse Oberflächen: Auf Grund ihrer rauen Oberfläche bleibt der Effekt einer Unterhaltsreinigung durch Kehren sehr begrenzt. Zur wirksameren Nassreinigung dienen Seifenreiniger wie auch Wischpflegemittel. Im Falle sehr hartnäckiger Verschmutzung können die Böden auch intensiv nass gescheuert werden.

Geschliffene und polierte Oberflächen: Diese sind generell reinigungsfreundlich, denn Schmutz findet auf den glatten Oberflächen kaum Haftung. Lediglich verklebender Schmutz wie Kaugummireste lässt sich schwerer entfernen. Deshalb genügt es für die Unterhaltsreinigung meistens zu kehren, zu saugen oder feucht zu wischen.

Unglasierte Keramikoberflächen (z.B. Terrakotta): Zur Unterhaltsreinigung genügt es, je nach Erfordernissen zu kehren, zu saugen, feucht oder nass zu wischen. Pflegemit-

Tab. 3.7: Reinigungstechnologische Merkmale einiger Steinfußböden

Merkmale	Marmor, Jurakalk[1]	Granit	Steinzeug	Sandstein
Oberfläche	geschliffen und poliert	geschliffen und poliert	unglasiert, porenfrei	bruchrauh, porig
Schmutzabweisung	+	+	+	–
Abriebfestigkeit	+	+	+	+ bis –[2]
Säurebeständigkeit	–	+	+	+ bis –[2]
Alkalibeständigkeit	+	+	+	+

[1] Sehr ähnliche Merkmale treffen auch auf Terrazzo zu.
[2] Je nach Zusammensetzung: kieselsäuregebundene Art besser, kalkgebundene weniger beständig.

tel sind nicht anzuwenden. Für Fliesen im Küchenbereich ist wegen der Gefahr von Öl- und Fettverschmutzungen eine Siliconimprägnierung durch den Hersteller empfehlenswert. Sie verhindert, dass fettige Verschmutzung in vorhandene Poren eindringen kann [3.12].

3.1.4 Tonkeramische Werkstoffe

Der Begriff »Tonkeramische Werkstoffe« umfasst anorganische, nichtmetallische Materialien auf Silicatbasis, die in der Erdkruste weit verbreitet vorkommen. Als Ausgangsmaterialien dienen einerseits Tonsubstanzen wie Bentonite oder Kaolin, andererseits »Hartstoffe«, z.B. Quarz, Glimmer, Feldspat und Kalk. Im Gegensatz zu den Hartstoffen lassen sich Tonmineralien unter Zusatz von Wasser plastisch formen. Während Tonmineralien deutlich gefärbt sind (rötlich bis gelblich), ist Kaolin weitgehend frei von färbenden Metallverbindungen und dient deshalb als Rohstoff für die Herstellung des weißen Porzellans.

Die anorganischen Ausgangsmassen werden entweder nach Wasserzugabe in Formen gegossen, plastisch geformt oder als Pulver mit normierter Feuchtigkeit in die gewünschte Form gepresst (Beispiel: Fliesenfertigung). Wasserhaltige Formlinge durchlaufen vor dem Brennen zunächst eine Trocknungsphase. Der Brennprozess (Glühbrand) überführt den Formling irreversibel in den festen, nutzbaren Zustand. Indem dabei restliches Wasser entweicht und die keramische Masse beim Brennvorgang mehr oder weniger zusammensintert, schwindet der Formling in seinen Abmessungen je nach Porosität des gebrannten Scherbens um bis zu 20 Prozent. Nach dem Glühbrand kann der Scherben dekoriert und/oder glasiert werden (Glattbrand) – zur Dekoration siehe Abschn. 3.1.2.

Tonkeramische Werkstoffe werden nach ihrer Porosität klassifiziert. Sie hängt von der Zusammensetzung des Rohmaterials und der Brenntemperatur ab (**Tab. 3.8**). Eine Zwischenstellung zwischen Steinzeug und Porzellan nimmt Feinststeinzeug, auch *Vitrous*

Tab. 3.8: Klassifizierung sowie Eigenschaften keramischer Werkstoffe und Beispiele für ihren Einsatz im Haushalt

Merkmal	Tongut	Steingut	Steinzeug	Porzellan
Brenntemperatur °C (Glühbrand)	850-1100	1000-1200	1200-1300	1200-1350
Wasseraufnahmevermögen	hoch	weniger hoch	geringer, > 2%	< 2%
	zunehmend $\longrightarrow$			
	Helligkeit, Dichte, Festigkeiten des Scherbens $\longrightarrow$			
Verwendungsbeispiele	Baukeramik	Fliesen, Sanitäreinrichtungen		Dekorationsgegenstände
		Einfaches Geschirr	Geschirr	

glass genannt, ein. Die höchsten Gebrauchseigenschaften kommen dem transparenten Porzellan zu. Der dichte Scherben zeigt glatte Bruchflächen und nimmt trotz abgeschlagener Glasur keine Feuchtigkeit auf. Daher können leicht beschädigte Porzellanteile weiter genutzt werden.

Auf gefliesten Flächen zwischen den einzelnen Fliesen verbleibende Fugen werden mit Zement oder einer siliconhaltigen Masse ausgefüllt; ihre Elastizität ist wegen plötzlichem Temperaturwechsel und der damit verbundenen Dehn- und Kontraktionsvorgänge am Übergang z.B. von Duschwanne bzw. Metallrahmen der Kabinenwand zur gemauerten Wand erforderlich. Oftmals zeigen sich nach mehrjähriger Nutzung in Duschkabinen, aber auch in Küchen stellenweise dunkle Flecken in den Fugen, die Schimmelkolonien darstellen. Auch in siliconhaltigen Fugenmassen vorhandene fungizide Zusätze können die Schimmelentwicklung nicht auf Dauer verhindern. Als Faustregel gilt, dass diese Fugen in Duschkabinen nach etwa fünf Jahren mit einem scharfen Messer ausgekratzt und neu gefüllt werden müssen [3.13]. Schimmelkolonien auf Zementfugen können direkt mit Schimmelentfernern beseitigt werden, indem man die befallenen Stellen mit Aktivchlor enthaltenden Lösungen – in der Regel Hypochlorit – besprüht. Um gesundheitlichen Schäden vorzubeugen, sollte der Schimmel keinesfalls abgebürstet werden, weil dabei Sporen in der Luft verteilt und dann eingeatmet werden können. Während der Applikation des chlorhaltigen Präparats ist für gute Raumlüftung zu sorgen. Als Alternative zu Chlor hat sich in der Praxis der Wirkstoff Didecyldimethylammoniumchlorid bewährt, der ebenfalls als wässrige Lösung aufgesprüht wird [3.14].

Als vorbeugende Maßnahme gegen Schimmelentwicklung in Räumen mit erhöhter Luftfeuchtigkeit ist für ausreichende Luftzirkulation auch hinter Schränken und Kühlgeräten zu sorgen. Ferner sollte die Raumheizung auch bei Abwesenheit des Nutzers während der kalten Jahreszeit nur gedrosselt, aber nicht völlig abgeschaltet werden. Die Wände von Duschkabinen sollten möglichst nach Benutzung trocken gerieben werden, da gefliese Wände nicht »atmungsaktiv« sind.

3.1.5 Kunststoffe

Die Kunststoffe bilden eine eigenständige Gruppe von Werkstoffen, die sich von herkömmlichen Materialien unterscheidet

- von den anorganischen Metallen, Gläsern und Keramik vor allem durch ihren Aufbau aus organischen Makromolekülen (mit Ausnahme der Silicone),
- von dem Naturstoff Holz durch ihre stoffliche Basis und das Fehlen einer natürlich gewachsenen Struktur.

Der Begriff *Kunststoffe* umfasst dabei alle Makromoleküle, die als Werkstoffe Verwendung finden können und entweder synthetisch oder durch chemische Umwandlung von Naturstoffen gewonnen werden. Alle wirtschaftlich bedeutenden Kunststoffe sind hochmolekulare organische Verbindungen. Eine Ausnahme bilden Silicone, die Silicium in den Polymerketten enthalten.

Kunststoffe gelten als »Werkstoffe nach Maß«, d.h. ihre Eigenschaften können auf den vorgesehenen Verwendungszweck ausgerichtet werden. Primär geschieht das über die

Auswahl eines passenden Werkstoffs aus der breiten Kunststoffpalette. Neben Homopolymerisaten wie Polyethylen oder Polystyrol stehen auch Copolymerisate zur Verfügung: Copolymerisation von Styrol mit Acrylnitril liefert anstelle des spröden Polystyrols ein schlagfestes, hochglänzendes Material mit verbesserter chemischer Beständigkeit. Ferner können Zusatzstoffe die Eigenschaften eines Kunststoffs in mancher Weise verändern: Weichmacher erhöhen die Flexiblität, Stabilisatoren verbessern die Licht- und Temperaturbeständigkeit, Glasfasern erhöhen Festigkeitseigenschaften, Antistatika vermindern die Tendenz zur elektrostatischen Aufladung, Pigmente dienen der Farbgebung oder reduzieren die Durchsichtigkeit.

Auf Grund ihres Verformungsverhaltens bei erhöhter Temperatur unterteilt man Kunststoffe in Thermo- und Duropolaste. Erstere erweichen bei Erwärmung und lassen sich in diesem Zustand plastisch verformen. Alle formgebenden Verfahren für Thermoplaste nutzen dieses Verhalten. Im Gegensatz zu Thermoplasten erweichen Duroplaste bei steigender Temperatur nicht, weil ihre Makromoleküle untereinander vernetzt, d.h. nicht gegeneinander verschiebbar sind. Deshalb erhalten Teile aus Duroplasten ihre

Tab. 3.9: Beispiele für den Einsatz von Kunststoffen im Haushalt

Typ	Kunststoff	Einsatz
Thermoplaste	Acrylnitril-Butadien-Styrol-Copolymerisat (ABS)	Fußbodenbeläge, Sitz-, Gartenmöbel, Spielzeug
	Celluloseacetet, -acetobutyrat (CA, CAB)	Zubehör zu Haushaltsgeräten, Besteckgriffe
	Polyamide (PA)	Schlagfeste Gerätegehäuse
	Polycarbonat (PC)	Essgeschirr, Babyflaschen, Beleuchtungskörper
	Polyethylen (PE)	Küchengeschirr, Vorratsbehälter, Spielzeug
	Polymethylmethacrylat (PMMA)	Verglasungen, Küchengeschirr, Bestecke, Waschbecken
	Polypropylen (PP)	Küchengeschirr, -geräte, Spielzeug
	Polystyrol (PS)	Küchengeschirr, Gehäuse von Küchengeräten
	Polysulfon	Mikrowellengeschirr
	Polytetrafluorethylen	Beschichtung von Kochgeräten und Bügeleisensohle
	Polyvinylchlorid (PVC hart)	Fensterprofile, Rollläden, Spielzeug
	Polyvinylchlorid (PVC weich)	Fußbodenbeläge, Kunstleder-Möbelbezüge, Spielzeug
Duroplaste	Melamin-Formaldehyd-Harz, (MF), Melamin-Phenol-Formaldehyd-Harz (MPF)	Arbeitsplatten in Küchen, Ess- und Trinkgeschirr, Laminatfußböden (Deckschicht)
	Polyurethan (PUR)	Griffe an Küchengeräten, Fußbodenversiegelung
	Harnstoff-Formaldehyd-Harze (UF)	Fußbodenversiegelung, Sitzmöbel, Spülbecken, Möbellacke
	Ungesättigte Polyesterharze (UP)	Mikrowellengeschirr

Form entweder in einem Zwischenstadium der Synthese, bevor die Vernetzung einsetzt, oder nachträglich durch spanabhebende Bearbeitung [3.15].

Zu den im Haushalt häufig anzutreffenden Kunststoffen gehören Polyethylen (PE), Polypropylen (PP), Polyvinylchlorid (PVC), Polystyrol (PS), Polyester und verschiedene Copolymere. In **Tab. 3.9** sind einige Beispiele aufgeführt. Der erfolglose Versuch, sich einen kunststofffreien Haushalt vorzustellen, beweist eindrucksvoll die Bedeutung dieser vergleichsweisen jungen, neuartigen Werkstoffgruppe für den heutigen Haushalt.

Zu den wichtigen anwendungstechnischen Eigenschaften der Kunststoffe gehören die mechanische Beanspruchbarkeit, die chemische und thermische Beständigkeit, das Anschmutzungs- und Reinigungsverhalten sowie die Benetzbarkeit.

Mechanische Beanspruchbarkeit

Unter Druckbeanspruchung können die Polymerketten der Thermoplaste in begrenztem Umfang ausweichen. Die Verformbarkeit unter Druck ist allerdings geringer als bei Zugbeanspruchung (bei Raumtemperatur). Für die vernetzten Duroplaste besteht eine solche Ausweichmöglichkeit nicht. Sie sind härter und eignen sich deshalb besonders für mechanisch stark beanspruchte Oberflächen, z.B. für Fußböden, die sie vor mechanischen Schädigungen schützen.

Verbraucher stufen Kunststoffgegenstände wegen ihrer im Neuzustand glatten Oberfläche intuitiv als reinigungsfreundlich ein, übersehen jedoch oftmals, dass häufig benutzte Kunststoffe mit der Zeit oberflächlich aufrauen können. Besonders Thermoplaste sind nicht sehr abriebfest.

Chemische und thermische Beständigkeit

Während Kunststoffe gegenüber wässrigen Medien weitgehend beständig sind, können sie durch organische Lösemittel oder starke Säuren und Laugen angegriffen werden. Im Einzelfall hängt die chemische Beständigkeit vom chemischen Aufbau eines Kunststoffs ab. Auf Grund ihres paraffinartigen Aufbaus sind Polyolefine wie Polyethylen und Polypropylen unter haushaltsüblichen Bedingungen beständig.

Gelegentlich auftretende Materialschäden an Kunststoffen z.B. im Badezimmerbereich sind eher auf äußere oder innere Spannungen am bzw. im Kunststoff zurückzuführen. Spannungsrissbildung an Polyacrylat setzt in den Randzonen einer zunächst unsichtbaren Fehlstelle – meistens Bezirke mit örtlichen Spannungen – ein. Quellungsbedingte Volumenänderungen verstärken diese Spannungen und verursachen schließlich sichtbare Risse. Als auslösende Substanzen gelten Fette in Lebensmitteln und bestimmte Typen nichtionischer Tenside [3.16]. Von außen auf Formstücke wirkende Spannungen begünstigen die Rissbildung.

Als Folge von Alterungsprozessen können Kunststoffe verspröden, Spannungsrisse entstehen, Festigkeit und Transparenz teilweise verloren gehen. Alterung findet intensiver an Oberflächen statt, die wie Tür- und Fensterrahmen oder Autolackierungen häufig bzw. lange wechselnden Klimaeinflüssen ausgesetzt sind.

Anschmutzungs- und Reinigungsverhalten

Ein wichtiges Merkmal für die Anschmutzung von Kunststoffoberflächen in trockener Umgebung bildet ihre geringe elektrische Leitfähigkeit. Vorbeistreichende Luft oder Reibungsvorgänge können elektrostatische Aufladung bewirken. Die damit verbundene erhöhte Staubanziehung lässt Kunststoffflächen schnell verschmutzen. Auch durch Begehen mit Gummisohlen können sich Kunststoffböden in trockenen Räumen elektrostatisch aufladen. Ferner begünstigen weiche, nicht kratz- oder abriebfeste Oberflächen durch Aufrauung im täglichen Gebrauch Schmutzaufnahme und -haftung.

Kunststoffe haben verglichen mit Metall oder Glas eine lockere Struktur. Ihre Oberflächen bilden keine unüberwindliche Barriere für Kontaktmedien. Anteile davon können in Kunststoffe eindringen, falls ihr polarer Charakter dem des Kunststoffs ähnelt. Hydrophobe Polyolefine zeigen keine Affinität zu Wasser. Polare Gruppen in Kunststoffen – Ester- oder Amidbindungen – schwächen den hydrophoben Charakter, so dass Feuchtigkeit in geringem Ausmaß eindringen kann. Polare Zusatzstoffe begünstigen, wenn sie, wie monomere Weichmacher für Polyvinylchlorid, in größeren Mengen vorliegen, das Wasseraufnahmevermögen erheblich. Deshalb werden Polyvinylchlorid-Schläuche im Gebrauch allmählich trüb, indem sie Wasser in Form feinster Tröpfchen einlagern. Fettlösliche Lebensmittelinhaltsstoffe tendieren dazu, in Kunststoffe hineinzudiffundieren. Sie lassen sich dann auch durch intensives Reinigen nicht mehr aus dem Material entfernen. Während eingewanderte Farbstoffe optisch auffallen, bleiben farblose Substanzen in Kunststoffen zunächst unbemerkt, bis sie beispielsweise anhand eines Fremdgeruchs erkannt werden.

Der Immigration steht häufig eine Stoffabgabe aus dem Kunststoff in die Umgebung gegenüber. Im Fall von Weich-Polyvinylchlorid wurde die Abgabe von monomerem Weichmacher z.B. beim Reinigen beobachtet. Als Folge kann sich Rissbildung in der Oberfläche, verbunden mit negativen hygienischen Auswirkungen, einstellen. Aber auch eingewanderte Lebensmittelanteile wie Aromastoffe oder ranzig verdorbenes Fett können trotz intensiven Reinigens aus Behälterwandungen in nachfolgende Füllgüter diffundieren [3.16].

Benetzbarkeit

Charakteristisch für Kunststoffe ist, verglichen mit Metallen und Glas, ihre um Größenordnungen niedrigere Oberflächenenergie. Wasser benetzt solche energiearmen Oberflächen schlecht; es zieht sich zu einzelnen Tropfen zusammen. Derartige Oberflächen bezeichnet man als hydrophob. Im Gegensatz zu Wasser benetzen Öle hydrophobe Oberflächen sehr gut. Eine Ausnahme bildet Polytetrafluorethylen. Seine extrem niedrige Oberflächenenergie lässt nicht nur Wasser, sondern auch Öle von der Oberfläche abtropfen. Deshalb eignet es sich hervorragend als reinigungsfreundliches Beschichtungsmaterial für Koch- und Bratgeschirre.

Die mangelhafte Benetzbarkeit von Kunststoffoberflächen durch Wasser beeinflusst nicht nur den Reinigungsvorgang, sondern auch die Trocknung. Aus kontrahierten Wassertropfen verdunstet unter vergleichbaren Bedingungen pro Zeiteinheit weniger Feuchtigkeit als aus einem gleichmäßig dünnen Wasserfilm. Deshalb trocknen Kunststoffteile in der Spülmaschine meist nur unvollständig. Im Falle des Waschens lackierter Flächen an PKW sind hydrophobe Oberflächen jedoch erwünscht, weil hier die Trocknung weniger durch Wasserverdunstung erfolgt als dadurch, dass die sich bildenden Wassertropfen mit einem Luftstrom abgeblasen werden.

Kunststoffbeschichtungen

Kunststoffe kommen nicht nur als Formteile zum Einsatz, sondern auch als Deckschichten für andersartige Oberflächen. Sie sollen die Eigenschaften des Grundmaterials im Sinn der Nutzung positiv verändern.

Begriffsbestimmung Lacke: Wegen ihrer weit verbreiteten Anwendung bedürfen Lacke einer besonderen Darstellung, obwohl sie nur eine spezielle Art der Oberflächenbeschichtung bilden. Lacke sind flüssige, pastöse oder pulverförmige Beschichtungsstoffe, die auf einen Grund aufgebracht eine deckende Beschichtung ergeben (DIN 971-1). Die Lackschichten sollen das Grundmaterial gegen unerwünschte Veränderungen schützen und/oder dekorativen Zwecken dienen.

Im flüssigen Zustand bestehen Lacke aus den Hauptkomponenten Bindemittel, Löse- bzw. Verdünnungsmittel und Sikkativen.

Bindemittel sind der wesentliche Bestandteil, denn sie bilden den späteren Film, indem sie »aushärten«. Aus chemischer Sicht unterscheidet man zwischen abgewandelten Naturstoffen, etwa Nitrolack (Cellulosebasis) und Schellack einerseits und synthetischen Harzen wie Phenol-, Amin-, Acryl-, Epoxid-, Polyurethan- und Alkydharzen andererseits. Letztere bezeichnen Polyesterharze, die mit natürlichen Fetten und/oder synthetischen Fettsäuren modifiziert wurden.

Löse- bzw. Verdünnungsmittel erleichtern und verbessern die Applikation der Bindemittel. Als Lösemittel können Alkohole, Ester, Ketone oder Kohlenwasserstoffe dienen. Viele von ihnen wirken nachteilig auf die menschliche Gesundheit und Umwelt, sind teilweise auch brennbar. Deshalb wurden sie zunehmend durch Wasser ersetzt (Wasserlacke), doch wirkt es nur verdünnend, aber nicht lösend. Die Erhöhung des Feststoffgehalts in flüssigen Lacken (so genannte high-solids) vermindert den Lösemittelanteil auf andere Weise. Die elektrostatische Metallbeschichtung mit pulverförmigen Bindemitteln benötigt gar keine Lösemittel.

Sikkative beschleunigen die Filmbildung aus dem flüssigen oder pastösen Lack nach dem Auftragen. Es handelt sich um öllösliche Metallverbindungen, die oxidative Reaktionen im Bindemittel katalysieren und dadurch die Aushärtzeit verkürzen. Neben den chemischen Reaktionen verdunstet auch Löse- bzw. Verdünnungsmittel aus dem Lack [3.17].

Zusätzlich zu diesen Inhaltsstoffen können Lackierungen auch noch Füllstoffe enthalten.

Lackierungen für Haushaltsgeräte und -maschinen

Generell soll die Lackierung korrosionsbeständig, schlag- und stoßfest sein. Weitere Anforderungen variieren abhängig von der vorgesehenen Funktion. Lackierte Oberflächen, die bestimmungsgemäß in direkten Kontakt mit Lebensmitteln treten, müssen »lebensmittelecht« sein, d.h. sie dürfen bei bestimmungsgemäßem Gebrauch keine gesundheitlich bedenklichen Stoffe an Lebensmittel abgeben. Ferner sollten sie leicht wirksam zu reinigen sein. Folglich muss die Lackierung ausreichend beständig gegen die im Haushalt üblichen Spülmittel bei den zu erwartenden Flottentemperaturen sein.

Möbellackierung

Die Lackierung kann transparent, glänzend oder matt sein. In diesen Fällen bleibt die Holzstruktur sichtbar, nicht aber unter pigmentierter Lackierung. Wechselnde Feuchtigkeit im Raum und dadurch bedingtes »Arbeiten« des Holzes (s. Abschn. 3.1.7) beansprucht die Lackierung. Diese Beanspruchung entfällt bei Faser- oder Spanplatten. Als Bindemittel für Holzlacke dienen hauptsächlich Nitrocellulose, Polyester sowie Polyurethan [3.18].

Fußbodenversiegelung

Die Versiegelung, eine Kunstharzlackierung, soll den wasserempfindlichen Holzfußboden gegen Feuchtigkeit, Verschmutzung und mechanische Beschädigung schützen und das Reinigen erleichtern. Die chemische Basis der dafür entwickelten »Siegel« können Alkyd-, Polyester- oder Polyurethanharze, aber auch Wasserlacke bilden. Die vielfach gebräuchlichen Polyurethansiegel eignen sich wegen ihrer hohen mechanischen Belastbarkeit besonders für stark begangene Bodenflächen.

Laminat

Laminat-Paneele stellen einen speziellen mehrschichtigen Bodenbelag dar: Eine Holzspanplatte fungiert als tragende Unterlage für die Oberflächenbeschichtung, bestehend aus einem Kunststoff-Underlay, dem darüber liegenden Dekorpapier und dem Acrylharz- und/oder Melaminharz-Overlay, das die Schutz- und Laufschicht bildet. Auf der Unterseite der Spanplatte befindet sich ein »Gegenzug« aus Kunststoff. Dieser soll verhindern, dass sich die Platte verzieht (**Abb. 3.6**). Die harte Acrylharz- oder Melaminschicht kann durch Additive, wie z.B. Korund, noch erhöht werden, doch leidet dadurch der optische Effekt des Dekorpapiers [3.19].

Hersteller verweisen auf viele Vorteile des Laminatbodens. Im Hinblick auf Reinigung und Pflege seien besonders die Stoß-, Schlag- und Kratzfestigkeit, die leichte Entfernbarkeit selbst verfleckender Verschmutzungen (mit speziellen Fleckenentfernern) und die Pflegefreundlichkeit erwähnt. Auf der Oberfläche sind die Paneele auch unempfindlich gegen Feuchtigkeit. Falls jedoch beim Verlegen feine Spalten zwischen den einzelnen Paneelen verbleiben, kann seitlich Feuchtigkeit eindringen und das Material schädigen. Als Nachteile werden die Tendenz zur elektrostatischen Aufladung und die Kratzempfindlichkeit der Versiegelung beim Begehen in Gegenwart von Sandkörnern

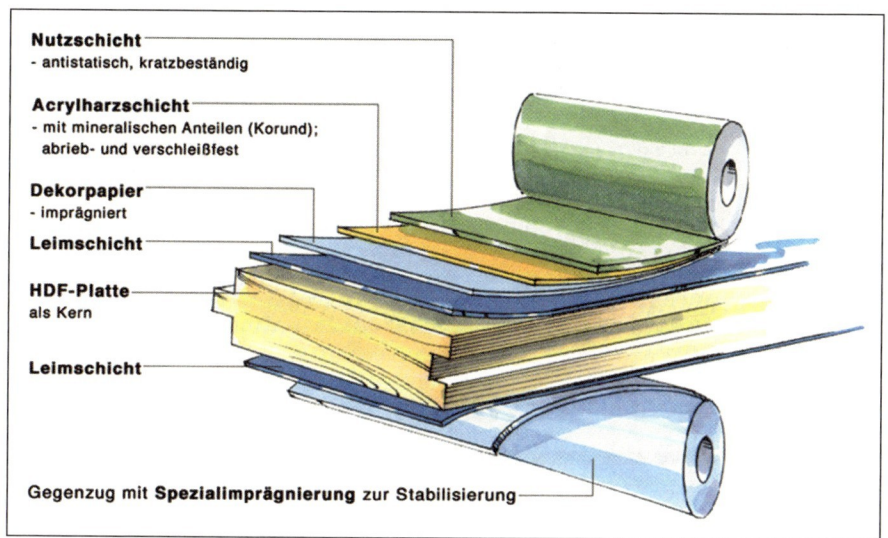

Abb. 3.6: Aufbau eines Laminatfußbodens

angeführt. Auch lassen sich beschädigte Oberflächen praktisch nicht ausbessern, was bei versiegeltem Parkett gegeben ist [3.20].

Autolackierung

Die Autolackierung baut sich aus mehreren Schichten auf (**Abb. 3.7**). Die Schutzwirkung für das Blech fällt hauptsächlich den unteren Schichten zu. Die Grundierung stellt eine Kombination aus Bindemittel (meistens in Wasser dispergiert), Pigment und Füllstoff dar. Die darüber aufgebrachte Füllschicht muss sowohl an der Grundierung als auch am Decklack gut haften. Der Decklack soll wetter- und farbtonbeständig sein, Glanzerhaltung sowie Schlagfestigkeit gewährleisten und ggf. besondere optische Effekte zeigen. Ferner werden Polierfähigkeit, Beständigkeit gegen gebräuchliche Reinigungsmittel und Wachskonservierungsmittel sowie Ausbesserungsfähigkeit bei Reparaturarbeiten verlangt.

Diese vielfältigen Anforderungen sollen erfüllt werden, obwohl die lackierte Außenseite eines PKW sehr unterschiedlichen Beanspruchungen ausgesetzt ist (**Tab. 3.10**). Vor allem ständig wechselnde Witterungsbedingungen lassen den Lack altern. Die »abgestorbenen« Lackanteile müssen im Rahmen der Pflege vorsichtig entfernt und die freigelegten Schichten mit Pflegemittel behandelt werden [3.21] (s. hierzu Kap. 9).

3.1.6 Linoleum

Seit langem hat sich Linoleum als elastischer Bodenbelag im Haushalt bewährt. Die traditionelle Ausgangsbasis bildet das Leinöl, gewonnen aus Leinsamen. Die Fettsäuren

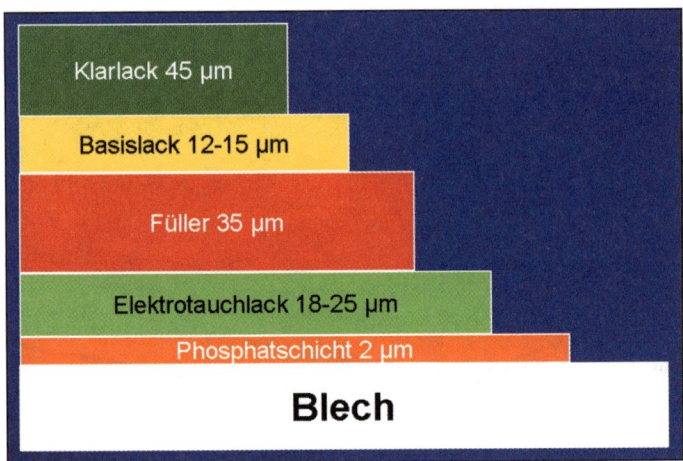

Abb. 3.7: Aufbau einer Autolackierung

Tab. 3.10: Beanspruchungen einer Autolackierung

Herkunft	Beanspruchung durch
Klima	Temperaturschwankungen Schwankungen der Luftfeuchtigkeit UV-Strahlung Ozon
Fahrbetrieb	Staub Bodenanteile Steinschlag Betriebsstoffe und deren Verbrennungsprodukte Streusalz Insektenreste Teer
Natürliche Quellen	Baumharz Vogelkot
Reinigung	Reinigungsmittel Reinigungsgeräte Lösemittel

des Leinöls bestehen hauptsächlich aus Linolensäure, Linolsäure und Ölsäure, wobei Linolensäure mit ca. 55 Prozent den größten Anteil ausmacht. Im Gegensatz zu dem vollsynthetischen Polyvinylchlorid basiert Linoleum somit auf einem natürlich nachwachsenden Rohstoff. Deshalb findet es seit einiger Zeit wieder verstärkt Aufmerksam-

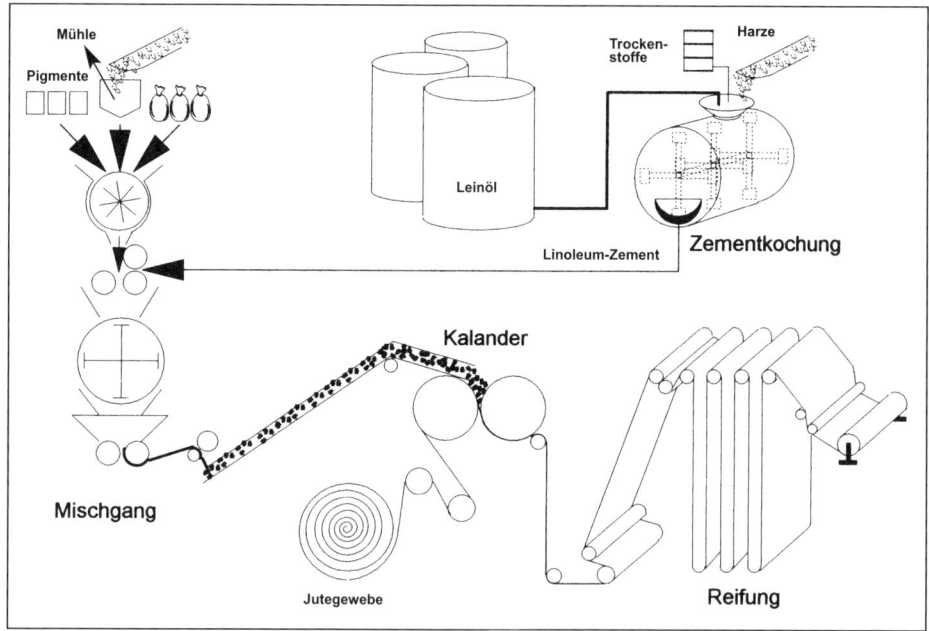

Abb. 3.8: Schema der Linoleum-Herstellung

keit. Synthetische Polyester dürfen bei Linoleum nicht eingesetzt werden, anderenfalls darf das Produkt im europäischen Markt nicht als Linoleum bezeichnet werden.

Ein Schema der Linoleum-Herstellung ist in **Abb. 3.8** gezeigt [3.22]. Im Zentrum der Linoleumproduktion stehen Oxidations- und Vernetzungsreaktionen an den Doppelbindungen des Leinöls. Das entstehende Oxidationsprodukt Linoxyn wird gemischt mit Kork- und Holzmehl – beides Produktionsabfälle oder Recyclingprodukte – sowie Pigmenten auf Jutebahnen als Untergrund aufgetragen. Während des anschließenden Reifungsprozesses bei erhöhter Temperatur schreitet die chemische Vernetzung des Linoxyns bzw. der ungesättigten Polyester weiter fort und führt zu einem flexiblen Fußbodenbelag mit jahrzehntelanger Gebrauchsdauer. Vor Nutzungsbeginn soll der neue Belag einen Pflegefilm erhalten. Dieser verschließt die im Linoleum vorhandenen Poren und verhindert, dass sich dort Schmutz festsetzen kann. Linoleum ist unempfindlich gegen Wasser, Terpentin und Lösungen von Hartwachsen. Keinesfalls dürfen jedoch bestimmte organische Lösungsmittel wie Chlorkohlenwasserstoffe angewandt werden, weil sie Linoleum angreifen. Auch starke Alkalien schädigen. Auftretende gelbliche Verfärbungen sollen auf Verseifungsvorgängen beruhen. Die Literaturangaben über die zulässige Alkalität von Reinigungslösungen schwanken erheblich von pH 9,5 [3.12] bis 11,5 [3.23]. Schließlich ist Linoleum nicht besonders abriebfest, was im Falle einer intensiven mechanischen Reinigung ebenfalls zu berücksichtigen ist, doch haben Begehversuche in Gegenwart mineralischer Verschmutzung bewiesen, dass bei

Tab. 3.11: Beispiele für Holzoberflächen im Haushalt

Holzarten	Einsatzbereich im Haushalt						
	Fußböden	Türen	Fensterrahmen	Treppenstufen	Wand- u. Deckenbekleidung	Möbel [1]	Haushaltsgeräte
Ahorn	+			+		+	+
Birke	+					+	+
Buche	+			+		+	
Eiche	+	+		+		+	
Erle						+	
Esche	+			+	+	+	
Kirschbaum					+	+	
Mahagoni	+	+				+	
Nussbaum						+	
Pappel							+
Rüster	+				+	+	
Teak		+	+			+	
Fichte	+[2]			+[2]	+	+	
Kiefer	+			+[2]	+	+	
Lärche	+			+[2]		+	
Tanne	+[2]			+[2]	+	+	

[1] teilweise nur als Furnier
[2] nicht bei starker Beanspruchung

einer in der Praxis zu erwartenden Beanspruchung keine messbare Aufrauung der Oberfläche auftritt [3.24].

3.1.7 Holz

Dieser Abschnitt behandelt nur Holz ohne dauerhafte Versiegelung bzw. Lackierung. Man bezeichnet solches Holz als »naturbelassen«. Wegen seiner vielseitigen Verwendbarkeit kommt Holz in praktisch allen Haushaltsbereichen zum Einsatz **(Tab. 3.11)**.

Eigenschaften verschiedener Hölzer

Holz ist das Dauergewebe von Stamm, Ästen und Wurzeln, die Bäume und Sträucher bilden. Die Hauptbestandteile des Holzes, Cellulose, Polyosen und Lignin, bauen die Zellwände auf. Trotz dieser Gemeinsamkeit ist Holz kein Werkstoff von einheitlicher Beschaffenheit. Auf Grund der Vielfalt Holz bildender Pflanzen differieren die Hölzer sowohl in ihrem strukturellem Aufbau wie auch hinsichtlich der sekundären Inhaltsstoffe (Harze, Gerbstoffe, etherische Öle usw.) von Art zu Art.

Das optische Bild der Holzoberfläche wechselt mit der Schnittführung. Hierbei wird unterschieden zwischen

- Quer- oder Hirnschnitt – senkrecht zur Stammachse, quer zur Faserrichtung
- Radial- oder Spiegelschnitt – parallel zur Stammachse durch die Mitte des Stamms
- Tangential- oder Fladerschnitt – parallel zur Stammachse, seitlich zur Stammachse verschoben.

Da sich der anatomische Aufbau in Längs- und Querrichtung des Holzes unterscheidet, verhält sich Holz anisotrop, d.h. viele technische Eigenschaften sind richtungsabhängig. Damit gewinnt die Schnittführung für Verarbeitung, Verwendung und optisches Erscheinungsbild des Holzes große Bedeutung.

Allgemein gilt, dass Laubhölzer härter sind als Nadelhölzer. Abweichend davon zählen jedoch Linden- und Pappelholz wegen ihrer geringen Härte zu den Weichhölzern. Im Allgemeinen nehmen Härte und Festigkeiten des Holzes mit steigender Rohdichte zu. Die Durchschnittswerte der Rohdichte für Nadelhölzer liegen bei 0,47 bis 0,59 g/cm^3, für Laubhölzer bei 0,63 bis 0,77 g/cm^3 [3.25].

Gegenüber Wasser ist Holz bei Raumtemperatur im pH-Bereich zwischen 2 und 10 chemisch weitgehend beständig. Eine Besonderheit des Werkstoffs Holz liegt in seinem Verhalten gegenüber wechselnder Luftfeuchtigkeit. Frisches Holz enthält je nach Art 22 bis 35 Prozent Wasser. Während des Trocknungsvorgangs entweicht zunächst das frei bewegliche Wasser aus den Kapillaren bis zum »Fasersättigungspunkt«. Unterhalb desselben geben die Zellwände bei weiterer Trocknung so lange Wasserdampf ab, bis ein Gleichgewichtszustand mit der umgebenden Luftfeuchtigkeit erreicht ist. Dabei vermindert sich der Quellungszustand der Zellwand. Umgekehrt lagert Holz bei steigender Luftfeuchtigkeit unter Quellen der Zellwände wieder Wasserdampf ein bis zum Erreichen des »Fasersättigungspunkts«. Weitere Wasseraufnahme erfolgt in die freien Kapillarräume und verursacht daher keine weitere Quellung. Infolge der geschilderten Vorgänge und des anisotropen Verhaltens von Holz schwindet und quillt es tangential etwa zwanzigmal, radial zehnmal stärker als in Längsrichtung (parallel zur Stammachse). Die sich richtungsabhängig unterschiedlich ändernden Abmessungen eines Holzteils verursachen Rissbildung und Verziehen. Derartige Veränderungen sind unerwünscht. Deshalb wird Holz vor dem Verarbeiten so weit getrocknet, dass seine Feuchte ungefähr im Gleichgewicht steht mit der beim späteren Einsatz zu erwartenden mittleren Luftfeuchtigkeit. Das bedeutet z.B. bei Lieferung von Parkettelementen eine Holzfeuchte von 8% ± 2% [3.25]. Damit gelingt es, das Arbeiten des Holzes einzuschränken, aber nicht völlig zu unterbinden.

Verwendungsformen

1. Vollholz: Es findet hauptsächlich für Möbel, Fußböden und Treppen Verwendung. Die Bezeichnung »Massivmöbel« setzt voraus, dass alle Teile aus Vollholz gefertigt sind. Lediglich die Böden etwa vorhandener Schubladen und die Rückwand dürfen aus Holzwerkstoffen bestehen. Nadelhölzer haben bei Massivmöbeln gegenüber den gebräuchlichen Laubhölzern den Vorzug wegen des geringeren Gewichts.

2. Furniere: Sie dienen hauptsächlich dazu, Oberflächen aus Holzwerkstoffen ein edleres Aussehen zu verleihen. Deshalb werden hierfür oftmals wertvolle Holzarten wie Eiche, Buche oder Teakholz ausgewählt. Im Vergleich zu Massivmöbeln sind diese Möbelstücke billiger, ohne dass der Käufer auf eine ansprechende Oberfläche verzichten muss. Als Furniere dienen dünne Holzblätter, gewonnen durch Schälen oder Messern aus einem Stammabschnitt, die auf eine Unterlage aufgeklebt werden. Dickere Furnierblätter bilden die verschiedenen Lagen einer Sperrholzplatte.

3. Holzwerkstoffe: Dazu zählen Sperrholz-, Holzspan- sowie Holzfaserplatten. Sperrholz besteht aus mindestens drei aufeinander geleimten Holzlagen, deren Faserrichtungen sich jeweils im rechten Winkel kreuzen. Diese Orientierung verhindert, dass die einzelnen Platten arbeiten und sich dadurch die ganze Platte verziehen kann. Sperrholz wird u.a. in der Möbelfabrikation verwendet.

Der Unterschied zwischen Holzspan- und Holzfaserplatten besteht zunächst in dem Zerkleinerungsgrad des Holzes. Zu Spanplatten werden Holzspäne definierter Abmessungen unter Druck bei gleichzeitiger Erwärmung zusammen mit einem Kunstharz zu einem Verbund verpresst. Verwendet werden sie beispielsweise im Möbelbau. Holzfaserplatten unterscheiden sich von -spanplatten durch ihr feineres Ausgangsmaterial. Die verfilzten Holzfasern bzw. Faserbündel werden mit oder ohne Bindemittel zu Matten gepresst. Je nach Verdichtungsgrad wird differenziert zwischen porösen, mittelharten und extrem harten Typen. Die MDF-Platten (Medium Density Fiberboards) zeichnen sich durch eine besonders homogene Struktur und glatte Oberfläche aus, die sich gut beschichten lässt. In der Möbelfabrikation finden MDF-Platten als Ersatz für Vollholz und Spanplatten vielfache Verwendung.

Dadurch, dass die gewachsene Struktur des Holzes durch starkes Zerkleinern bis auf Span- bzw. Fasergröße aufgehoben wird und der zugesetzte Duroplast als Bindemittel die kleinen Holzteilchen in ihrer Lage fixiert, können sich Span- und Faserplatten selbst bei wechselnder Luftfeuchtigkeit nicht mehr verziehen. Darin liegt ein fertigungstechnischer Vorteil dieser Holzwerkstoffe gegenüber Vollholz.

Häufigstes Bindemittel für Holzspan- und Holzfaserplatten waren in der Vergangenheit Harnstoff-Formaldehyd-Harze. Sie gaben im Laufe der Zeit den als krebsverdächtig erkannten Formaldehyd in die Raumluft ab. Um Folgen für die Gesundheit der Bewohner zu vermeiden, wurde die höchst zulässige Raumkonzentration auf einen Grenzwert von 0,1 ppm amtlich festgelegt. Das hat dazu geführt, dass die Hersteller entweder ihr Produktionsverfahren verbessert haben oder auf Duroplaste ausgewichen sind, die keinen Formaldehyd abgeben können [3.26].

3.2 Textile Bodenbeläge

Zur Zeit kann der Verbraucher in Deutschland aus rund 3000 verschiedenen Teppichböden auswählen und seine Kaufentscheidung treffen. Warum befinden sich so viele Arten im Markt? Die Gründe hierfür sind in erster Linie in den besonderen Eigenschaften des Teppichbodens zu suchen.

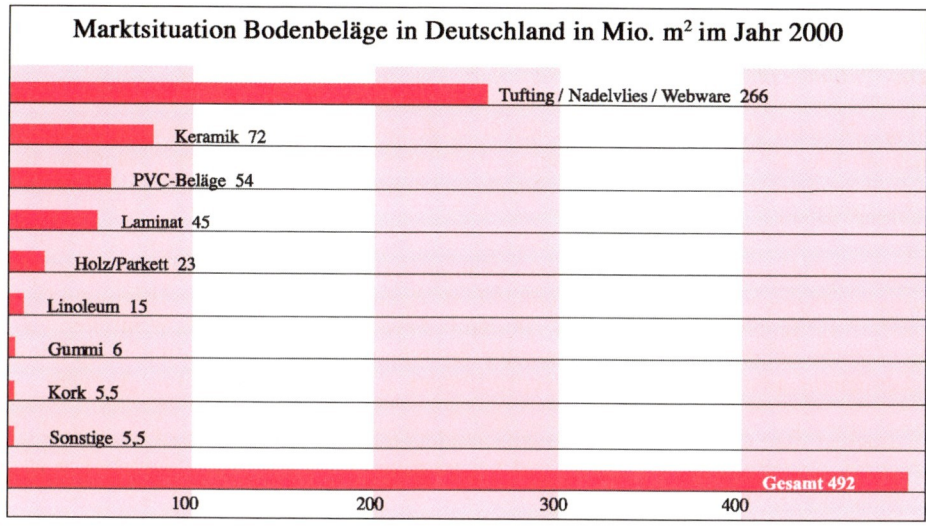

Abb. 3.9: Bedeutung textiler Beläge (Tufting / Nadelvlies / Webware) im Vergleich zu anderen Bodenbelägen

Die wichtigsten sind hierbei:

- vielfältige Möglichkeiten für eine individuelle Raumgestaltung auf Grund der großen Farb- und Mustervielfalt
- verbrauchergerechte Qualitäten – von behaglich weich bis strapazierfähig und hart
- hohe Schalldämmung
- besonderes Schmutz- und Staubbindevermögen
- gute Strapazierfähigkeit
- hoher Trittkomfort – schont die Gelenke
- hohe Trittsicherheit – keine Rutschgefahr
- schnell und leicht zu reinigen (s. auch Abschn. 7.4.2).

Dies sind nur einige Gründe, warum der Teppichboden kontinuierlich seinen Marktanteil sowohl im privaten Haushalt als auch im Objektbereich (Hotels, Verwaltungsgebäude, Altenheime, Kindergärten usw.) seit den siebziger Jahren steigern konnte (**Abb. 3.9**).

Wie man aus **Abb. 3.9** ersieht, wurden im Jahre 2000 in Deutschland allein 266 Millionen m^2 textile Bodenbeläge verkauft. Damit zählt der Teppichboden mit Abstand zum beliebtesten Bodenbelag der Deutschen.

3.2.1 Woraus besteht ein Teppichboden?

Das Polmaterial (Nutzschicht)

Das »Gesicht« des Teppichbodens ist der so genannte Flor oder Pol, also die »Nutzschicht« des Bodens. Man unterscheidet im Wesentlichen zwei optische Varianten: die Schlingenware, vom Fachmann als Bouclé bezeichnet, und den Schnittflor – besser als Velour bekannt.

Diese Nutzschicht kann in unzähligen Varianten gestaltet werden. Aktuelle Modetrends im Wohnbereich werden von der Teppichbodenindustrie schnell aufgegriffen und umgesetzt. Im regelmäßigen Turnus – alle ein bis zwei Jahre – wird den Wünschen und der Geschmacksrichtung der Verbraucher durch neue Muster und Qualitäten mit komplett neuen, aufwändig gestalteten Teppichboden-Kollektionen Rechnung getragen.

Betrachtet man die Markanteile, so entscheidet sich der Verbraucher zu rund 90 Prozent für synthetisches Polmaterial und nur zu rund zehn Prozent für Naturfasern wie Wolle, Kokos oder Sisal.

Im Wesentlichen kommen die folgenden synthetischen Fasern beim Teppichboden zum Einsatz, deren Ausgangsrohstoff Erdöl ist.

Polyamid (PA): Bekannte Markennamen für Polyamidfasern sind Nylon® und Perlon®. Polyamid ist die am häufigsten verwendete synthetische Faser beim Teppichboden.

Polyacrylnitril (PAC): Diese Faser wird wegen ihrer wollähnlichen »Naturfasereigenschaften« besonders gerne bei flauschigen Teppichböden eingesetzt. Markennamen sind z.B. Orlon® oder Dralon®.

Polyester (PES): Hierbei handelt es sich um eine besonders strapazierfähige Faser mit seidigem Glanz, die häufig bei Velour-Qualitäten verwendet wird. Markennamen sind z.B. Trevira® oder Diolen®.

Polypropylen (PP): Polypropylen ist nicht so strapazierfähig, jedoch besonders preisgünstig und wird meistens als Beimischung mit anderen Fasern kombiniert. Ein Beispiel für einen Markennamen ist Meraklon®.

Naturfasern findet man im Teppichbodenbereich im Wesentlichen wie folgt.

Wolle: Wolle ist die am häufigsten verwendete Naturfaser bei Teppichböden und Teppichen. Die höchste Qualitätsbezeichnung ist »Reine Schurwolle«, die nur von lebenden Schafen gewonnen wird. Geringere Qualitäten tragen die Bezeichnung »Reine Wolle«. Dabei kann es sich um Wolle von toten Tieren oder aus wieder verwendeten Wollabfällen handeln.

Baumwolle: Baumwolle ist bei Teppichböden wegen der hohen Schmutzanfälligkeit und geringer Strapazierfähigkeit eher selten zu finden. Sie wird bei preisgünstigen Teppichen verwendet, z.B. für Schlafzimmer.

Kokos: Kokos wird aus den Fasern der Kokosnuss gewonnen und in den letzten Jahren wieder häufiger verwendet. Kokos ist sehr strapazierfähig, aber relativ feuchtigkeitsempfindlich.

Sisal: Die Eigenschaften entsprechen in etwa denen der Kokosfasern. Gewonnen wird es aus der Sisal-Agave.

Ziegenhaar: Ziegenhaar wird beim Teppichboden nur in geringer Menge eingesetzt und dann häufig mit Schurwolle auch zur Erhöhung der Strapazierfähigkeit gemischt. Eine Nutzschicht aus Ziegenhaar ist relativ hart.

Zellstofffasern: Ausgangsprodukt für die Herstellung sind Holzfasern, die chemisch aufgeschlossen werden. Sie werden wegen ihrer geringen Strapazierfähigkeit nur als Beimischung mit anderen Fasern verwendet und sind unter dem Markennamen Viskose bekannt.

Das Trägergewebe

Unter der Nutzschicht befindet sich das so genannte Trägergewebe, auch als Trägerschicht bezeichnet. Hierin wird die Faser »verankert«. Die Funktionsbeschreibung des Trägergewebes wird näher unter »Herstellungsverfahren« erläutert.

Der Rücken

Zur Verfestigung der Nutzschicht und des Trägergewebes wird besonders bei getufteten Bodenbelägen (vgl. Abschn. 3.2.2) als Rücken eine zusätzliche Schicht aufkaschiert. Es handelt sich dabei häufig um einen so genannten Textilrücken, der aus einem synthetischen Gewebe (PES = Polyester oder PP = Polypropylen) oder aus Naturfasern (Jute) besteht. Dabei ist der vollsynthetische Boden mit einem Rücken aus PES oder PP unempfindlicher gegen Feuchtigkeit z.B. bei der Reinigung.

Häufig verwendet wird der so genannte Schaumrücken. Hier wird ein synthetischer Schaum oder ein Schaum auf Naturlatexbasis aufvulkanisiert. Der Schaumrücken verbessert die Schallisolation und den Trittkomfort und hat deshalb einen hohen Marktanteil. Kritisch zu sehen ist u.U. eine erhöhte Emission von leicht flüchtigen organischen Bestandteilen (volatile organic compounds – VOC) gegenüber Teppichböden ohne Schaumrücken.

3.2.2 Herstellungsverfahren

Im Wesentlichen unterscheidet man beim Teppichboden drei Herstellungsarten.

Getuftete Teppichböden

Erst durch die Entwicklung der Tuftingtechnik wurde der Teppichboden zum »Massenprodukt«. Auf dieser Technik gründet das am häufigsten verwendete Herstellungsverfahren. In diesem Verfahren können relativ große Mengen mit kurzen Produktionszeiten durch vollautomatisierte Tuftingmaschinen preisgünstig hergestellt werden.

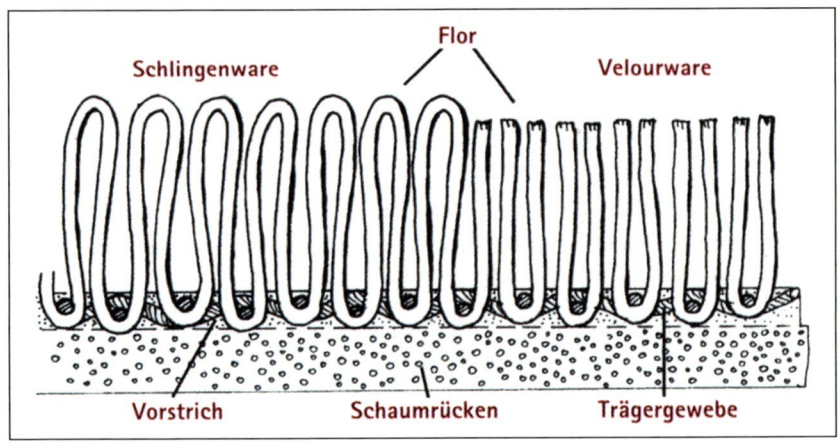

Abb. 3.10: Schnitt durch einen getufteten Teppichboden

Hierbei werden die Fasern (Garn) maschinell mittels Nadeln im Trägergewebe verankert und danach mit einem synthetischen Latex (Styrol-Butadien-Latex) oder Naturlatex, gewonnen aus dem Kautschukbaum, oder auch Polyethylen mit dem Trägergewebe verklebt. Teilweise werden hierbei auch noch Klebstoffe auf der Basis von Polyvinylchlorid (PVC) verwendet. Einen Schnitt durch einen getufteten Teppichboden zeigt **Abb. 3.10**.

Gewebte Teppichböden

Beim Weben wird das Garn der Nutzschicht um die Trägerschicht geschlungen – also maschinell oder auch von Hand verwebt. Dieses »traditionelle« Verfahren ist aufwändiger und damit teurer als das Tuftingverfahren, ermöglicht aber auch die Herstellung von besonders hochwertigen und strapazierfähigen Qualitäten.

Nadelfilz-Vlies

Charakteristisch für den Nadelfilzboden ist die relativ glatte, feste Oberfläche. Sie besteht nicht aus einzeln sichtbaren Fäden (Garn), sondern aus flachen verdichteten Fasern. Bei der Herstellung von Nadelfilz wird ein Faservlies maschinell mit Tausenden dicht nebeneinander stehender Nadeln »vernadelt«. D.h. durch häufiges Einstechen der Nadeln in das anfangs lose Faservlies werden die Fasern nach und nach verdichtet. Auf der Rückseite des Faservlieses sorgt eine Klebstoffschicht für die Fixierung.

3.2.3 Zusätzliche Ausrüstungen

Schmutzabweisende Ausrüstung: »Sauberfasern«

Synthetische Fasern werden vom Hersteller häufig auch als Sauberfasern beworben. Dabei wird die Faser im Herstellungsprozess mit Fluorverbindungen oder Polyglykolethern behandelt. Die so »präparierte« Nutzschicht des textilen Bodenbelags hat deutliche schmutz- und fleckabweisende Eigenschaften (vgl. hierzu auch Abschn. 7.4.2).

Antistatische Ausrüstung

Bei geringer Luftfeuchtigkeit, also besonders in der Heizperiode, können sich Textilien und Teppichböden elektrostatisch aufladen. Sobald der Nutzer des Bodenbelags dann eine so genannte »Erdung« herbeiführt, kommt es zu einer elektrischen Entladung. Das kann durch Berühren von Türklinken, Heizkörpern, aber auch beim Händedruck geschehen. Man spürt dies als leichten Stromschlag, der zwar völlig ungefährlich ist, aber als störend empfunden werden kann. Hiergegen werden bei der Herstellung synthetischer Fasern feine Metall- oder Karbonfasern beigemischt, die elektrostatische Aufladungen sofort ableiten.

3.3 Nanostrukturierte Oberflächen

Seit einigen Jahren hat der so genannte Lotus-Effekt auch öffentliche Aufmerksamkeit gefunden. Man versteht darunter nach dem Vorbild der Lotusblume (*Nelumbo nucifera*) die Selbstreinigung von mikrostrukturierten, hydrophoben Oberflächen durch bewegtes Wasser, z.B. einen Regenschauer [3.27].

Das Vorbild der Natur **(Abb. 3.11)** legt die Frage nahe, ob man sich zumindest einen Teil der Reinigungsvorgänge und damit auch Reinigungsmittel sparen kann, wenn an Oberflächen von Gebrauchsgegenständen Schmutz nicht mehr haften würde bzw. mit Wasser einfach abgespült werden könnte.

Abb. 3.11: Vorbild der Natur – die Lotusblume

Zwei Grundvoraussetzungen sind für solche Oberflächen zu erfüllen: Zum einen muss der entsprechende Festkörper eine sehr niedrige Oberflächenenergie aufweisen, also hydrophob sein. Diese Eigenschaft macht man sich seit langem bei den mit Teflon beschichteten Pfannen zu Nutze, die leicht zu reinigen sind (»Easy-to-clean«).

Zum anderen muss die Oberfläche Strukturen in Dimensionen von tausendstel bis millionstel Millimetern aufweisen, also mikro- oder nanostrukturiert sein (1 nm = 10^{-9} m). Dies bedeutet, dass Schmutzpartikel nicht schlüssig auf einer solchen Oberfläche aufliegen können, sondern nur an »Spitzen« haften, die aus der Grundfläche herausragen. Nahezu alle Landpflanzen und deren Früchte schützen sich mit einer Wachsschicht vor dem Austrocknen und vor Bakterien- und Pilzbefall. Diese Wachsschicht kann mehr oder weniger glatt sein, dann lässt sich für Wassertropfen ein Randwinkel von maximal 110° beobachten (vgl. Abschn. 2.1.4). Oder es bilden sich dreidimensionale Strukturen mit Abständen und Höhen in einem Bereich von 5 µm bis 200 nm aus, welche die Festkörper-Wasser-Grenzfläche minimieren und die Wasser-Luft-Grenzfläche vergrößern. Folglich kann Wasser nur sehr wenig Adsorptionsenergie gewinnen, um die Energie zu kompensieren, die für eine weitere Benetzung und damit Oberflächenvergrößerung notwendig wäre. So kann der Randwinkel auf hydrophoben Blattoberflächen über 160° erreichen. Der Lotus-Effekt tritt ab einem Randwinkel von etwa 140° auf.

Tenside und organische Lösemittel haben einen negativen Einfluss auf den Lotus-Effekt, weil sie die Oberflächenspannung des Wassers herabsetzen. Tenside modifizieren durch Adsorption der hydrophoben Gruppen an der Oberfläche und Ausrichtung der hydrophilen Kopfgruppen zur Gasphase zudem hydrophobe zu hydrophilen Oberflächen, die keinen Lotus-Effekt mehr zeigen. Zu beachten ist auch, dass viele Oberflächen nicht einheitlich glatt oder rau sind. So können Domänen mit kleinen und solche mit großen Randwinkeln auf einer Oberfläche vorkommen.

Im Fall der Lotusblume und verwandter Arten sind in die Polymermatrix der Cuticula (der äußeren Zellmembran) der Blattoberflächen zur Minimierung des Wasserverlustes lösliche Lipide (intracuticulare Wachse) eingebettet. Neben diesen intracuticularen befinden sich *auf* der Blattoberfläche noch epicuticulare Wachse, die wenige Mikrometer große dreidimensionale Strukturen bilden und so die Benetzbarkeit drastisch herab setzen. Die wichtigste Aufgabe dieses Wasser abstoßenden Mikroreliefs ist der Schutz vor dauerhafter Kontamination – ein Selbstreinigungseffekt [3.28].

Technisch gibt es mehrere Möglichkeiten, Nanostrukturen auf Oberflächen auszubilden:

- »Einschreiben« der Strukturen mittels Laserstrahlen oder Plasma-Ätzen
- anodische Oxidation (von Aluminium) und anschließende Beschichtung mit z.B. Hexadecyltrimethoxysilan
- Einprägen durch Formgebung
- Aufbringen von Metallclustern, Tensid-Polymer-Komplexen oder Triblock-Copolymeren, die durch Selbstorganisation zu Nanostrukturen führen
- agglomeratfreie Beschichtung mit Dispersionen von Nanoteilchen geeigneter Morphologie.

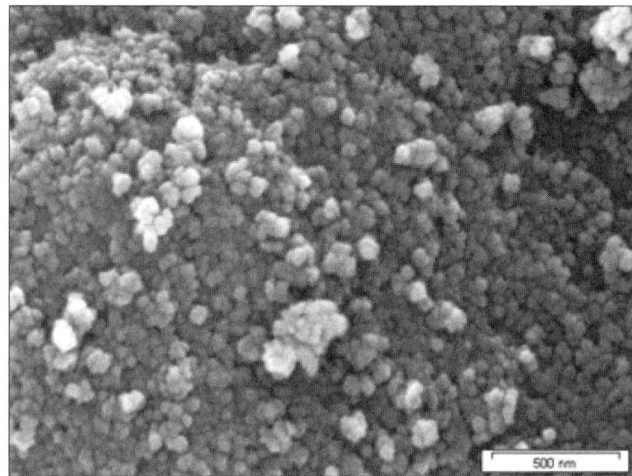

Abb. 3.12: REM-Aufnahme einer mit Nanopartikeln beschichteten Polymethylmethacrylat-Oberfläche

Der zuletzt genannte Weg ist der aussichtsreichste, weil er kostengünstig große Stückzahlen ermöglichen würde. Als stoffliche Basis für die Nanoteilchen eignen sich z.B. organische Polymere, Ruß, pyrogene Kieselsäuren, Eisenoxide und Titandioxid. Ein Beispiel für eine solche Oberfläche ist in **Abb. 3.12** gezeigt. Kernpunkt der noch zu lösenden Probleme ist, dass die einmal auf eine Oberfläche aufgebrachten Teilchen in ihrer Größenverteilung und Struktur gegen Alterung und Umwelteinflüsse stabil genug sind. UV-Strahlung kann z.b. oxidativen Angriff der Beschichtung einleiten und die Oberfläche durch dabei gebildete sauerstoffhaltige Gruppen hydrophil machen.

Auf dem Markt sind bereits Fassadenfarben [3.29] mit Lotus-Effekt. Viele neue Anwendungsfälle sind zu erwarten [3.30]. Darunter könnten z.B. Dachziegel, Solarzellen, Autolacke, Gartenmöbel, Sonnenschirme oder Markisen sein, die sich durch einen Regenguss selbst reinigen, oder auch Duschvorhänge, Trennwände und andere im Bad mitunter schwer sauber zu haltende Flächen, die dann mit einem Wasserstrahl gereinigt werden könnten. Der Lotus-Effekt wird die bisher ausgeübte Reinigung und Pflege im Haushalt, die sich ja durch innovative Produkte und Technologien ebenfalls weiter entwickelt, auf mittlere Sicht sinnvoll ergänzen.

3.4 Literatur

Allgemeine, weiterführende Literatur
R. Behrends, *Haushaltspflege – vernünftig und umweltbewusst*, Ulmer Verlag, Stuttgart, **1992**.
E. Hornbogen, *Werkstoffe. Aufbau und Eigenschaften von Keramik, Metallen, Polymer- und Verbundwerkstoffen*, 5. Aufl., Springer Verlag, Berlin, **1991**.
W. Lutz, *Lehrbuch der Reinigungs- und Hygienetechnik*, A. Lutz Verlag, Dettingen, **1989**.
H. Pichert, *Haushalttechnik. Verfahren und Geräte*, 2. Aufl., Ulmer Verlag, Stuttgart, **2001**.

R. Sächtling, *Kunststofftaschenbuch*, 28. Ausg., überarbeitet und aktualisiert von K. Oberbach, Carl Hanser, München, **2001**.

H. Schäuble (Hrsg.), *Korrosion in der Getränkeindustrie*, Carl Verlag, Nürnberg, **1987**.

G. Wildbrett (Hrsg.), *Technologie der Reinigung im Haushalt*, Ulmer Verlag, Stuttgart, **1981**.

Spezielle Literatur

[3.1]   W. Logmann, Dorothea Auerswald, *Metalle*. In: G. Wildbrett (Hrsg.), *Werk- und Betriebsstoffe im Haushalt*, Ulmer Verlag, Stuttgart, **1995**, S. 71-73.

[3.2]   Dorothea Auerswald, Die Reinigung von Metallen im modernen Haushalt, *Hauswirtschaft und Wissenschaft*, **1993**, 41, 53-59.

[3.3]   S. Gritburg, J. Harder, P.J. Jeschke, D. Speckmann, W. von Rybinski, Korrosionsprobleme an Silberoberflächen beim maschinellen Geschirrspülen, *SÖFW J.* **1994**, 120, 400-404.

[3.4]   Pfänder, *Schott-Glaslexikon*, mvg Moderne Verlagsgesellschaft, München, **1980**, S. 30, zit. nach R.J. Falbe, M. Regitz (Hrsg.), *Römpp Lexikon Chemie*, 10. Aufl., Bd. 3, Thieme, Stuttgart, New York, **1997**.

[3.5]   G. Glimmroth, G. Müller, *Glas und Glaskeramik*. In: *Ullmann's Enzyklopädie der technischen Chemie*, 4. Aufl., Bd. 15, Verlag Chemie, Weinheim, New York, **1978**, S. 321.

[3.6]   K. Sebastian, Glaskorrosion, *Vortrag auf der I. Intern. Fresenius Fachtagung Wasch- und Reinigungsmittel*, Darmstadt, 15. u. 16. Februar **2000**.

[3.7]   W. Buchmeier, P.J. Jeschke, R. Sorg, Korrosion von Kristall- und Haushaltsglas, *Glas-Ingenieur* **1995**, 5, H. 3, 68.

[3.8]   Th. Altenschöpfer, Das Verhalten von Glas in der Geschirrspülmaschine, *Fette, Seifen, Anstrichmittel* **1967**, 69, 182-188.

[3.9]   K.-P. Martinek (Fa. X. Nachtmann Bleikristallwerke, St. Oswald), *pers. Mitteilung*, **2002**.

[3.10] A. Reber, Erfahrungen mit Glaskorrosion bei Bleikristallgläsern, *Vortrag auf der I. Intern. Fresenius Fachtagung Wasch- und Reinigungsmittel*, Darmstadt, 15. u. 16. Februar **2000** – ref. in *SÖFW J.* **2000**, 126, H. 5, 22-28.

[3.11] K.-P. Martinek, Oberflächenveränderungen an Gläsern durch das Geschirrspülen, *Vortrag 2. Intern. Fresenius-Fachtagung Wasch- und Reinigungsmittel*, Bad Neuenahr, **2002**.

[3.12] W. Lutz, *Lexikon für Reinigungs- und Hygienetechnik*, R. Lutz Verlag, Dettingen, **1985**.

[3.13] EDF-Innenarchitketur, Produkt- und Möbelgestaltung GmbH, Freising, *pers. Mitteilung*, **2002**.

[3.14] Dorothea Auerswald (Fa. Biebl u. Söhne, Taufkirchen/München), *pers. Mitteilung*, **2002**.

[3.15] G. Wildbrett, *Kunststoffe*. In: G. Wildbrett (Hrsg.), *Werk- und Betriebsstoffe im Haushalt*, Ulmer Verlag, Stuttgart, **1995**, S. 209-211.

[3.16] M. Elsner, H.-P. Schulz, M. Weuthen, Moderne Reinigungsmittel – Aspekte der Materialverträglichkeit und Reinigungswirkung, *SÖFW J.* **2002**, 128, H. 3, 2-7.

[3.17] J. Falbe, M. Regitz (Hrsg.), *Römpp Lexikon Chemie*, 10. Aufl., Bd. 1, Thieme Verlag. Stuttgart, New York, **1996**.

[3.18] W. Zöllner, *Lacke, Anwendung*. In: *Ullmann's Enzyklopädie der technischen Chemie*, 4. Aufl., Bd. 15, Verlag Chemie, Weinheim, New York, **1978**, S. 704-718.

[3.19] Kerstin Feldmann, Chemische und mechanische Beanspruchung von Laminatfußböden und Holzdielen,. *Diplomarbeit*, TU München, Fakultät für Landwirtschaft und Gartenbau, Fachgebiet Haushalts- und Betriebshygiene S. 6, Weihenstephan, **2000**.

[3.20] O. Baumann, Laminate sind aus dem Wohnbereich nicht mehr wegzudenken, *Boden Wand Decke* **1996**, H. 9, 94-95.

[3.21] Technische Informationsstelle des deutschen Maler- und Lackiererhandwerks, Stuttgart, *8. Seminar des Arbeitskreises der Fahrzeuglackierersachverständigen*, Würzburg, **2001**.

[3.22] B. Schulte, Brigitte Schneider, *Linoleum – Traditionelle und moderne Problemlösung für den Fußboden auf Basis nachwachsender Rohstoffe*. In: H. Eierdanz (Hrsg.), *Perspektiven nachwachsender Rohstoffe in der Chemie*, VCH Verlagsgesellschaft, Weinheim, **1996**, S. 338-344.

[3.23] Deutsche Linoleumwerke AG, *Reinigungsempfehlungen für den Fachmann*, Bietigheim-Bissingen.

[3.24] Paula Weinberger-Miller, Ch. Malter, Linoleum – ein Bodenbelag aus nachwachsenden Rohstoffen mit hoher mechanischer Widerstandsfähigkeit? *SÖFW J.* **1994**, 120, 420-422.

[3.25] D. Grosser, Holz. In: G. Wildbrett (Hrsg.), *Werk- und Betriebsstoffe im Haushalt*, Ulmer Verlag, Stuttgart, **1995**, S. 258-265.

[3.26] *ibid.*, S. 380-381.

[3.27] R. Fürstner, C. Neinhuis, W. Barthlott, Der Lotus-Effekt: Selbstreinigung mikrostrukturierter Oberflächen, *Nachr. Chem.* **2000**, 48, 24-28.

[3.28] K. Henning, Lotus Effekt—was gibt es noch? *SÖFW J.* **2001**, 127, H. 10, 96-107.

[3.29] G.T. Dambacher, Der Lotus-Effect – heute und morgen, *Kunststoffe* **2002**, 92, H. 6, 65-66.

[3.30] www.lotus-effect.de

4 Geschirrspülmittel

Geschirrspülmittel (GSM) – sei es für den Abwasch von Hand oder für die »Maschine« – sind in jedem Haushalt vorhanden, sie begleiten uns als nützliche Helfer im Alltag. Auch in den Haushalten, die über eine Geschirrspülmaschine verfügen, steht häufig noch eine bruchsichere, heute meist transparente Polyesterflasche mit einem Handgeschirrspülmittel für die Abwäsche zwischendurch oder für besonders empfindliches Spülgut bereit.

Handgeschirrspülmittel, gelegentlich als HGSM abgekürzt oder als manuelle Geschirrspülmittel bezeichnet, haben sich in Deutschland Anfang der fünfziger Jahre als eigenständige Produktgruppe etabliert. Nach den zuerst pulverförmigen Produkten folgten 1958 die ersten flüssigen Formulierungen. Handgeschirrspülmittel bilden heute mit den 1962 erstmalig eingeführten Maschinengeschirrspülmitteln das drittgrößte Segment im Wasch- und Reinigungsmittelmarkt nach den Waschmitteln (einschließlich der Waschhilfsmittel) und den Haushaltsreinigern.

Unter Maschinengeschirrspülmitteln versteht man dabei im täglichen Sprachgebrauch die *Reiniger*komponente. Hinzu kommen noch Klarspüler und »Salz« zum Beherrschen der Wasserhärte (zur Regeneration des Ionenaustauschers). Klarspüler und Wasserenthärter können auch in den Reiniger integriert sein. Die Produktpalette wird durch Maschinenpfleger und »Deos« (Duftspüler) erweitert.

Beide Produktgruppen unterscheiden sich fundamental in ihrer Zusammensetzung und Angebotsform. Die tensidreichen Handgeschirrspülmittel sind – im Hinblick auf den praktisch täglichen Hautkontakt – pH-neutral oder schwach sauer eingestellt und erreichen die Endverbraucher zumeist in flüssiger Form. Maschinengeschirrspülmittel (die »Reiniger«), die bei bestimmungsgemäßem Gebrauch mit der menschlichen Haut *nicht* in Kontakt kommen, reagieren auf Grund ihrer Inhaltsstoffe alkalisch und sind fast ausschließlich in fester Form, überwiegend als Tabletten, auf dem Markt.

Geschirrspülen ist, bezogen auf das Spülgut, Teil eines Recycling-Prozesses. Porzellan, Keramik, Gläser, Bestecke, Töpfe und Pfannen werden durch den Gebrauch verschmutzt und nach dem Reinigen (Spülen) wieder genutzt **(Abb. 4.1)**. Das Spülen selbst ist ein »offener« Prozess. Daraus resultiert die Maxime, die geforderte Reinigungsleistung mit einem möglichst geringen spezifischen Aufwand an Material (Chemie), Wasser und Energie zu erzielen und nicht zuletzt Stoffeinträge in die Umwelt zu reduzieren.

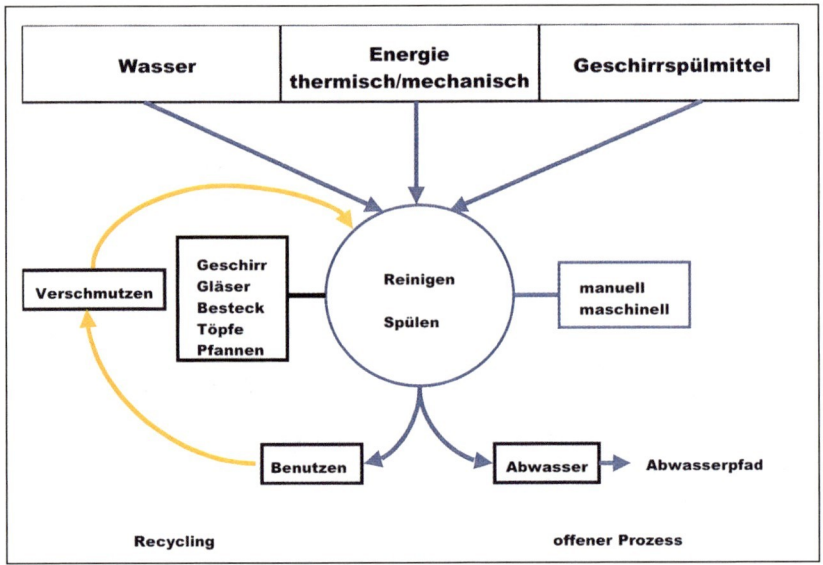

Abb. 4.1: Geschirrspülen: Recycling beim Spülgut, »offener« Prozess beim Spülen

4.1 Handgeschirrspülmittel

Für die manuelle Reinigung von Geschirr, Gläsern, Bestecken, Töpfen und Pfannen hat sich neben dem Abwaschen (der Abwäsche) der Begriff Spülen eingebürgert.

Geschirrspülmittel sind Gegenstand beständiger Weiterentwicklung. Eine Auswahl wichtiger Innovationen bei Handgeschirrspülmitteln ist in **Tab. 4.1** verzeichnet.

4.1.1 Anforderungen an Handgeschirrspülmittel

Die Anforderungen an Handgeschirrspülmittel sind wesentlich komplexer als Spülleistung und rückstandsfreies Trocknen nach dem Spülen **(Tab. 4.2)**. Die Spülflotte soll auch ein hohes Fett- und Schmutzaufnahmevermögen zeigen, um den spezifischen Verbrauch des Spülmittels gering zu halten. Dies hält die Kosten niedrig und schont die Umwelt, weil der aus jeder Abwäsche resultierende Stoffeintrag in den Abwasserpfad und damit die Belastung der Kläranlage sinken.

Alle diese Anforderungen müssen von der Formulierung (früher: Rezeptur) des Handgeschirrspülmittels erfüllt werden. Die typische Zusammensetzung ist in **Tab. 4.3** wiedergegeben.

Neben der eigentlichen Reinigungsfunktion ist die Hautverträglichkeit (die Haut-»freundlichkeit«) von Handgeschirrspülmitteln von hohem Stellenwert. Eine Reihe von

Tab. 4.1: Wichtige Innovationen bei Handgeschirrspülmitteln

Zeitpunkt der Markteinführung	Produkttechnologie	Innovationsgründe
1951	Erstes pulverförmiges Handgeschirrspülmittel auf Basis moderner Tenside	Verbesserte Spülleistung gegenüber den damals gebräuchlichen Mitteln, Hautschonung
1958	erstes flüssiges Handgeschirrspülmittel auf Basis moderner Tenside	leichtere Handhabung
1991	Konzentrate mit erhöhtem Anteil an Tensiden	verbesserte Spülleistung, ökologische Gründe (Reduzierung von Verpackungsmaterial und Transportkosten)
1992	hautschonende Handgeschirrspülmittel durch veränderte Tensidformulierung und/oder hautschonende Zusätze	verbesserte Hautverträglichkeit
1998	antibakterielle Handgeschirrspülmittel	Zusatznutzen für den Verbraucher
1999	2-in-1-Produkte: Handgeschirrspülmittel und gleichzeitig antibakterielle Handseife	Mehrfachnutzen für den Verbraucher
2001	Handgeschirrspülmittel mit verbessertem Ablaufverhalten	verbesserte Gewährleistung von Glanz und streifenfreiem Trocknen

Tab. 4.2: Anforderungen an Handgeschirrspülmittel

- Hohe Spülleistung
- Hohes Fettaufnahme- und Schmutztragevermögen
- Gutes Schäumvermögen
- Rückstandsfreies Ablaufverhalten und Trocknen des Spülguts
- Hautverträglichkeit auch bei empfindlichen Personen
- Hohe Ergiebigkeit
- Gutes Preis-Leistungsverhältnis
- Toxikologische Unbedenklichkeit
- Gute und schnelle biologische Abbaubarkeit aller organischen Inhaltsstoffe

Hausfrauen, aber auch Hausmänner (insgesamt 15 bis 20 Prozent der Haushalte), benutzen beim Abwaschen zwar dünne Weich-PVC- oder noch die mit einem gewissen Allergiepotenzial belasteten Latex-Handschuhe, doch ist ein Hautkontakt mit dem Geschirrspülmittel auch dann nicht immer zu vermeiden.

Tab. 4.3: Typische Zusammensetzung von Handgeschirrspülmitteln

Inhaltsstoffe	Anteile in % Konventionell	Anteile in % Konzentrat	Funktion
Tenside *darunter* Alkansulfonate Alkylbenzolsulfonate Fettalkylethersulfate Fettalkylsulfate Fettalkylpolyglykolether Alkylpolyglucoside Amin-*N*-oxide Cocoamidopropylbetaine	10 bis 25	25 bis 40	Benetzung von Spülgut und Schmutz, Ablösen von Fett und anderen Verschmutzungen
Citronensäure			pH-Werteinstellung
Lösungsvermittler *darunter* Cumolsulfonat Alkohol	0 bis 7	0 bis 10	keine Phasentrennung
Rückfetter, z.B. Fettsäureamide	0 bis 2	0 bis 3	Rückfettung der Haut
Duftstoffe	0 bis 1	0 bis 1	Ästhetik, Differenzierung der Produkte
Farbstoffe	0 bis 0,1	0 bis 0,1	
Konservierungsmittel	0 bis 0,1	keine	Haltbarkeit
Besonders hautmilde Formulierungen			
Ausgewählte, besonders hautschonende Tenside *darunter* Fettalkylethersulfate Alkylpolyglucoside Cocoamidopropylbetaine	10 bis 25	25 bis 40	Schutz und Pflege der Haut
und ggf. zusätzlich Pflegekomponenten, z.B. Proteinhydrolysate und/oder Aloe vera	0 bis 5	0 bis 5	
Antibakterielle Formulierungen			
zusätzlich antibakterielle Wirkstoffe, z.B. Natriumbenzoat oder -salicylat	0 bis 2	0 bis 3	Keimminderung (bei konzentrierter Anwendung)

4.1.2 Reinigungsleistung

Beim manuellen Geschirrspülen wird die Reinigungsleistung durch das Zusammenwirken von Tensiden (Chemie), mechanischer und thermischer Energie erbracht. Das Spülgut wird unter Einwirkung einer wässrigen, im Allgemeinen 30°C bis 45°C warmen Spülflotte mit einem Schwamm, Lappen oder mit einer Spülbürste per Hand gereinigt. Danach wird das Spülgut entweder mit Leitungswasser nochmals gespült oder zum Ablaufen der Spülflotte und zum Trocknen aufgestellt.

Eine intelligente Kombination von mindestens zwei bis zu fünf Tensiden ist die Basis für die physikalisch-chemische Reinigungsleistung, die auf dem Benetzen von Spülgut und (Fett-)Schmutz, auf dem so genannten Umnetzen des Schmutzes und dessen Ablösen von der Oberfläche des Spülguts besteht. Voraussetzung für eine gute Benetzung ist die durch die Tenside bewirkte Verringerung der Oberflächenspannung des Wassers. Unter Umnetzen versteht man den Austausch der Grenzfläche zwischen dem – anhaftenden – Fett und z.B. einem Teller durch eine neue Grenzfläche zwischen der Spülflotte und dem Teller. Die gelösten Fettbestandteile werden durch Solubilisierung, feste Schmutzbestandteile durch Dispergieren in der Spülflotte gehalten.

Obwohl der Schaum keinen Beitrag zur eigentlichen Reinigungsleistung liefert, ist er ein wichtiger Indikator für das Schmutzaufnahmevermögen der Spülflotte. Reißt die Schaumdecke auf der Spülflotte dauerhaft, so ist in der Regel deren Reinigungskraft erschöpft.

Die in **Tab. 4.3** zuerst genannten vier anionischen Tenside werden auch als Primärtenside bezeichnet. In der synergistischen Kombination aus Alkansulfonaten und Fettalkylethersulfaten können anstelle der Alkansulfonate auch lineare Alkylbenzolsulfonate oder Fettalkylsulfate stehen. Alkansulfonate haben den Vorteil der höheren Löslichkeit, so dass Konzentrate auch ohne Zusatz von Lösungsvermittlern (Hydrotropen) hergestellt werden können. Synergismus bedeutet, dass die Mischung ein größeres Leistungsvermögen hat, als den additiven Anteilen der Komponenten entsprechen würde. Damit kann der spezifische Tensideinsatz verringert werden.

Nichtionische Tenside, besonders Alkylpolyglucoside, tragen als so genannte Sekundärtenside zu einem noch ausgeprägteren Synergismus bei und ermöglichen damit weitere Tensideinsparungen. Vor allem aber kompensieren Alkylpolyglucoside die entfettende Wirkung der anionischen Tenside gegenüber der menschlichen Haut und ermöglichen die Formulierung hautfreundlicher Handgeschirrspülmittel. In die gleiche Richtung wirken Fettsäureamidopropylbetaine wie Cocoamidopropylbetain oder die – teureren – Alkylamphoacetate und -propionate, die zudem das Leistungsprofil der Formulierungen weiter abrunden.

Wird unter genau definierten Bedingungen gespült, können Handgeschirrspülmittel in ihrer Reinigungsleistung miteinander verglichen werden. Dies ist nicht nur für die Hersteller, sondern auch für unabhängige Prüfinstitute und für die Verbraucher von Interesse. Dazu wurden einheitliche Parameter für den eigentlichen Spülvorgang und verschiedene standardisierte Testschmutzarten festgelegt [4.1].

Ein Test für das Ölaufnahmevermögen ist die Titration einer Geschirrspülmittellösung (einer Tensidlösung) mit Isopropylmyristat bis zum Auftreten einer Trübung [4.2].

Für die Bestimmung des Schäumvermögens stehen genormte Methoden zur Verfügung [4.3] [4.4].

4.1.3 Anwendungsaspekte

Hygieneleistung

Das Reinigen ist immer auch mit einer Hygieneleistung (Verringern der Keimzahl) verbunden, die beim täglichen Geschirrspülen per Hand normalerweise ausreicht. Die dabei verwendeten Schwämmchen und Spüllappen sind jedoch eine Quelle bakterieller Kontamination, da sich die Mikroorganismen in dem feuchten und warmen Milieu rasch vermehren können. Werden Spüllappen dann noch zum Abwischen von Arbeitsflächen in der Küche genutzt, kann es zur so genannten Kreuzkontamination kommen, d.h. dass Mikroorganismen auf diese Arbeitsflächen übertragen werden. Aus diesen Gründen sind ein sorgfältiges Spülen und Trocknen, vor allem aber ein rechtzeitiger Wechsel der Spüllappen angezeigt. Das Gleiche gilt auch für die zum Abtrocknen verwendeten Tücher (s. auch Kap. 1.3).

Im Hinblick auf die in den letzten Jahren ansteigende Zahl der Lebensmittelvergiftungen werden ergänzend zu den im Markt befindlichen Produkten Handgeschirrspülmittel mit antibakteriellem Zusatznutzen angeboten. Sie sind im Normalfall, also bei Beachtung der Grundregeln der Hygiene, entbehrlich. Beispiele für Produkte mit antibakteriellem Zusatznutzen sind 2-in-1-Handgeschirrspülmittel, die Spülmittel und antibakterielle Handseife kombinieren.

Hautverträglichkeit

Eine wichtige Voraussetzung für die Hautverträglichkeit von Handgeschirrspülmitteln ist deren pH-neutrale oder schwach saure Einstellung (pH = 5 bis 7). Darüber hinaus ist die Formulierung eines Handgeschirrspülmittels immer auch ein Kompromiss zwischen dessen entfettender (reinigender) Wirkung durch die darin enthaltenen Tenside und der Hautschonung. Heute sind Tensidkombinationen aus stark entfettenden Aniontensiden und hautschonenden, »milden« Alkylpolyglucosiden und verschiedenen Betainen im Einsatz, die eine weitgehende Hautverträglichkeit gewährleisten. Zusätzlich können so genannte Rückfetter wie Fettsäureamide eingesetzt werden, die einer zu starken Austrocknung der Haut entgegen wirken. Außerdem sind Pflegekomponenten, z.B. Proteinhydrolysate, Panthenol oder Pflanzenextrakte, etwa aus Aloe vera, in den Formulierungen zu finden. Pflegebetonte Produkte werden mit zusätzlichen Bezeichnungen wie »Balsam« oder »sensitiv« ausgelobt. In hautfreundlichen Produkten wird zumeist auch auf Farb- und Duftstoffe verzichtet.

Die weitere Verbesserung der Hautverträglichkeit bleibt ein zentrales Ziel der Produktentwicklung, wobei in absehbarer Zeit nur noch kleinere Fortschritte möglich sind. Ein interessantes Konzept besteht im Einsatz »großer« Moleküle als Inhaltsstoffe, welche die Hautbarrriere nur schwer oder gar nicht durchdringen können.

Die Hautverträglichkeit einer Formulierung kann *in vitro*, also an einem Modell, oder *in vivo*, d.h. an freiwilligen Probanden, untersucht werden. Tierversuche werden im Zusammenhang mit Wasch- und Reinigungsmitteln nicht durchgeführt (vgl. Kap. 10.1).

Toxikologie

Eine früher viel diskutierte Frage besteht darin, wie viele (Tensid-)Rückstände nach dem Spülen von Hand auf dem Geschirr verbleiben, zumal dann, wenn nicht mit klarem Wasser nachgespült wird. Wie zahlreiche Messungen ergeben haben, sind die Rückstände aus dem Spülmittel, soweit überhaupt nachweisbar, extrem gering. Unter ungünstigsten Bedingungen würde ein Mensch pro Jahr maximal 150 mg Tensid aufnehmen. Immer weiter verfeinerte Risikoabschätzungen der möglichen Aufnahme von Spurenmengen über einen langen Zeitraum und der Wirkungsschwellen der Substanzen haben wiederholt bestätigt, dass von der heute üblichen täglichen Praxis keine gesundheitlichen Gefahren ausgehen [4.4a].

Dosierung

Für die Dosierung von Handgeschirrspülmitteln werden von den Anbietern im Allgemeinen 2 bis 4 Milliliter pro 5 Liter Spülbad angegeben, wobei die niedrigeren Werte für die Konzentrate gelten. 4 Milliliter einer Formulierung mit 25 Prozent Tensidanteil in 5 Liter Spülflotte bedeuten eine Tensidkonzentration von 0,02 Prozent – eine sehr niedrige Konzentration für die erreichbare Reinigungswirkung.

Anstatt bewusst Milliliter zu dosieren, haben sich in der alltäglichen Praxis eher Erfahrungswerte (»ein/einige Spritzer«) durchgesetzt, die diesen Angaben nahe kommen. Um Überdosierungen zu vermeiden, werden einerseits Dosierverschlüsse eingesetzt (**Abb. 4.2**), die jeweils nur die empfohlenen Mengen freigeben, andererseits aber auch die Viskosität der Formulierung so eingestellt, dass das Produkt nicht zu schnell ausfließen kann. Diese Entwicklung hat in der Produktform der Gele einen vorläufigen Höhepunkt gefunden.

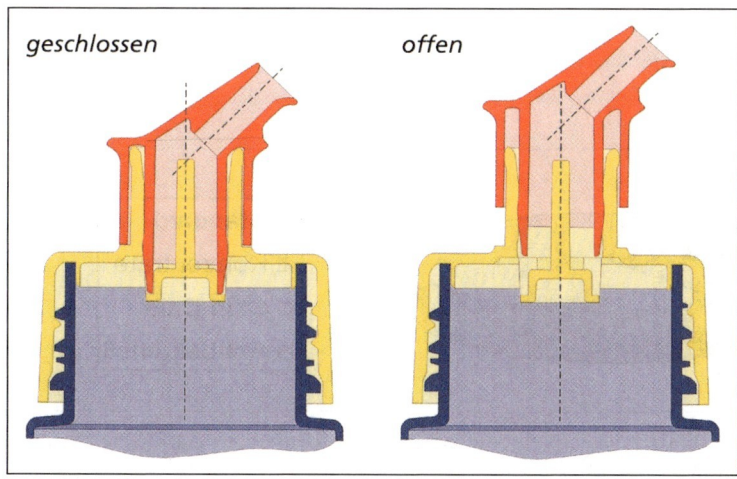

Abb. 4.2: Dosierkappe für Handgeschirrspülmittel

Früher wurde die Viskosität von Formulierungen durch Zusatz von Kochsalz erhöht, auf das Fettalkylethersulfate besonders gut ansprechen. Heute wird die gewünschte Viskosität im Wesentlichen durch geschickte Tensidkombinationen eingestellt. Auch der Zusatz von Polysacchariden ist üblich (vgl. Kap. 2.10).

4.1.4 Angebotsformen

Eine gute Reinigungsleistung und Hautverträglichkeit setzen die Verbraucher heute bei allen Handgeschirrspülmitteln voraus. Tatsächlich gibt es bezüglich dieser Parameter bei den Produkten sowohl der Markenartikel-Hersteller untereinander als auch im Vergleich zu den Handelsmarken der großen Einzelhandelsketten selten deutliche Unterschiede. Wie also soll man als Verbraucher eine Kaufentscheidung treffen?

Konzentrate sind im Vergleich zu herkömmlichen Flüssigprodukten wegen der damit verbundenen Einsparung an Packmitteln und Transportaufwand ein Beitrag zum Umweltschutz. Allerdings ist hier die Gefahr der Überdosierung auch größer.

Als Differenzierungskriterien sind heute ein erkennbarer und nachvollziehbarer »Mehrwert« für die Endverbraucher und immer stärker auch die so genannte Produktästhetik von Bedeutung. Ein Mehrwert kann in einer besonders bequemen Dosierung (bei den 2-in-1-Produkten, die auch für die Handreinigung bestimmt sind, z.B. in einem Pumpventil), in einem verbesserten Ablauf- und Trocknungsverhalten des Spülguts (»Schnell Trocken Formel«) [4.5] oder auch in der Gewissheit bestehen, dass »alle Tenside auf pflanzlicher Basis« hergestellt sind.

Die Produktästhetik wird maßgeblich durch den Duft und die meist darauf abgestimmte Farbe der flüssigen Formulierung bestimmt. Beispiele sind fruchtig-frische Düfte wie »Lemon« mit gelber Einfärbung, »Apfel« (hellgrün) oder »Grapefruit« (hellrot). Die griffsichere, transparente, recyclingfähige Kunststoffflasche aus Polyester ist weitgehend Standard. Um den zusätzlichen Pflegecharakter einer Formulierung herauszustellen, wird auch das Erscheinungsbild entsprechend gewählt, z.B. wasserklar oder milchig-perlglänzend.

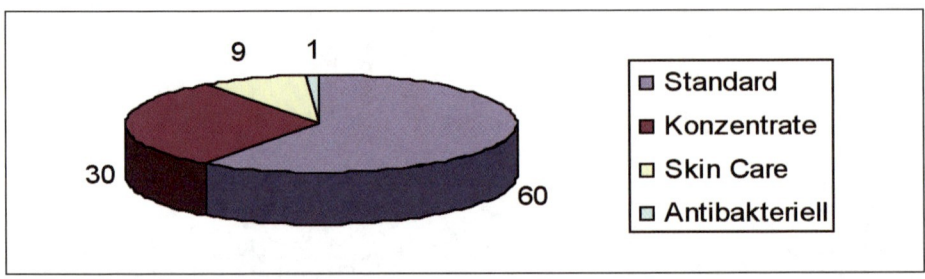

Abb. 4.3: Marktanteile [%] der verschiedenen Angebotsformen bei Handgeschirrspülmitteln in Deutschland (Ende 2006)

Die Entwicklung der Marktanteile von Konzentraten, konventionellen Flüssigformulierungen und Produkten mit besonders ausgeprägten hautschonenden Eigenschaften ist in **Abb. 4.3** gezeigt. Das Marktvolumen der Handgeschirrspülmittel betrug in Deutschland 2006 insgesamt etwa 115 000 Tonnen (vgl. Abschn. 1.1.2).

4.2 Produkte zum maschinellen Geschirrspülen

In Europa kam die erste Geschirrspülmaschine 1929 auf den Markt (**Abb. 4.4**). In größerem Umfang wurden solche Maschinen aber erst Anfang der sechziger Jahre eingeführt. Damit entstanden völlig neue Anforderungen an die Geschirrspülmittel. Wichtige Innovationen dazu sind in **Tab. 4.4** zusammengestellt.

4.2.1 Anforderungen an maschinelle Geschirrspülmittel

Die Anforderungen an die Produkte zum maschinellen Geschirrspülen sind in **Tab. 4.5** verzeichnet. Auch das Spülgut erhielt einen wichtigen Stellenwert, galt es doch, me-

Abb. 4.4: Die erste Geschirrspülmaschine in Europa 1929

Tab. 4.4: Wichtige Innovationen bei Maschinengeschirrspülmitteln

Zeitpunkt der Markteinführung	Produkttechnologie	Innovationsgründe
1962	Erste maschinelle Geschirrspülmittel	Einführung elektrischer Geschirrspülmaschinen in Deutschland
1986	erste flüssige Reiniger in Deutschland	leichtere Handhabung
1987	erste Reinigertablette mit klassischer Rezeptur	bequemere Handhabung, verbesserte Dosiergenauigkeit
1991	phosphatfreie und niederalkalische Reiniger der 1. Generation (ohne Aktiv-Chlor und Metasilicat, dafür mit Sauerstoffbleiche und Enzymen)	ökologische Gründe, erhöhte Verbrauchersicherheit
1992	erste Tablette mit phosphatfreier Formulierung	Ökologie
1995	erste Zweischichten-Tablette	zeitversetzte Freigabe von Wirkstoffen, innovative Optik
1995	Bleichkatalysatoren auf Basis von Mangankomplexen	verbesserte Reinigungsleistung phosphatfreier Rezepturen
1996	verbesserte Enzyme auf gentechnischer Basis	verbesserte Reinigungsleistung
1996/97	Rückkehr zu – verbesserten – phosphathaltigen Formulierungen	Kritik an unzureichender Reinigungsleistung phosphatfreier Mittel
1998	optimierte Zweischichten-Tabletten	leicht verbesserte Reinigungsleistung, verbesserte Ästhetik
1999	2-in-1-Tablette mit integriertem Klarspüler	bequemere Handhabung
2001	3-in-1-Tablette mit integriertem Klarspüler und Salzersatzstoffen	bequemere Handhabung

chanische Schäden und Beeinträchtigungen der Qualität oder gar des Gebrauchswerts beim maschinellen Spülen zu vermeiden.

Gegenüber dem Spülen von Hand ändert sich die Gewichtung der Parameter, von denen das Reinigungsergebnis abhängt (Spülfaktoren). Während beim Spülen von Hand die mechanische Energie die größte Rolle spielt, treten beim maschinellen Geschirrspülen vor allem Chemie, aber auch thermische Energie und Einwirkungszeit stärker in den Vordergrund (vgl. Kap. 1.2). Die beim Abwaschen per Hand aufgebrachte mechanische Energie kann durch die relative Bewegung der Spülflotte gegen das Spülgut oder das Versprühen der Reinigerflotte in der Maschine nicht ersetzt werden. Deshalb werden ein höherer pH-Wert und eine höhere Temperatur, im Allgemeinen zwischen 45°C und 65°C, in besonderen Fällen bis 70°C gewählt. Im Alkalischen werden fett- und öl-

Tab. 4.5: Anforderungen an Produkte zum maschinellen Geschirrspülen

- Sehr gutes Fettlösevermögen
- Quell- und Schmutzablösevermögen für protein- und stärkehaltigen Schmutz
- Entfernung von farbintensiven Flecken
- Reduzierung der Keimzahlen
- Schaumarmut
- Rückstands- und fleckenfreies Spülgut nach der Reinigung
- Materialschonung (Glas, Porzellan, Metall, besonders Edelstahl und Silber)
- Lagerstabilität
- Günstige Umwelteigenschaften

artige Verschmutzungen verseift, also chemisch abgebaut und so leichter vom Spülgut entfernt. Farbige Verschmutzungen, z.B. Teeflecke, müssen durch oxidative Bleiche beseitigt werden. Um Protein- und Stärkebestandteile der Verschmutzungen zu niedermolekularen, löslichen Bausteinen abzubauen, werden Enzyme als Biokatalysatoren in den Reinigerformulierungen eingesetzt. Tenside spielen nur in geringer Konzentration als Netzmittel eine Rolle und müssen im Gegensatz zu den Handgeschirrspülmitteln schaumarm sein. Bei starker Schaumentwicklung wird sonst die mechanische Wirkung der Spritzstrahlen vermindert.

Im Hinblick auf die stark salzhaltigen Rezepturen kann es zu sichtbaren Rückständen auf dem von Speiseresten gereinigten Spülgut kommen. Deshalb wurden der Reinigungsvorgang und der Spülgang getrennt. Dazu wurden ganz unterschiedliche Produkte entwickelt: die Maschinengeschirreiniger und die Klarspüler. Ergänzt wurde das System durch das so genannte Regeneriersalz (»Salz«) für die Enthärter-Einrichtung, um – durch Ionenaustausch – die Wasserhärte zu beherrschen. Als viertes Produkt kamen die so genannten Maschinenpfleger auf den Markt – Produkte, die nach einer bestimmten Anzahl von Arbeitsgängen die Geschirrspülmaschine selbst reinigen und pflegen sollen. Als fünftes Erzeugnis gehören so genannte Deos, die unangenehme Gerüche in der Spülmaschine überdecken (wenn z.B. nicht täglich gespült wird), zum Produktsystem maschinelles Geschirrspülen. Falls Haushalte nur im Abstand von mehreren Tagen spülen, sollten Bestecke nach dem Gebrauch von Speiseresten befreit werden. Damit lässt sich verhindern, dass Silber anläuft oder Kochsalz in Kombination mit Säuren an Edelstahl Lochfraß hervorruft.

Ein mehrkomponentiges Produktsystem war von Anfang an eine Herausforderung für die Produktentwickler, nach einfacheren Lösungen zu suchen. Und so kamen in den letzten Jahren 2-in-1-Produkte mit integriertem Klarspüler und 3-in-1-Produkte, die zusätzlich einen erhöhten Anteil an Wasserenthärtern als Salz-»Ersatz« enthalten, auf den Markt.

4.2.2 Maschinengeschirrreiniger

Die ersten Produkte zum maschinellen Geschirrspülen bestanden zu 95 Prozent aus Pentanatriumtriphosphat (»Phosphat«), zu drei Prozent aus Natriummetasilicat zur Erhöhung der Alkalität sowie als Korrosionsschutz und enthielten Natriumtrichlorisocyanurat als Bleichmittel. Auf Tenside wurde zunächst verzichtet. Das Phosphat hatte mehrere Funktionen zu erfüllen: ausreichende Alkalität zum Verseifen und Ablösen des fetthaltigen Schmutzes, gutes Komplexiervermögen für Calcium- und Magnesiumionen als die Härtebildner des Wassers (was die Ablösung von calciumhaltigem Schmutz erleichterte und die Rückstandsbildung verhinderte), gutes Dispergiervermögen und Schonung von Glas, Porzellan und Metall.

Aus ökologischen Gründen wurde der Phosphatanteil in den folgenden Jahren schrittweise auf 30 Prozent gesenkt und durch Natriummetasilicat ersetzt. Weitere Inhaltsstoffe wie Tenside, Polymere, Farb- und Duftstoffe kamen hinzu. Der steigende Ausstattungsgrad der Haushalte mit Geschirrspülmaschinen in den siebziger und achtziger Jahren und der damit wachsende Bedarf an Maschinengeschirrreinigern führten Mitte der achtziger Jahre wegen des gewachsenen Umweltbewusstseins zu einer kritischen Bewertung der Inhaltsstoffe von Geschirrspülmitteln. Zudem ging von der stark ätzenden Wirkung der Metasilicate ein Unfallrisiko im Haushalt aus.

Mit der Markteinführung der phosphatfreien Waschmittel in Deutschland zwischen 1986 und 1989 wuchs auch der Druck zur Entwicklung phosphatfreier Maschinengeschirrspülmittel an. Folgerichtig kamen 1991 die ersten phosphatfreien und zugleich niederalkalischen Maschinengeschirrreiniger auf den Markt. Zudem wurde das chlorhaltige Bleichmittel durch das in den Waschmitteln bewährte Natriumperborat/TAED-System ersetzt. Obwohl die wegen der geringeren Alkalität vermutete verschlechterte Reinigungsleistung durch Einsatz von Enzymen teilweise kompensiert wurde, erreichten die phosphatfreien Produkte nicht annähernd das Leistungsprofil der klassischen Formulierungen. Es häuften sich Probleme und Verbraucherreklamationen hinsichtlich unbefriedigender Reinigungsergebnisse: farbige Rückstände auf dem Geschirr (besonders Teereste), vermehrte Kalkbeläge, angelaufene Silberbestecke, vermehrte Rostflecken bei Edelstahl, Korrosionsschäden an empfindlichen Gläsern und Aufglasdekoren, die bei den klassischen Rezepturen so nicht beobachtet wurden.

Verschiedene Maßnahmen, wie Einsatz von Bleichkatalysatoren auf Basis von Cobalt- und Mangan-Komplexen und von gentechnisch optimierten Enzymen, brachten zunächst keinen Durchbruch. Gegenüber unzureichender Wasserenthärtung, hartnäckigen Verschmutzungen, Unterdosierung und ungünstigen Reinigungsbedingungen, z.B. bei älteren Geschirrspülmaschinen, verhalten sich phosphatfreie Produkte deutlich empfindlicher und können zu Rückständen auf dem Geschirr führen.

Deshalb empfahlen führende Hersteller von Geschirrspülmaschinen bereits 1995, wieder zu phosphathaltigen Formulierungen zurückzukehren. Die bis dahin erreichte Akzeptanz der phosphatfreien Produkte wurde in Frage gestellt, und ab 1996 gewannen die phosphathaltigen, allerdings weiterhin chlorfreien Formulierungen Marktanteile zurück. 1999 dominierten europaweit wieder phosphathaltige Produkte, in Deutschland betrug deren Marktanteil etwa 90 Prozent. Die Stärke der Phosphate liegt vor allem in der Beseitigung von Teestein und der Vermeidung von Kalkablagerungen. **Tab. 4.6** zeigt, wie sich die Zusammensetzung von Maschinengeschirrreinigern entwickelt hat. Der »klassische«, hochalkalische Reiniger hat für den Privathaushalt keine Marktbedeutung mehr.

Tab. 4.6: Maschinengeschirrreiniger – ein Generationenvergleich

Inhaltsstoffe	Klassische Reiniger phosphathaltig, hochalkalisch Anteile in %	Niederalkalische Reiniger phosphat-frei	Niederalkalische Reiniger phosphat-frei Anteile in %	Niederalkalische Reiniger phosphat-haltig
Pentanatriumtriphosphat	30	0	0	50
Phosphonate*	0	0	0	< 5
Natriumcitrat	0	30 bis 37	45	0
Natriumpolycarboxylate	0	5 bis 8	0	< 5
Natriummetasilicat	64	0	0	0
Soda	5	0 bis 35	10	20
Natriumhydrogencarbonat	0	0	23	0
Natriumdisilicat	0	10 bis 30	0	5
Natriumtrichlorisocyanurat	< 1	0	0	0
Natriumperborat	0	7	10	10
Bleichaktivator TAED	0	2 bis 3	4	2
Protease und Amylase	0	1 bis 3	3 bis 4	3 bis 6
Schaumarme Tenside	0	2	3	2
Paraffine (»Schaumbremse«)	0	0 bis 1	0 bis 1	0 bis 2
Silberschutz	0	0	+	< 0,5
Duftstoffe	0	+	+	< 0,5
pH-Wert (1-proz. Lösung)	12-13	9-11	9-11	9-11
Gefährlichkeitsmerkmal	C (ätzend)	reizend	reizend	reizend

* z.B. Natriumsalz der 1-Hydroxyethan-1,1-diphosphonsäure (HEDP)

Mehrfarbige Mischgranulate oder zweilagige Tabletten mit unterschiedlich gefärbten Wirkstoffschichten (erstmals 1995 am Markt) haben einen technischen Hintergrund: Bestimmte Inhaltsstoffe können durch unterschiedliche Zerfalls- oder Lösegeschwindigkeit zeitversetzt freigesetzt werden. Empfindliche Inhaltsstoffe können in der getrennten Schicht angereichert werden, das erhöht die Lagerstabilität.

In einer Schicht oder einem Granulat sind beispielsweise die Enzyme, ein Teil des Phosphats und die Duftkomponenten verpresst, während die zweite Schicht (das zweite Granulat) die anderen Inhaltsstoffe enthält.

Um die so genannte Kaltwasserlücke (fehlende Reinigungsleistung vor dem Aufheizen des Wassers in der Geschirrspülmaschine) zu schließen, werden in einem anderen Produktkonzept in der Tablette zusätzlich leicht lösliche, kaltwasseraktive Enzyme angeordnet, die ihre Wirkung bereits während der Aufheizphase des Reinigungsgangs entfalten sollen (»Tab-in-Tab«). Allerdings ist die Wirkung aller bisher erhältlichen kaltwasseraktiven Enzyme noch nicht ausreichend.

4.2.3 Klarspüler und Regeneriersalz

Die marktgängigen Geschirrspülmaschinen sind heute ausnahmslos mit getrennten Vorratsbehältern und automatischen Dosierungen für den Klarspüler und das Regeneriersalz ausgerüstet. Klarspüler bestehen im Wesentlichen aus einer wässrigen Lösung schaumarmer nichtionischer Tenside und meist einer organischen Säure wie Citronen- oder Milchsäure sowie ggf. Lösemitteln, Konservierungs- und Duftstoffen (**Tab. 4.7**).

Tab. 4.7: Klarspüler

Inhaltsstoffe	Anteile in %	Funktion
Nichtionische Tenside	5 bis 15	Benetzung des gereinigten Spülguts
Organische Säuren, wie Citronen- oder Milchsäure	1 bis 10	Komplexbildung mit Calcium- und Magnesiumionen, Neutralisation von Alkaliresten
Lösemittel (ggf. Hydrotrope)	5 bis 15	Vermeiden von Phasentrennung
Konservierungsmittel	< 1	Vermeiden von Verkeimung
Duftstoffe	+	Produktästhetik
Wasser	ad 100	

Die Aufgabe der Klarspüler besteht darin, durch rasche und intensive Benetzung des gereinigten Spülguts, durch Komplexieren der Resthärte und Neutralisation von eventuell verschleppten Alkaliresten nach dem Abpumpen das schnelle und homogene Ablaufen des Wassers und so ein »streifenfreies« Trocknen zu ermöglichen.

Regeneriersalz ist hoch gereinigtes und speziell gekörntes Kochsalz, das sich rückstandsfrei auflösen muss, um eine Verschmutzung und damit Inaktivierung des Ionenaustauschers zu vermeiden.

4.2.4 2-in-1- und 3-in-1-Produkte

Das noch immer dominierende mehrkomponentige Produktsystem für das maschinelle Geschirrspülen verstößt eigentlich gegen ein wichtiges Marketing-Prinzip, nämlich, den Kunden außer der nachgefragten Funktion, einem attraktiven Preis-Leistungs-Verhältnis und der Ästhetik eines Produkts auch dessen bequeme Handhabung (*convenience*) zu gewährleisten. Kein Wunder also, dass neue Konzepte gesucht wurden, die Funktion etwa von Reiniger und Klarspüler in *einem* Produkt zu vereinigen (2-in-1-Produkte), zuerst 1999 am Markt. Zur Lösung des Problems stehen heute verschiedene Varianten zur Verfügung. Zum einen werden die unterschiedlichen Temperaturen von Reinigungs- und Klarspülgang (z.B. 50 bis 60°C bzw. 65 bis 70°C) genutzt: Dazu wird in die Reiniger-Tablette ein Kern aus Paraffin eingepasst, der den Klarspüler aufnimmt. Das Paraffin schmilzt oberhalb der Temperatur des Reinigungsgangs und setzt den Klarspüler so erst im – heißeren – Klarspülgang frei. Die Anwendung ist sicher, aber auf entsprechende Programme begrenzt.

In einigen Programmen kann nämlich nach dem Reinigen bei der gleichen oder sogar einer niedrigeren Temperatur klargespült werden. Hier greift ein anderes Konzept – die Freisetzung des Klarspülers nach dem pH-Wert. Beispiele für unterschiedliche Temperaturprofile in einem Geschirrspüler sind in **Abb. 4.5**, für den Verlauf des pH-Werts in **Abb. 4.6** wiedergegeben.

Produktkonzepte, bei denen sich ein separat verkapselter Klarspüler durch pH-Wert-Änderung oder temperaturgesteuert verzögert auflöst, haben dann Nachteile, wenn die Spülprogramme elektronisch gesteuert werden, weil diese je nach Beladung und Verschmutzungsgrad variieren.

Um flexibel auf die unterschiedlichen Programme der modernen elektronisch gesteuerten Geschirrspülmaschinen reagieren zu können, haben sich einige Hersteller von diesen Konzepten gelöst und dosieren das Klarspüler-Tensid mit in die Reinigungstablette. Durch Oberflächenadsorption (»carry-over effect«) verbleibt genügend Tensid bis zum letzten Spülgang auf dem Geschirr, um den Klarspüleffekt zu erreichen. Damit kann eine weitgehende Unabhängigkeit von den Spülprogrammen erreicht werden.

Nach den 2-in-1-Produkten folgten in 2001 auch 3-in-1-Produkte. Dabei wird zusätzlich zum Klarspüler das Regeneriersalz kompensiert. Dadurch entfällt ein Nachfüllen von Salz in die Geschirrspülmaschine. Die Wasserenthärtung geschieht dabei durch

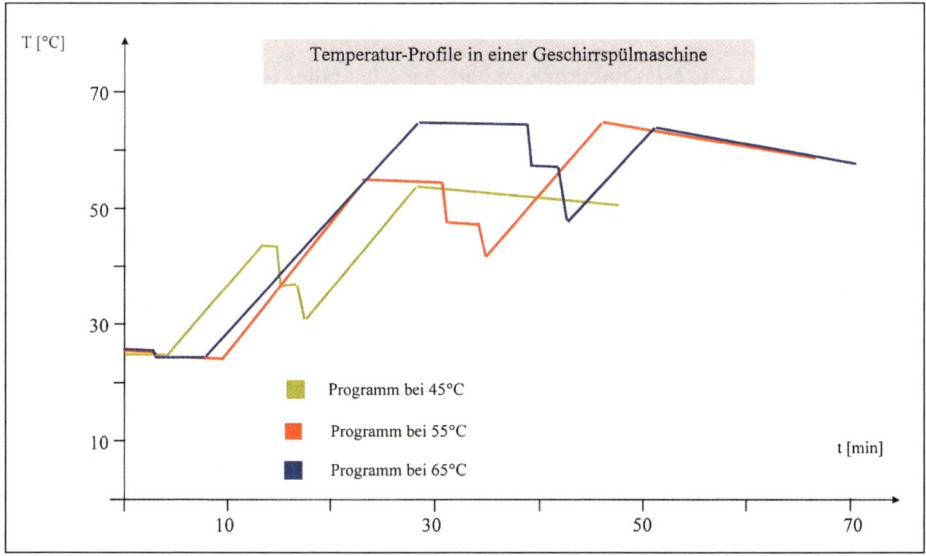

Abb. 4.5: Temperaturverlauf in einer Geschirrspülmaschine

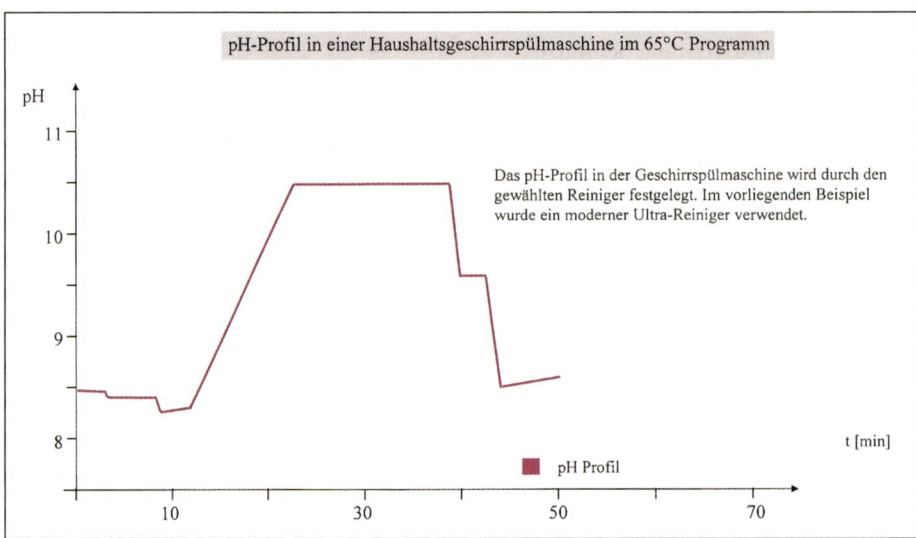

Abb. 4.6: Verlauf des pH-Werts in einer Geschirrspülmaschine

einen erhöhten Anteil an Wasser enthärtenden Substanzen. Dazu wird entweder der Phosphatanteil von ca. 50 auf etwa 60 Prozent angehoben, oder der Anteil von Polycarboxylat von einigen auf ca. 15 Prozent gesteigert. Bedingt durch diese Produktkonzepte ist der Einsatzbereich von 3-in-1-Produkten auf rund 20° bis maximal 25° deutsche Härte begrenzt. Eine Wasserhärtekarte für Deutschland zeigt **Abb. 4.7**.

In einem anderen 3-in-1-Produktkonzept wird der Klarspüler so formuliert, dass er auch die Aufgabe des Maschinenpflegers mit übernehmen kann.

Bei Anwendung der 2-in-1- und besonders auch der 3-in-1-Produkte ist immer darauf zu achten, inwieweit deren Verträglichkeit mit den Programmen der jeweiligen Geschirrspülmaschinen gegeben ist. Die Maschinenhersteller waren gegenüber den neuen Erzeugnissen zumindest in der Anfangszeit eher zurückhaltend, obwohl sich ja – bei Langzeitbewährung der neuen Produkte – durchaus die Chance bietet, die Geschirrspüler hinsichtlich Dosiereinrichtungen und Wasserführung einfacher und damit preiswerter zu konstruieren.

Multifunktionsprodukte

Inzwischen enthalten Multifunktionsprodukte bis zu sieben Wirkkomponenten: beispielsweise dient eine vierte Komponente dem Edelstahlglanz, eine fünfte dem Glasschutz. Die sechste Komponente, ein Reinigungsverstärker auf Enzymbasis, und ein Niedrigtemperatur-Aktivator als siebente ermöglichen die Geschirrreinigung bereits bei 40°C, was eine Energieeinsparung von 20% bedeutet.

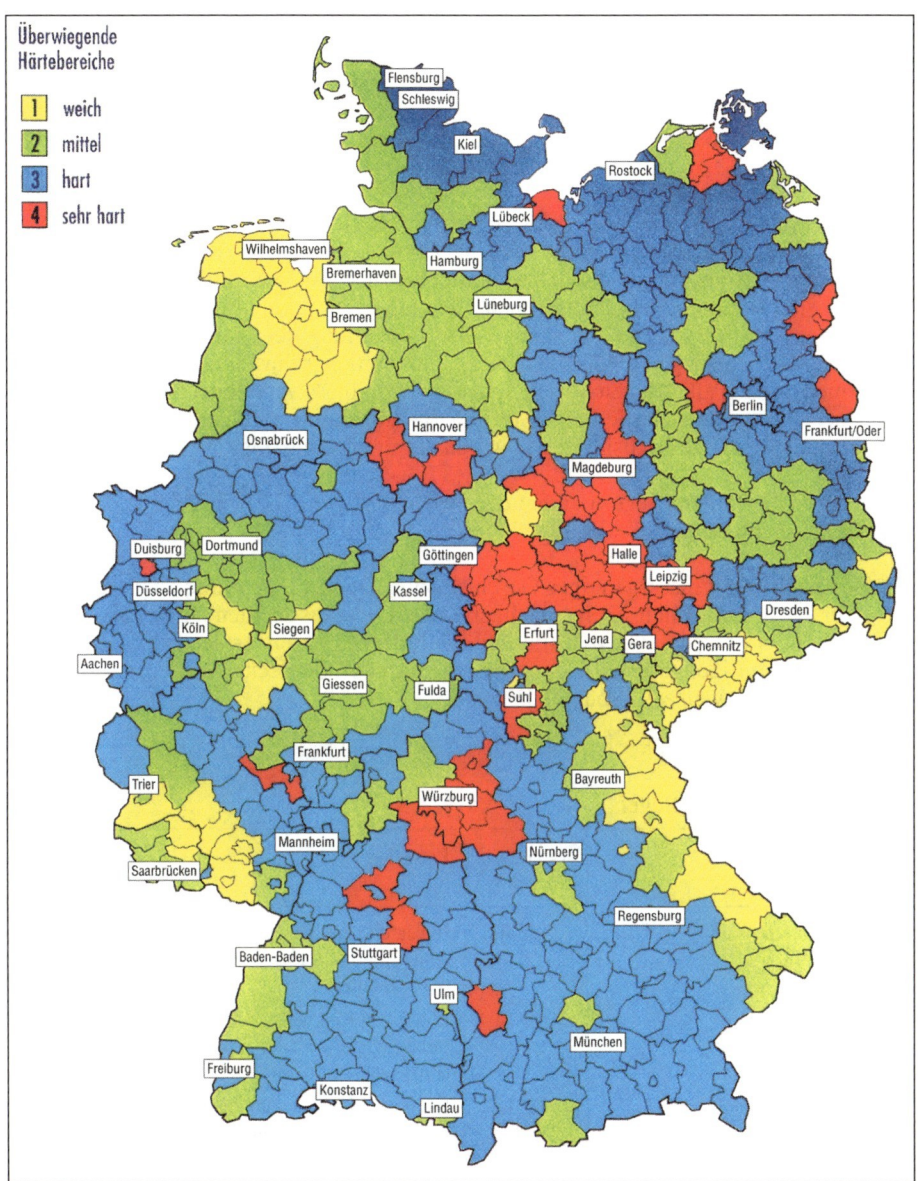

Abb. 4.7: Wasserhärtekarte für Deutschland. Härtegrade: 1 – 0 bis 7°d, 2 – 7 bis 14°d, 3 – 14 bis 21°d, 4 – über 21°d (1°d = 10 mg CaO/Liter = 0,178 millimol/Liter)

4.2.5 Maschinenpfleger und Deos

Seit einiger Zeit gibt es Maschinenpfleger mit reinigender Wirkung, mit denen das Innere der Geschirrspülmaschine und die Gummidichtungen in gewissen Abständen gesäubert und vor Korrosion geschützt werden können, und spezielle Geruchsabsorber oder Duftspüler (Deos).

Maschinenpfleger sind feste oder flüssige Produkte, die zumeist unter fünf Prozent besonders schaumarme nichtionische Tenside, organische Säuren (bevorzugt Citronensäure), mehrwertige Alkohole und Lösemittel oder Lösungsvermittler enthalten (**Tab. 4.8**). Sie sind stärker sauer als die Klarspüler eingestellt und entfernen beispielsweise Kalkbeläge, die sich durch nicht sachgemäße Einstellung der Enthärtung gebildet haben. Wegen des niedrigen pH-Werts der Maschinenpfleger dürfen diese auf *keinen* Fall zusammen mit den alkalischen Maschinengeschirrreinigern verwendet werden. In einem solchen Fall würden sich die beiden Produkte – abhängig von den Mengenanteilen – teilweise oder ganz neutralisieren und wären damit wirkungslos.

Die in den Maschinenpflegern enthaltenen mehrwertigen Alkohole dienen der Pflege der Gummidichtungen.

Ein Beispiel für ein marktgängiges Geschirrspüler-Deo ist eine runde Kunststoffhülle, die einer flachen Zitronenscheibe nachgebildet ist. Daraus werden durch eine spezielle Membran etherische Öle, z.B. mit dem Dufteffekt Lemon, so langsam freigesetzt, dass sowohl der Eigengeruch des ungespülten Spülguts überdeckt wird als auch die Wirkung für beispielsweise 50 Spülgänge anhält.

Tab. 4.8: Maschinenpfleger

Inhaltsstoffe	Anteile in %	Funktion
Nichtionische Tenside (schaumarm)	3 bis 10	Benetzung und Penetration des Schmutzes, Ablösen und Emulgieren oder Dispergieren des Schmutzes
Organische Säuren z.B. Citronensäure	10 bis 30	Lösen von Kalkbelägen, Entfernen von Anlauffarben, Verbessern der Produktstabilität (Lösungsvermittlung, Konservierung)
Mehrwertige Alkohole, z.B. Glycerin	5 bis 15	Pflege der Gummidichtungen, Beseitigen dünner Schichten aus Fetten und anderen Speiseresten
Lösemittel bzw. Lösungsvermittler z.B. Cumolsulfonat	5 bis 15	Homogenität und Temperaturstabilität der Formulierung
Duftstoffe	< 0,5	frischer, angenehmer Duft am Ende der Grundreinigung

4.2.6 Produkt- und Angebotsformen

Über viele Jahre war das Pulver (Granulat) die dominierende Angebotsform bei der Reinigerkomponente der Maschinengeschirrspülmittel. 1987 kam die erste Tablette auf den Markt (»Spültabs«). Mit den Zweischichten-Tabletten werden empfindliche Inhaltsstoffe wie Bleichmittel und Enzyme zwecks besserer Stabilität in unterschiedlich gefärbten Schichten verpresst. Als geometrische Form wird die rechteckige Tablette (Tab) bevorzugt. Als Angebotsform sind aber auch andere geometrische Produktgestaltungen zu finden (**Abb. 4.8**). Daneben gibt es außer den schon erwähnten konventionellen »Pulvern« (Granulaten) auch Reiniger – vor allem in Frankreich – in flüssiger Form.

Zweilagige Tabs bieten außer der bequemen, korrekten Dosierbarkeit – wie oben schon erwähnt – auch dadurch technische Vorteile, dass durch unterschiedliche Zerfalls- und Lösegeschwindigkeiten bestimmte Inhaltsstoffe zu verschiedenen Zeitpunkten freigesetzt werden können. Dies gilt sinngemäß auch für die auf dem Markt weiterhin angebotenen, z.T. farbigen Mischgranulate (»Pulver«), in die teilweise auch entsprechend beschichtetes Klarspüler-Granulat eingearbeitet ist.

Klarspüler werden überwiegend in flüssiger Form in transparenten, bruchsicheren Kunststoffflaschen aus Polyester angeboten. Als Alternative wurden die in die Reiniger-Tabs oder in die Granulate integrierten gekapselten Klarspüler-Konzentrate bereits diskutiert.

Abb. 4.8: Angebotsformen von Produkten für das maschinelle Geschirrspülen

4.2.7 Geschirrspülmaschinen

Den höchsten Ausstattungsgrad an Geschirrspülern in Europa wiesen 2004 die Haushalte in Norwegen mit einem Anteil von 70, in Österreich von 68 und in der Schweiz von 64 Prozent auf. Deutschland folgte mit 58 Prozent an vierter Stelle (**Abb. 4.9**). Europaweit war 2004 ein Ausstattungsgrad von 42 Prozent erreicht.

Das Produktionsvolumen an Geschirrspülern betrug in Europa 2003 ca. 8,5 Mio. Stück, wobei über 75 Prozent der Geräte in Deutschland und Italien hergestellt wurden.

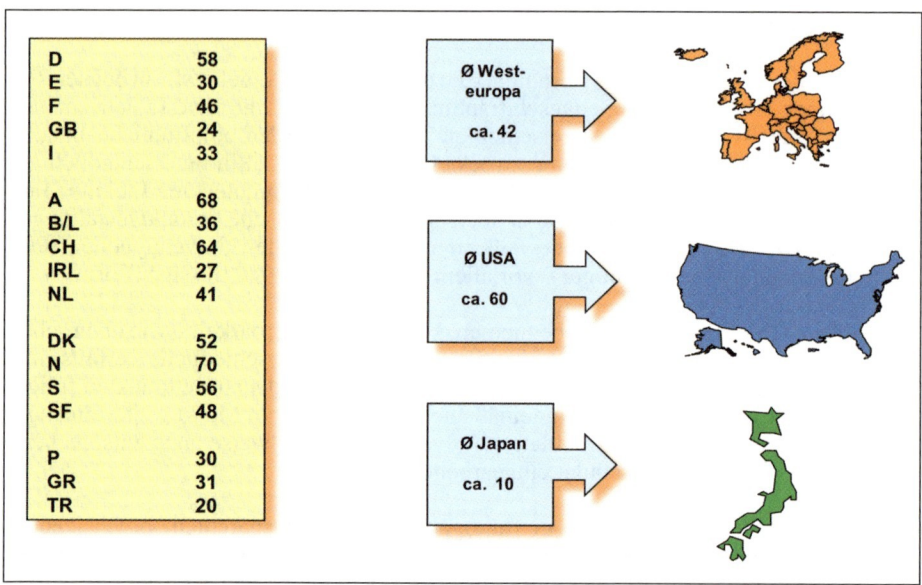

Abb. 4.9: Ausstattungsgrad der Haushalte mit Geschirrspülern in Westeuropa, den USA und Japan 2004 [%]

Auf dem Markt wird heute eine breite Vielfalt von Geschirrspülmaschinen angeboten. Zu den Qualitätskriterien gehören eine ausreichende Reinigerleistung sowie ein sparsamer Energie- und Wasserverbrauch. Den allgemeinen Aufbau eines Geschirrspülers zeigt **Abb. 4.10**. In der Maschine laufen nacheinander ein Vor- und ein Hauptwaschgang, ein Klarspülgang und die Trocknung ab, wobei auch verschiedene Temperaturprofile eingestellt werden können.

Der Energieverbrauch ist in den letzten 25 Jahren um rund 60 Prozent gesunken und beträgt heute noch rund eine Kilowattstunde pro Reinigungsvorgang. Noch drastischer, nämlich um etwa 80 Prozent, konnte in diesem Zeitraum der spezifische Wasserverbrauch verringert werden, er beträgt heute noch 14 Liter, in bestimmten Fällen sogar 12 Liter pro Maschinenwäsche (**Abb. 4.11**).

Der Spülbehälter ist aus Chrom-Nickel-Stahl gefertigt, das Gehäuse aus lackiertem oder emailliertem Stahlblech. Neben technischen Maßnahmen zur Geräuschdämmung werden auch schalldämmende Materialien eingesetzt. Wesentliche Bauteile sind die Geschirrkörbe zum Einordnen des Spülguts und die Sprüharme, die durch den beim Austritt des Wassers entstehenden Rückstoß in Bewegung gesetzt werden.

Die Dosiereinrichtungen für den Reiniger, den Klarspüler und das Regeneriersalz entsprechen der Anwendung mehrkomponentiger Produktsysteme zum maschinellen Geschirrspülen. Während der Reiniger für jeden Geschirrspülgang getrennt in die Dosier-

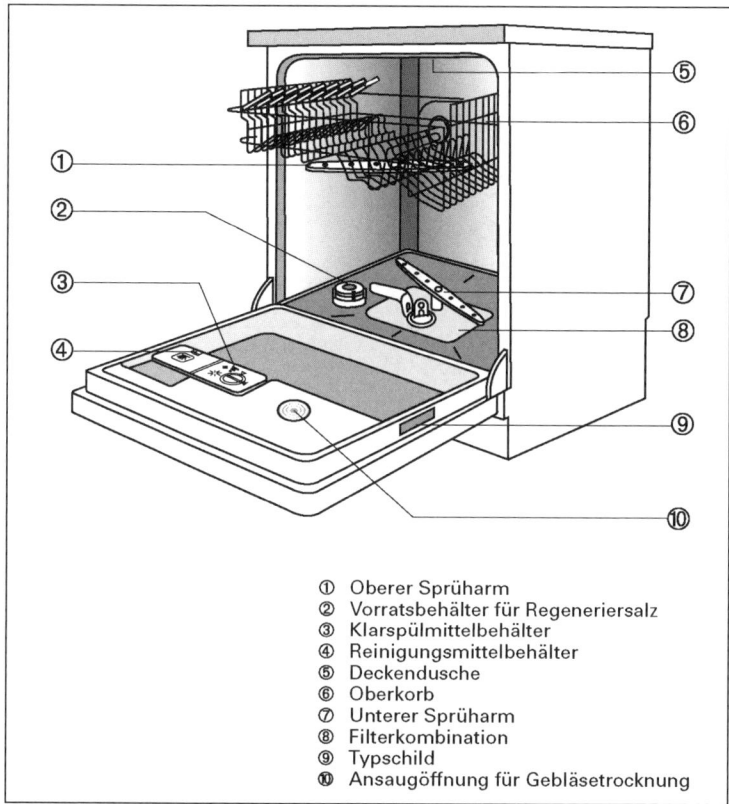

Abb. 4.10: Allgemeiner Aufbau einer Geschirrspülmaschine

kammer eingebracht wird, werden Klarspüler und Regeneriersalz auf Vorrat beschickt und automatisch abgerufen.

Die Wasserführung ist in **Abb. 4.12** gezeigt. Das über ein Magnetventil einlaufende Wasser wird zunächst in die so genannte Wassertasche, eine Art Kammersystem, geführt. In die Wassertasche integriert ist die »freie Fließstrecke«, die verhindert, dass Wasser aus der Geschirrspülmaschine in das Frischwasserleitungsnetz zurück fließen kann. Zur Beheizung des Wassers dienen Durchlauferhitzer außerhalb des Innenraums oder ein Rohrheizkörper am Boden des Spülbehälters. Eine Umwälzpumpe saugt an der tiefsten Stelle des Spülbehälters das Wasser durch eine Filterkombination an und drückt es durch die Düsen der rotierenden Sprüharme. Die Filterkombination besteht mindestens aus Grob-, Fein- und Mikrofilter und dient der Rückhaltung des Partikelschmutzes. Eine Ablaufpumpe sorgt für das Abpumpen des Schmutzwassers.

Um die Maschine und das Spülgut vor dem Verkalken zu schützen, wird das Wasser enthärtet. Dazu fließt es durch einen Ionenaustauscher (Enthärter), in dem Calcium- und

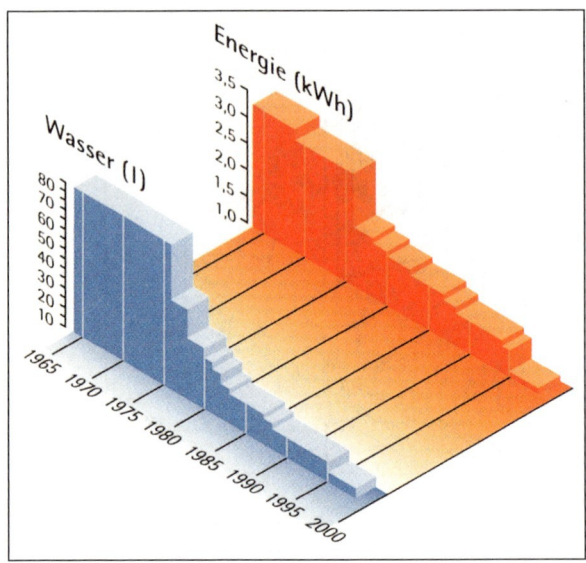

Abb. 4.11: Entwicklung des Wasser- und Energieverbrauchs von Geschirrspülmaschinen

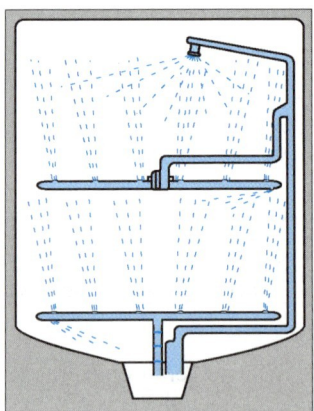

Abb. 4.12: Wasserführung in einer Geschirrspülmaschine

Magnesiumionen des Leitungswassers durch Natriumionen ersetzt werden. Damit der Enthärter voll funktionsfähig bleibt, fließt Wasser durch den Salzvorratsbehälter und tritt als gesättigte Kochsalzlösung in den Enthärter über. Zu Beginn eines Spülprogramms wird der Enthärter automatisch durchgespült, so dass Calcium- und Magnesiumionen direkt mit dem Wasser abgepumpt werden. **Abb. 4.13** gibt ein Beispiel für mögliche Programmabläufe wieder.

Die Programmsteuerung kann elektromechanisch oder elektronisch erfolgen. Jedes Spülprogramm ist in verschiedene Spülgänge untergliedert, die durch den Wasserwech-

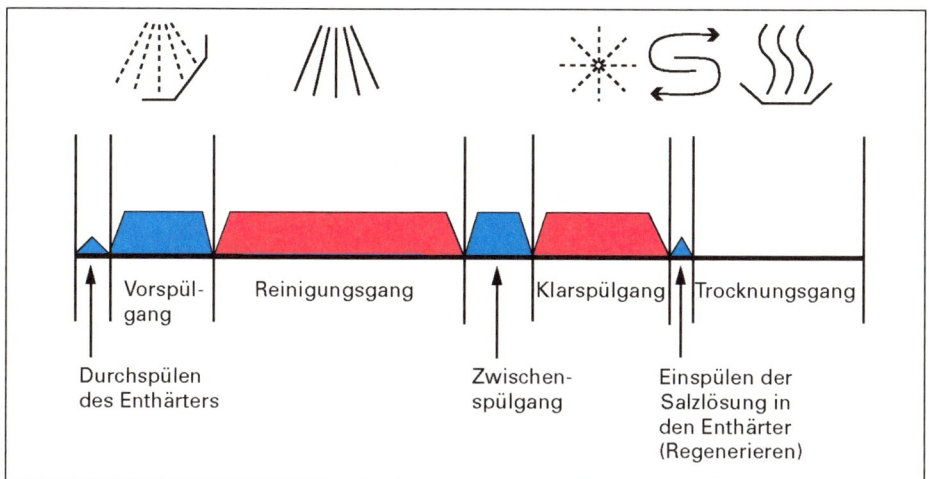

Abb. 4.13: Beispiel für einen Programmablauf

sel begrenzt werden. Die Programme unterscheiden sich in der Kombination und Anzahl der Spülgänge, der Temperatur beim Reinigen, der Art der Trocknung und in der Gesamtdauer des Programmablaufs.

Den Trend bei Geschirrspülern bestimmt der zunehmende Einsatz von Elektronik. Damit werden sowohl der Gebrauchsnutzen gesteigert als auch Verbrauchswerte und Geräuschemissionen verringert. Konstante Spülprogramme verlieren an Bedeutung. Die Programmabläufe variieren je nach Beladung und Verschmutzungsgrad. Darüber hinaus ist das Angebot an herausnehmbaren oder -klappbaren Teilen im Unter- und/oder Oberkorb größer geworden.

Automatikprogramme versprechen ein Maximum an Bedienkomfort und noch weiter verringerte Strom- und Wasserverbräuche. Sensoren ermitteln Geschirrmenge, Geschirrart und Verschmutzungsgrad und stimmen Wassermenge, Temperatur und das Programm darauf ab. Bei der Beladungserkennung von Geschirrspülern wird ermittelt, wie viel Wasser vom Geschirr zurückfließt. Daraus errechnet die Elektronik schon während des ersten Einspülens die auf die Beladung abgestimmte Wassermenge (Fuzzy Logic).

Des Weiteren ermöglicht die Elektronik verschiedener Geschirrspüler, den Verschmutzungsgrad des Spülwassers nach dem Vorspülgang und teilweise auch vor dem Klarspülgang mit Hilfe eines Trübungssensors zu messen (**Abb. 4.14**). Dabei kann festgestellt werden, ob ein neuer Frischwasser-Einlauf erforderlich ist oder das vorhandene Wasser weiter benutzt werden kann. Im Programm einiger Hersteller steuert der Trübungssensor bedarfsgerecht auch die Temperatur.

Bei der dualen Sensortechnik misst der Leitsensor den Trübungsgrad des Wassers, der Reflektionssensor die Anzahl der festen Schmutzteilchen (**Abb. 4.15**). Alle zehn Sekun-

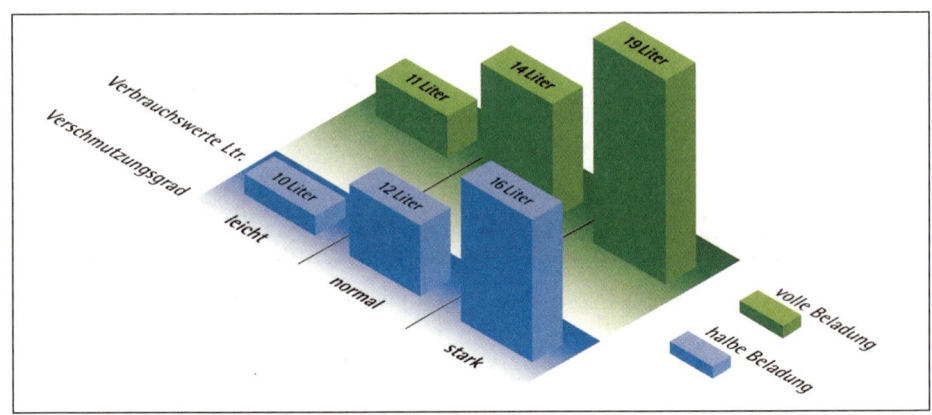

Abb. 4.14: Trübungsgrad sehr gering: normal spülen, Trübungsgrad hoch: mehr und länger spülen

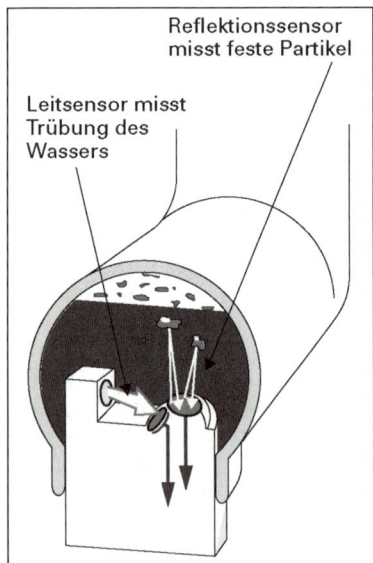

Abb. 4.15: Duale Sensortechnik

den werden die Werte neu bestimmt und an einen Mikroprozessor übertragen. Dieser stellt die Parameter Wassermenge, Energie und Zeit während des gesamten Programms kontinuierlich ein, d.h. sie werden auf die Verschmutzung des Geschirrs abgestimmt.

Um Geschirrspüler in ihrem Fassungsvermögen vergleichen zu können, sind Anzahl und Größe einzelner Geschirrteile in einem so genannten Maßgedeck nach EN 50 242

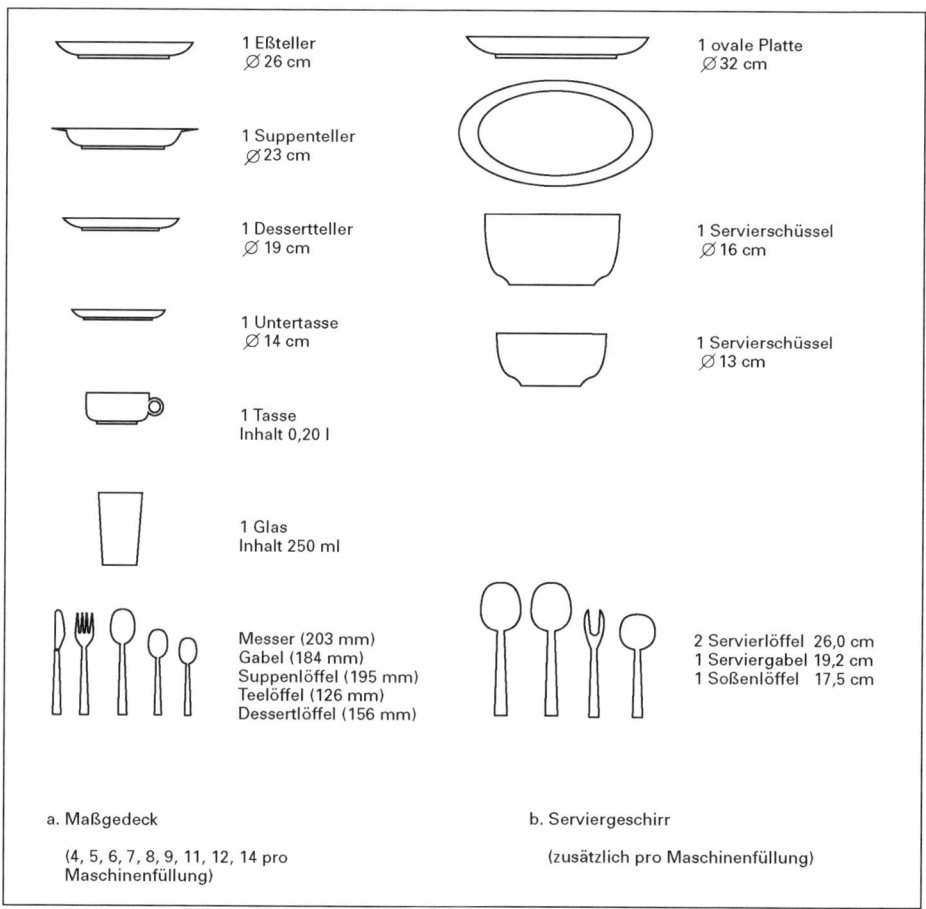

Abb. 4.16: Maßgedeck und Serviergeschirr nach EN 50 242

festgelegt (**Abb. 4.16**). Die Beladungsmenge eines Geschirrspülers wird mit der Anzahl an Maßgedecken einschließlich des zugehörigen Serviergeschirrs angegeben.

4.2.8 Schmutzarten

Da beim maschinellen Geschirrspülen die Chemie des Reinigens von größerer Bedeutung als der mechanische Anteil ist, müssen die Inhaltsstoffe der Reiniger stärker auf die verschiedenen Schmutzarten abgestimmt sein. **Tab. 4.9** zeigt eine Einteilung von Lebensmittelanschmutzungen auf Haushaltsgeschirr.

Pro Spülgang wird mit durchschnittlich 30 g Schmutz gerechnet.

Tab. 4.9: Einteilung von Lebensmittelanschmutzungen auf Haushaltsgeschirr [4.6]

Anschmutzungsklasse	Praxisbeispiele	Wirksame Inhaltsstoffe
Farbige, bleichspezifische Anschmutzungen	Tee, Ketschup, Karottensaft, Curry, Safran, Lippenstift	Bleichmittel, Phosphat (Herauslösen von Ca-Ionen)
Hartnäckige, angebrannte Anschmutzungen	Fleisch, Pudding, Milch, Aufläufe – jeweils angebrannt	Phosphat, Silicat, Carbonat (Alkalität)
Angetrocknete, stärkehaltige Anschmutzungen (amylasespezifisch)	Haferbrei, stärkehaltige Soßen, Aufläufe (Nudeln, Reis, Kartoffeln, Teigreste, Anbackungen)	Enzyme (Amylasen), Phosphat
Angetrocknete, eiweißhaltige Anschmutzungen (proteasespezifisch)	Eigelb, Aufläufe (Käse, Fleisch, Ei)	Enzyme (Proteasen)

4.2.9 Spülgut

Beim maschinellen Spülen werden andere Anforderungen an Geschirr, Glas, Bestecke, Töpfe und Pfannen gestellt als beim Spülen von Hand. Bruchgefahr bei Porzellan und Glas infolge des Wasserdrucks im Geschirrspüler besteht nicht. Beschädigungen können jedoch durch unsachgemäßes Ein- und Ausräumen entstehen. Gerade und glatte Formen erleichtern das Einsortieren und begünstigen ein gutes Reinigungs- und Trockenergebnis.

Für Geschirr werden in der Praxis die Begriffe »spülmaschinenfest« und »spülmaschinengeeignet« verwendet. Genormte Prüfanforderungen für diese Begriffe bestehen bisher nicht. Die bereits gegenüber heißem Wasser und carbonathaltigen Reinigern zu empfindlichen Aufglasdekore sind zwar gegen Disilicat-Reiniger wegen einer Deckschichtbildung stabil, doch müsste das mit einer extremen Glaskorrosion erkauft werden und bleibt deshalb ohne praktische Bedeutung.

Auch bei Glas gibt es noch keine gültige Norm für das Kriterium »spülmaschinenfest«. Während bei Behältergläsern und Koch- und Backgeschirr aus Glas oder Glaskeramik Veränderungen seltener beobachtet werden, kann es bei Kristall- und Bleikristallgläsern aus unterschiedlichen Ursachen zu Belägen, zu Irisierungen (schillernden Verfärbungen) oder Trübungen kommen.

Hinsichtlich der Spülmaschinenfestigkeit von Essbestecken liegen Güte- und Prüfbestimmungen des Deutschen Instituts für Gütesicherung (RAL) vor. Die Aussage »Spülmaschinenfest nach RAL-RG 604« setzt einen bestandenen Dauertest über 1000 maschinelle Reinigungsgänge voraus.

Kunststoffteile können sich bei Spülmaschinen mit frei liegenden Heizschlangen leicht verformen, wenn sie im unteren Spülkorb platziert werden; sie sollten daher immer im oberen Korb eingeordnet werden. In Gegenwart farbgebender Lebensmittel (Tomatensaft, Ketschup, Karotten, Rote Beete, Rotkohl) können Anfärbungen eintreten, die sich meist nur mit einem aktivchlorhaltigen Reiniger beseitigen lassen.

Holz wird unter den Bedingungen des maschinellen Spülens ausgelaugt und an der Oberfläche aufgeraut, Verleimungen lösen sich auf, weil die Spülflotte natürliche Inhaltsstoffe entzieht. Vorhandene Lacküberzüge schützen nicht vor derartigen Veränderungen, denn sie verspröden durch maschinelles Spülen. In den meisten Fällen empfiehlt sich, Gebrauchsgegenstände aus Holz von Hand zu spülen.

4.2.10 Reinigungsleistung

Früher wurden zur Prüfung maschineller Reiniger Methoden eingesetzt, die aus Untersuchungen zur Bewertung der Reinigungsleistung von Spülmaschinen abgeleitet sind. Damit konnte jedoch das Reinigungsprofil der neuen enzymhaltigen Kompaktreiniger nicht vollständig beschrieben werden [4.10].

Als eine besonders kritische Verschmutzung erwiesen sich Teereste (Teehaut, Teestein) in Gläsern oder Porzellantassen, vor allem bei Einsatz der ersten Generation der niederalkalischen Reiniger. Teeflecken bestehen aus einem wasserunlöslichen Niederschlag von Gerbsäure mit Calcium- und Magnesiumionen, in den zusätzlich Kalk eingelagert ist.

Schon bald wurde eine Reihe von Methoden zur Bestimmung von Teerückständen entwickelt ([4.7] bis [4.9]). Eine wichtige Voraussetzung für aussagekräftige Ergebnisse ist auch die reproduzierbare Simulation der Teeanschmutzungen. Dabei zeigte sich, dass die Bildung der Teehaut von der Carbonathärte des zum Aufbrühen verwendeten Wassers begünstigt wird. Da Phosphate die Calciumionen aus der Teehaut herauslösen und damit gewissermaßen die Matrix dieser Verschmutzung zerstören, liegt hier einer der Gründe für das überlegene Leistungsprofil dieses Inhaltsstoffs.

Nicht berücksichtigt werden durch die bisherigen Methoden die Schäden besonders an Gläsern [4.11] [4.12], Aufglasurdekors [4.13], Edelstahl und Silber [4.14], wie sie durch den Übergang von den klassischen, stark alkalischen Reinigern zur ersten Generation der niederalkalischen Reiniger aufgetreten waren. Es zeigte sich sehr schnell, dass – anders als beim Spülen per Hand – beim maschinellen Geschirrspülen das Spülgut als zusätzlicher Parameter zu berücksichtigen ist.

Eine Fehlerdiagnose für den Alltag ist in **Abb. 4.17** wiedergegeben [4.15]. Ist die Enthärtungsanlage nicht richtig eingestellt, können Kalkablagerungen zu Belägen führen, die sich durch Citronensäure oder Essig entfernen lassen. Die Trübungserscheinungen hängen mit dem Herstellungsprozess des Glases zusammen.

Schutz gegen Glaskorrosion

Will man Gläser maschinell spülen, ist möglichst ein Schonprogramm zu wählen. Die auf 40°C bis 45°C erniedrigte Temperatur reicht jedoch kaum aus, um gleichzeitig normal verschmutztes Ess- und Kochgeschirr zufriedenstellend zu reinigen. Angetrocknete Stärkereste verlangen eine Mindesttemperatur von 55°C. Selbst Amylase enthaltende Reiniger erlauben keine niedrigere Temperatur.

Es ist zu empfehlen, dekorierte und daher besonders empfindliche Gläser manuell zu spülen und nur weniger wertvolle Gebrauchsgläser maschinell zu reinigen.

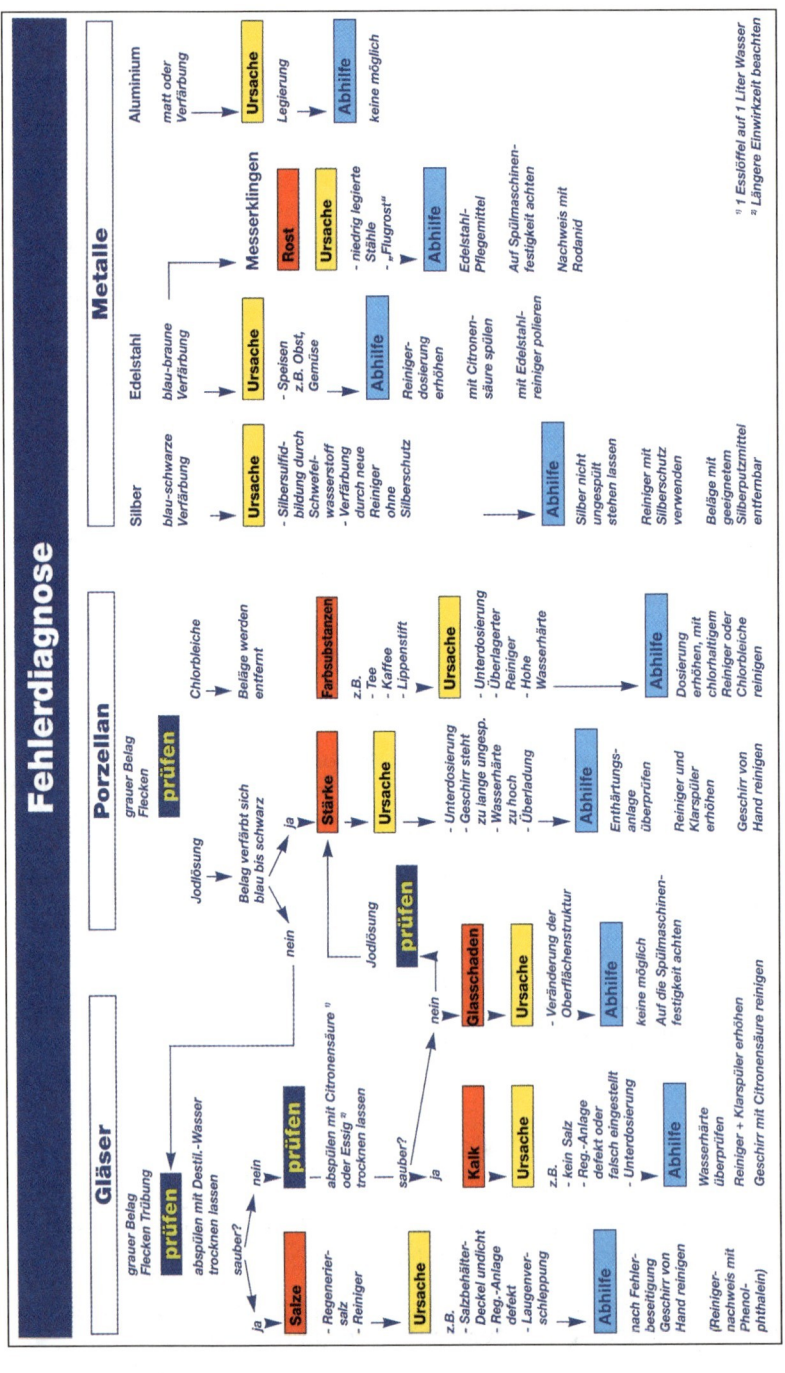

Abb. 4.17: Fehlerdiagnose für Gläser, Porzellan und Metalle

Die Erfahrung lehrt, dass Gläser die Geschirrspülmaschine nicht immer geruchsfrei verlassen. Obwohl Glas als inertes Verpackungsmaterial gilt, hält es gewisse Aromastoffe zurück. Werden leere Gläser über längere Zeit geschlossen aufbewahrt, kann man das frühere Füllgut, z.B. Gewürzgurken oder Honig, anhand des charakteristischen Geruchs identifizieren. Solche Geruchsstoffe gehen auf empfindliche Lebensmittel wie schwarzen Tee oder Butter über.

Da erwärmtes Glas – ausgenommen Glaskeramik – auf plötzliche Abkühlung empfindlich reagiert, müssen plötzliche Temperatursprünge vermieden werden. Deshalb wird die Spülflotte in der Geschirrspülmaschine in mehreren Schritten durch portionsweisen Zulauf kalten Wassers allmählich abgekühlt, bevor kaltes Wasser für die Zwischenspülung einläuft.

Nach der Trockenphase ist das Geschirr noch warm. In diesem Zustand sollten Gläser, Tassen und Schüsseln oder ähnlich geformte Hohlteile nicht ineinander gestapelt werden. Während des Abkühlens ziehen sich die Teile zusammen und könnten sich sonst ineinander verkeilen, was zu mechanischen Schäden führen würde.

Ein besonderes Problem bei Gläsern ist auch die so genannte Mundrandkorrosion, bedingt durch einen erhöhten Anteil von Ionen und von Spannungen in diesem Oberflächenbereich. Die heute wichtigste Gegenmaßnahme besteht darin, das Wasser in der Geschirrspülmaschine nicht vollständig zu enthärten. Das wird in der Praxis dadurch realisiert, dass ein Teil des in die Geschirrspülmaschine einlaufenden Wassers an der Enthärtungskammer vorbei geführt wird. Alternativen sind spezielle Silicat-Polymer-Mischungen als Additive im Reiniger und speziell zusammengesetzte so genannte Glassteine, die einfach an die Innenseite des unteren Spülkorbs in der Geschirrspülmaschine gehängt werden (**Abb. 4.18**).

Der Glasstein besteht aus einem Alkali-Zink-Phosphatglas, das im Vergleich zu normalen Haushaltsgläsern eine sehr viel geringere Wasserbeständigkeit aufweist und sich daher im Laufe von ca. 50 Spülgängen abhängig von den spezifischen Spülbedingungen

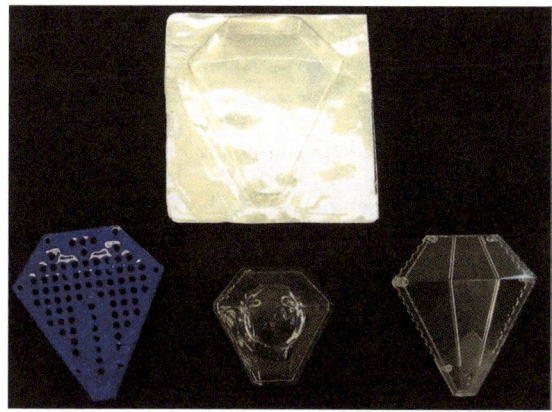

Abb. 4.18: Glasstein zum Vermeiden von Glaskorrosion

nach und nach auflöst. Damit werden während des gesamten Spülprozesses bedarfsgemäß Bestandteile frei gesetzt, die gegen Glaskorrosion schützen. Dies sind vor allem Calcium-, Silicium- und Zink-Ionen. Eine bereits vorher eingetretene Korrosion kann aber nicht rückgängig gemacht werden.

Geschädigte Glasoberflächen können sich im Gleichgewicht mit dem Inneren des Festkörpers langsam regenerieren. Auch wird von Umlufttrocknung abgeraten, da Glasoberflächen von heißer, feuchter Luft zusätzlich geschädigt werden. Zudem sollte man nach Ende des jeweiligen Programms die Gerätetür für ein bis zwei Minuten öffnen, damit der heiße Dampf abziehen kann und keine empfindlichen Glasteile schädigt. Nach dem vollständigen Abkühlen kann dann die Maschine ausgeräumt werden.

Reinigen von Edelstahl und Aluminium

Stark verschmutzte Töpfe bereiten beim maschinellen Spülen vielfach Probleme. Bevorzugt am Boden, d.h. dort, wo der Wärmeübergang von der Heizquelle auf das Kochgut stattfindet, haften Rückstände besonders hartnäckig und bleiben gelegentlich zurück. Da das Spülprogramm mit einem Trockenvorgang endet, liegen diese Rückstände angetrocknet vor, was die notwendige Nachreinigung erschwert. Deshalb sollten Speisereste, falls sie erfahrungsgemäß auch durch ein Intensivprogramm nicht beseitigt werden können, vorher manuell entfernt werden. In aller Regel erfordert das eine intensive mechanische Behandlung. Um sie zu erleichtern, sollte man die Rückstände ausgiebig vorweichen. Keinesfalls dürfen scharfkantige Gegenstände, harte Scheuermittel oder Stahlwolle verwendet werden. Sie zerkratzen auch Edelstahl. Die beschädigten Oberflächen begünstigen beim späteren Gebrauch der Töpfe Ablagerungen von Kochgutanteilen.

Auch an gespülten Gabeln haften gelegentlich noch Speisereste. Als kritische Stelle erweist sich der obere Zinkenansatz. Fertigungsbedingt raue Innenkanten der Gabelzinken begünstigen haftende Rückstände. Die an diesen Stellen zurückbleibenden Speisereste können nur von Hand entfernt werden.

Empfindlicher als Edelstahl ist Aluminium gegen mechanische Beschädigung. Deshalb ist es besonders wichtig, festgebackene Teigreste auf Backblechen mit Wasser aufzuweichen statt sie abzukratzen. Werden Aluminiumoberflächen gescheuert, erkennt man den eintretenden Abrieb an der schwarzen Verfärbung eines weißen Papiers, mit dem man die Oberfläche abwischt.

Die an Aluminium gelegentlich zu beobachtende Dunkelfärbung, die bis zur vollkommenen Schwärzung reichen kann, geht auf in die oxidierte Oberfläche eingelagerte Aluminiumpartikel zurück. Sie kann schon durch reines Leitungswasser hervorgerufen werden. Deshalb hat sich für diese Verfärbung der Begriff »Brunnenwasserschwärzung« eingeführt. Beim maschinellen Spülen deutet die dunkle Verfärbung der ursprünglich hellen Oberfläche auf zu geringe Dosierung des Maschinengeschirrreinigers hin. Um solche Verfärbungen zu verhüten, kann man das blanke Aluminium vor dem ersten Gebrauch für einige Zeit in heiße Sodalösung (2,5 g/L, 75 bis 85°C) eintauchen.

Anlaufen von Silber

Auch an Silber sind Verfärbungen bekannt. Sie entstehen durch Reaktion mit Schwefelverbindungen wie Mercaptanen oder schwefelhaltigen Aminosäuren in Lebensmitteln. Selbst geringe Spuren von Schwefelwasserstoff in der Luft lassen Silber »anlaufen«. Empfindlicher als reines Silber ist in dieser Hinsicht die Silber-Antimonlegierung, die einen harten Überzug auf Bestecken bildet. Schwefelhaltige Reaktionsschichten auf Silber können durch Spülmittel nicht entfernt werden. Dazu werden spezielle Silberputzmittel oder Putztücher benötigt. Diese entfernen nicht nur den matten Reaktionsfilm, sondern tragen auch sehr geringe Mengen des darunter liegenden Metalls ab. Gleichzeitig sollen sie jedoch vor erneutem Anlaufen schützen. Eine weitere Methode, den sulfidischen Film zu beseitigen, besteht darin, die Besteckteile in eine erwärmte Kochsalzlösung zu tauchen. In Gegenwart von Aluminium (zugegeben als Folie) werden die Silber-Schwefel-Verbindungen reduziert und der ursprüngliche Glanz wiederhergestellt.

Beim maschinellen Geschirrspülen war das Anlaufen von Silber auch durch den Übergang von der Bleiche mit organischen Chlorverbindungen auf die Sauerstoffbleiche und das gleichzeitige Absenken des pH-Werts bedingt, da sich dadurch die Oxidationspotenziale verschoben hatten. Dieses Problem wurde durch die Zugabe so genannter Silberschutzmittel (zunächst Manganionen in sehr niedriger Konzentration, heute im Wesentlichen spezielle Triazolverbindungen) gelöst.

In **Abb. 4.19** wird gezeigt, welche chemischen Vorgänge beim Anlaufen von Silber eintreten. Unter dem Einfluss von schwefelhaltigen Verbindungen (Speiseresten) bildet

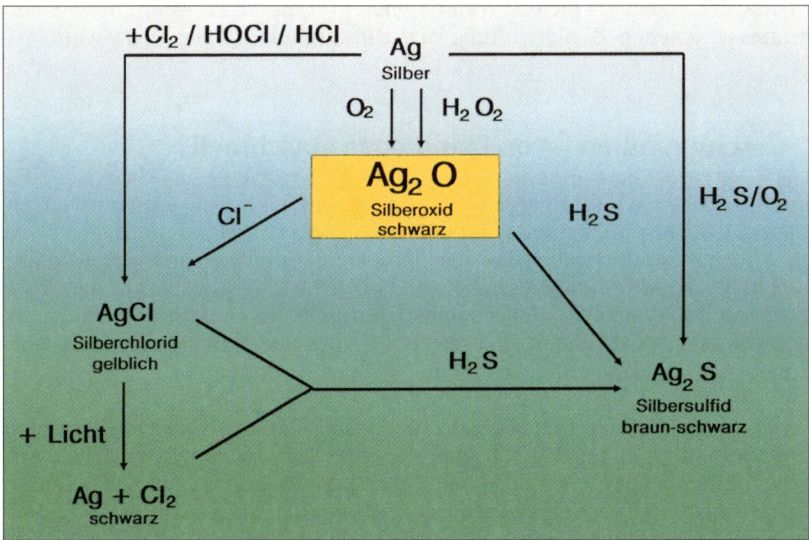

Abb. 4.19: Chemische Vorgänge beim Anlaufen von Silber

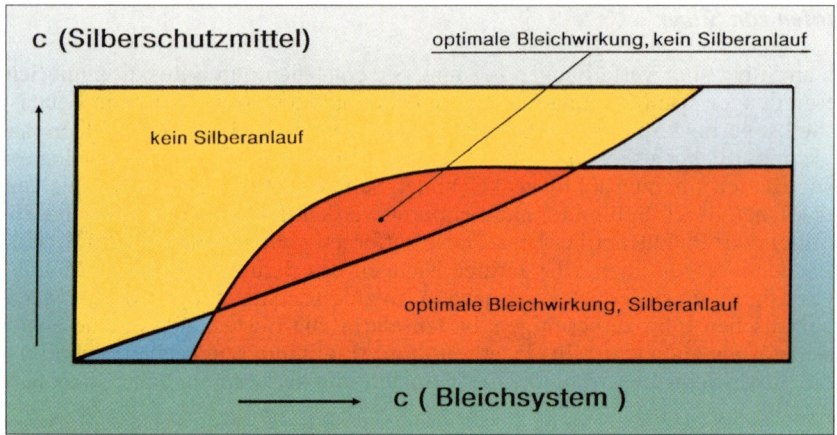

Abb. 4.20: Kompromiss zwischen Konzentration der Sauerstoffbleiche und pH-Wert

sich aus metallischem Silber braun-schwarzes Silbersulfid (Ag$_2$S). Luftsauerstoff oder sauerstoffhaltige Bleichmittel reagieren mit Silber zu schwarzem Silberoxid (Ag$_2$O) oder Silbersuboxiden, die sich in Folgereaktionen zu gelblichem Silberchlorid (AgCl) umsetzen können. Silberchlorid kann sich unter bestimmten Bedingungen aber auch aus aktivchlorhaltigen Bleichmitteln und Silber bilden. Silberchlorid, das zunächst als weißlicher Belag auf den Silberteilen erscheint, ist nicht lichtbeständig und zersetzt sich zu grauem bis schwarzem Silber.

Um die aus der Sauerstoffbleiche resultierenden Probleme zu lösen, musste auch ein Kompromiss zwischen Bleichwirkung und Silberschutz eingegangen werden (**Abb. 4.20**).

4.3 Geschirrspülen – von Hand oder maschinell?

Arbeitszeit-, Wasser- und Energiebedarf sind vom täglichen Aufkommen an verschmutztem Geschirr abhängig. Während das Spülen von Hand oft mehrmals täglich erfolgt, wird im Geschirrspüler das verschmutzte Geschirr von mehreren Mahlzeiten gesammelt, bis die Maschine möglichst voll beladen ist. Vergleicht man die Arbeitszeit für das Geschirrspülen eines Vier-Personen-Haushalts, so sind für das Spülen und Abtrocknen von Hand 60 Minuten anzusetzen. Das Be- und Entladen eines Geschirrspülers nimmt etwa 15 Minuten in Anspruch.

Seit 1. Dezember 1999 ist auch in Deutschland die Energieverbrauchs-Kennzeichnung für Geschirrspülmaschinen Pflicht. Das Ziel der Kennzeichnung besteht darin, den Energieverbrauch eines Geräts in Abhängigkeit von der Leistung darzustellen, so dass Vergleiche zwischen verschiedenen Produkten möglich sind. **Abb. 4.21** zeigt das so genannte Energielabel (»Etikett«) für Geschirrspüler. Dazu gibt es in den Prospekten jeweils noch eine Produktbeschreibung in Tabellenform (Datenblatt).

Energieeffizienzklasse, Reinigungswirkungsklasse und Trockenwirkungsklasse sind genormt. Der jeweilige Buchstabe auf dem Etikett steht für einen bestimmten Index, der im Einzelnen ermittelt wird.

Nach einer Zusammenstellung der Hauptberatungsstelle für Elektrizitätsanwendung (HEA), jetzt Fachverband für Energie-Marketing und -Anwendung beim VDEW, ergeben sich die in **Tab. 4.10** dargestellten Werten.

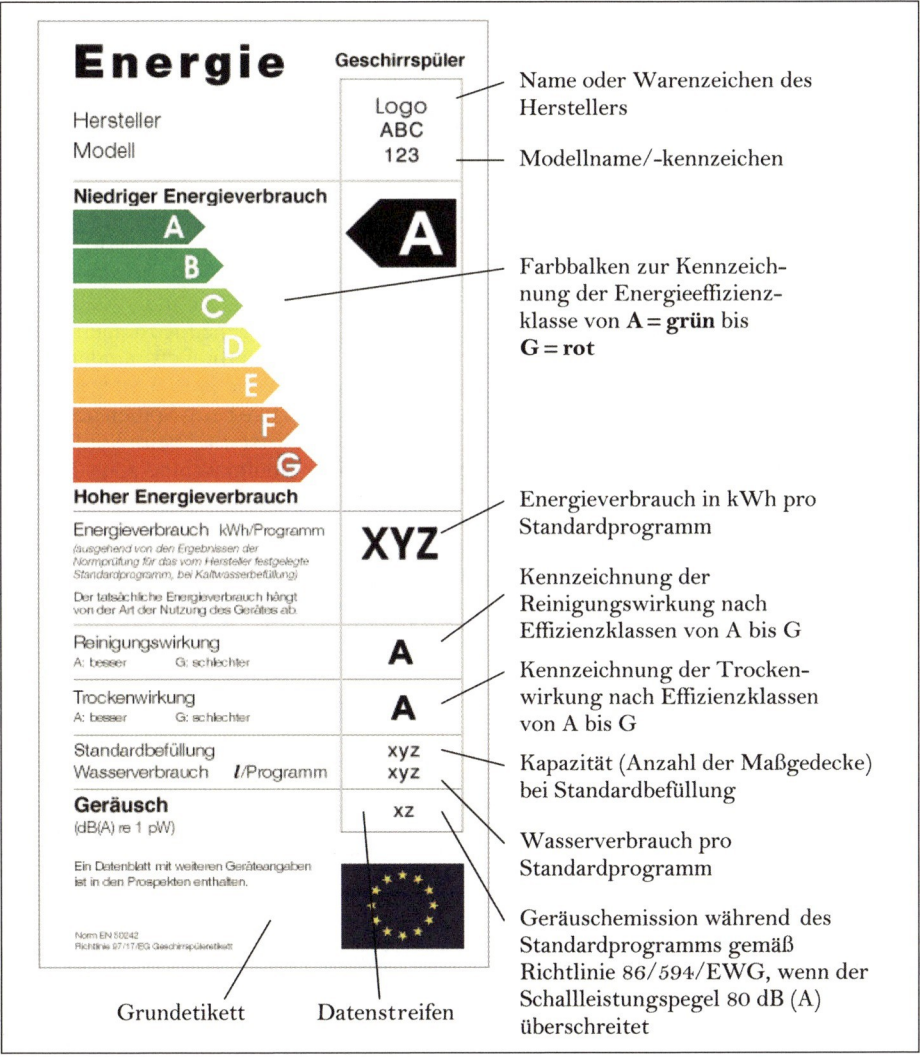

Abb. 4.21: Energielabel für Geschirrspülmaschinen

Tab. 4.10: Wasser- und Stromverbrauch für verschiedene Geschirrspüler (nach HEA)

Geschirrspüler Breite in cm	Maßgedecke	Wasserverbrauch in L	Stromverbrauch in kWh	Dauer in min
60	11 bis 14	10 bis 20	1,05 bis 1,5	65 bis 106
45	8 bis 9	10 bis 18	0,74 bis 1,2	60 bis 80

Bei Ausnutzung des vollen Fassungsvermögens liegt der spezifische Verbrauch bei 60 cm breiten Geschirrspülmaschinen niedriger als bei 45 cm breiten Geräten. Eine 60 cm breite Geschirrspülmaschine mit einer Teilbeladung ist jedoch unwirtschaftlicher als ein voll beladenes 45 cm breites Gerät. Einige Geräte ermöglichen, kleine Geschirrmengen auf einer Ebene im Oberkorb zu reinigen. Dies führt ebenso wie bei Geräten mit Beladungserkennung zu geringeren Verbrauchswerten.

Das Ergebnis neuer, umfassender Studien [4.16] besagt, dass heute das Geschirrspülen in der Maschine ökonomisch und ökologisch dem Spülen von Hand, wie es vom durchschnittlichen Verbraucher praktiziert wird, deutlich überlegen ist (vgl. bereits [4.17]) **(Tab. 4.11)**. Dies gilt auch, wenn man die Schwankungen durch die individuelle Gestaltung des Spülprozesses und die möglicherweise stark gestiegenen Kosten einzelner Ressourcen bei der Kostenstruktur mit einbezieht. Drastische Verbrauchsminderungen bei Wasser und Strom haben in den letzten Jahren deren erhebliche Preissteigerungen beim maschinellen Spülen in etwa kompensiert, während letztere beim Spülen per Hand voll durchschlagen. Auch der Vergleich des Aufwands für Hilfsmittel beim Spülen von Hand (Spülutensilien) mit den Amortisationskosten einer Spülmaschine zeigt Kosten ähnlicher Größenordnung **(Tab. 4.12)**.

Da das Spülen von Hand sicher nicht überflüssig werden wird, gilt es auch hier, die Prozesse zu optimieren. Im Rahmen von jährlichen bundesweiten Aktionstagen »Nachhaltiges (Ab-)Waschen« wird inzwischen erfolgreich versucht, das Thema einer brei-

Tab. 4.11: Kostenvergleich [Euro] – Basis: 2005 – Spülen von 12 Maßgedecken per Hand und in einer neuen, effizienten Spülmaschine (*Quelle:* R. Stammminger, Univ. Bonn 2006 [4.16])

Betriebsmittel	Durchschnittskosten	Spülen mit	
		Maschine	Hand
Wasser	3,98 Euro/m^3	0,05	0,29
Energie (Strom)	0,18 Euro/kWh	0,21	0,32
Reiniger	2,21 Euro/kg	0.07	–
Klarspüler	2,32 Euro/L	0,01	–
Salz	0,55 Euro/kg	0,01	–
Handspülmittel	1,34 Euro/L	–	0,05
	Summe	**0,35**	**0,66**

Tab. 4.12: Investitionskostenvergleich Spülutensilien (Austausch) vs. Geschirrspüler (Amortisation) (*Quelle:* R. Stamminger, Univ. Bonn 2006 [4.16])

Spülutensilie (jeweils 1 Stück)	Häufigkeit des Austauschs	Kosten [Euro] je	Kosten [Euro]/Jahr
Spültuch	alle 2 Monate	1,20	7,20
Paar Handschuhe	pro Monat	1,00	12,00
Handcreme	alle zwei Monate	2,00	12,00
Handtuch	pro Jahr	3,00	3,00
Waschgang	pro Vierteljahr	1,00	4,00
Bürste	pro Halbjahr	2,00	4,00
Scheuerschwamm	pro Monat	0,70	8,40
		Summe pro Jahr	*50,60*
Investitionskostenvergleich – 12 Maßgedecke [Euro]			
Spülen von Hand Durchschnittshaushalt: 3 Maßgedecke pro Tag, 2 Personen			0,28
Maschinelles Spülen – Amortisation Geschirrspüler Anschaffung: 500 Euro, Nutzung: 2000 Spülgänge – ca. 10 Jahre			0,25

teren Öffentlichkeit nahe zu bringen [4.18] und notwendige Tipps zum Spülen von Hand und in der Maschine zu geben (www.aktionstag-nachhaltiges-waschen.de).

4.4 Literatur

Allgemeine, weiterführende Literatur

T. Müller-Kirschbaum, J. Härer, C. Nitsch, Neue Entwicklungen auf dem Gebiet der maschinellen Geschirrspülmittel, *38. Internationale wfk Referatetagung, Krefeld, 5. bis 7. Mai 1998, Referate-Band*, S. 186, wfk-Forschungsinstitut für Reinigungstechnologie e. V., Krefeld, **1998**.

Hauptberatungsstelle für Elektrizitätsanwendung – HEA – e. V. (Hrsg.), *Bilderdienst 6.6 Geschirrspüler, 6. Aufl.*, Verlags- und Wirtschaftsgesellschaft der Elektrizitätswerke mbH (VWEW), Frankfurt a. M., **1999**.

R. Bayersdörfer, Beate Stark, *Henkel informiert: Maschinelles Geschirrspülen; Henkel informiert: Wie erreiche ich ein gutes Spülergebnis?* Düsseldorf, **2001**.

Reckitt Benckiser, *Spülfibel*, Mannheim, **2000**.

Geschirrspüler-Tabs, *test Jahrbuch* **2001**, 24, und *test* **2001**, H. 2, 40.

Karin Mohr, Neue Entwicklungstrends im Bereich Handgeschirrspülmittel, *Vortrag auf der II. Intern. Fresenius Fachtagung Wasch- und Reinigungsmittel 2002 in Bad Neuenahr* – ref. in *SÖFW J.* **2002**, 128, H. 6, 84-93.

Spezielle Literatur

[4.1] C. Nitsch, G. Hüttmann, Empfehlung zur Qualitätsbewertung der Reinigungsleistung von Handgeschirrspülmitteln, *SÖFW J.* **2002**, 128, H. 5, 23-29.

[4.2] Deutsche Gesellschaft für Fettwissenschaft e.V. – DGF (Hrsg.), *Deutsche Einheitsmethoden zur Untersuchung von Fetten, Fettprodukten, Tensiden und verwandten Stoffen, Grundwerk, 1. Aufl. einschl. 1.-6. Lieferung zur 2. Aufl.*, Wissenschaftliche Verlagsgesellschaft mbH, Stuttgart, **2000**.

[4.3] DIN 53 902, B. 1 und Bl. 2.

[4.4] H.G. Hauthal, 44. SEPAWA-Kongress 1997, *SÖFW J.* **1997**, 123, 937.

[4.4a] Sarah Ihne, Investigation of chemical and microbiological residues on dishes cleaned by hand and machine on basis of specific examples, *Schriftenreihe Haushaltstechnik Bonn*, Bd. 1/2006 (Hrsg. R. Stamminger), Bonn, **2006**.

[4.5] Elke Scholl, G. Meine, H.-J. Völkel, Flüssigkeitsablauf und Trocknungsverhalten von Spülmitteln und Reinigern auf harten Oberflächen, *Conf. Proc. 48. SEPAWA Kongress, Bad Dürkheim*, **2001**, S. 213-217.

[4.6] W. Buchmeier (für den IKW-Arbeitskreis Maschinengeschirrspülmittel), Methoden zur Bestimmung der Reinigungsleistung von maschinellen Geschirrspülmitteln, *SÖFW J.* **1998**, 124, 702 und 1022; Methoden zur Bestimmung der Reinigungsleistung von maschinellen Geschirrspülmitteln (Teil B, aktualisiert 2005), *SÖFW J.* **2006**, 132, H. 3, 55-70.

[4.7] B. Ohler, D. Auerswald, C. Maluche, C. Walz, Methoden zur Bestimmung von Teerückständen in Porzellantassen, *SÖFW J.* **1995**, 121, 439.

[4.8] G. Cerny, S. Rieg, Regina Schreyer, Teerückstände in Porzellantassen, Teil 1: Untersuchungen zur Bildung intensiver Teerückstände, *SÖFW J.* **1998**, 124, 314.

[4.9] G. Cerny, Monika Betz, Hannelore Meckl, Teerückstände in Porzellantassen, Teil 2: Entfernung intensiver Teerückstände durch Einsatz von Komplexbildnern, *SÖFW J.* **1999**, 125, H. 6, 58.

[4.10] Magdalene A. Hubbuch, K.G. Goodall, Menge und Zusammensetzung von Schmutzarten in deutschen Geschirrspülern – Vergleich zu Standard-Testbedingungen, *SÖFW J.* **1999**, 125, H. 10, 14.

[4.11] W. Buchmeier, P. Jeschke, R. Sorg, Korrosion von Kristall- und Wirtschaftsglas, *Glas-Ingenieur* **1995**, 5, H. 3, 68.

[4.12] B. Burg, J. Härer, P. Jeschke, H.-D. Speckmann, W. von Rybinski, Maschinelles Spülen und Korrosionsphänomene, *PdN-Ch.* **1996**, 45, H. 5, 2.

[4.13] W. Buchmeier, H. Andree, J. Härer, P. Jeschke, R. Sorg, Untersuchungen zur Spülgutkorrosion beim maschinellen Geschirrspülen, *SÖFW J.* **1996**, 122, 398.

[4.14] B. Burg, J. Härer, P. Jeschke, D. Speckmann, W. v. Rybinski, Korrosionsphänomene an Silberoberflächen beim maschinellen Geschirrspülen, *SÖFW J.* **1994**, 120, 400.

[4.15] Benckiser-Service, *Calgonit/Calgon-Fibel*, Ausg. **2000**.

[4.16] R, Stamminger, Daten und Fakten zum Geschirrspülen per Hand und in der Maschine, *SÖFW J.* **2006**, 132, H. 3, 72-81.

[4.17] C. Gutzschebauch, J. Härer, P. Jeschke, R. Schröder, Dagmar Zaika, Geschirrspülen von Hand und in der Maschine – ein Systemvergleich, *Hauswirtschaft und Wissenschaft* **1996**, H. 2, 51.

[4.18] www.forum-waschen.de; www.aktionstag-nachhaltiges-waschen.de

5 Allzweckreiniger und Scheuermittel

Allzweckreiniger (auch als Allesreiniger oder Universalreiniger bezeichnet) gehören zu den am weitesten verbreiteten Reinigungsmitteln. Sie sind in mehr als der Hälfte der deutschen Haushalte zu finden. Allzweckreiniger eignen sich für die allgemeine Reinigung harter Oberflächen wie Fliesen und Kacheln in Wand- und Bodenbelägen, von Fensterrahmen, Türen, nichttextilen Fußböden und Arbeitsflächen aus verschiedensten Werkstoffen. Sie können für die meisten normalen Reinigungsbelange im Haushalt eingesetzt werden. Jedoch bieten sie nicht für jedes Reinigungsproblem die optimale Lösung.

Allzweckreiniger gehören zu den ältesten Produktgruppen bei den Reinigungsmitteln. Die ersten Handelsprodukte wurden auf Seifenbasis Anfang des zwanzigsten Jahrhunderts entwickelt. **Abb. 5.1** zeigt das Etikett des in den dreißiger Jahren weit verbreiteten pulverförmigen Allzweckreinigers *iMi*. In den fünfziger Jahren kamen pulverförmige Allzweckreiniger auf Basis moderner Tenside hinzu, etwa Mitte der sechziger Jahre begannen die ersten flüssigen Allzweckreiniger auf der gleichen Basis in Deutschland den Markt zu erobern.

Abb. 5.1: Allzweckreiniger *iMi* (1931)

Nach wie vor bilden Allzweckreiniger im europäischen Durchschnitt mit rund 26 Prozent, in Deutschland mit knapp 21 Prozent das größte Segment innerhalb der Reinigungsmittel für harte Oberflächen.

Scheuermittel haben einen eher schrumpfenden Markt. Das hat zum einen damit zu tun, dass im Haushalt immer empfindlichere Oberflächen zu reinigen sind, die man trotz der Entwicklung bei den Abrasiva hin zu schonenderen Schleifkörpern mechanisch nicht mehr so stark beanspruchen möchte, zum anderen damit, dass man Oberflächen häufig nicht mehr so stark verschmutzen lässt wie in früheren Zeiten.

5.1 Allzweckreiniger

Allzweckreiniger werden im Allgemeinen zur Reinigung großer Flächen (Tisch- und Arbeitsflächen, lackierte Holzoberflächen, Fliesenwände, nichttextile Fußböden, Treppen, Fensterrahmen, Heizkörper, Küchen- und Gartenmöbel) in stark verdünnter wässriger Lösung angewendet. In diesen Fällen muss nicht nachgewischt werden. Bei starken Verschmutzungen können Allzweckreiniger auch als konzentrierte wässrige Lösung oder unverdünnt eingesetzt werden, wobei dann nass nachgewischt werden muss, um Streifenbildung und Rückstände zu vermeiden.

5.1.1 Anforderungen an Allzweckreiniger

Die vielfältigen Anforderungen an Allzweckreiniger (s. **Tab. 5.1**) führen dazu, dass auf dem Markt zahlreiche Produktvarianten mit unterschiedlichen pH-Werten, mit und ohne Lösemittelzusätze, mit und ohne Bleiche sowie mit und ohne spezielle Hautschutzkomponenten angeboten werden. Die typische Zusammensetzung von Allzweckreinigern ist in **Tab. 5.2** aufgeführt.

Die physikalisch-chemische Reinigungsleistung der Allzweckreiniger beruht im Wesentlichen auf der Wirkung von Tensiden. Dementsprechend sind viele Reiniger auch relativ einfach zusammengesetzt (**Tab. 5.2**). Durch Zusatz geringer Mengen organischer

Tab. 5.1: Anforderungen an Allzweckreiniger

- Hohe Reinigungsleistung in verdünnter und in konzentrierter Form
- Materialverträglichkeit
- Gutes Netzvermögen
- Hohes Fettaufnahme- und Schmutztragevermögen
- Geringe Schaumentwicklung
- Rückstandsfreies und streifenfreies Trocknen der gereinigten Oberflächen
- Hohe Ergiebigkeit
- Hautverträglichkeit auch bei empfindlichen Personen
- Gutes Preis-Leistungsverhältnis
- Toxikologische Unbedenklichkeit
- Gute und schnelle biologische Abbaubarkeit aller organischen Inhaltsstoffe

Tab. 5.2: Typische Zusammensetzung von flüssigen Allzweckreinigern

Inhaltsstoff	Anteile in %		Funktion
	Konventionell	Konzentrat	
Tenside *darunter* Alkansulfonate (SAS) Alkylbenzolsulfonate (LAS) Alkylpolyglucoside (APG) Fettalkylethersulfate (FAES) Fettalkylethoxylate (FAEO)	5 bis 9	7 bis 17	Benetzung von Oberflächen und Schmutz, Ablösen von Fett und anderen Verschmutzungen
Builder *darunter* Trinatriumcitrat Natriumsalz der Nitrilotriessigsäure Natriumphosphonat Pentanatriumtriphosphat	0 bis 3	0 bis 5	Aufbrechen der Schmutzmatrix aus Calciumionen und Pigmenten, Komplexieren der Ca-Ionen
Lösemittel und Hydrotrope (Lösungsvermittler) *darunter* Ethanol Butylglykolether Natriumxylol- oder -cumolsulfonat	0 bis 5	0 bis 8	Verbesserte Beseitigung von Fett- und Ölschmutz, Produktoptik (klare Lösung)
Duftstoffe	< 1	< 1	Produktästhetik, Produktdifferenzierung
Farbstoffe	< 0,01	< 0,02	wie bei Duftstoffen
Konservierungsmittel			Vermeiden bakteriellen Befalls
Zusätzlich enthalten			
in sauren Allzweckreinigern			
Säuren *darunter* Essigsäure Citronensäure Maleinsäure		< 5 5 bis 10 (Essigreiniger)	Beseitigung kalkhaltiger Verschmutzungen
In schwach alkalisch eingestellten Allzweckreinigern			
Alkalien *darunter* Natronlauge Soda (pulverförmige Reiniger)		< 1	Verbesserte Beseitigung von Fett- und Ölschmutz

Säuren, im Allgemeinen Essigsäure oder Citronensäure (Essig- bzw. Citrusreiniger), lässt sich die Wirksamkeit gegenüber kalkhaltigen Verschmutzungen verbessern. Schwach alkalische Handelsprodukte sind etwas wirksamer gegen fetthaltige Verschmutzungen. Neben den Tensiden sind häufig noch wasserlösliche Lösemittel oder Lösungsvermittler enthalten.

Allzweckreiniger mit einem höheren Anteil an niederen Alkoholen, wie Ethanol, 1-Propanol oder 2-Propanol, nennt man auch »Alkoholreiniger«. Auch wasserunlösliche Lösemittel auf Basis etherischer Öle (»Orangenreiniger«) sind in einigen Allzweckreinigern zu finden, weil sich damit das Fettablösevermögen etwas verbessern lässt. In diesem Fall liegt eine Emulsion oder auch Mikroemulsion vor.

Hauptkomponente bei den Tensiden sind anionische Tenside. Häufig werden – vor allem wegen der synergistischen Wirkung – zusätzlich nichtionische Tenside, heute im Wesentlichen Alkylethoxylate, eingesetzt.

Eine Möglichkeit, das Leistungsvermögen von Reinigern zusätzlich zu erhöhen, besteht im gezielten Zusatz von speziellen Polymeren. Ein Beispiel ist der Einsatz von modifizierten Polyglykolethern [5.2] [5.3].

Obwohl sich in den letzten Jahren optisch transparente Formulierungen durchgesetzt haben, bei denen ein sichtbares Absetzverhalten von Inhaltsstoffen oder gar eine Phasentrennung als qualitätsmindernd beurteilt wurden, kamen jüngst Zweiphasenreiniger auf den Markt, die ausdrücklich als optisch/ästhetische Innovation bei gleichzeitig verbessertem Reinigungsvermögen ausgelobt werden [5.4]. In den zwei nicht oder nur teilweise mischbaren, unterschiedlich angefärbten Phasen (**Abb. 5.2**) sind wasser- bzw. fettlösliche Inhaltsstoffe enthalten, deren homogene Formulierung nicht ohne weiteres möglich ist. Das verbesserte Reinigungsvermögen wird dadurch erreicht, dass das Produkt bei der Anwendung gleichermaßen auf hydrophilen und hydrophoben Schmutz einwirkt.

Nahezu alle Allzweckreiniger enthalten Konservierungsmittel, die eine Keimfreiheit der Produkte bei sachgemäßer Anwendung durch den Verbraucher garantieren (vgl. Kap. 2.5).

Die Hersteller pflegen mit teilweise hohem Aufwand das Produkt-Image, das dem Verbraucher gleich bleibende Qualität bietet. Darüber hinaus dienen heute Farb- und Duft-

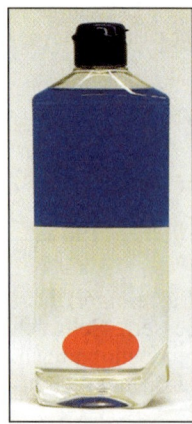

Abb. 5.2: Ansicht eines Zweiphasenreinigers

konzepte in immer stärkerem Maße der Produktdifferenzierung. Beispiele sind Citrusfrische, Meeresfrische, Apfelfrische, Waldbeerenduft u.a., kombiniert jeweils mit einer charakteristischen Farbe.

5.1.2 Reinigungsleistung

Bei der Reinigung harter Oberflächen kommt der Anwendung mechanischer Energie (Wischen, Reiben, Scheuern) neben dem Faktor Chemie besondere Bedeutung zu. Andere Reinigungsfaktoren, wie Temperatur und Zeit, können die mechanische Einwirkung auf die zu beseitigenden Verschmutzungen nicht vollständig kompensieren. Erst in jüngster Zeit jedoch wurde der für das Reinigen erforderliche Energiebedarf physikalisch korrekt quantifiziert [5.5] [5.6]. Testanordnungen z.B. mit tuchbewehrten Reinigungsarmen, die ein Tuch unter variablem Druck und mit unterschiedlicher Geschwindigkeit über ein Substrat führen, erlauben den Vergleich des erforderlichen Kraftaufwands für die Reinigung verschiedener harter Oberflächen oder – bei gleichem Kraftaufwand – die Bewertung unterschiedlicher Reinigerformulierungen. Dabei zeigte sich auch, dass eine hohe Grenzflächenaktivität der Tenside zu besseren Resultaten führt als eine niedrigere.

Für die Messung des Reinigungsvermögens von Allzweckreinigern gibt es – mit Ausnahme von Frankreich – keine europäischen Normen. Jedes Unternehmen hat hausspezifische Testmethoden. Darüber hinaus haben auch Testinstitute eigene Testprozeduren entwickelt. Ein Messgerät zur Bestimmung der Reinigungswirkung nach Gardner ist in **Abb. 5.3** gezeigt.

Abb. 5.3: Messgerät zur Bestimmung der Reinigungswirkung nach Gardner

Bei der Reinigung wird die Beseitigung von Fetten, frisch oder künstlich gealtert – allein oder in Kombination mit Pigmentanteilen – untersucht. Bei fast allen Methoden werden so genannte Schwarzpartikel wie Ruß oder Eisenoxid für die visuelle Bewertung eingesetzt. Die Reinigungsleistung von Tensiden und deren Mischungen kann mit Sprühapparaturen bewertet werden [5.7].

Wichtig ist auch, das Ablauf- und Trocknungsverhalten von Reinigern vergleichend bewerten zu können, da diese Eigenschaften so genannte primäre Produkteigenschaften sind. Nachdem Restflüssigkeitsmengen früher gravimetrisch bestimmt wurden, steht inzwischen eine optische Methode mit digitaler Bildverarbeitung zur Verfügung [5.8].

5.1.3 Anwendungsaspekte

Hautverträglichkeit und Toxikologie

Eine ausreichende Hautverträglichkeit wird durch die Auswahl der Rohstoffe gewährleistet. Die Hautverträglichkeit lässt sich durch optimierte Tensidkombinationen (im Allgemeinen ist dabei der Anteil nichtionischer Tenside stark erhöht) und/oder durch Zusatz von Hautschutzkomponenten (»hautschonende« Zusätze) verbessern. Auch werden spezielle »Soft-Varianten« angeboten, die zusätzlichen dermatologischen Anforderungen entsprechen.

Materialverträglichkeit

Die Materialverträglichkeit von Reinigern wird neben der Reinigungsleistung zu einem immer wichtigeren Kriterium der Produktqualität [5.9]. Allzweckreiniger sind für abwaschbare Oberflächen formuliert. Auf gestrichenen und lackierten Oberflächen sollen die Produkte nur verdünnt angewendet werden. Im Zweifelsfall ist an einer verdeckten Stelle die Materialverträglichkeit des Reinigers zu prüfen.

Auf Einzelheiten der Materialverträglichkeit wird im Kap. 6 detailliert eingegangen.

Dosierung

Für die Dosierung von Allzweckreinigern werden von den Herstellern im Allgemeinen 60 mL (der Inhalt von zwei Verschlusskappen) pro 5 Liter Wasser (bei stärkeren Verschmutzungen eine stärkere Konzentration oder unverdünnte Anwendung) empfohlen. Bei Konzentraten liegen die Dosierungen zwischen 30 und 45 Milliliter Reiniger pro 5 Liter Wasser. Ein Beispiel eines Dosierverschlusses ist in **Abb. 5.4** gezeigt. Bei den heutigen Formulierungen ist ein Nachwischen meist nicht erforderlich.

Werden Allzweckreiniger bei sehr starken Verschmutzungen unverdünnt angewendet, so sollte mit klarem Wasser nachgewischt und ggf. auch trocken gewischt werden.

Abb. 5.4: Beispiel eines Dosierverschlusses

5.1.4 Angebotsformen

Die Produktvielfalt bei Allzweckreinigern ist sehr groß. Sie werden fast ausschließlich in flüssiger Form in – häufig transparenten – Kunststoffflaschen angeboten und haben in vielen Fällen Dosierverschlüsse. Es gibt sie als herkömmliches Produkt, als Konzentrat oder mit Zusatznutzen, z.B. hautschonend, mit antibakterieller Wirkung und häufig auch noch in verschiedenen Duftnoten, wobei Citrusnoten zeitlos sind. Pulverförmige Allzweckreiniger spielen praktisch keine Rolle mehr.

Das Verhältnis Normalware zu Konzentraten ist in Deutschland ca. 4 : 1. Die Umsätze mit Konzentraten sind seit einigen Jahren rückläufig. Europaweit gesehen haben Konzentrate keine Marktbedeutung.

5.2 Feuchte Reinigungstücher

Eine auf besonders bequeme Anwendung (convenience) angelegte Angebotsform sind die feuchten Allzweckreiniger-Tücher, die in wieder verschließbaren Einzeltuchspendern offeriert werden (**Abb. 5.5**). Dabei wird neben dem Reinigungseffekt auch ein Hygieneeffekt ausgelobt. Ein Nachwischen wird nur und nicht in allen Fällen für Oberflächen empfohlen, die mit Lebensmitteln in Berührung kommen. Die hier beschriebenen feuchten Reinigungstücher sollten nicht mit Kosmetiktüchern verwechselt werden.

Die auf die Tücher aufgezogenen Formulierungen (manchmal auch als »Lotion« bezeichnet) weichen in ihrer Zusammensetzung von derjenigen der flüssigen Produkte ab. Sie enthalten außer anionischen und/oder nichtionischen (schaumarmen) Tensiden, organischen Säuren, besonders Citronensäure, und Duftstoffen praktisch immer niedere Alkohole wie Ethanol oder 2-Propanol und Wasser. Citrus ist die bevorzugte Duftnote. Beispiele für die qualitative Zusammensetzung von feuchten Reinigungstüchern und das Masseverhältnis Formulierung zu Träger (Tuch) sowie den Aufbau des Trägermaterials sind in **Tab. 5.3** gezeigt.

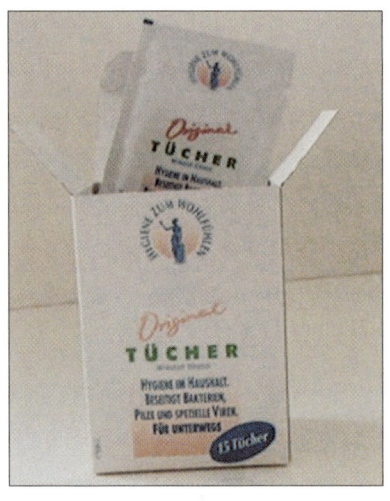
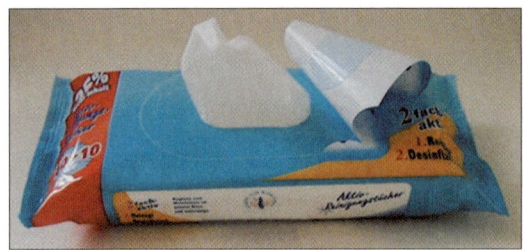

Abb. 5.5: Einzeltuchspender

In einigen Fällen sind feuchte Reinigungstücher auch mit antimikrobiellen Wirkstoffen, z.B. Benzalkoniumchlorid, ausgerüstet.

Geeignet sind solche Tücher generell für die Reinigung von kleinen abwaschbaren Oberflächen bis hin zur Reinigung von Computertastaturen und Telefonapparaten. Neben dem Zusatznutzen Hygiene (Allzwecktuch) wird für die Reinigung von Glas und modernen Kunststoffoberflächen auch der Zusatznutzen Glanz hervorgehoben (Glas- und Flächentuch). Bei den Glas- und Flächentüchern ist zu beachten, dass diese nicht für Plasma- und LCD-Bildschirme sowie für lackiertes und unbehandeltes Holz geeignet sind. Auch eine Anwendung auf Armaturen wird nicht empfohlen.

Tab. 5.3: Beispiele für die Zusammensetzung und den Aufbau von feuchten Reinigungstüchern

Inhaltsstoffe	Allzwecktücher	Glas- und Flächentücher
Anionische Tenside	+	–
Nichtionische Tenside	–	+
Ethanol	–	+
2-Propanol	+	–
Citronensäure	+	+
Duftstoffe	+	+
Masseverhältnis Träger : Formulierung	1 : 3 bis 1 : 4	1 : 2
Zusammensetzung des Trägers (Tuchs)		
Viskose [%]	70	65
Polyester [%]	30	35

Im Allgemeinen sind die Tücher für den einmaligen Gebrauch bestimmt. Nach jeder Entnahme eines Tuchs sollte die Verpackung sorgfältig wieder verschlossen werden, damit kein Lösemittel verdunstet. Die Entsorgung geschieht über den Hausmüll.

5.3 Scheuermittel

Im Vergleich zu den Allzweckreinigern sind die Umsätze mit Scheuermitteln rückläufig. An Stelle der klassischen Scheuerpulver hat die Scheuermilch eine gewisse Bedeutung für die abrasive Beseitigung hartnäckiger Verschmutzungen. Die Anforderungen

Tab. 5.4: Anforderungen an Scheuermittel

- Hohe Reinigungsleistung
- Hohe Materialverträglichkeit
- Gutes Netzvermögen
- Geringe Schaumentwicklung
- Hohe Ergiebigkeit
- Hautverträglichkeit auch bei empfindlichen Personen
- Gutes Preis-Leistungsverhältnis
- Toxikologische Unbedenklichkeit
- Gute und schnelle biologische Abbaubarkeit aller organischen Inhaltsstoffe

Tab. 5.5: Typische Zusammensetzung von pulverförmigen Scheuermitteln und von Scheuermilch

Inhaltsstoff	Scheuermittel Anteil in %	Scheuermilch Anteil in %	Funktion
Tenside *darunter* Alkansulfonate Alkylbenzolsulfonate Alkylpolyglucoside Fettalkylpolyethylenglycol-ethersulfate Fettalkylpolyethylenglycol-ether	0 bis 5	0 bis 5	Benetzung von Oberflächen und Schmutz, Ablösen von Fett und anderen Verschmutzungen
Abrasiva *darunter* Calciumcarbonat Silicate Aluminiumoxide (Tonerden)	80 bis 90	30 bis 40	Beseitigung von Verschmutzungen durch mechanische Einwirkung
Soda, ggf. Polyphosphate	0 bis 5	0 bis 5	Verstärkung der Reinigungswirkung
Parfümöle, Farbmittel	0 bis 1	0 bis 1	Ästhetik
Wasser	< 5	ad 100	

an Scheuermittel sind in **Tab. 5.4** zusammengestellt, wobei neben einer hohen Reinigungsleistung wiederum die Materialverträglichkeit im Vordergrund steht.

Die Zusammensetzung von Scheuerpulvern und Scheuermilch ist in **Tab. 5.5** wiedergegeben. Von entscheidender Bedeutung ist dabei die Auswahl der richtigen Abrasiva, die einerseits die verschmutzten Oberflächen reinigen, andererseits das Material aber nicht mechanisch schädigen sollen. Um dies zu erreichen, werden Abrasiva heute praktisch nur noch mit kugelförmiger Kornstruktur eingesetzt.

Neben Calciumcarbonat und Silicaten spielen auch Tonerden eine besondere Rolle, da sie außer der Reinigung auf Grund ihrer Polierwirkung auch kleinere Kratzer entfernen können [5.10].

5.4 Literatur

[5.1] Jutta Henning, F. Müller, J. Peggau, Cationic and Anionic Surfactants – Compatibilities and New Effects on Hard Surfaces, *SÖFW J.* **2001**, 127, H. 6, 30-35; Divergente Tensidsysteme für Haushaltsprodukte, *Conf. Proc. 48. Kongress der SEPAWA*, Bad Dürkheim, **2001**, S. 235-243.

[5.2] H. Koch, Hard Surface Cleaning Booster – New Additives for Formulations Used to Clean Hard Surfaces, *SÖFW J.* **2002**, 128, H. 3, 8-14.

[5.3] K. Henning, Wirkungssteigerung von Wasch- und Reinigungsmitteln durch Additive, *SÖFW J.* **2001**, 127, H. 11, 58-65.

[5.4] B. Guckenbiehl, A. Ditze, Flüssige Zweiphasenreiniger – technologische Herausforderung und Durchbruch, *Conf. Proc. 47. Kongress der SEPAWA*, Bad Dürkheim, **2000**, S. 82-88.

[5.5] J.G. Schoenmakers, T. Bastein, Power Requirements in Hard Surface Cleaning, *Proc. 39th Intern. Detergency Conference*, Luxembourg, September 6th-8th, 1999, wfk-Forschungsinstitut für Reinigungstechnologie, Krefeld, **1999**, S. 289-294; J.G. Schoenmakers, Diane Martens, *ibid.* S. 337-340.

[5.6] D.J.M. Martens, Power Requirements in Hard Surface Cleaning, *Proc. 40th Intern. Detergency Conference*, Strasbourg, April 30th-May 3rd, 2001, wfk-Forschungsinstitut für Reinigungstechnologie, Krefeld, **2001**, S. 143-150.

[5.7] R.-D. Kahl, A. Ruland, R. Nörenberg, Sprühapparatur zur Bewertung der Reinigungsleistung von Tensiden, *Conf. Proc. 48. Kongress der SEPAWA*, Bad Dürkheim, **2001**, S. 202-212.

[5.8] Elke Scholl, G. Meine, H.-J. Völkel, Flüssigkeitsablauf und Trocknungsverhalten von Spülmitteln und Reinigern auf harten Oberflächen, *Conf. Proc. 48. Kongress der SEPAWA*, Bad Dürkheim, **2001**, S. 213-217.

[5.9] M. Elsner, H.-P. Schulz, M. Weuthen; Moderne Reinigungsmittel – Aspekte der Materialverträglichkeit und Reinigungswirkung, *SÖFW J.* **2002**, 128, H. 3, 2-7.

[5.10] D. Prippenow, B. Rehbein, Poliertonerden – die bessere Lösung in Haushaltsreinigern, *Conf. Proc. 46. Kongress der SEPAWA*, Bad Dürkheim, **1999**, S. 129-133.

6 Reiniger für Küche, Bad und WC

Reiniger für Küche, Bad und WC bilden das wichtigste Segment der Spezialreiniger, die anders als die Allzweckreiniger für einen relativ genau definierten Anwendungsfall formuliert werden. Fasst man alle Spezialreiniger zusammen, so kommen sie sogar auf einen höheren Marktanteil als die Allzweckreiniger (s.a. Kap. 1.1).

6.1 Reiniger für Küche und Bad

Reiniger für Küche und Bad haben in Zusammensetzung und Leistungsprofil einige Gemeinsamkeiten, was die Reinigung gefliester Flächen und von Armaturen betrifft. Doch sind Reiniger für die Küche auf den Schwerpunkt Fettschmutz und Badreiniger auf den Schwerpunkt Kalkablagerungen eingestellt. Wegen der stärkeren Gefahr einer bakteriellen Kontamination in Küchen steht der Hygieneaspekt dort stärker im Vordergrund als in Bädern (vgl. auch Kap. 1.3).

6.1.1 Anforderungen an Reiniger für Küche und Bad

Die Anforderungen an Reiniger für Küche und Bad sind je nach Anwendungsfall breit gefächert. Die Angebotsvielfalt bei Reinigungsmitteln für die Küche geht aus **Abb. 6.1** hervor, diejenige für Bad und WC aus **Abb. 6.2** (Glas- und Fensterreiniger sowie Fußbodenreinigungs- und -pflegemittel sind in Kap. 7 zu finden). Eine Reihe von Anforderungen gilt jedoch für alle Produkte (**Tab. 6.1**).

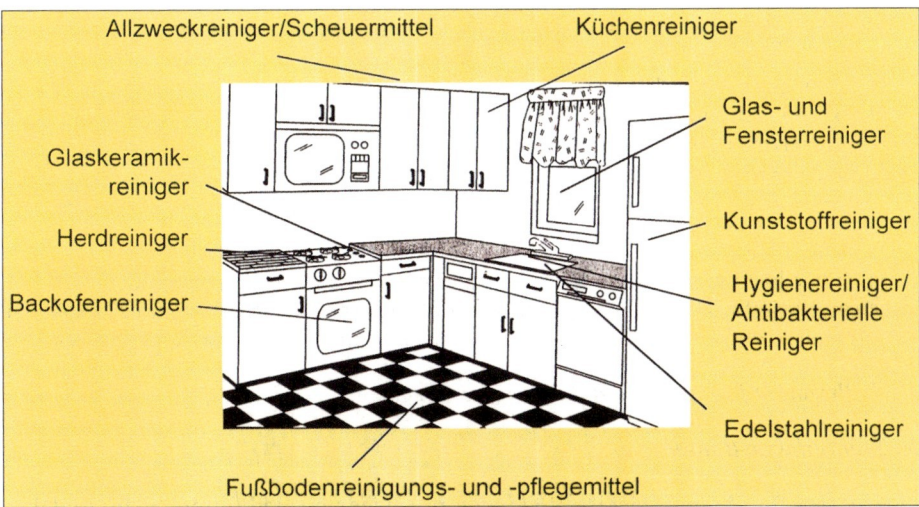

Abb. 6.1: Produktvielfalt bei Reinigungsaufgaben in der Küche

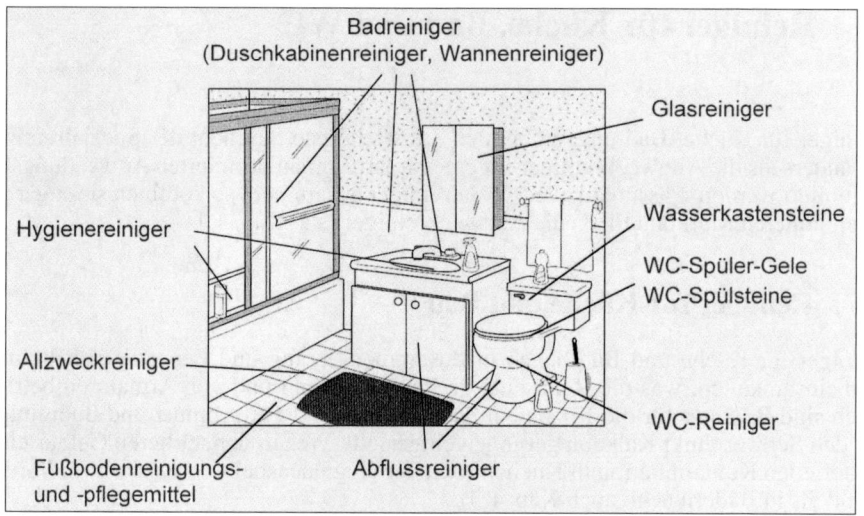

Abb. 6.2: Produktvielfalt bei Reinigungsaufgaben in Bad und WC

Tab. 6.1: Anforderungen an Reiniger für Küche und Bad

• Hohe Reinigungsleistung
• Hohe Materialverträglichkeit
• Gutes Netzvermögen
• Hohes Fettaufnahme- und Schmutztragevermögen
• Geringe Schaumentwicklung
• Rückstandsfreies und streifenfreies Trocknen der gereinigten Oberflächen
• Hohe Ergiebigkeit
• Hautverträglichkeit auch bei empfindlichen Personen
• Gutes Preis-Leistungsverhältnis
• Toxikologische Unbedenklichkeit
• Gute und schnelle biologische Abbaubarkeit aller organischen Inhaltsstoffe

Ähnlich wie bei den Scheuermitteln steht hier die Materialverträglichkeit der Produkte mit an erster Stelle. Dies gilt im besonderen Maße für spezielle Küchengeräte, aber auch für Armaturen und – besonders im Bad – für die so genannten Lifestyle-Einrichtungen.

6.1.2 Produkte für spezielle Reinigungsprobleme

Küchenreiniger/Badreiniger

Die speziell für die großflächige Reinigung in Küche und Bad formulierten Produkte unterscheiden sich hauptsächlich im pH-Wert. Reiniger für die Küche sind zumeist leicht alkalisch eingestellt, um das Fettlösevermögen zu erhöhen. Bei Badreinigern liegt der Schwerpunkt auf dem Kalklösevermögen – daher der Zusatz von überwiegend organischen Säuren. Ein spezielles Flächenreinigungsproblem stellen die gefliesten Duschkabinen mit Duschwannen, Trennwänden oder Vorhängen sowie Badewannen aus Kunststoff dar. Hier hat sich eine eigene Produktgruppe etabliert (Daily shower bzw. Badewannenreiniger). Die so genannten Daily showers werden unmittelbar nach dem Duschen auf Duschwände und Duschwanne gesprüht. Bei einigen Produkten wird nach Beendigung des Auftrags ein sofortiges Abspülen empfohlen, bei anderen erfolgt das Abspülen beim nächsten Duschvorgang.

Tab. 6.2: Typische Zusammensetzung von Reinigern für Küche und Bad

Inhaltsstoff	Reiniger für			Funktion
	Küche	Bad	Daily shower	
	Anteile in %			
Tenside *darunter* Alkylpolyglucoside (APG) Fettalkylethoxylate (FAEO) Fettalkylsulfate (FAS) Fettalkylethersulfate (FAES) Alkansulfonate (SAS) Cocoamidopropylbetaine (CAPB)	0 bis 5	0 bis 5	0 bis 3	Benetzen, Ablösen von Fett und anderen Verschmutzungen
Alkalien *darunter* Amine Alkalihydroxide	0 bis 5	–	–	Verbesserte Beseitigung von Fett- und Ölschmutz
Organische Säuren *darunter* Ameisensäure Essigsäure Citronensäure Maleinsäure Milchsäure	–	0 bis 5	0 bis 3	Beseitigung von Kalkablagerungen *außerdem:* antibakteriell
Fakultativ: Oxidationsmittel *darunter* H_2O_2 Natriumhypochlorit	+	+	–	Oxidative Bleiche von Flecken, antimikrobielle Wirkung
Komplexbildner *darunter* Natriumcitrat	–	–	0 bis 3	Beseitigung von Kalkablagerungen
Niedere Alkohole *darunter* Ethanol	0 bis 5	–	0 bis 2	Lösungsvermittler
Farbstoffe, Parfümöle	< 1	< 1	< 1	Produktästhetik
Konservierungsstoffe	–	–	< 1	Vermeiden von mikrobiellem Befall
pH-Wert	*bis 11,5*	*3 bis 5*	*3 bis 6*	

Um Email und Fugenmaterialien zu schonen, sollen Badreiniger einen pH-Bereich nicht unter 3,0 bis 4,0 aufweisen. Emailschichten in Badewannen widerstehen auch stärkeren Alkalien nicht. Die Beschichtung löst sich unter deren Einwirkung schuppenförmig ab. Zurück bleibt eine raue, nicht mehr sauber zu haltende Oberfläche. Einen Überblick über die typische Zusammensetzung geeigneter Produkte und die Funktion der Inhaltsstoffe gibt **Tab. 6.2**.

Die Auswahl der eingesetzten Tenside unterscheidet sich nicht prinzipiell von derjenigen in Allzweckreinigern oder Handgeschirrspülmitteln. Bei den organischen Säuren dominiert Citronensäure, oft in Kombination mit Ameisensäure. Neuerdings finden sich in den Formulierungen auch Maleinsäure oder Milchsäure. Milchsäure weist im Unterschied z.B. zu Citronensäure antibakterielle Eigenschaften auf und soll auch materialschonender wirken [6.1].

Tab. 6.3: Typische Zusammensetzung von Reinigern für Glaskeramik-Kochfelder und Edelstahl

Inhaltsstoff	Reiniger für Glaskeramik-Kochfelder/Edelstahl Anteile in %	Funktion
Tenside *darunter* Fettalkoholethoxylate (FAEO) Endgruppenverschlossene Fettalkylethoxylate (FAEO/PO) Alkansulfonate (SAS)	1 bis 5	Benetzung, Emulgieren von Fettschmutz, Dispergieren der Abrasiva
Säuren *darunter* Citronensäure Milchsäure Amidosulfonsäure	1 bis 3	Beseitigung von Kalkablagerungen
Säurestabile Abrasivstoffe *darunter* Aluminiumoxid Aluminiumsilicat	20 bis 30	Beseitigung eingebrannter Speisereste
Pflegekomponenten *darunter* Siliconöle spezielle Alkohole	0 bis 15	Oberflächenschutz, Glanz Vermeiden von Zuckerbruch
Verdicker *darunter* Xanthan Cellulosederivate Bentonit	0,1 bis 3	Stabilisierung der dispergierten Abrasiva
Parfümöle, Farbstoffe	0 bis 0,5	Produktästhetik
Konservierungsmittel	+	Schutz vor mikrobiellem Verderb
pH-Wert	*2 bis 4*	

Eine Reihe der Produkte enthält auch Oxidationsmittel (Sauerstoff- oder Chlorbleiche). Das gegenüber Aktivchlor günstigere Wasserstoffperoxid [6.2] kann in Flüssigprodukten auf Grund seiner Instabilität vor allem bei pH-Werten über 7 nicht eingesetzt werden. Ist in alkalisch eingestellten Reinigern Natriumhypochlorit als Inhaltsstoff enthalten, so muss ein Vermischen mit Säuren oder sauren Produkten unbedingt ausgeschlossen werden, um eine Freisetzung von Chlor zu vermeiden (vgl. Kap. 11). Natriumhypochlorit dient auch als Wirkstoff in Schimmel-Entfernern, mit dem der Befall von Zement- und Siliconfugen besonders im Bad- und Sanitärbereich bekämpft werden kann.

Glaskeramik-Reiniger/Edelstahlreiniger

Eine moderne Küche erfordert heute darüber hinaus die Reinigung spezieller Oberflächen, z.B. von Glaskeramik-Kochfeldern (Ceran®feldern) und Becken aus Edelstahl. Auch hierfür stehen maßgeschneiderte Reinigungsprodukte zur Verfügung. Ein Beispiel für typische Formulierungen, die für Glaskeramik und Edelstahl oft gleichermaßen empfohlen werden, ist in **Tab. 6.3** wiedergegeben.

Glaskeramik ist ein sehr widerstandsfähiges und dauerhaftes Material, jedoch alkaliempfindlich (Glaskorrosion). Deshalb sollte die Anwendung von Scheuermitteln vermieden werden, die Calciumcarbonat als Abrasivkomponente enthalten. Geeignet sind Aluminiumoxide, die bei niedrigen Temperaturen gebrannt wurden und bei kleiner Teilchengröße eine Mohs-Härte bis 9 aufweisen, sowie Aluminiumsilicate (Mohs-Härte 7).

Schädlich für Ceranfelder ist auch geschmolzener Zucker, der wegen der unterschiedlichen thermischen Ausdehnungskoeffizienten beim Abkühlen zu so genanntem Zuckerbruch führen kann [6.3]. Aus diesem Grund enthalten die Glaskeramik-Reiniger hohe Anteile an Siliconölen.

Kalklöser (Entkalker)

Zum Entfernen von Kalk aus Küchengeräten, z.B. Kaffee- und Espressomaschinen oder Wasserkesseln, Boilern und Heißwassergeräten, gibt es spezielle, sauer eingestellte Produkte mit hoher Kalklösekraft (**Tab. 6.4**). Auf Grund ihres niedrigen pH-Werts sind Kalklöser nicht für die Anwendung auf Email, Aluminium, Marmorflächen und säureempfindlichen Fliesen geeignet.

Backofenreiniger/Grillreiniger

Im Innenraum von Backöfen festgebrannte Speisereste bilden hartnäckige, schwer zu beseitigende Verkrustungen. Vielfach erfordert es mühsame Handarbeit unter ergonomisch ungünstigen Bedingungen, die Rückstände zu entfernen. Als chemische Hilfe bietet der Markt Spezialprodukte an, die auf Grund ihrer hohen Alkalität als reizend oder ätzend gekennzeichnet werden müssen und daher bei der Anwendung besonderer Sorgfalt bedürfen.

Die Zusammensetzung von Backofen- und Grillreinigern geht ebenfalls aus **Tab. 6.4** hervor. Diese Produkte wirken in Form von Schaumsprays oder Gelen durch ihre hohe Alkalität in Verbindung mit Glykolethern als so genannte selbsttätige Reinigungsmit-

Tab. 6.4: Typische Zusammensetzung von flüssigen Kalklösern sowie von Backofen- und Grillreinigern

Inhaltsstoff	Kalklöser	Backofen- u. Grillreiniger*) Anteile in %	Funktion
Anionische Tenside	–	< 5	Benetzung der Oberflächen: *bei Sprays:* auch Schaumbildung
Nichtionische Tenside	< 1	< 1	
Säuren *darunter* Citronensäure Maleinsäure Phosphorsäure Amidosulfonsäure	10 bis 30	–	Beseitigung von Kalkablagerungen, z.B. in Küchengeräten
Alkalien *darunter* Natronlauge Kalilauge Mono-/Triethanolamin	–	+ < 2 0 bis 10	Anquellen von eingebrannten Speiseresten, Unterstützung der Reinigungswirkung
Lösemittel *darunter* Glykole/Glykolether	–	+	Verstärkung der Schmutz ablösenden Wirkung
Verdicker *darunter* Polysaccharide Carboxymethylcellulose Magnesiumsilicat	±	< 1	Verbesserte Haftung der Produkte an Senkrechten und Deckenflächen
Parfümöl	–	+	Produktästhetik
Treibgas Butan	–	+	Generieren des Reinigungsschaums
pH-Wert	*< 1,5*	*12 bis 13,5*	

*) als Schaumspray

tel gegen verkrustete Fett- und Zuckerrückstände in und auf Backöfen, Kuchenblechen, Herdplatten und Grillgeräten, Töpfen und Pfannen aus Edelstahl und feuerfestem Glas oder Keramik.

Zur Schnellreinigung heizt man den Backofen zwei Minuten auf 50°C auf, schaltet ab und lässt fünf bis zehn Minuten abkühlen. Danach wendet man das Produkt an (Einwirkzeit: zehn Minuten). Während dieser Zeit darf das Gerät nicht eingeschaltet werden. Zur Kaltreinigung werden die betreffenden Flächen eingesprüht. Als Einwirkzeit werden mehrere Stunden empfohlen. Danach werden die Flächen mit einem nassen Schwamm oder Tuch gründlich abgewischt. Zur Neutralisation wird etwas Essigsäure zugesetzt. Reicht der Reinigungseffekt nicht aus, ist die Anwendung zu wiederholen.

Neben der alkalischen Reinigung besteht für elektrisch beheizte Backöfen die Möglichkeit einer pyrolytischen Selbstreinigung, bei der vorhandene Rückstände bei etwa 500°C verbrannt werden. Um dabei entstehende unangenehme Geruchsstoffe zu eliminieren, ist eine Nachverbrennung vorgesehen. Der Verbrennungsrückstand lässt sich leicht mit einem Tuch ausräumen. Die Reinigung beansprucht etwa vier Stunden und verbraucht viel Energie. Nanostrukturierte Emailüberzüge (vgl. Kap. 3.3) enthalten Katalysatoren, welche die Verbrennung bei den üblichen Arbeitstemperaturen im Backraum (bis etwa 300°C) erlauben und dadurch beträchtlich an Energie sparen.

Eine IKW-Empfehlung zur Qualitätsbewertung der Produktleistung von Backofenreinigern s. [6.4].

6.1.3 Anwendungsaspekte

Reinigungsleistung

Jede Reinigung ist immer auch mit einem Hygieneeffekt im Sinne einer Keimminderung verbunden. Vor allem wegen der in den letzten Jahren beobachteten Zunahme von Lebensmittelerkrankungen hat sich das Anforderungsprofil einer antibakteriellen Wirkung von Reinigern immer mehr verselbstständigt. Dabei ist eine vernünftige Prophylaxe allein durch das Besinnen auf seit Generationen bewährte »alte Tugenden« und durch das Einhalten einfacher Hygieneregeln möglich (vgl. Kap. 1.3).

Außer bei Badreinigern wird auch bei Küchenreinigern neben der Reinigungswirkung häufig die bereits erwähnte antibakterielle Wirkung in den Vordergrund gestellt (vgl. Abschn. 2.5.2).

Hautverträglichkeit

Die Hautverträglichkeit lässt sich durch optimierte Tensidkombinationen verbessern. Im Allgemeinen werden dabei nichtionische und Betain-Tenside eingesetzt. Bei sauren und alkalischen Mitteln sollte ein Hautkontakt mit den unverdünnten Produkten grundsätzlich vermieden werden (vgl. Abschn. 11.4.3).

Materialverträglichkeit

Reiniger für Küche und Bad sind auf die Oberflächen abgestimmt, die in diesen Bereichen typisch sind. Säurehaltige Reiniger sind nicht für Holz-, Acryl- und Aluminium-Oberflächen geeignet.

Soweit Badreiniger Säuren enthalten, sollen sie nicht für Badewannen mit Farbemail, auf Marmor oder marmorhaltigen Steinen sowie auf kalksteinhaltigen Oberflächen verwendet werden. Bei weißen Badewannen sollte man das Produkt immer auf einer kleinen Fläche testen, fünf Minuten einwirken lassen, abspülen und trocknen. Bleibt der Glanz erhalten, kann das Produkt ohne Risiko verwendet werden. Als obere Grenze für die Einwirkzeit gelten meist zehn Minuten.

Die säurehaltigen Kalkreiniger-Sprays sollen nicht für emaillierte Badewannen, Marmor und Natursteine, Silber, allgemein für erhitzte, beschädigte oder rissige Oberflächen und Haushaltgeräte angewendet werden.

Besonderes Augenmerk wird in den letzten Jahren auf die Materialverträglichkeit von Reinigerformulierungen mit Armaturen gelegt, nachdem es wiederholt zu Schäden gekommen war [6.4]. Im Vordergrund standen dabei die Spannungsrisskorrosion an Kunststoffen, die besonders durch nichtionische Tenside (außer Alkylpolyglucosiden) begünstigt wird, sowie die Schädigung der Oberflächen von Metallen.

Die für Armaturen eingesetzten wichtigsten Materialien sind Messing, Zinkdruckguss, Kunststoffe, Edelstahl und Aluminium. Die Oberflächen bestehen aus Chrom, Chrom/Nickel gemäß DIN EN 248, Edelmessing, Gold, Aranja (einer galvanischen Sonderoberfläche) oder Polish Brass oder sind eloxiert bzw. lackiert. Modernes Design und technische Gründe favorisieren heute Kunststoffe im Bad. So sind beispielsweise Handbrausen aus Acryl-Butadien-Styrol-Copolymeren (ABS), Armaturen und Brausestangen aus Polyoxymethylen (POM), Duschkabinen aus Polycarbonat (PC) und Badewannen aus Polymethylmethacrylat (PMMA) gefertigt.

Inzwischen hat sich eine enge Zusammenarbeit zwischen den großen Herstellern der Reinigungsmittel und den Produzenten von Armaturen, Küchen und (Sanitär-)Keramik entwickelt, in der eine Reihe von Problemen gelöst werden konnte [6.5]. In der gewerblichen Reinigung wird empfohlen, für Sanitärarmaturen Salzsäure, Ameisensäure und Essigsäure als Reinigerkomponenten sowie chlorbleichhaltige Reiniger auszuschließen und Phosphorsäure nur bedingt einzusetzen [6.7].

Problematisch bleibt die Anwendung der modernen Sprühreiniger für die Reinigung von Armaturen. Nach der oben genannten Empfehlung wird eindringlich geraten, die Reinigungslösung keinesfalls auf die Armaturen, sondern auf das Reinigungstextil (Tuch/Schwamm) aufzusprühen und damit die Reinigung durchzuführen, da die Sprühnebel in Öffnungen und Spalten der Armaturen eindringen und Schäden verursachen können.

Dosierung

Für die Dosierung von Reinigern für Küche und Bad dienen häufig Pumpventile zum Aufsprühen auf die zu reinigenden Oberflächen, wobei Einwirkzeiten von einer bis zu fünf Minuten empfohlen werden. Meist ist danach abzuwischen oder abzuspülen.

Werden flüssige Badreiniger verdünnt, z.B. zum Reinigen gefliester Flächen, angewendet, so beträgt die empfohlene Dosierung 60 mL (zwei Verschlusskappen) pro 5 Liter Wasser. Bei den heutigen Formulierungen ist ein Nachwischen meist nicht erforderlich.

6.1.4 Angebotsformen

Neben den konventionellen Formulierungen der flüssigen Reiniger für Küche und Bad setzen sich immer mehr gebrauchsfertige, flüssige Konzentrate durch. Der Tensidanteil beträgt dann 5 bis 15 Prozent. Flüssige Reiniger für Küche und Bad sind häufig mit

Pumpventilen und Sprühköpfen ausgestattet (Triggerflaschen). Das jeweilige Produkt kann wahlweise als Flüssigkeit oder als Schaum auf die zu reinigende Fläche aufgebracht werden. Für diese relativ teuren Flaschen gibt es Nachfüllpackungen mit so genannten Doppel- und Dreifachkonzentraten. Die Optik wird durch den Einsatz klarer PET-Flaschen unterstützt, die hohe Ansprüche an Lichtechtheit und Stabilität der Reinigerformulierungen stellt.

Eine ganze Reihe von Produkten wird auch in Aerosoldosen mit Propan/Butan oder Butan als Treibgas angeboten.

6.2 WC-Reiniger, -Duftspüler und -Steine

Während WC-Reiniger im engeren Sinne der gezielten Reinigung der Toilettenkeramik (auch von Urinalen und Bidets) dienen, werden Duftspüler-Spender (Dispenser) und WC-Steine oder -Sticks im Toilettenbecken so angebracht, dass bei jedem Spülen eine bestimmte Produktmenge freigesetzt wird, die Kalkablagerungen und bakterieller Kontamination vorbeugt und die Raumluft im Sanitärbereich verbessert. WC-Reiniger in zweiphasiger Tablettenform (WC-Tabs) werden zur Reinigung von WC-Abflussrohren, Wasserkästen, Urinalen und Flachspülern eingesetzt. Auch WC-Reiniger in Pulverform werden noch angeboten.

6.2.1 WC-Reiniger

Anforderungen und Zusammensetzung

Die Anforderungen an WC-Reiniger sind hoch [6.8]. Auch hier besteht eine breite Vielfalt des Angebots. Eine Reihe wichtiger Anforderungen geht aus **Tab. 6.5** hervor.

Bei flüssigen Reinigern ist eine ausgeprägte Schaumentwicklung erwünscht, um auch die Bereiche unter dem Rand der Toilettenschüssel zu benetzen und dadurch eine Reinigung zu ermöglichen.

Tab. 6.5: Anforderungen an WC-Reiniger

- Hohe Reinigungsleistung gegenüber Kalk-, Urinstein- und Rostablagerungen
- Gutes Netzvermögen
- Ausreichende Schaumentwicklung
- Haftung an vertikalen und geneigten Flächen
- Hohe Ergiebigkeit
- Teilweise antimikrobielle Wirkung (je nach Anwendungszweck)
- Gutes Preis-Leistungsverhältnis
- Toxikologische Unbedenklichkeit
- Gute und schnelle biologische Abbaubarkeit aller organischen Inhaltsstoffe

Tab. 6.6: Typische Zusammensetzung von flüssigen WC-Reinigern und WC-Pulvern

Inhaltsstoff	WC-Reiniger	WC-Pulver	Funktion
	Anteile in %		
Tenside *darunter* Alkylpolyglucoside (APG) Fettalkylethoxylate (FAEO) Fettalkylsulfate (FAS) Fettalkylethersulfate (FAES) Lineares Alkylbenzolsulfonat (LAS) Alkansulfonat (SAS)	0 bis 5	15 bis 30	Benetzung, Schaumentwicklung; Ablösen von hydrophoben Verunreinigungen
Säuren *darunter* Ameisensäure Essigsäure Citronensäure Amidosulfonsäure Kalium- oder Natriumhydrogensulfat	0 bis 5	10 bis 50*)	Beseitigen bzw. Vorbeugen von Kalkablagerungen
Komplexbildner	–	0 bis 5	Vorbeugen von Kalkablagerungen
Verdicker *darunter* Xanthan Cellulosederivate pyrogene Kieselsäure	< 1	–	Viskositätseinstellung
Hilfs- und Füllstoffe Natriumsulfat Natriumcarbonat	– –	+ 0 bis 10	Verarbeitungshilfsmittel Sprudeleffekt
Parfümöle	< 1	0 bis 5	Überdecken unangenehmer Gerüche
Farbstoffe	< 1	< 1	Produktästhetik

*) nur feste Säuren wie Amidosulfonsäure oder Kalium- und Natriumhydrogensulfat

Die typische Zusammensetzung von WC-Reinigern geht aus **Tab. 6.6** hervor. Häufig werden organische Säuren kombiniert eingesetzt, z.B. Ameisensäure und Citronensäure. Aber auch die gemeinsame Anwendung von Amidosulfonsäure und Citronensäure ist üblich.

Anwendungsaspekte

Hautverträglichkeit: Sauer eingestellte WC-Reiniger sind Haut und stark Augen reizend (vgl. Kap. 11). Sofern die zu reinigenden Flächen nicht eingesprüht werden, wird bei manueller Reinigung das Tragen von Latexhandschuhen empfohlen. Der Schutz der Augen hat immer oberste Priorität.

Abb. 6.3: Anwendungsgerechte Formgebung von Kunststoff-Flaschen für WC-Reiniger: »Entenhals« (das einfache Dosieren unter den Rand)

Dosierung: Unter dem Gesichtspunkt einer bequemen Handhabbarkeit (convenience) gewinnt das Aufsprühen des Produkts auf die zu reinigenden Flächen unter gleichzeitiger Schaumentwicklung bei den flüssigen WC-Reinigern immer mehr an Bedeutung (Schaumaerosole). Als Treibmittel dienen zumeist Propan/Butan-Mischungen. WC-Tabs sind zur raschen Auflösung bestimmt. Als Sprengmittel dient Soda in Verbindung mit den in der Formulierung enthaltenen Säuren.

Angebotsformen: WC-Reiniger in flüssiger Form werden zumeist mit besonderen Dosierverschlüssen und mit Kindersicherung angeboten. In vielen Fällen ist der Flaschenhals so geformt, dass mit der Austrittsöffnung die Bereiche auch unterhalb der Ränder der Sanitärkeramik mühelos erreicht werden können (Beispiel »Entenhals«), was durch die bereits erwähnte Schaumentwicklung unterstützt wird **(Abb. 6.3)**.

6.2.2 WC-Duftspüler und -Steine

Anforderungen und Zusammensetzung

WC-Duftspüler und -Steine dienen vor allem der Prävention von Kalk-, Urinstein- und Rostablagerungen (Dispenser-Produkte). Die bei den WC-Reinigern in **Tab. 6.5** genannten anderen Anforderungen gelten auch hier. **Tab. 6.7** enthält Beispiele für die typische Zusammensetzung von WC-Steinen und Duftspülern. Gele zeichnen sich oft durch eine besondere Tensidkombination aus. Ein Beispiel ist die Mischung aus Triisopropanolammoniumlaurylethersulfat und Polyethylenglykolether.

Anwendungsaspekte

Hautverträglichkeit: WC-Steine und Duftspüler enthalten zwar Haut und Augen reizende Komponenten. Da es jedoch beim Nachfüllen der Dosierbehälter höchstens kurz-

Tab. 6.7: Typische Zusammensetzung von WC-Steinen und WC-Duftspülern

Inhaltsstoff	WC-Steine	WC-Duftspüler	Funktion
	Anteile in %		
Tenside	15 bis 30	5 bis 20	Benetzung, Schaumentwicklung; Ablösen von hydrophoben Verunreinigungen
darunter Alkylpolyglucosid (APG) Fettalkylethoxylat*) (FAEO) Fettalkylsulfat (FAS) Fettalkylethersulfat (FAES) Lineares Alkylbenzolsulfonat (LAS) Alkansulfonat (SAS)			
Säuren	5 bis 15	0 bis 5	Vorbeugen von Kalkablagerungen
darunter Ameisensäure Essigsäure Citronensäure Amidosulfonsäure Natriumhydrogensulfat Kokosfettsäuren			
Komplexbildner	0 bis 5	0 bis 5	Vorbeugen von Kalkablagerungen
darunter Natriumcitrat Natriumphosphonate			
Füllstoffe	0 bis 60	–	Verarbeitungshilfsmittel
darunter Natriumsulfat			
Parfümöle	0 bis 5	0 bis 5	Überdecken unangenehmer Gerüche
Farbstoffe	< 1	< 1	Produktästhetik

*) hoher Ethoxylierungsgrad: > 25; nur in WC-Steinen

zeitig zu Hautkontakt kommen kann, ist das Risiko einer Haut- oder Augenreizung sehr gering.

Dosierung: Bei WC-Duftspülern, -Duftgelen, -Steinen und -Sticks dominiert heute die automatische Dosierung, die in Verbindung mit dem Spülvorgang entweder durch besondere Dosieranordnungen oder über die Löslichkeit der festen Produkte gewährleistet wird.

Angebotsformen: Flüssige Duftspüler werden in Tanksystemen mit Nachfüllpackungen angeboten. Eine so genannte Dosierplatte sorgt dafür, dass bei jedem Spülvorgang eine geringe, aber ausreichende Menge an Produkt abgegeben wird. Eine innovative Ausführungsform sind transparente Zweikammersysteme, aus denen sowohl der Reiniger als auch der Lufterfrischer freigesetzt werden (**Abb. 6.4**). Das Zweikammersys-

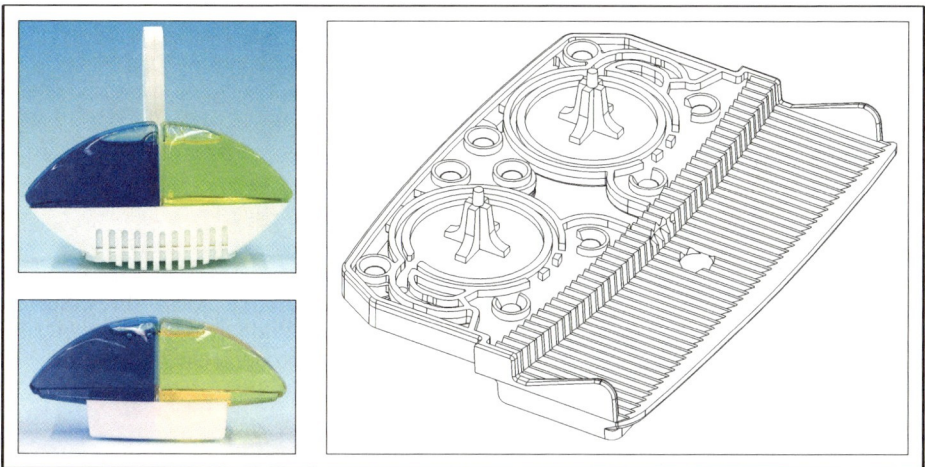

Abb. 6.4: Transparentes Zweikammersystem für flüssigen WC-Reiniger (blau) und Lufterfrischer (grün, hier für Pinie) im Original und darunter als Nachfülleinheit (links) mit Dosierplatte (rechts). Das Spülwasser überströmt die Dosierplatte, die mit ihren Längsrillen für eine gleichmäßige Abgabe der Wirkstofflösung sorgt.

tem ist als Nachfülleinheit ausgebildet, so dass die Dosierplatte immer wieder verwendet werden kann. Eine Tankfüllung reicht für bis zu 450 Spülvorgänge.

WC-Steine sind in kompakter Form erhältlich und hinsichtlich ihrer Lösegeschwindigkeit optimiert. WC-Duftspüler sind auch in Form von Würfeln, Sticks und als Gel auf dem Markt. Gele werden gelegentlich auch als »flüssige WC-Steine« bezeichnet. Auch hier dienen Einhängekörbchen bzw. geeignete Anwendungsbehälter in Verbindung mit dem Spülvorgang der automatischen Dosierung. Zur Sofortkompensation unangenehmer Gerüche werden Aerosole in speziellen Applikationen mit Wandbefestigung angeboten.

ALESSI FreshSurfer und WildKajak

Die Angebotsform der WC-Steine wurde kürzlich durch eine neue Dimension aufgewertet: Leistung und Design. Auf der Grundlage der bewährten Zweikammersysteme wurden die künstlerisch gestalteten Produkte ALESSI FreshSurfer und ALESSI WildKajak **(Abb. 6.5)** auf den Markt gebracht [6.10].

Abb. 6.5: Leistung und Design: Duo Active Alessi FreshSurfer und WildKayak (*Bildnachweis: M. Lüken*, Henkel)

6.3 Abflussreiniger [6.11]

Zur Behebung oder Vermeidung von Verstopfungen in Wasserausgüssen, Siphons und Abflussrohren dienen Abflussreiniger. Diese Reinigungsmittel werden als Granulate oder Flüssigprodukte angeboten und lösen Ablagerungen unterschiedlicher Zusammensetzungen (z.B. Fette, Kalkseife, Haare und Speisereste), die sich beim Ablaufen von Spül- und Waschwasser in Abflusssystemen anreichern können.

Stark alkalische Abflussreiniger in Granulat- oder Pulverform enthalten überwiegend Natriumhydroxid. Die Ätzalkali führt nach dem Lösen in wässrigem Medium zur Verseifung oder hydrolytischen Spaltung fetthaltiger bzw. organischer Ablagerungen.
Um eine streufähige Konsistenz zu erhalten, wird perlenförmiges Natriumhydroxid verwendet. Zusätzlich können bis zu 5% Aluminiumspäne hinzugegeben werden. Dadurch entsteht beim Kontakt mit Wasser unter Wärmeentwicklung Wasserstoff:

$$2\,Al + 6\,H_2O + 2\,OH^- \rightarrow 2\,Al[(OH)_4]^- + 3\,H_2$$

Die Gasentwicklung bewirkt eine Auflockerung des Schmutzsediments. Um eine Entzündung des sich bildenden Wasserstoff/Luft-Gemischs (Knallgas) zu vermeiden, wird Natriumnitrat als Oxidationsmittel zugesetzt.

Daneben werden auch streufähige Abflussreiniger als Mischung aus perlenförmigem Natriumhydroxid und höheren Anteilen an Natriumpercarbonat angeboten.

Flüssige alkalische Abflussreiniger enthalten neben Natriumhydroxid häufig auch bis zu maximal 5% Natriumhypochlorit und wirken besonders gut gegen Haarverstopfungen und üble Gerüche. Zusätzlich unterstützen alkalistabile Tenside (z.B. Aminoxide) die Fettauflösung.

Zur sicheren Verwendung der Produkte sind detaillierte Gebrauchsanweisungen und ausführliche Sicherheitshinweise auf den Verpackungen angegeben. So ist beispielsweise bei den alkalischen Granulaten unbedingt darauf zu achten, dass niemals Wasser

Tab. 6.8: Typische Zusammensetzung von Abflussreinigern

Inhaltsstoff	Abflussreiniger Pulver	Abflussreiniger Flüssig	Funktion
	Anteile in %		
Ätzalkali (Natriumhydroxid, Kaliumhydroxid)	25 bis 70	25 bis 50	Verseifung und Hydrolyse organischer Ablagerungen
Oxidationsmittel			
Natriumpercarbonat*	0 bis 30	–	Altivsauerstoff-Bildung
Natriumnitrat**	0 bis 5	–	Verhinderung der Knallgasbildung
Tenside	–	0 bis 5	Fettauflösung
Hilfs- und Füllstoffe			
Natriumcarbonat/Natriumhydrogencarbonat/Natriumcitrat	10 bis 30	–	Pufferwirkung
Natriumhypochlorit	–	0 bis 5	Oxidative Zersetzung organischer Bestandteile
Aluminiumspäne	0 bis 5	–	Bildung von Wasserstoffgas zur Lockerung des Schmutzes
Enzyme***	3 bis 5	–	Enzymatische Zersetzung organischer Ablagerungen

*) Natriumpercarbonat darf nicht mit Aluminiumspänen und Natriumnitrat kombiniert werden.
**) Natriumnitrat wird nur in Kombination mit Aluminiumspänen eingesetzt.
***) Ohne Zusatz von Ätzalkalien.

in die Flasche gelangt, da sonst die Gefahr des Aufplatzens der Flasche oder des Hochspritzens von ätzender Flüssigkeit besteht. Bei der Anwendung im Abfluss ist stets kaltes Wasser in ausreichender Menge zu verwenden, um die entstehende Hydratationswärme genügend abzupuffern.

Flüssige hypochlorithaltige Abflussreiniger dürfen im Übrigen nicht zusammen mit Säuren oder anderen Reinigern angewandt werden, weil dabei Chlorgas entstehen kann.

Neben den hoch alkalischen Abflussreinigern gibt es auch schwächer basische pulvrige Produkte, die Enzyme (Lipasen, Proteasen) enthalten. Diese Produkte wirken langsamer und benötigen eine längere Einwirkzeit.

Die typische Zusammensetzung von Abflussreinigern ist in **Tab. 6.8** gezeigt.

Als Alternative zu Abflussreinigern können bei beginnender Verstopfung eine Saugglocke zur Lockerung des Schmutzsediments oder nach Öffnen des Siphons ein Wassersauger bzw. eine Spirale eingesetzt werden.

6.4 Literatur

[6.1] P.K.E. Houtman, $L(+)$ Lactic Acid in Acidic Cleaning Formulations, *SÖFW J.* **2000**, 126, H. 10, 120-124.

[6.2] Astrid Dorfer, E. Walzer, Wasserstoffperoxid unter dem Aspekt Waschen und Reinigen, *SÖFW J.* **1998**, 124, 120-126.

[6.3] M. Kosub, Ceramic Hob Cleaning, Vortrag auf der *I. Intern. Fresenius Fachtagung Wasch- und Reinigungsmittel, Darmstadt, 2000* – ref. in *SÖFW J.* **2000**, 126, H. 5, 22-28.

[6.4] Industrieverband Körperpflege- und Waschmittel e.V. (IKW), IKW-Empfehlung zur Qualitätsbewertung der Produktleistung von Backofenreinigern, *SÖFW J.* **2006**, 132, H. 5, 54-55.

[6.5] H.-G. Hloch, A.-M. Sprünken, D. Schröder, Schädigung verchromter Sanitärarmaturen durch Reinigungsmittel und -textilien, *Conf. Proc. 48. Kongress der SEPAWA*, Bad Dürkheim, **2001**, S. 187-191; *SÖFW J.* **2002**, 128, H. 10, 116-118.

[6.6] H.-P. Schulz, Auswirkungen von Reinigern auf Armaturen, Vortrag auf der *I. Intern. Fresenius Fachtagung Wasch- und Reinigungsmittel, Darmstadt, 2000* – ref. in *SÖFW J.* **2000**, 126, H. 5, 22-28.

[6.7] IHO/VDMA, Reinigungsempfehlung für Sanitärarmaturen vom 8. Februar **2000**.

[6.8] Industrieverband Körperpflege- und Waschmittel e. V. (IKW), Empfehlung zur Qualitätsbewertung für saure WC-Reiniger, *SÖFW J.* **1999**, 125, H. 10, 48-55.

[6.9] J. Josa, A. Ditze, New Toilet Rim-Block Developments, *Conf. Proc. 49. Kongress der SEPAWA*, Bad Dürkheim, **2002**, S. 141-143

[6.10] M. Lüken, J. Josa, R. Butter-Jentsch, Toilet Rim-blocks – Get Consumers Inspired, *Conf. Proc. 53. Kongress der SEPAWA*, Würzburg, **2006**, S. 57-61 – ref. in *SÖFW J.* **2006**, 132, H. 12, 8.

[6.11] K. Henning, März **2007**.

7 Reinigungs- und Pflegemittel für spezielle Anwendungen

7.1 Glasreiniger

Glasflächen allein mit klarem, warmem Wasser zu reinigen, reicht oft nicht aus. Bei etwas hartnäckigeren Verschmutzungen helfen Glasreiniger, die für Fenster, Glastische, Spiegelscheiben und Fliesen geeignet sind. Häufig werden diese Produkte auch für Fernsehgeräte, Möbel, Küchengeräte, Türen und ganz allgemein für Kunststoffoberflächen empfohlen. Bei lackierten Flächen ist jedoch Vorsicht angezeigt. Zu deren Reinigung sollten Glasreiniger wegen ihres Lösemittelanteils zumindest nicht unverdünnt angewendet werden.

Da saubere Fenster, Spiegel und andere Glasflächen einen hohen ästhetischen Wert haben, müssen Glasreiniger eine Reihe von Anforderungen erfüllen. Vor allem sollen nach ihrer Anwendung keine Streifen und Schlieren zurück bleiben (**Tab. 7.1**).

Tab. 7.1: Anforderungen an Glasreiniger

- Hohe Reinigungsleistung, besonders gegenüber Fettschmutz
- Gutes Netzvermögen
- Ausgewogene Schaumleistung
- Keine Rückstands-, Streifen- und Schlierenbildung auf gereinigten Glasflächen
- Hohe Ergiebigkeit
- Bequeme Handhabung
- Gutes Preis-Leistungsverhältnis
- Toxikologische Unbedenklichkeit
- Gute und schnelle biologische Abbaubarkeit aller organischen Inhaltsstoffe

Glasreiniger bestehen im Wesentlichen aus einer wässrig-alkoholischen Lösung mit geringen Zusätzen an Tensiden und Alkali. Als Tenside, die Streifenbildung vermeiden helfen, werden Dialkyldiphenyloxidsulfonate (vgl. Kap. 2.1) besonders empfohlen [7.1]. Zweiphasenreiniger enthalten auch aliphatische Kohlenwasserstoffe oder höher siedende Ether (z.B. Dioctylether), um das Fettlösevermögen zu steigern. Die typische Zusammensetzung von Glasreinigern zeigt **Tab. 7.2**.

Um die Kondensation von Wasserdampf (das »Beschlagen«) auf Glas und Spiegeln bei hoher Luftfeuchtigkeit und Temperaturen der Glasflächen unterhalb der Raumtemperatur zu vermeiden, werden neuerdings Glasreiniger mit so genanntem Antibeschlageffekt angeboten. Diese Wirkung besteht in einer zeitlich begrenzten Modifikation der Glasoberfläche durch Adsorption von speziellen amphiphilen Copolymeren, die der Oberfläche einen hydrophileren Charakter verleihen. Die als Inhaltsstoffe in Glasreinigern mit Antibeschlageffekt verwendeten Copolymere haben ein ausgewogenes Ver-

Tab. 7.2: Typische Zusammensetzung von Glasreinigern

Inhaltsstoff	Anteil in %	Funktion
Anionische und nichtionische Tenside	< 5	Benetzung, Verstärken der Reinigungswirkung
Ethanolamine oder Ammoniak	0 - 1	Einstellen einer schwachen Alkalität
Niedere Alkohole (Ethanol oder 2-Propanol) und/oder Glykolether	10 - 30	Lösemittel
Farbstoffe, Parfümöle	+	Produktästhetik
Konservierungsmittel	+	Verlängerung der Haltbarkeit
Wasser	ad 100	Lösemittel
Zweiphasenreiniger zusätzlich: Aliphatische Kohlenwasserstoffe oder Ether	10 - 30	Verstärken der Reinigungswirkung

hältnis von hydrophilen und hydrophoben Molekülanteilen. Letztere sind für eine ausreichende Haftung auf der Glasoberfläche (Substantivität) wichtig. Beispiele für solche Copolymere sind modifizierte Polyacrylate und sulfonierte Styrolcopolymere.

Die Wirkungsweise von Beschlag hemmenden Mitteln lässt sich wie folgt erklären: Eine frisch gereinigte Glasoberfläche hat durch ihre Si–OH-Gruppen und die adsorbierte Wasserschicht zwar bereits hydrophilen Charakter und wird durch Wasser vollständig benetzt. Bei Exposition an Luft adsorbieren jedoch polare organische Moleküle, die wegen des ionischen Charakters der Si–OH-Gruppen fest an der Glasoberfläche haften können. Diese Oberfläche wird dadurch zunehmend hydrophob und der Randwinkel zu Wasser ändert sich von anfangs unter 10° auf über 40°. Kondensiertes Wasser bildet auf dieser Oberfläche kleine Tröpfchen, die das Licht streuen – das Glas beschlägt. Durch die hydrophile Beschichtung bildet der kondensierende Wasserdampf an Stelle vieler kleiner Tröpfchen einen homogenen, optisch isotropen Film. Die Lichtstreuung wird signifikant reduziert und die Wasserschicht erscheint transparent [7.2].

Will man stark verkalkte senkrechte Flächen aus Glas, Plexiglas oder Fliesen reinigen, so bieten sich Mischungen aus Citronen- oder Weinsäure und Glycerin, Ethylen- oder Propylenglykol oder Polyethylenglykol an [7.3].

Die Angebotsformen von haushaltsüblichen Glasreinigern umfassen gebrauchsfertige flüssige Formulierungen in Polypropylenflaschen mit Schaum-/Sprühpumpe oder Spritzverschluss, Nachfüllbeutel aus Kunststoff mit Konzentraten und feuchte Reinigungstücher (vgl. Kap. 5.2). Diese Tücher bestehen aus einem Spezialvlies aus reißfestem, fusselfreiem Viskosematerial, das mit einer Kombination aus Tensiden, Alkohol und Wasser getränkt ist.

7.2 Fleckentferner

Was ist ein Fleck? Vereinfacht ausgedrückt: eine örtlich begrenzte, oft komplexe Verschmutzung einer Oberfläche. Das kann aufliegender Staub oder anderer Partikelschmutz sein, der sich durch einfaches, vorsichtiges Bürsten entfernen lässt, sofern er nicht fettige Bestandteile enthält. Meist aber gehen die Flecken bildenden Substanzen eine mehr oder weniger ausgeprägte Bindung mit der Oberfläche ein. Man unterscheidet nach den Hauptbestandteilen der jeweiligen Verschmutzung vier große Gruppen: Fett- und Eiweißflecken, Farbflecken z.b. durch Obstsäfte oder Tee, aber auch durch Farbstoffe und Pigmente sowie Spezialflecken wie Rostflecken oder Schimmelflecken durch Pilze.

Ein Kakaofleck besteht z.b. aus Fett und Eiweiß und enthält auch dunkle Farbpigmente. Da viele Flecken mehrere Stoffe enthalten, gibt es ein breites Angebot von Fleckentfernern, die jeweils auf ein ganz bestimmtes Problem, aber auch auf die zu reinigende Oberfläche abgestimmt sind. So darf beispielsweise bei Celluloseacetatfasern kein Aceton verwendet werden, weil sich die Fasern darin auflösen würden. Alkohol kann bei Chemiefasern eine Mattierung bewirken.

7.2.1 Fleckensalze

Für die Entfernung oder Vorbehandlung von Flecken auf Wäsche dominieren das Einweichen mit Fein- oder Vollwaschmitteln (früher auch mit speziellen Einweichmitteln) oder die Anwendung von speziellen Fleckensalzen *vor* dem eigentlichen Waschen. In speziellen Fällen werden auch flüssige oder pastöse Fleckentferner eingesetzt. Das wirksame Prinzip der Fleckensalze ist die oxidative Bleiche.

Fleckensalze haben sich als eigenständige Produktkategorie aus der Bleichkomponente der Mehrkomponenten-Waschmittel (Baukastensysteme) entwickelt, die einmal für Umwelt schonendes Waschen gedacht waren, aber auf dem Markt heute nur noch eine sehr untergeordnete Rolle spielen. Fleckensalze, die als Granulat oder in Tablettenform angeboten werden, bestehen im Wesentlichen aus einem Bleichsystem, heute fast aus-

Tab. 7.3: Typische Zusammensetzung von Fleckensalzen

Inhaltsstoff	Anteil in %	Funktion
Natriumpercarbonat	15 - 40	Bleichmittel
TAED	5 - 15	Bleichaktivator
Anionische und nichtionische Tenside	5 - 15	Benetzung
Builder (Soda, Silicate, Polycarboxylate)	15 - 30	Wasserenthärtung, Reinigungswirkung
Organische Komplexbildner	5 - 10	Lösen der Schmutzmatrix
Enzyme (Amylase, Protease, Lipase)	0 - 5	Flecklösung

schließlich auf Percarbonatbasis, und einem gewissen Tensid- und Builderanteil sowie ggf. Enzymen (**Tab. 7.3**).

7.2.2 Spezial-Fleckentferner

Spezial-Fleckentferner werden zur Beseitigung von Flecken auf Wäsche eingesetzt, darüber hinaus auf anderen textilen Oberflächen, wie Oberbekleidung, Teppichen und Polstern, aber auch auf harten Oberflächen. Diese Fleckentferner werden in flüssiger Form, als Paste oder Spray angeboten und sind sehr spezifisch für einzelne Fleckenarten formuliert. Auf dieses Marktsegment spezialisierte Firmen bieten beispielsweise bis zu 12 verschiedene Fleckentferner gegen Blut, Milch und Eiweiß; Fett und Öl; Filzschreiber; Kaffee, Tee und Gilb; Kleber, Kaugummi; Kugelschreiber; Obst, Rotwein, Marmelade; Rost; Tinte, Stock, Schimmel; Teer, Harz, Kerzenwachs; Gras, Erde, Blütenstaub sowie Ketschup, Senf und Soße an [7.4].

Die Inhaltsstoffe der für die Entfernung von über 120 verschiedenen Flecken empfohlenen Produkte reichen von unterschiedlichen Lösemitteln über Tenside, Seifen, Säuren und oxidativ oder reduktiv wirkende Bleichmittel bis zu Komplexbildnern und Enzymen in jeweils optimierten Kombinationen. Das Reduktionsmittel Natriumdithionit wird in so genannten Entfärbern eingesetzt, die als Fleckentferner für Textilfarben bei Abfärbungen konzipiert sind.

Ein traditionelles, seit langem bewährtes Produkt zur Fleckentfernung, das u.a. Enzyme enthält, ist die Gallseife, eine Kernseife, in die bis zu acht Prozent Ochsengalle eingearbeitet sind. Gallseife wird in verschiedenen Formen auch als flüssige Formulierung, darunter mit einem Roll-on-System, mit dem Anspruch angeboten, gegen eine etwas breitere Palette von Flecken wirksam zu sein. Dazu zählen Fett- und Ölflecken, Gemüse-, Obst- und Ketschupflecken, aber auch Schokolade.

Ein Vorläufer der modernen Fleckentferner war der Seifenspiritus, eine 1:1-Mischung von Ethanol und Kaliumseife (Schmierseife).

Mit den modernen Fleckentfernern konkurrieren immer auch so genannte Hausmittel, die von Ausnahmen abgesehen jedoch oft nur kompliziert anzuwenden sind, den heute im Haushalt typischen Oberflächen nicht mehr gerecht werden oder einfach nicht den gewünschten Erfolg bringen. Ein Beispiel für eine etwas umständliche Anwendung ist die Vorbehandlung von Obstflecken im Kochwasser von weißen Bohnen und die anschließende Entfernung in einem Bad aus Buttermilch und Zitrone. Auch nach Entfernen eines frischen Rotweinflecks, selbst wenn er sofort mit Salz oder Löschpapier behandelt wird, bleibt oft ein Restfleck im Gewebe, der erst nach der nächsten Wäsche verschwindet. Ebenso ist beim Versuch, einen Grasfleck mit Zitronensaft zu beseitigen, meist ein Restfleck zu erkennen.

Sehr verbreitet ist, Wachsflecken mit Löschpapier und Bügeleisen zu behandeln. Das Wachs lässt sich auf diese Weise auch entfernen, nur der Farbstoff z.B. einer roten Kerze wird durch die Wärmeeinwirkung beim Bügeln im Gewebe regelrecht fixiert, und das betreffende Wäschestück ist ruiniert.

Das Entfernen von Flecken erfordert Erfahrung und ein gewisses Geschick, um z.B. das Entstehen von Rändern zu vermeiden. In diesem Zusammenhang werden häufig praktische Tipps empfohlen, wobei schnelles Handeln Priorität hat, weil »gealterte« Flecken immer schwerer zu entfernen sind (s. Kasten).

Praktische Tipps zur Fleckentfernung (in Anlehnung an [7.4])

1 Oberstes Gebot der Fleckentfernung ist schnelles Handeln. Je frischer der Fleck, um so leichter lässt er sich wieder entfernen, oft schon mit heißem Wasser. (Blutflecken sind mit kaltem Wasser auszuspülen!) Bei Einsatz von Fleckentfernern ist immer die Gebrauchsanweisung zu beachten.

2 Vor jeder Fleckbehandlung ist eine Farbechtheitsprobe durchzuführen. Dazu ist ein sauberes weißes Tuch mit etwas Fleckentferner zu tränken und damit auf eine unauffällige Stelle zu tupfen. Nimmt das Tuch die Farbe der zu reinigenden Oberfläche nicht an bzw. verändern sich nach kurzem Einwirken des Produkts und Ausspülen der Teststelle weder Farbe noch Struktur der Oberfläche, kann die Fleckentfernung beginnen.

3 Überschüssige Flecksubstanz ist vorab zu entfernen. Flüssigkeiten können beispielsweise mit einem saugfähigen weißen, sauberen Küchenpapier aufgetupft, festere Substanzen behutsam mit einem stumpfen Gegenstand abgetragen werden.

4 Bei nicht zu dicken Textilien ist unter den Fleck ein sauberes weißes Tuch zu legen, das die Flecksubstanz aufnehmen kann.

5 Um eine Randbildung zu vermeiden, sollte ein Flüssigkeitsring um den Fleck gelegt und erst anschließend der Fleck direkt befeuchtet werden. Um den Fleck nicht zu vergrößern, ist von außen nach innen zu arbeiten.

6 Da die Einwirkzeit des Fleckenmittels eine wichtige Rolle spielt, sollte es ausreichend lange mit dem Fleck in Kontakt sein, ohne jedoch einzutrocknen.

Zur Entfernung von Flecken aus Kugelschreiberfarben, Kopierstift- und Stempelkissenfarben werden auch das Anfeuchten mit Glycerin, ein anschließendes Betupfen mit Ethanol und vorsichtiges Ausreiben mit einer saugfähigen Unterlage, notfalls die zusätzliche Anwendung stark verdünnter Natriumhypochlorit-Lösung empfohlen. Alte Tintenflecken sollen mit Schneiderkreide eingerieben und ausgebürstet werden. Eine Nachbehandlung mit Ethanol (Spiritus) ist notwendig. Die Beseitigung von Eisengallus-Tinte erfordert die Einwirkung von Weinsäurepulver, Citronensäurelösung oder Kleesalzlösung (Kaliumhydrogenoxalat – HOOC-COOK) [7.5] und ggf. Bleichlösungen wie Eau de Javel (Kaliumhypochlorit). Zur Fleckentfernung auf Teppichböden vgl. Abschn. 7.4.2.

7.3 Möbelpflegemittel

Möbelpflegemittel (zur Geschichte vgl. Kap. 1.4) werden zumeist in flüssiger Form als Emulsionen, aber auch pastös oder als Möbelwachse formuliert. Mineralölemulsionen zum Reinigen und Polieren von Möbeloberflächen sollten so zusammengesetzt sein, dass sie sich bei der Anwendung leicht entmischen. Dadurch kann das Öl die Oberfläche leicht benetzen. Der helle Ölfilm ergibt den Glanz, der die Ansehnlichkeit der Möbel erhöht. Der Film muss sehr dünn sein, damit die Oberfläche nicht schmierig wird oder leicht Staub fängt. Emulgiert werden kann mit sulfierten Ölen, ggf. zusammen mit Seifen, oder mit nichtionischen Emulgatoren vom Wasser-in-Öl(W/O)-Typ [7.6].

Um konstanten Glanz zu erzielen, werden auch Wachse, Harze und Siliconöle in verschiedenen Kombinationen in Möbelpolituren eingearbeitet. Beispiele für Formulierungen zeigt **Tab. 7.4** [7.7]. So erhält man kombinierte Öl- und Wachsemulsionen, die dann verwendet werden können, wenn eine härtere, hoch glänzende Oberfläche gewünscht wird. Eine Reihe von Verbrauchern ist auch an Möbelpolituren auf reiner Naturwachsbasis, so genannten ökologischen Möbelpolituren interessiert. Beispiele zeigt **Tab. 7.5**, wobei die beiden zuerst genannten Formulierungen eher als Imprägniermittel nur für unbehandelte Holzarten denn als Polituren aufzufassen sind [7.8].

Tab. 7.4: Beispiele für die Zusammensetzung von Reinigungs- und Pflegemitteln für Möbel

Bestandteile	Klassische Ölpolitur Anteil in %	Möbelpflegemittel mit Lösemittelanteil* Anteil in %	Möbelpflegemittel Wasserbasis Anteil in %	Möbelwachs Anteil in %
Mineralöl	40,0	–	–	–
Polyethylenwachs	–	–	–	6,3
Polyetherwachs	–	–	–	0,7
Montanesterwachs	–	5,0	15,0	–
Bienenwachs	–	–	3,0	–
Paraffin 52/54°C	–	–	7,0	5,0
Nichtionische Emulgatoren				10,0
Partialester	2,0			
Partialester, oxethyliert	5,0			
Fettalkylethoxylate		2,0	0,7	
Testbenzin	–	20,0	–	48,0
Wasser	53,0	73,0	74,3	ad 100,0

* auch als Aerosol verwendbar

Tab. 7.5: Möbelpflegemittel auf Naturwachsbasis

Inhaltsstoffe	Politur lösemittelfrei Anteil in %	Politur auf Basis natürlicher Rohstoffe Anteil in %	Möbelpflegemittel sprühbar	pastös
			Anteil in %	
Bienenwachs	8,6	10	2	35
Carnaubawachs	5,6	5	–	5
Schellackwachs	–	10	–	–
Kolophonium	0,4	–	–	–
Leinölfirnis	85,4	–	–	–
Citrusterpen	–	75	–	60*
Siliconemulsion	–	–	10	–
Emulgator	–	–	0,5	–
Duft- und Farbstoffe	–	–	+	+
Antistatika	–	–	+	+
Wasser	–	–	87,5	–

*alternativ auch Testbenzin, Isoparaffine oder Terpentinöl

Alle Möbelpolituren sind gleichzeitig Reinigungs- und Poliermittel. Möbelpolituren für den Haushalt dienen im Allgemeinen nur zur temporären Reinigung und zur Wiederauffrischung des Glanzes der Möbel. Diese Wiederauffrischung wird hier durch Öl-, Wachs- und/oder Harzfilme und nicht durch Egalisierung der Oberfläche erreicht. Möbelpolituren für den Haushalt enthalten daher keine oder nur sehr geringe Anteile an Abrasiva. Als Harz wird den Möbelpolituren auch heute noch Schellack zugesetzt.

7.4 Fußbodenreinigungs- und -pflegemittel

Bei der Reinigung und Pflege von Fußböden unterscheidet man zwischen harten Fußböden und textilen Belägen, die auf Grund der sehr unterschiedlichen Oberflächenstruktur grundlegend andere Reinigungs- und Pflegetechniken erfordern.

7.4.1 Reinigungs- und Pflegemittel für harte Fußböden (Hartböden)

In Wohnungen und Privathäusern finden sich heute ganz unterschiedliche Hartböden: Platten aus Natur- und Kunststeinen und Keramikfliesen, die auch im Außenbereich für Terrassen, Balkons, Veranden und am Swimmingpool eingesetzt werden können, Parkett, Linoleum, Kunststoffe (PVC) und Laminate. Diese Böden können zwecks Reinigung nach der Beseitigung von lose aufliegendem Staub und anderem Partikelschmutz durch Fegen, Kehren oder Staubsaugen feucht oder nass gewischt werden, ggf. unter Zusatz von Allzweckreiniger im Wischwasser (**Abb. 7.1**). Dies ist um so wichtiger, als die Nutzung eines verschmutzten Bodenbelags zu höherem Verschleiß und eventuell zu Verfärbungen führt. Schmutz, besonders in körniger Form, verstärkt die Scheuerwirkung auf der Belagsfläche.

Angebotsvielfalt bei Reinigungs- und Pflegemitteln für Fußböden

(Parkett, Dielen, Holztreppen, Fliesen, Terrakotta, Naturstein, Marmor, Terrazzo, Linoleum, PVC, Laminat, Teppichboden)

Basisreinigungsmittel:
- Allzweckreiniger
- Seifenreiniger
- Wischpflegemittel
- Selbstglanzemulsionen

Spezialreinigungs- und -pflegemittel:
- Parkettreiniger- und -pfleger
- Steinfußbodenreiniger
- Bohnerwachs
- Zementschleierentferner
- Fußbodengrundreiniger

Teppichreiniger:
- Schaumreiniger
- Pulverreiniger
- Sprühextraktionsreiniger

Abb. 7.1: Fußbodenreinigung

Bodenpflege

Ziel jeder Bodenpflege ist das Aufbringen eines geschlossenen Schutzfilms, der besonders raue oder offenporige Böden über eine gewisse Zeit vor dem Eindringen von Schmutz und Feuchtigkeit sowie vor Beschädigung durch das Begehen schützt und dem jeweiligen Boden Glanz verleiht (**Tab. 7.6**).

Die älteste Bodenpflege bestand im Bohnern, zumeist von offenporigen Holzböden, den Dielen, von Linoleum und Steinfliesen, mit *Bohnerwachs*, pastös oder flüssig eingestellten Formulierungen aus verschiedenen Wachsen und Testbenzin als Lösemittel, ggf. unter Zusatz eines Emulgators. Die schwere Arbeit der Putzfrauen und der Hausfrauen (vgl. Kap. 1.4) wurde später durch Bohnerbesen oder Blocker, das sind mit Gusseisen beschwerte Bürstenköpfe an Stielen, etwas erleichtert.

Einen Durchbruch in der Fußbodenpflege brachten die auf Basis von Polymerdispersionen und Wachsen aufgebauten so genannten *Selbstglanzemulsionen* (häufig handelt es sich um Suspensionen), die auf dem Bodenbelag einen wasserfesten, strapazierfähigen und selbstglänzenden Pflegefilm mit Langzeitwirkung bilden. Nach einer Empfehlung zur Qualitätsbewertung von Selbstglanzemulsionen [7.9] versteht man unter diesen Produkten milchige bis transparente wässrige Dispersionen von Polymeren und/oder Wachsen und Harzen, die zur Pflege aller Böden mit Ausnahme von porenoffenem Holz Verwendung finden. Neu verlegte oder verschmutzte Beläge sind vor der Behand-

Tab. 7.6: Anforderungen an Bodenpflegemittel

- Ausbildung eines geschlossenen Schutzfilms gegen das Eindringen von Schmutz und Flüssigkeiten sowie mechanische Beschädigung wie Kratzer, Schleif- und Gehspuren
- Strapazierfähigkeit und Werterhaltung des Bodens nach der Anwendung
- Rutschfestigkeit (Trittsicherheit) des Bodens nach der Anwendung
- Gutes Benetzungs-, Verlaufs-, Trocknungs- und Haftvermögen
- Gute Polierbarkeit
- Ausbildung von Glanz
- Hohe Ergiebigkeit
- Bequeme Handhabung
- Gutes Preis-Leistungsverhältnis
- Toxikologische Unbedenklichkeit

lung zu reinigen. Die Anwendung einer Selbstglanzemulsion auf gereinigten Böden wird auch als Einpflege bezeichnet.

Unterschieden wird zwischen Selbstglanzemulsionen zur ausschließlich unverdünnten Anwendung und solchen, denen reinigungsaktive Komponenten zugesetzt sind und die auch verdünnt im Wischwasser angewendet werden können. Vorteil dieser Mehrzweckemulsionen ist, dass die damit behandelten Böden über lange Zeit ihren Glanz bewahren, ohne dass es zu einer starken Schichtenbildung kommt. Alte stark beanspruchte Pflegemittelfilme müssen von Zeit zu Zeit durch eine Grundreinigung entfernt werden. Die typische Zusammensetzung von universell einsetzbaren Bodenpflegemitteln sowie Beispiele für die Zusammensetzung einer Selbstglanzemulsion und einer Polymerdispersion für Linoleum zeigt **Tab. 7.7**.

Ausbildung von Bodenpflegefilmen

Die Ausbildung des Pflegefilms aus der auf den jeweiligen Bodenbelag aufgetragenen Pflegedispersion ist ein sehr komplexer Vorgang. In **Abb. 7.2** ist der noch feuchte, etwa 0,02 Millimeter dicke Bodenpflegefilm nach dem Auftragen auf einen PVC-Bodenbelag schematisch dargestellt. Bei Raumtemperatur beginnt der normale Trocknungsvorgang, indem Wasser (blaue Pfeile) und flüchtige Weichmacher (kleine rote Kreise) verdampfen. Hierbei muss das Wasser schneller als der Weichmacher verdampfen, damit die Pflegedispersion nach etwa fünf Minuten anfängt, sich abhängig von Temperatur und Luftfeuchtigkeit zu verfestigen. Danach beginnt der permanente Weichmacher die Polymerpartikel anzulösen, so dass sie deformierbar werden.

Einzelne Schritte der Filmbildung sind in **Abb. 7.3** gezeigt. Beim Kontakt von Polymer- (a) und Wachspartikeln (b) werden nach Ausbildung einer dichten Packung (c) unter dem Einfluss des Weichmachers unter Verformung Agglomerate (d) gebildet, aus denen ein in sich zusammenschmelzender Film entsteht (e). Die Funktion des Weichmachers besteht darin, durch Erniedrigung der Glasübergangstemperatur der Polymere auf Raumtemperatur die Filmbildung überhaupt erst zu ermöglichen (Gewährleistung

Tab. 7.7: Typische Zusammensetzung von Bodenpflegemitteln (in Anlehnung an [7.10])

Inhaltsstoff	Bodenpflegemittel, universell anwendbar Anteil in %	Selbstglanzemulsion auspolierbar Anteil in %	Polymerdispersion für Linoleum Anteil in %
Polyacrylatdispersion, 38-proz.* (ggf. mit Zinkkomplex)	30 - 40	15	42 (40-proz.)
PE- und/oder Wachsdispersion*	5 - 15	25*** (25-proz.)	2 (40-proz.)
Wachsgepfropfte Copolymere	–	5	–
Alkalilösliches Harz, 20-proz.**	0 - 5	–	3 (35-proz.)
Temporäre Weichmacher darunter Ethyldiglykol	2 - 8	–	1,5
Permanentweichmacher darunter Tributoxyethylphosphat	0,5 - 1,5	–	–
Verlaufmittel	2 - 4	–	–
Silicon-Entschäumer	+	0,3	0,2
Fluorcarbonharz	–	1 (1-proz.)	–
Netzmittel, z.B. Fluortenside	+	–	1
Konservierungsmittel	+	+	+
Wasser	40 - 50	ad 100	ad 100

Teilchengröße: *0,1 - 0,5 mm; **0,005 - 0,01 mm; ***selbstemulgierend

der so genannten minimalen Filmbildungstemperatur). Bei der Glasübergangstemperatur, die hier zwischen 50 und 75°C liegt, geht das Polymere von einer glasartigen spröden Struktur in einen elastisch weichen Zustand über. Ohne Weichmacher würde die Polymerdispersion zu einem feinen weißen Pulver auftrocknen. Bei Einsatz wachsgepfropfter Copolymere kann der Wachsanteil in der Formulierung auch entfallen [7.11].

Verdünnt in Wasser angewendet, verbinden *Wischpflegemittel* die Eigenschaften von Selbstglanzemulsionen und Reinigungsmitteln: Sie reinigen und pflegen in einem Arbeitsgang. Ein leichter, polierbarer oder selbstglänzender Pflegefilm schützt den Boden vor zu schneller Wiederanschmutzung.

Auch *Wischglanzmittel*, die zur laufenden Pflege einfach ins Wischwasser gegeben werden, hinterlassen nach dem Auftrag einen selbstglänzenden, strapazierfähigen Pflegefilm. Abhängig vom Produkt kann auch poliert werden: Je mehr Wachs enthalten ist, desto stärker glänzt anschließend der Boden.

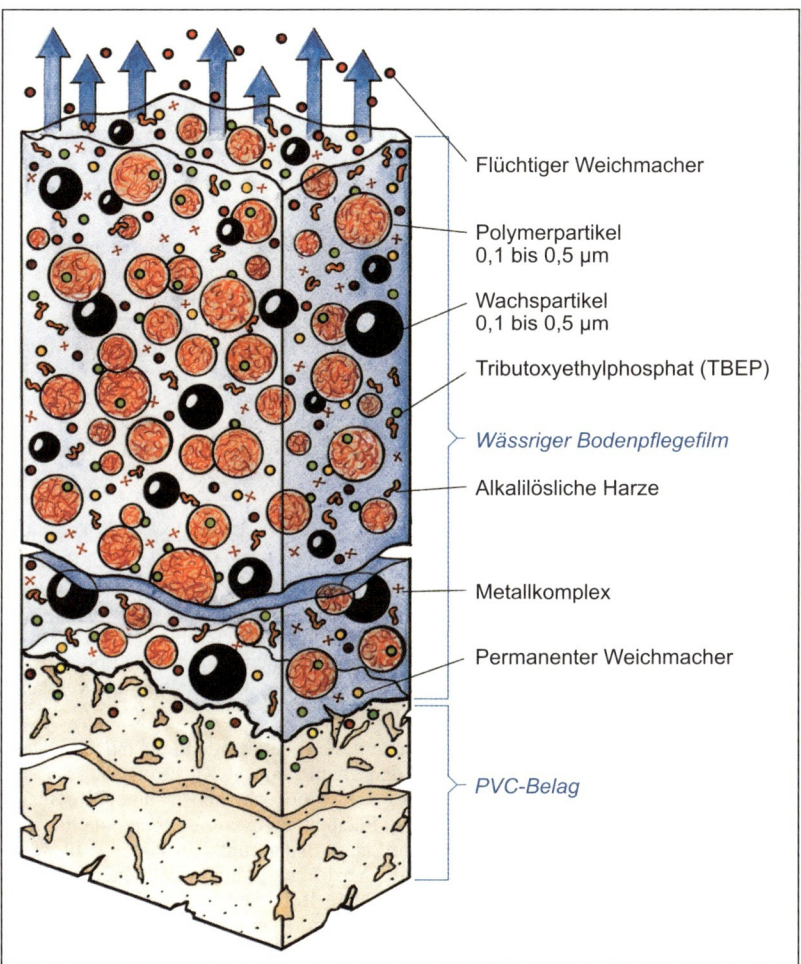

Abb. 7.2: Bildung eines Pflegefilms aus Polymer- und Wachspartikeln unter Einschluss eines Weichmachers (© Interpolymer)

Flüssige *Seifenreiniger*, die auch in konzentrierter Form erhältlich sind, lösen Fettschmutz und hinterlassen bei regelmäßiger Anwendung einen leichten, seidenmatten und polierbaren Schutzfilm. Alte Pflegemittelrückstände sowie hartnäckiger Schmutz, der sich mit anderen Mitteln nicht beseitigen lässt, werden mit einem Grundreiniger entfernt.

Spezielle *Steinpflegemittel* bilden einen glänzenden, strapazierfähigen, auch witterungsbeständigen Schutzfilm, der zudem die Eigenfarben der Steinböden voll zur Gel-

Warum bohnert niemand mehr?

Was einst als Gütezeichen der Hausfrau galt, riecht heutzutage für viele allenfalls nach Kindheit. Süß, schwer und fast ein bisschen beißend stand der Duft von Wachs in Treppenhäusern und Hausfluren, wahrscheinlich hing am Geländer in altmodischer Schreibschrift die Warnung »Vorsicht, frisch gebohnert!« Für Kinder kam das in unbeobachteten Momenten der Einladung gleich, die Schritte zu beschleunigen, die Stufen hinunter zu rutschen, von den Kanten zu gleiten und die Gänge entlang zu schlittern. Schulflure waren dafür bestens geeignet.

Putzfrauen, Mütter und Großtanten hatten unterdessen eine Heidenarbeit hinter sich gebracht. Waschen, trocknen, wachsen, bohnern – das Programm für den Fußboden war aufwändig, es brauchte Zeit, erforderte Muskelkraft in den Armen, einen belastbaren Rücken und robuste Knie. Und das alles für das Eine: den Glanz. »Es warf ein gutes Licht auf die Hausfrau, wenn die Böden glänzten,« erinnert sich *Pia Gaßmann*, Präsidentin des Deutschen Hausfrauen-Bundes. Die Vorstellung, dass der Kuchen genau so gut auf dem Parkett serviert werden könnte, gehörte beim Kaffeekränzchen der sechziger Jahre genau so dazu wie blitzende Fensterscheiben und blütenweiße Tischwäsche. Noch heute lautet das allgemeine Credo: Glanz verheißt Sauberkeit. »Glanz hat mit Sauberkeit nichts zu tun,« korrigiert Gebäudereinigungsmeister *Martin Lutz*. Wenn feiner Staub nicht entfernt, sondern mit dem Wachs in den Boden hinein gerieben wurde, brilliere auch ein gräulich-schmuddeliger Schmutzfilm.

Die eigentliche Funktion des Bohnerns stammt aus einer Zeit, in der Fußböden noch nicht versiegelt wurden. Der Naturstoff Holz ähnelt der menschlichen Haut: Die Oberfläche hat Poren, die für Verunreinigungen anfällig sind und Wasser aufsaugen. Wie eine Fettcreme wird deshalb eine Schutzschicht aufgetragen, die Feuchtigkeit und Schmutzpartikel abweist, wenn sie geglättet und komprimiert wird. Weil das den Boden schont und die Reinigung vereinfacht, wurden Dielen und Parkett, aber auch Linoleum und Steinfliesen auf Hochglanz poliert. So genannte Bohnerbesen oder Blocker – mit Gusseisen beschwerte Bürstenköpfe am Stiel, die wie schwerfällige Verwandte des Schrubbers daher kamen – sollten die Arbeit erleichtern.

Das Aussterben des Bohnerns ist folglich nicht nur auf die zunehmende Berufstätigkeit der Frauen zurück zu führen, da jemand, der stundenlang auf den Knien durch die Küche rutschen musste, nicht besonders »fit« für den Arbeitsmarkt war. Der Siegeszug von Teppichböden und PVC-Belägen hat Bohnerwachs und Blocker aus dem wöchentlichen Putzplan verbannt. Die Putzmittelhersteller taten ein Übriges: Hatte sich eine Firma wie Henkel schon in den fünfziger Jahren dafür gepriesen, Bohnerwachs in praktischen Tuben anzubieten, kamen bald darauf flüssige Varianten auf den Markt, die einfacher aufzutragen und zu verteilen sein sollten. Blitzblank, sparsam, pflegeleicht – die Schlagworte der Werbung zum Entzücken der Hausfrau wurden in den siebziger Jahren um das Gütesiegel »ohne Bohnern« ergänzt. Manches Mittel versprach, Reinigung und Pflege des Bodens in einem einzigen Arbeitsgang zu bewältigen, eine »Mordserleichterung«, wie *Pia Gaßmann* sagt. Betriebe, die jährlich 175 000 Bohnerbesen produziert hatten, stellten auf industrielle Blechverarbeitung um.

Inzwischen haben Firmen, die Haushaltswaren für Nostalgiker vertreiben, den Bohnerbesen wieder im Programm. Auch Vorwerk hat 1998 eine moderne Version seiner Elektrobürste angeboten, weil mittlerweile wieder die Hälfte aller deutschen Wohnungen mit Laminat, Fliesen und anderen Hartböden ausgelegt ist – Tendenz steigend. Liebhaber und Umweltfreunde schwören an Naturholz, das tatsächlich nur mit Öl und Wachs behandelt werden darf. Aber das bedeutet wie früher: viel Arbeit. Den Löwenanteil unter den Holzböden würden mit mindestens 80 Prozent auch künftig versiegelte Böden ausmachen, prognostiziert die Chemisch-technische Arbeitsgemeinschaft Parkettversiegelung.

(Leicht gekürzte Fassung eines Beitrags von *Julia Schaaf* in der *Frankfurter Allgemeinen Zeitung* vom 21. Februar 2002.)

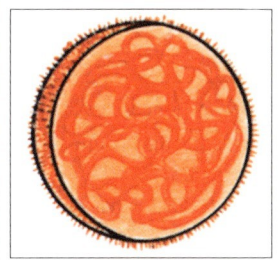
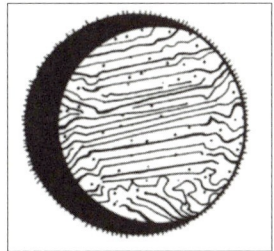

a) Schnitt durch ein Polymerpartikel

b) Schnitt durch ein Wachs- oder Polyethylenpartikel

c) Polymer- und Wachspartikel im nass-feuchten Pflegefilm nach dem Auftragen; Bildung einer dichten Packung mit hexagonaler Konfiguration

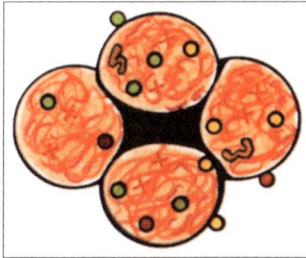
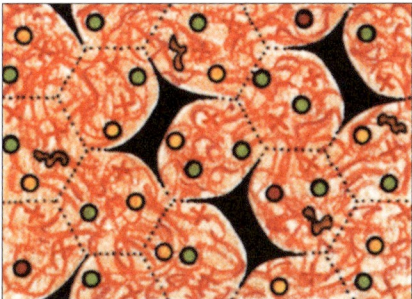

d) Deformierung der Polymer- und Wachspartikel unter Einfluss der Weichmachermoleküle (kleine gefärbte Kreise) während des Trocknungsvorganges

e) Auspolymerisierter Pflegefilm

Abb. 7.3: Schematische Darstellung eines noch feuchten Bodenpflegefilms nach dem Auftragen auf einen PVC-Bodenbelag (© Interpolymer)

tung bringt. Einige Mittel enthalten reinigungsaktive Zusätze und können auch verdünnt angewendet werden.

Natursteinböden brauchen besondere Pflege, da einige Steinarten gegenüber Chemikalien empfindlich sind. So sollten bei geschliffenen und polierten Steinflächen keine säurehaltigen oder hoch alkalischen Reinigungsmittel benutzt werden, weil sonst der Belag stumpf werden kann. Das betrifft besonders den wertvollen und teuren Marmorbelag, aber auch Terrazzoböden. Einer speziellen Pflege bedürfen auch so genannte Cotto-Böden (offenporige Ziegelböden), die auf Grund ihrer Saugfähigkeit gegen Verschmutzungen besonders anfällig sind [7.12].

Tab. 7.8: Typische Zusammensetzung von Bodenreinigungsmitteln

Inhaltsstoff	Anteil in %	Funktion
Anionische und nichtionische Tenside	10 - 20	Benetzung, Reinigungswirkung
Seifen	0 - 5	Reinigungswirkung, Filmbildung
Lösemittel *darunter* Alkohole Glykolether	10 - 20	Lösen von Fettschmutz und alten Pflegefilmresten
Wachse	0 - 5	Pflegekomponente
Polymere	0 - 5	Pflegekomponente
Farb- und Duftstoffe	+	Produktästhetik
Wasser	ad 100	

Bodenreinigung

Der Übergang zwischen Bodenpflege- und -reinigungsmitteln ist fließend. Für die Zwischen- oder Unterhaltsreinigung von Hartböden werden außer Allzweckreinigern flüssige, neutrale bis leicht alkalisch reagierende Produkte eingesetzt. Neben anionischen und nichtionischen Tensiden sind darin mit Wasser mischbare Lösemittel wie Alkohole und Glykolether und als pflegende Zusätze ggf. Wachse oder Polymere enthalten (**Tab. 7.8**). Eine Wirkungssteigerung von Bodenreinigern lässt sich durch Zusatz von Siliconquats (vgl. Abschn. 2.1.5) erreichen, die mit den Aniontensiden der Formulierung so genannte divergente Tensidsysteme bilden [7.13]. Für die Grundreinigung werden Alkali und Lösemittel enthaltende Formulierungen eingesetzt.

Bei der Auswahl der Reinigungs- und Pflegemittel für Linoleum ist grundsätzlich darauf zu achten, dass nur Produkte mit einem pH-Wert von maximal 9 verwendet werden. Stärker alkalische Mittel greifen die natürlichen Grundstoffe des Linoleums an und können den Belag zerstören. Für Linoleum dürfen weder Schmierseife noch Bohnerwachs verwendet werden [7.14].

Ein Parkettboden darf nie zu feucht behandelt werden. Die Verwendung von Dampfreinigern hat sich nicht bewährt [7.15]. Ein versiegelter Parkettboden ist gegen Wasser unempfindlicher, gewachste oder geölte Böden sind dagegen für das Raumklima günstiger, weil sie Feuchtigkeit binden und wieder abgeben. Zum Anschmutz- und Reinigungsverhalten von unterschiedlich eingepflegten Fertigparkettböden s. auch [7.16].

Für Laminatböden wird auf Grund der speziellen Oberflächeneigenschaften im Haushalt keine Erstpflege mit polymer- oder wachsbasierenden Pflegeprodukten empfohlen. Neben dem üblichen Kehren und Saugen genügt eine in kurzen Zeitabständen durchzuführende Feuchtreinigung mit speziell für das jeweilige Laminat empfohlenen Produkten. Bei fest haftenden Verschmutzungen kann kleinflächig mit nasser Reinigungsflotte gereinigt und sofort anschließend trocken nachgewischt werden [7.17]. Einwirkung von Staunässe auf Laminat sollte vermieden werden, weil Wasser in die Fugen eindringen und zu Verwerfungen führen kann.

Um die Reinigung von Wohnflächen zu erleichtern, wird das in Verbindung mit einem Schrubber verwendete klassische Wisch- oder Scheuertuch (Bodentuch), das im Wischwasser immer wieder manuell ausgespült und danach ausgewrungen werden muss, heute vermehrt durch Reinigungsgeräte ersetzt, die ihr Vorbild in den gewerblichen Reinigungssystemen haben.

Trockenreinigung: Neben der Produktentwicklung bei den Reinigungsmitteln haben aber auch die Bodentücher eine höchst innovative Entwicklung genommen. Durch spezielle Konstruktion der Gewebestruktur ermöglichen neuartige vliesartige Bodentücher eine viel intensivere und vollständigere Beseitigung von Staub, Haaren, Krümeln, Fusseln und anderen Partikeln als dies mit dem herkömmlichen Besen oder Mopp möglich wäre.

Bei der so genannten Swiffer®-Technologie wird eine ungleichmäßige Oberfläche mit offenen und mit geschlossenen Mikrotaschen erzeugt, die mit synthetischen Fasern gefüllt sind. Wird ein solchermaßen strukturiertes Tuch mittels eines flexiblen, an einem Stiel befestigten Führungskopfes über eine zu reinigende Oberfläche geführt, so bilden sich im Innern elektrostatische Ladungen aus, die entgegengesetzt geladene Partikel wie Staub und Haare in das Vlies hinein ziehen. In **Abb. 7.4** ist eine elektronenmikroskopische Aufnahme der Oberfläche eines solchen Tuchs gezeigt, auf der man deutlich die innen liegenden dickeren und stärkeren Fasern und die außen angeordneten dünneren, verfilzten Fasern erkennt, die den Staub aufnehmen. Das Swiffer®-Tuch enthält

Abb. 7.4: Elektronenmikroskopische Aufnahme der Struktur eines Swiffer®-Tuchs

zudem einen sehr geringen Anteil einer Mischung aus Paraffinwachs und Mineralöl, die größere Partikel zurück hält [7.18].

Als besonderer Vorteil dieser Technologie wird zudem die mit der Reinigung verbundene weitgehende Beseitigung von Milben-, Katzen- und Hundeallergenen heraus gestellt [7.17].

Nassreinigung mit System: Ein erster Schritt in diese Richtung waren mechanische Vorrichtungen am Wischeimer, mit denen man das Wischtuch bis auf eine gewünschte Restfeuchtigkeit ausdrücken kann, ohne sich ständig zu bücken. Neue Geräte arbeiten mit hoch saugfähigen und festen Papiertüchern, die über einen Vorratstank mit der Reinigungslösung getränkt und dann über die zu reinigenden Flächen geführt werden, dabei den Schmutz aufnehmen und anschließend im Gerät für die Entsorgung wieder aufgenommen werden.

7.4.2 Reinigungs- und Pflegemittel für textile Beläge

Der textile Bodenbelag hat besonders in den siebziger, achtziger und neunziger Jahren im Wohnbereich und im Objektbereich (Hotels, Büros, Verkaufsräume) einen Siegeszug angetreten. Dabei wurden die klassischen Beläge wie Kunststoff- und Linoleumböden oder keramische Fliesen zurückgedrängt, und der Teppichboden entwickelte sich zum beliebtesten Bodenbelag in Deutschland (vgl. Kap. 3.2).

Die Reinigung textiler Bodenbeläge hielt mit dieser rasanten Entwicklung im Bewusstsein und bei den Kenntnissen der Verbraucher nicht Schritt. Während man das Reinigen glatter Oberflächen mit Schwamm, Putztuch und Reinigungsmittel über Jahrzehnte gelernt hat, stellt der Teppich völlig neue Anforderungen an die Reinigungschemie und Anwendungstechnik [7.19].

Wie in Kap. 3.2 beschrieben besteht der Teppichboden an seiner Oberfläche (Nutzfläche) aus entsprechenden Fasern (Synthese- oder Naturfasern), die in einem Grundgewebe verankert sind. Dieses Grundgewebe wird zusätzlich bei vielen Qualitäten mit einer Beschichtung z.B. aus Polyurethanschaum kaschiert. Es müssen also im Gegensatz zu elastischen Böden grundverschiedene Materialkomponenten bei der Reinigung berücksichtigt werden.

Die Teppichbodenreinigung kann wie folgt gegliedert werden:

Regelmäßige Reinigung (Staub saugen)

Die regelmäßige Reinigung des Teppichs stellt mit modernen Staubsaugern kein Problem dar. Grundsätzlich gilt, dass zur Entfernung loser Verschmutzungen von Teppichböden ein Bürstsauger mit einem rotierenden Bürstvorsatz die beste Reinigungswirkung erzielt. Für hochflorige Bodenbeläge sind sie jedoch weniger geeignet. Hier kommt der herkömmliche Staubsauger mit glatter Saugdüse zum Einsatz.

Fleckentfernung (Detachur)

Auch der Fleckentfernung kommt eine wichtige Bedeutung für Optik und Werterhaltung des Teppichs zu. Bei der Fleckentferung können mit »modernen« Spezialprodukten heute praktisch alle Flecken vom Kaffeefleck bis zur Teer- und Lackverschmutzung entfernt werden. Häufigster Anwendungsfehler sind ungeeignete Fleckentferner, die zwar bei anderen Textilien wie Oberbekleidung gute Dienste tun, aber den Teppichboden auf Grund der verschiedenen Materialkomponenten schädigen. Schon das Hausmittel Seife ist für die Reinigung ungeeignet.

Die chemische Wirksamkeit der Fleckentferner teilt sich in zwei Grundrichtungen auf:

- Entfernung fleckenbildender Substanzen auf wässriger Basis (z.b. Bier, Fruchtsaft, Kaffee, Rotwein und Spirituosen)
- Entfernung fleckenbildender Substanzen, die nur mit Lösemitteln entfernt werden können (z.b. Fett, Lack, Schuhcreme, Filzstift, Teer, Kugelschreiber und Wachs).

Die zuerst aufgeführten Flecken werden mit Spezialfleckentfernern behandelt, die anionische und nichtionische Tenside sowie Wasser enthalten. Bei einigen Spezialprodukten sind diese Rezepturen mit Oxidationsmitteln wie Wasserstoffperoxid oder Natriumpercarbonat kombiniert. Das Tensid/Wassergemisch löst die fleckverursachenden Verschmutzungen, die Oxidationsmittel bleichen Verfärbungen, z.B. bei Kaffee, Rotwein und Obstsaft.

Die andere Gruppe hartnäckiger Flecken kann nur mit entsprechenden Lösemitteln entfernt werden. Hier kommen Lösemittel wie Ethylacetat, Butylacetat, Testbenzine und Alkohol zum Einsatz. Ganz neu in diesem Bereich werden so genannte »hochsiedende« Lösemittel verwendet, die sowohl gut biologisch abbaubar sind als auch keine Belastungen der Atemluft verursachen (Zur Fleckentfernung vgl. auch Abschn. 7.2.2).

Grundreinigung

Für die Grundreinigung textiler Bodenbeläge ergeben sich aus der Bodenbelagskonstruktion u.a. folgende Parameter:

- Der Bodenbelag ist vollflächig und festverlegt, also kann die Reinigung nur vor Ort erfolgen.
- Die notwendige chemische und mechanische Behandlung darf nur die Fasern, also die Oberfläche des Teppichs beeinflussen.
- Das Grundgewebe und der Rücken dürfen nicht durchnässt werden. Verwendete Flüssigkeiten müssen deshalb schnell verdunsten.
- Die Reinigungsmittel dürfen keine farb- oder faserschädigenden Zusätze enthalten.
- Eventuelle Rückstände der Reinigungsmittel dürfen nicht kleben, da sonst eine hohe Wiederanschmutzung erfolgt.

Im Gegensatz zur Wäsche von Oberbekleidung, bei der der Schmutz gelöst wird, anschließend ein Ausspülen der Reinigungsflotte (Schmutz- und Reinigungsmittelrückstände) und erst danach der Trockenvorgang erfolgt, ist beim Teppichboden dieser Ablauf nur bedingt möglich.

Aus den oben genannten Parametern haben sich folgende Verfahren entwickelt:

- Reinigung manuell oder maschinell mit einem Teppichshampoo
- Reinigung manuell oder maschinell mit Teppichreinigungspulver
- Reinigung maschinell im Sprühextraktionsverfahren
- sonstige maschinelle Verfahren, die durch gewerbliche Dienstleister (Teppichreinigungsunternehmen) eingesetzt werden
- Schmutz abweisende Ausrüstungen (Nachbehandlung).

Anforderungen der einzelnen Verfahren an Reinigungstechnik und -chemie

Reinigung mit Teppichshampoo: Bei der Reinigung mit Teppichshampoo wird ein Wasser-Tensid-Gemisch maschinell oder manuell, mittels Schwamm bzw. Aerosoldose, aufgeschäumt. Maschinell wird dieser Schaum mit einem elektrischen Bürstgerät in den Teppich einmassiert. Manuell erfolgt dieser Vorgang entweder mit Bürste von Hand oder mit einem Spezialschwamm. Die anionischen und nichtionischen Tenside lösen den Schmutz. Der gelöste Schmutz muss abtransportiert werden. Hier greifen die Hersteller von Teppichshampoo zu einer besonderen Lösung: Sie setzen dem Wasser-/Tensidgemisch eine Polymerdispersion, z.B. auf Basis von Styrol-Acrylat-Copolymeren, zu. Dieser Dispersion kommt die Aufgabe zu, den Schmutz »abtransportierbar« zu machen. Dieser Vorgang läuft wie folgt ab: Durch Verdunsten des Wassers aus dem Gemisch setzt ein Filmbildungsprozess der Polymerdispersion ein. Die Klebrigkeit wird verringert und die sich dabei bildende, kristallartige Struktur bindet Schmutz und Tenside. Der so entstandene Trockenrückstand kann mit dem Staubsauger abgesaugt werden.

Der Vorteil dieses Vorgehens besteht darin, dass durch das Aufschäumen der Wasseranteil auf der zu reinigenden Fläche reduziert wird und durch das vergrößerte Volumen des Reinigungsmittels in Schaumform ein Durchnässen des Belags vermieden werden kann.

Einschränkungen: Die Fasern werden durch Bürsten mechanisch strapaziert. Die Rückstände des Teppichschaums sind nicht immer vollständig absaugbar. Es verbleiben unter Umständen »klebrige« Schmutz- und Tensidrückstände, welche die Wiederanschmutzung des Teppichs besonders bei wiederholter Anwendung erhöhen können. Das heißt, die schnellere Wiederanschmutzung erfolgt nicht auf Grund einer Zerstörung oder Entfernung der Imprägnierung des Teppichbodens, sondern häufig durch die Rückstände von Schmutz und Reinigungsmittel.

Reinigung mit Teppichreinigungspulver: Bei der Reinigung mit Teppichreinigungspulver kommt ein feingekörntes Granulat als Trägermaterial zum Einsatz. Dieses Granulat ist getränkt mit einer Kombination aus anionischen und nichtionischen Tensiden in Wasser. Es wird auf den Teppich aufgestreut und mittels Bürste oder Bürstmaschine eingearbeitet. Nach einer kurzen Trockenzeit (30 bis 60 Minuten) werden die Rückstände mit dem gelösten Schmutz und vom Granulat gebundenen Schmutz durch einen

Abb. 7.5: Zwischenreinigung textiler Bodenbeläge: a) Einbürsten von Reinigungspulver (Pulverbürsten) und b) Absaugen (Bürstsaugen)

leistungsstarken Staubsauger einfach abgesaugt. Moderne Produkte enthalten heute als Trägermaterial Cellulose, Holz- oder Polyurethangranulat. Ein Kombinationsgerät zeigt **Abb. 7.5**.

Die Vorteile dieses Verfahrens sind der sehr geringe Flüssigkeitsanteil und die dadurch kurzen Trockenzeiten. Der Teppich ist je nach Raumtemperatur nach einer Stunde wieder begehbar.

Einschränkend ist zu bemerken, dass es auch hier zu einer mechanischen Belastung des Bodens durch Bürsten kommt. Durch den geringen Flüssigkeitsanteil im Pulver werden z.T. klebrige Schmutzrückstände nicht restlos absorbiert (aufgesaugt). Hierdurch können Schmutz- und Tensidrückstände im Belag verbleiben. Die Wiederanschmutzung wird dadurch unter Umständen erhöht. Bei starken Verschmutzungen ist der Reinigungseffekt häufig nicht ausreichend.

Sprühextraktionsverfahren: Dieses Verfahren hat sich in den letzten 20 Jahren besonders im Wohnbereich als fasertiefe Grundreinigung durchgesetzt. Beim Sprühextraktionsverfahren wird mittels eines Sprühsaugers eine Reinigungslösung in den Teppich gesprüht und in einem Arbeitsgang sofort wieder abgesaugt (**Abb. 7.6**). Es läuft also ein Spülvorgang ab, der Schmutz und Flecken, aber auch in der Tiefe des Flors haftende Sandpartikel entfernt. Die dafür eingesetzten Reinigungsgeräte bestehen aus einem Frisch- und Schmutzwassertank. Das Frischwasser mit dem zugesetzen Spezialreiniger wird über eine elektrische Pumpe zur Bodendüse transportiert und dort gleichmäßig versprüht. In einem Arbeitsgang – also unmittelbar nach Auftreffen der Reinigungslösung auf den Teppichboden – wird die Schmutzflotte durch Unterdruck (Saugmotor) wieder abgesaugt (**Abb. 7.7**).

Hierbei sind an die Reinigungschemie ganz besondere Anforderungen gestellt:

- Hohe Reinigungswirkung (nur kurze Einwirkzeiten und praktisch keine mechanische Wirkung, wie z.B. bei Anwendung von Bürsten).

Abb. 7.6: Sprühsaugen: Vollhygienische Tiefenreinigung für Teppiche, Teppichböden und Polstermöbel

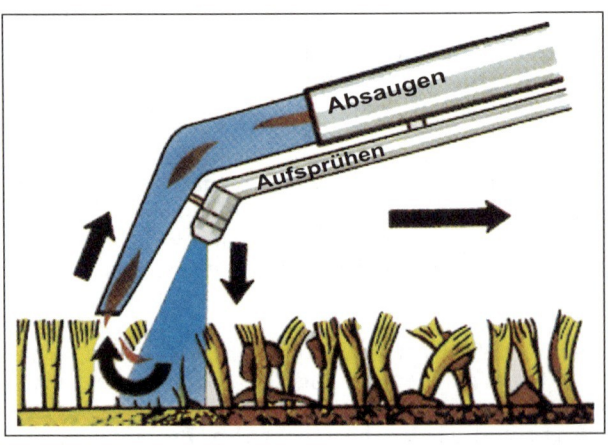

Abb. 7.7: Sprüh- und Absaugdüse

- Neutraler pH-Bereich, damit Farben, Fasern und Grundgewebe nicht geschädigt werden.
- Wenig ausgeprägtes Schaumverhalten, da die Reinigungslösung versprüht und anschließend rückgesaugt wird.

Die Hersteller von Teppichreinigungsmitteln haben diesen Anforderungen in der Entwicklung Rechnung getragen. Im Markt befinden sich heute besonders schaumarme Tensidkombinationen. Diese Tenside werden teilweise mit Polymerdispersionen kombiniert.

Der wichtigste Vorteil besteht darin, dass die Fasern praktisch nicht mehr mechanisch strapaziert werden. Es erfolgt eine Grundreinigung, bei der Schmutz und Flecken ausgespült werden. Der Verbraucher kann bei Einsatz des Sprühsaugers die rückgesaugte Schmutzflotte (Schmutzwasser) »beurteilen«. Durch den guten Spül- und Reinigungseffekt wird die spätere Wiederanschmutzung nicht erhöht.
Eine Einschränkung bedeutet der etwas erhöhte Zeitaufwand. Auch sind längere Trocknungszeiten, z.T. von sechs bis zwölf Stunden erforderlich.

Sonstige Verfahren: Die bisher geschilderten Systeme kann der Endverbraucher im »Do-it-yourself-Verfahren« einsetzen. Er kann z.B. im Handel einen Sprühsauger mieten. Die Dienstleister (Teppichreinigungsunternehmen) kombinieren z.B. die Shampoonierung mit der Sprühextraktion. Hierbei werden dann zur Erzielung schnellerer und z.T. verbesserter Reinigungsergebnisse große, leistungsstarke Bürstmaschinen eingesetzt. Bei den genannten Maschinen kommt Teppichshampoo zum Einsatz, die Schmutzflotte wird anschließend im Sprühextraktionsverfahren aus dem Teppichboden gespült. Ein anderes ausschließlich von Teppichreinigungsunternehmen eingesetztes System ist die Reinigung im Garnpadverfahren. Hierbei wird eine spezielle Reinigungslösung auf den Teppich gesprüht. Danach wird der Belag mit einer leistungsstarken »Schrubbmaschine« und untergelegtem Garnpad (kreisförmige Scheibe z.T. aus Mikrofasern) bearbeitet. Der Schmutz wird durch den maschinellen Einsatz des Pads mechanisch und durch den speziellen Reiniger chemisch gut gelöst und dann vom Pad aufgenommen. Das Verfahren wird besonders dort eingesetzt, wo kurze Reinigungs- und Trockenzeiten erforderlich sind, z.B. in Hotelbereich.

Nachbehandlung

Zum zusätzlichen Schutz gegen Anschmutzung werden Polymerdispersionen auf der Basis von Teflon, Fluorcarbonharzen u.a. Spezialimprägnierungen verwendet. Diese Produkte werden z.T. auch zur Nachbehandlung – also nach der Grundreinigung – angewendet. Sie werden aufgesprüht und ggf. eingebürstet. Durch den bei der Trocknung einsetzenden Filmbildungsprozess entsteht ein schützender Film, der die Faser ummantelt. Diese »Teppichimprägnierer« wirken Schmutz abweisend, teilweise auch hydrophobierend (wasserabweisend) und oleophobierend (ölabweisend) und schützen damit den Teppich nicht nur gegen Anschmutzung, sondern auch gegen fleckenbildende Flüssigkeiten. Hierdurch bleibt der Bodenbelag länger sauber und gepflegt.

7.5 Geruchsabsorber, Textilerfrischer und Raumbedufter

Die beste Möglichkeit, in Wohnräumen für frische Luft zu sorgen, bleibt natürlich das regelmäßige Lüften durch Öffnen der Fenster. Doch kann es Situationen wie in Hochhäusern geben, in denen das z.B. durch starken Wind nicht möglich ist. Zudem halten sich unangenehme Gerüche wie Zigarettenrauch trotz Lüftens hartnäckig an Gardinen, Polstermöbeln und -bezügen oder Teppichböden.

Für solche Fälle ist eine ganze Reihe von Hilfsmitteln verfügbar, die unangenehme Gerüche entweder überdecken, maskieren oder durch Absorption beseitigen. Zudem können aktiv angenehme Düfte an die Raumluft abgegeben werden.

7.5.1 Geruchsabsorber und Textilerfrischer

Unangenehme Gerüche haben eine molekulare Basis (Geruchsträger). Um Geruchsträger, also oft in äußerst geringen Konzentrationen auftretende flüchtige Moleküle, zu absorbieren, wurden sprühfähige Formulierungen entwickelt, die ursprünglich zur »Auffrischung« von Kleidung gedacht waren (Textilerfrischer). Inzwischen werden solche Formulierungen für das gesamte Textilspektrum im Haus eingesetzt.

Das wirksame Prinzip dieser Formulierungen basiert auf Cyclodextrinen, die auf Grund ihrer Hohlraumstruktur Einschlussverbindungen mit Geruchsmolekülen bilden können. An Stelle von Cyclodextrinen kann auch Zinkricinoleat eingesetzt werden (**Tab. 7.9**) [7.20].

Tab. 7.9: Beispiel für die Zusammensetzung eines Gerüche absorbierenden Sprays

Inhaltsstoff	Anteil in %	Funktion
Zinkricinoleat (mit Lösungsvermittlern)	1,0	Einschluss der Geruchsmoleküle
Polycarboxylate	2,5	Vermeidung von Kalkniederschlägen
Dinatrium-fettalkylethoxylatsulfosuccinat	6,0	Benetzung
Triethanolamin	0,6	
Milchsäure	0,6	Einstellen des pH-Werts auf 6,0
Wasser	ad 100	Lösemittel
Propan/Butan	+	Treibgas

Eine alternative Entwicklung besteht darin, Textilien mit Cyclodextrinen (vgl. Abschn. 2.11.3) zu veredeln, also eine feste Bindung zwischen der Faseroberfläche und den Cyclodextrinmolekülen zu schaffen [7.21]. Für die Verankerung auf Polyester sind Alkylketten, auf Baumwolle Monochlortriazinylgruppen und auf Polyamid Säuregruppen am Cyclodextrin vorteilhaft (**Abb. 7.8**).

Durch Einschluss z.B. der Geruchsträger von Zigarettenrauch in die Hohlraumstruktur wird deren Desorption von Kleidungsstücken, Gardinen oder Polsterbezügen verhindert, wodurch die textile Oberfläche nicht mehr unangenehm riecht. Erst wenn alle Hohlräume besetzt sind, ist eine Reinigung erforderlich.

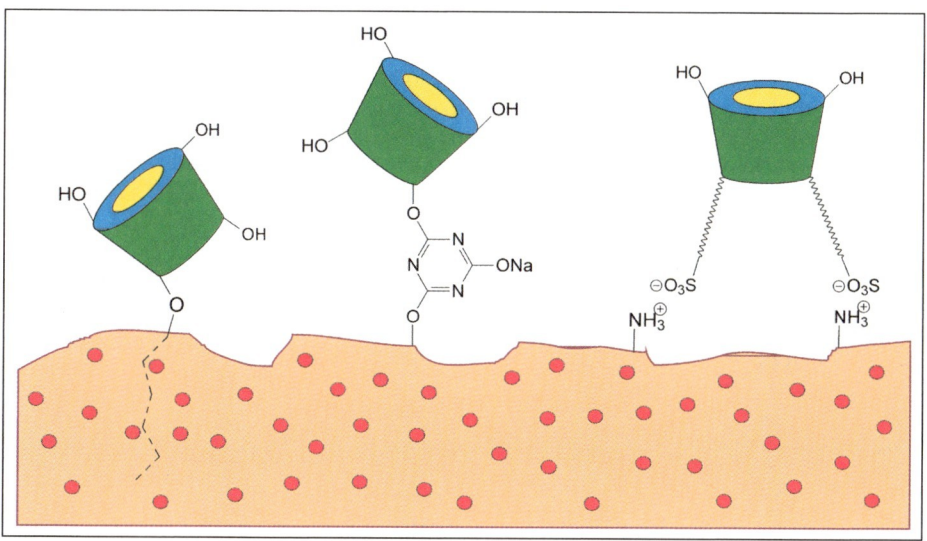

Abb. 7.8: Verschiedene Verankerungsmöglichkeiten von Cyclodextrinen auf Faseroberflächen (von li.: Polyester, Baumwolle, Polyamid)

Abb. 7.9: Verpackungslösungen für Raumduft und Luftverbesserung in Bad und WC

7.5.2 Raumbedufter

Gereinigte Textilien, an deren Oberfläche Cyclodextrine verankert sind, können auch als Duftspender und -verbesserer dienen. Dazu braucht man die textile Oberfläche nur mit Hilfe eines Zerstäubers leicht einzusprühen. Während die nicht eingelagerten Duftkomponenten verdampfen, verbleiben die Duftstoffe in den Cyclodextrinmolekülen. Freigesetzt werden sie zeitlich stark verzögert durch geringe Mengen von Feuchtigkeit (zu Lufterfrischern s. auch Kap. 1.4).

Raumbedufter kann man abhängig von ihrem Gebrauch in drei Gruppen einteilen:

- Produkte mit Sofortwirkung
- Energieunterstützte Produkte
- Produkte mit Dauerwirkung.

Innerhalb jeder Gruppe gibt es zwar unterschiedliche Systeme, aber es gilt immer das gleiche Wirkprinzip. Raumdüfte mit Sofortwirkung gibt es als Aerosol, Pumpspray und Zerstäuber. Dabei wird eine parfümierte Formulierung entweder durch Treibgas oder einen mechanischen Vorgang in sehr kleine Partikel zerstäubt. Leistungsmerkmale sind die sofortige Freigabe einer hohen Duftintensität, eine kurze Wirkungsdauer (typisch sind 30 Minuten) und die Möglichkeit eine gute Parfümqualität zu liefern.

Bei den energieunterstützten Produkten wird eine kontinuierliche Wirkung mit einer inneren oder äußeren Energiequelle verknüpft, um eine höhere Duftintensität oder eine kontrollierte Parfümfreigabe zu ermöglichen. Beispiele für Ausführungsformen sind elektrische Raumbedufter, parfümierte Kerzen, Staubsauger-Deos, Duftringe für elektrische Glühbirnen und Raumbedufter in elektrischen Ventilatoren.

Raumdüfte mit Dauerwirkung basieren darauf, dass ein Parfüm oder eine parfümierte Mischung von einem aktiven Trägermaterial aufgenommen wird und das Parfüm in einem vorher bestimmten Maß kontinuierlich verdunstet. Dabei wird eine mittlere oder niedrige Parfümintensität als permanenter Dufthintergrund geliefert. Eine Wirkungsdauer von ein bis drei Monaten ist möglich. Verbrauchskontrolle, Nachfüllbarkeit und ästhetisches Verpackungsdesign kennzeichnen viele Angebotsformen. Die Wirkung wird von der Raumtemperatur, der Luftfeuchtigkeit und dem Luftaustausch beeinflusst.

Als absorbierende Trägermaterialien eignen sich Papier, Blätter oder Holz, poröse Keramik, die zur Dekoration, zum Schutz und zur Kontrolle der zur Verdunstung verfügbaren Oberflächengröße glasiert sein kann, und geformter Gips. Ein Vorrat an Parfümöl kann auch in einem Polymerfilm versiegelt werden, durch den die Duftstoffe kontrolliert diffundieren. Ein Schutzsystem umgibt das Produkt bis zur Anwendung, bei der es dann z.B. durch Entfernen der Folie aktiviert wird. Alternativ kann eine in einem Reservoir befindliche Formulierung durch einen Docht einem absorbierenden Polster zugeführt werden, von dem es verdunstet. Ein hoher Anteil an Parfüm lässt sich auch in einem Kunststoff lösen, der dann in Formen von ganz unterschiedlichem Design gegossen wird (keine Verbrauchsanzeige möglich). Außerdem kann Parfüm auch in ein auf Wasser oder Lösemitteln basierendes Gel eingebracht werden, das sich ebenfalls ästhetisch verpacken lässt. Durch kontrolliertes Verdunsten von Wasser und Parfüm schrumpft die Gelmasse und zeigt so ihren Verbrauch an.

Verpackungslösungen für Raumduft und Luftverbesserung in Bad und WC sind in **Abb. 7.9** gezeigt. Neuerdings werden auch Wandfarben angeboten, die über einen längeren Zeitraum Duftstoffe abgeben können [7.22].

7.6 Literatur

[7.1] *Household and Personal Products Industry – Happi* **2001**, 38, H. 11, 9.
[7.2] B. Guckenbiehl, Birgit Glüsen, Modifizierung harter Oberflächen: Antibeschlag und andere Effekte, *Conf. Proc. 48. SEPAWA Kongress 2001*, Bad Dürkheim, **2001**, 244-249.
[7.3] B. Ziolkowsky, Neuentwicklungen bei technischen Reinigern auf Lösungsmittel- und Wasserbasis, *SÖFW J.* **1997**, 123, 423-425.
[7.4] Fa. delta pronatura, *Dr. Beckmann Fleck-weg Broschüre*, **2001**.
[7.5] G. Vollmer, M. Franz, *Chemie in Hobby und Beruf*, Bd. 2, Georg Thieme Verlag, Stuttgart, **1991**, S. 206-207.
[7.6] Industrieservice: Formulierung, Herstellung, Recht, *SÖFW J.* **2002**, 128, H. 8, 74.
[7.7] Neue Rohstoffe und Konzepte: Pflegemittel, in: B. Ziolkowsky (Hrsg.), *Jahrbuch für den Praktiker 2002*, Verlag für chemische Industrie H. Ziolkowsky, Augsburg, **2002**, 239-241.
[7.8] Naturstoffe in Möbelpflegemitteln: Bienenwachs, Carnaubawachs, *SÖFW J.* **2000**, 126, H. 7, 54.
[7.9] Industrieverband Körperpflege- und Waschmittel e.V. (IKW), Empfehlung zur Qualitätsbewertung für Selbstglanzemulsionen, *SÖFW J.* **2001**, 127, H. 5, 56-59.
[7.10] K. Henning, Polymerhaltige Bodenpflegemittel, *SÖFW J.* **2001**, 127, H. 5, 49-54.
[7.11] K. Henning, Bodenreinigung und Fußbodenpflege, *SÖFW J.* **2002**, 128, H. 7, 64-69.
[7.12] Schutz und Pflege von Steinböden, in: B. Ziolkowsky (Hrsg.), *Jahrbuch für den Praktiker 2001*, Verlag für chemische Industrie H. Ziolkowsky, Augsburg, **2001**, S. 114-117.
[7.13] K. Henning, Wirkungssteigerung von Wasch- und Reinigungsmitteln durch Additive, *SÖFW J.* **2001**, 127, H. 11, 58-65.
[7.14] Armstrong DLW, Pflegeanleitung für Armstrong DLW Linoleum Bodenbeläge im Wohnbereich, *Technische Information 08/2001*, Delmenhorst, **2001**.
[7.15] Arbeitsgemeinschaft Holz e.V., Informationsdienst Holz – Parkett Planungsgrundlagen, *Holzbau Handbuch, Reihe 6: Ausbau und Trockenbau, Teil 4 Böden und Beläge, Folge 2: Parkett*, Düsseldorf, **2001**.
[7.16] G. Cerny, Adelheid Gründl, Paula Weinberger-Miller, Anschmutz- und Reinigungsverhalten von unterschiedlich eingepflegten Fertigparkettböden, *SÖFW J.* **2000**, 126, H. 11, 58-67.
[7.17] Forschungsgemeinschaft Reinigungs- und Pflegetechnologie, *Merkblatt Reinigung und Pflege von Laminatböden*, Krefeld, **2001**.
[7.18] Procter & Gamble, Broschüre *Swiffer*, **2002**.
[7.19] K. Henning, Reinigung und Pflege textiler Bodenbeläge, *SÖFW J.* **2001**, 127, H. 9, 68-72.
[7.20] Industrie-Service: Formulierung, Herstellung, Recht, *SÖFW J.* **2002**, 128, H. 6, 106.

[7.21] H.-J. Buschmann, D. Knittel, E. Schollmeyer, Textilien als Depot für Duftstoffe, *SÖFW J.* **2001**, 127, H. 10, 60-62.

[7.22] T. Branna, Scented paint, a new growth opportunity? *Household and Personal Products Industry – Happi* **2002**, 39, H. 8, 8.

8 Schuh- und Lederpflege

Die Historie der Schuhe als Fußbekleidung reicht etwa 3500 Jahre zurück. Die ersten Schuhe der Steinzeitmenschen waren in erster Linie praktisch, sie dienten dem Schutz der Füße. Im Laufe der historischen Entwicklung erfuhren sie jedoch eine erhebliche Aufwertung. Ihre aus vielfältigen Materialien hergestellten Formen dienten der Verzierung, unterlagen zunehmend modischen Einflüssen und galten sogar als Statussymbol.

Obwohl der Schuh also offensichtlich einen bedeutenden Anteil der menschlichen Bekleidung ausmachte, ist wenig bekannt, wie sehr äußere Einflüsse wie Klima, Schmutz und mechanische Einwirkungen die Haltbarkeit und Lebensdauer der Schuhe bestimmt haben. So etwas wie Pflege zur Werterhaltung fand offensichtlich nicht statt. Es ist überliefert, dass lediglich schwarze Lederschuhe im 19. Jahrhundert mit dem Ziel einer Farb- und Glanzgebung mit einem recht abenteuerlichen Gemisch aus Zuckermelasse, Sirup, Ruß und Schwefelsäure behandelt wurden. Verbunden war hiermit jedoch die unerfreuliche Nebenwirkung, dass dem Leder die Fettbestandteile entzogen wurden. Es wurde schnell rissig, brüchig und wasserdurchlässig. Erst ein Modetrend etwa um 1900, der neben dem bis dahin bekannten schwarzen auch den naturfarbenen, also braunen Schuh hervorbrachte, führte dazu, dass man sich an die Pflege von braunem Pferdegeschirr mit Wachs erinnerte. Die in Mainz geborene Idee, »Stiwwelwix« (Stiefelwichse) auf Wachsbasis herzustellen, wurde von dem Chemiker *Adam Schneider* in dieser Zeit verwirklicht. Eine geschickte Kombination von geeigneten Wachstypen und deren Auflösung in Terpentinöl ließ die erste Schuhcreme entstehen [8.1]. Sie wurde Ausgangsrezeptur für ein vielseitiges Angebot von Schuh- und Lederpflegemitteln, wie wir es heute kennen.

8.1 Leder, ein einzigartiges Material

Die Vielseitigkeit von Leder in Aufbau, Optik, Verhalten und anderen Eigenschaften wurde bis heute von keinem anderen Material erreicht oder gar übertroffen. Es ist z.B. elastisch, atmungsaktiv und kann Feuchtigkeit bis zu 30 Prozent bezogen auf sein Trockengewicht aufnehmen, ohne sich nass anzufühlen. Es ist reißfest, jedoch auch verformbar.

Da es sich bei dem Material Leder um ein tierisches Naturprodukt handelt, werden seine Eigenschaften ganz wesentlich durch die Tierart bestimmt, aus deren Haut das Leder entsteht. Die Leder verschiedener Tierarten (Kalb, Rind, Schwein, Ziege, Hirsch u.a.) zeigen unterschiedliche Eigenschaften hinsichtlich der Dicke, der Weichheit, der Elastizität, der Reißfestigkeit, der Strapazierbarkeit und der technischen Verarbeitbarkeit des Materials. Hinzu kommen zahlreiche weitere Faktoren, wie z.B. unterschiedliche Gerb- und Färbetechniken, die dann zu über 200 verschiedenen Lederarten führen, die man ihrerseits wieder grob in zwei Gruppen, die Glatt- und Rauleder, einteilen kann.

Die *Glattleder*, z.B. Nappa (Ziege) oder Boxcalf (Kalb), die einen besonderen Glanz und Farbe entfalten können, entstehen durch Zurichtung, d.h. eine spezielle Behandlung der Oberfläche. Diese kann gewachst, gefettet, lackiert oder mit Folien beschichtet werden. Man spricht dann von »gedecktem« Leder. Wenn das Leder z.B. durch Einsatz von Anilinfarben nicht beschichtet, sondern vollkommen durchdrungen wird, handelt es sich um »ungedecktes« Leder, auch Anilinleder genannt, das wesentlich feiner und empfindlicher ist und meistens nur für modische Schuhe oder Kleidung verwendet wird.

Rauleder (Velour- bzw. Wild- oder Nubukleder) werden unterschieden je nachdem, ob die Innenseite (Fleischseite) oder die Außenseite (Haarseite) der tierischen Haut unter Anwendung besonderer Schleiftechniken bearbeitet wurde. Die ungeheure Vielfalt der Materialeigenschaften erlaubt einen breiten Einsatz von Rauleder für Schuhe, Kleidung, Möbel oder andere Gegenstände.

Sowohl für Damen- als auch für Herrenschuhe werden Glatt- und Rauleder unterschiedlichen Ursprungs und stark modeabhängig eingesetzt. Sollen die Schuhe sehr strapazierfähig sein, im Sport oder zu grober Arbeit getragen werden, sind robustere Lederqualitäten gefordert. Für Kleidung werden besonders weiche Glatt- und Rauleder wie Nappa, Nubuk, ein an der Oberfläche besonders angeschliffenes Leder, oder Velour bevorzugt. Ähnliche Qualitäten finden auch bei Accessoires wie Gürtel, Taschen oder Handschuhen Verwendung.

Möbel werden in der Regel mit weichen Typen, jedoch auch mit derben Qualitäten aus Rinderhäuten bezogen [8.2].

Eine kaum übersehbare Vielfalt bestimmt das Bild der Verwendung des Materials Leder und lässt erkennen, dass auch für dessen Reinigung und Pflege ein breites und komplexes Produktspektrum erforderlich sein wird.

8.2 Lederherstellung

Um die verderbliche Tierhaut zu dem stabilen, langlebigen Material Leder umzuwandeln, wird sie einem so genannten Gerbprozess unterworfen. Zur Einleitung dieses Prozesses werden in der »Wasserwerkstatt« die Häute zunächst einer mechanischen und unter Verwendung von viel Wasser, Tensiden, Alkalien, Enzymen und Emulgatoren einer chemischen Vorbehandlung unterworfen. Hierdurch werden unbrauchbare Teile der Haut wie Haare, Bindegewebe und Naturfett entfernt und es entsteht die so genannte Blöße, d.h. eine saubere und glatte Hautoberfläche. Zur Gerbung werden dann die so vorbehandelten Häute in Bäder gegeben, in denen verschiedene Gerbstoffe gelöst sind. Je nachdem, welche Lederqualitäten erzeugt werden sollen, werden überwiegend anorganische Salze (z.B. dreiwertige Chromsalze) als Gerbstoffe eingesetzt. Die »Chromgerbung« ist heute das wirtschaftlich bedeutendste Verfahren. Etwa 80 Prozent aller weltweit hergestellten Leder werden so gegerbt (**Tab. 8.1**) [8.3], [8.4].

Neben der Chromgerbung gibt es noch andere Möglichkeiten zur Herstellung von Leder, die heute jedoch nur eine untergeordnete Rolle spielen. Die drei wichtigsten alternativen Gerbverfahren, die insgesamt etwa 20 Prozent der hergestellten Ledermengen betreffen, sind:

- Vegetabilische Gerbung mit pflanzlichen Gerbstoffen (z.B. wässrige Extrakte aus Eichen-, Fichten- oder Kastanienrinde)
- Mineralgerbung mit chromfreien Mineralsalzen (z.B. Salze von Aluminium, Zirkon, Titan).
- Gerbung mit reaktiven organischen Substanzen (z.B. Aldehyde).

Verschiedene Produktionsschritte bei der Lederherstellung sind in den **Abb. 8.1 bis 8.3** dargestellt.

Tab. 8.1: Stand der Technik der Lederherstellung

Prozess	Prozessschritte	Erläuterung
Wasserwerkstatt	Weiche	Das zur Konservierung eingesetzte Kochsalz wird entfernt, Tenside reinigen die Haut von Schmutz, angetrocknetem Blut etc. und entfernen Naturfette.
	Äscher	Na_2S, NaHS und Kalk schließen die Haut auf, zerstören Haare und lösliche Proteine.
	Entkälkung	Der eingelagerte Kalk wird durch Ammoniumsalze aus der nun sauberen und glatten Hautoberfläche (Blöße) entfernt.
	Beize	Durch Ammoniumsulfat enthaltende Enzympräparationen wird die Haut weiter aufgeschlossen.
Gerbung	Pickel	Ameisen- und/oder Schwefelsäure, Natriumformiat und Kochsalz stellen die Blöße auf den für die Gerbung benötigten sauren pH-Wert ein.
	Gerbung	Dreiwertige Chromsalze gerben die Blöße zum Wet blue (weltweit gültige Qualitätsbezeichnung für ein gegenüber Zersetzung stabiles, weiter verarbeitbares Leder).
Nasszurichtung	Nachgerbung	Mit pflanzlichen und synthetischen sowie Harz- und Polymergerbstoffen werden die gewünschten Ledereigenschaften eingestellt.
	Färbung	Spezielle Lederfarbstoffe ermöglichen eine brillante Färbung mit guten Echtheiten.
	Fettung	Natürliche und synthetische Fettungsmittel machen das Leder weich und reißfest. Spezialprodukte ermöglichen die Herstellung von waschbarem Leder.
	Hydrophobierung	Hydrophobiermittel machen Leder wasserfest.
Zurichtung	Zurichtung	Polymere Bindemittel, Farbstoffe, Pigmente, Wachse und weitere Hilfsmittel erhöhen die Gebrauchseigenschaften des Leders und ermöglichen modische Effekte.

Abb. 8.1: Leder unmittelbar nach der ersten Stufe der Gerbung (Wet blue, mineralgegerbt)

Abb. 8.2: Spannen von Rindleder für die Endtrocknung

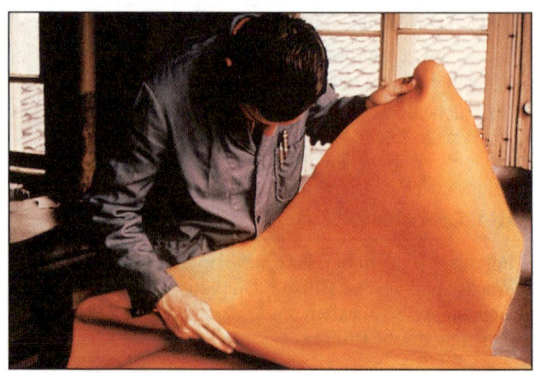

Abb. 8.3: Leder – Endproduktkontrolle

Während des Gerbprozesses werden auch Weichmacher, so genannte Licker, bestehend aus einem Gemisch verschiedener sulfierter Fettqualitäten, Wasser und Emulgatoren beigemischt. Sie verleihen dem Leder einen weichen, angenehmen Griff. Den Arbeitsabläufen in der Wasserwerkstatt schließen sich dann ein sehr sorgfältig kontrollierter Trocknungsprozess und die oben bereits angesprochene Zurichtung des Leders an. Der Chemismus des Gerbvorgangs ist relativ komplex und führt im Wesentlichen zu einer je nach Gerbstoff unterschiedlichen Form der Vernetzung der Kollagenfasern. In dem so entstandenen beweglichen Eiweißfasergeflecht befinden sich mit Luft gefüllte Hohlräume, die ihrerseits die Grundlage für die Wärmeisolation und die hohe Wasseraufnahmefähigkeit bilden.

Wird die Grenze der Wasseraufnahme während des späteren Gebrauchs des Leders durch zu starke Durchfeuchtung überschritten, verzahnen sich bei dem notwendigen Trocknungsvorgang die Eiweißfasern so sehr ineinander, dass ganz wesentliche Eigenschaften des Leders, d.h. die Flexibilität und die Isolationsfähigkeit, verloren gehen. Die vordringlichste Aufgabe einer guten Lederpflege besteht also darin, das Leder im praktischen Einsatz vor zu großer Durchfeuchtung zu schützen [8.3] [8.5].

8.3 Schuhlederpflege

8.3.1 Grundimprägnierung

Eine intensive Grundimprägnierung ist sowohl für die Glatt- als auch die Rauledertypen notwendig. Ziel des Imprägnierens, das erstmalig unmittelbar nach dem Kauf der Schuhe erfolgen sollte und später regelmäßig wiederholt werden muss, ist die Entstehung eines Films aus wasserabstoßenden Substanzen auf der Lederoberfläche. **Abb. 8.4** und **8.5** zeigen die Penetrierung der Wirkstoffe in die Lederoberfläche und den Abperleffekt des Wassers. Als Hydrophobierungsmittel eignen sich spezielle Wachstypen, Siliconöle oder Fluorcarbonharze. Der durch diese Substanzen entstehende Film schützt nicht nur vor äußerlicher Nässe, sondern beugt auch einer tiefergreifenden Verschmutzung des Leders vor, die sonst in manchen Fällen nicht mehr zu beseitigen ist.

Die traditionelle, jedoch in der Anwendung weniger bequeme Art der Imprägnierung ist die flüssige Form. Die hydrophoben Wirkstoffe sind in diesem Fall im Wasser emulgiert und werden erst nach dessen Abdunsten wirksam. Das Auftragen auf das Leder erfolgt mittels Schwamm oder Tuch.

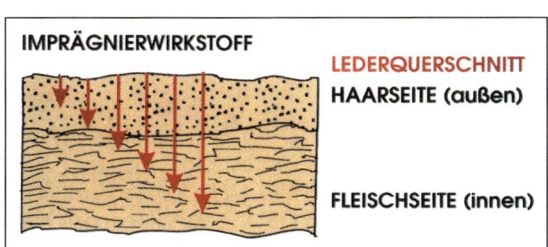

Abb. 8.4: Penetrierung der Wirkstoffe in die Lederoberfläche

Abb. 8.5: Abperleffekt des Wassers

Die modernere und bequemere Art, eine Imprägnierung auf das Schuhleder aufzubringen, ist das Aerosolspray. Eine mechanische Alternative ist der Pumpzerstäuber oder neuerdings auch ein Imprägnierschaum, der ebenfalls mittels Spraydose appliziert wird. Der Schaum muss mit Schwamm oder Tuch auf der Lederoberfläche verteilt werden. Beispiele für die Formulierung von Imprägnierspray und -schaum zeigt **Tab. 8.2**.

Tab. 8.2: Rahmenrezepturen für Imprägnierspray und -schaum

Inhaltsstoffe	Spray Anteil in %	Schaum Anteil in %	Funktion
Wachse	0 bis 2	0 bis 5	Hydrophobe Filmbildner
Siliconöle	0 bis 0,5	1 bis 5	hydrophobe Filmbildner
Fluorcarbonharze	0 bis 1	1 bis 2	hydrophobe Filmbildner
2-Propanol oder	38 bis 70		Lösemittel
Heptanisomerengemisch		10 bis 20	Lösemittel
Anionische/nichtionische Tenside		0 bis 3	Schaumbildner
Wasser		50 bis 70	Lösemittel
Propan/Butan	30 bis 60	10 bis 15	Treibgas

Zur Anwendung von Imprägniersprays muss darauf hingewiesen werden, dass diese nur in gut belüfteten Räumen oder besser noch im Freien eingesetzt werden dürfen, damit die feinen Sprühnebel die Atmungsorgane nicht belasten können. Auf der Packung aufgedruckte entsprechende Warnhinweise müssen befolgt werden (vgl. Kap. 11 und 12). Obwohl zur Erzeugung eines Imprägniermittels in Form von Schaum auch die Spraydose benutzt wird, entstehen hierbei keine gesundheitsgefährdenden Sprühnebel. Beide Produkte enthalten hoch entzündliches Treibgas.

8.3.2 Glattlederpflege

Für die verbreitet für Schuhe verwendeten »gedeckten« Glattleder, die meistens eine glänzende, oft auch eingefärbte Oberfläche zeigen, wird die klassische Schuhcreme (Ölware) eingesetzt. Diese wird in Dosen oder Tuben verpackt und in verschiedenen Farben oder farblos angeboten. Die Ausführungen in der Dose oder Tube unterscheiden sich in ihrer Viskosität, die durch den Lösemittelanteil bestimmt wird. Hauptbestandteile sind verschiedene Wachstypen, Testbenzin und Farbstoffe.

Eine modernere Alternative zur klassischen Ölware ist eine lösemittelfreie Creme. Die Hauptkomponenten Wachse, Siliconöle oder auch natürliche Öle werden mit nichtionischen Emulgatoren in Wasser dispergiert. Zur Viskositätseinstellung werden Verdickungsmittel, z.B. Cellulose- oder Polyacrylsäurederivate, eingesetzt. Rezepturen für Schuhcreme als Ölware oder lösemittelfrei zeigen **Tab. 8.3** und **8.4**.

Ölware in niedrig viskoser Ausführung enthält einen höheren Lösemittelanteil sowie pflanzliche Öle und/oder Mineralöle.

Aus dem eher derberen Schuhwerk früherer Jahre sind im Laufe der Weiterentwicklung bis heute viel feinere, leichtere und besonders bei Damenschuhen edlere und elegantere Ausführungen entstanden. Dem entsprechend werden hierfür auch die weichen und empfindlicheren »ungedeckten« Lederqualitäten (vgl. Kap. 8.1) verwendet. Würde man zur Pflege hierfür die klassische Ölware einsetzen, würden beim Auftragen durch das schnelle Eindringen der Lösemittel, Fette und Farben in die dünne, weiche Oberfläche des Leders punktuell Flecken entstehen. Dieser negative Effekt wird durch moderne Feinschuhpflegemittel, die so genannte Emulsionsware, vermieden. Es handelt sich

Tab. 8.3: Rahmenrezeptur für Schuhcreme (Ölware)

Inhaltsstoffe	Anteil in %	Funktion
Natürliche und synthetische Wachse	20 bis 30	Pflegekomponente
Entaromatisiertes Testbenzin Sdp. 150-200°C	70 bis 80	Lösemittel
Farbstoffe	0 bis 0,5	Farbgebung

Tab. 8.4: Rahmenrezeptur für Schuhcreme (lösemittelfrei)

Inhaltsstoffe	Anteil in %	Funktion
Natürliche und synthetische Wachse	15 bis 25	Pflegekomponente
Natürliche Fette oder Siliconöle	2 bis 5	Pflegekomponente
Nichionische Tenside	3 bis 10	Emulgator
Cellulose/Polyacrylsäurederivate	1 bis 2/0 bis 0,5	Verdickungsmittel
Farb- und Duftstoffe	0 bis 1/0 bis 0,5	Farbgebung, Erhöhung der Produktattraktivität
Konservierungsmittel	0 bis 0,1	Verlängerung der Haltbarkeit
Wasser	ad 100	Lösemittel

hierbei um viskose Öl-in-Wasser-Emulsionen. Diese werden meistens direkt aus einer Tube, die mit einem Schwamm verbunden ist, auf die Lederoberfläche aufgetragen. Hierbei verdunstet die Wasserphase allmählich, die Ölphase kann dann ohne Fleckenbildung gleichmäßig einziehen. Diese Ausführung der Feinschuhpflege hat heute die größte Verbreitung im Markt gefunden.

Die pflegenden Grundbestandteile sind mit verschiedenen Wachstypen und Siliconölen die gleichen wie bei der pastösen Schuhcreme. Als Lösemittel wird auch hier Testbenzin eingesetzt, das jedoch in noch moderneren Versionen zunehmend durch Wasser ersetzt wird. Ein Rezepturbeispiel zeigt **Tab. 8.5**.

Tab. 8.5: Rahmenrezeptur für Emulsionsware

Inhaltsstoffe	Anteil in %	Funktion
Wachse	5 bis 15	Pflegekomponente
Siliconöle	1 bis 3	Pflegekomponente
Nichtionische Tenside	1 bis 5	Emulgator
Testbenzin	0 bis 30	Lösemittel
Polyacrylate	0 bis 0,5	Verdickungsmittel
Duftstoffe	0 bis 0,5	Geruchsüberdecker
Konservierungsstoffe	0 bis 0,1	Eigenkonservierung
Wasser	ad 100	Lösemittel

Neben den normalen Glattledern, die in der Massenproduktion für Schuhe eingesetzt werden, gibt es eine Reihe von Spezialausführungen, die dem Schuh einen besonderen und modischen Charakter geben sollen. Es sind dies die lackierten, stark gefetteten oder mit Folien beschichteten Leder. Auch hierfür sollten keine normale Schuhcreme, sondern nur Spezialpflegemittel, die der besonderen Oberflächenstruktur des Leders Rechnung tragen und u.a. den Hochglanz und Fettgriff erhalten, eingesetzt werden.

In der heutigen schnelllebigen Zeit hat noch eine Schuhpflegevariante auf dem Markt Einzug gehalten, die den normalen Zeitaufwand für die regelmäßige Pflege abkürzen soll. Es handelt sich um die so genannten »selbstglänzenden« Schuhpflegemittel. Das sonst übliche Auspolieren der normalen Schuhcreme mit der Bürste entfällt hierbei.

Die Basis für den Selbstglanz sind Kunststoffdispersionen mit Wachsanteilen, die nach dem Abtrocknen als selbstglänzender Film auf das Leder aufziehen. Wenn man diesen Film jedoch nicht von Zeit zu Zeit mit einem gut feuchten Tuch und leichtem Druck entfernt, bilden sich Schichten, die im Laufe der Nutzung des Schuhs brüchig werden und die Lederoberfläche dann rissig und unansehnlich erscheinen lassen. Selbst wenn die Formulierungen dieser Produktvarianten in Einzelfällen auch pflegende Komponenten enthalten, so sind sie doch eher für eine Glanzgebung »zwischendurch« als für die regelmäßige Schuhpflege gedacht. Daher sollte spätestens nach fünf- bis zehnmaliger Anwendung einer Selbstglanzemulsion wieder eine normale Pflegephase eingeschoben werden. Eine Richtrezeptur zeigt **Tab. 8.6**.

Tab. 8.6: Rahmenrezeptur für eine Selbstglanz-Schuhpflege

Inhaltsstoffe	Anteil in %	Funktion
Polyacrylat- oder Polyurethan-Dispersion	5 bis 10	Selbstglanz, Filmbildung
Wachse	5 bis 10	Pflegekomponente
2-Propanol/Ethanol	5 bis 10	Lösemittel
Farbstoffe	0 bis 1	Farbgebung
Wasser	ad 100	Lösemittel

8.3.3 Raulederpflege

Unter der hier angesprochenen Lederart versteht man im Wesentlichen Velourleder, oft auch als Wildleder bezeichnet. Es handelt sich hier um einen besonders empfindlichen, aus feinsten Lederfasern bestehenden Oberflächenflor. Um diese Struktur zu erhalten, dürfen die Fasern durch Pflegemittel nicht verkleben, d.h. die hierfür bisher genannten, maßgebenden Substanzen Wachse, Öle und Fette dürfen nicht eingesetzt werden. Da auf der anderen Seite die Raulederoberfläche sich besonders durch offene Poren und damit durch Atmungsaktivität auszeichnet, ist sie auch besonders empfindlich gegenüber Feuchtigkeit. Aus diesen Gründen besteht bei Rauleder die Pflege im Wesentlichen aus einer guten Imprägnierung (vgl. Abschn. 8.3.1). Die hierfür angebotenen Produkte, meistens in Form des Imprägniersprays, enthalten Fluorcarbonharze und/oder Siliconöle als wasserabstoßende Bestandteile. Die Sprühapplikation eignet sich in diesem Falle besonders gut, da hierdurch die Wirkstoffe sehr fein verteilt werden und somit gleichmäßig auf die Lederfasern aufziehen und sie umhüllen können. Da mit der Imprägnierung in der Regel auch eine Farbauffrischung verbunden werden soll, enthalten die Formulierungen (**Tab. 8.7**) den verschiedenen Velourledern angepasste Farbstoffvarianten. Nach dem Pflegevorgang müssen Velourleder immer wieder aufgeraut werden. Den besten Effekt erzielt man, wenn dies unmittelbar nach der Sprayanwendung noch während der sich anschließenden Trocknungsphase erfolgt.

Die als Raulederpflege ebenfalls angebotenen flüssigen Versionen unterscheiden sich in ihren Rezepturen von den Sprays. Eine Rahmenrezeptur zeigt **Tab. 8.8**.

Tab. 8.7: Rahmenrezeptur für Raulederpflege-Spray

Inhaltsstoffe	Anteil in %	Funktion
Siliconöl	1 bis 3	Hydrophobierung
Fluorcarbonharz	1 bis 2	Hydrophobierung
2-Propanol	40 bis 60	Lösemittel
Farbstoffe	1 bis 2	Farbauffrischung
Propan/Butan	40 bis 60	Treibmittel

Tab. 8.8: Rahmenrezeptur für Raulederpflege flüssig

Inhaltsstoffe	Anteil in %	Funktion
Siliconöl	0 bis 1	Hydrophobierung
Fluorcarbonharz	0 bis 1	Hydrophobierung
Tenside (Mischung ethoxylierter Fettalkohole)	1 bis 5	Emulgator und Schmutzlöser
2-Propanol	5 bis 10	Lösemittel
Farbstoffe	0 bis 1	Farbauffrischung
Konservierungsmittel	0 bis 0,1	Verlängerung der Haltbarkeit
Wasser	ad 100	Lösemittel

Da durch das Auftragen des flüssigen Pflegemittels, z.B. mit einem Schwamm, auf den Oberflächenflor zusätzlicher mechanischer Druck entsteht und ein Verkleben der Fasern vermieden werden soll, ist in diesem Fall das Aufrauen nach dem Trocknen besonders wichtig.

8.3.4 Grundreinigung

Wie in Abschn. 8.3.1 erwähnt sollte eine Imprägnierung des Schuhs, auch um einer tiefer eindringenden Verschmutzung des Leders vorzubeugen, unmittelbar nach dem Kauf vorgenommen werden. Hieran sollte sich eine Pflege anschließen. Nach einer mehr oder weniger langen Benutzung des Schuhs wird dann eine erste äußere Grundreinigung notwendig. Unter Reinigung ist in diesem Fall die Beseitigung von grobem Schmutz und Straßenstaub zu verstehen. Sie erfolgt zunächst mechanisch, d.h. durch Verwendung geeigneter Bürsten oder auch eines leicht feuchten Tuchs. Sollte dies nicht ausreichen, gibt es auch chemische Hilfsmittel in Form eines Lederreinigungsschaums, der dann mit einem Schwamm oder Tuch aufgetragen werden kann. Bei diesem Schaum handelt es sich in der Regel um ein in Wasser gelöstes Tensidgemisch, das die Schmutzteilchen von der Lederoberfläche leichter ablöst und anschließend in der Schwebe hält. Eine Rahmenrezeptur zeigt **Tab. 8.9**.

Tab. 8.9: Rahmenrezeptur für Lederreinigungsschaum-Spray

Inhaltsstoffe	Anteil in %	Funktion
Anionische Tenside	5 bis 10	Schaumbildner und
Nichtionische Tenside	1 bis 5	Schmutzlöser
Siliconöl	1 bis 5	Weichmacher
1-Methoxypropan-2-ol	0 bis 1	Lösungsverstärker
Wasser	60 bis 80	Lösemittel
Propan/Butan	10 bis 20	Treibgas

Unmittelbar nach der gründlichen Reinigung setzt erneut die Pflege ein, deren Art und Umfang sich nach der Lederqualität und Belastung des Schuhs richtet. Der Zyklus Imprägnierung, Pflege und Reinigung sollte sich je nach Nutzungsumfang des Schuh regelmäßig wiederholen [8.2], [8.6], [8.7].

Empfehlungen zur Qualitätsbewertung für Lederpflegemittel siehe [8.8]. Die Pflegemittelechtheit von Schuhobermaterialien ist ebenfalls Gegenstand einer IKW-Empfehlung [8.9].

8.4 Pflege anderer Gegenstände aus Leder

Lederkleidung z.B. behält nur bei regelmäßiger Pflege auch längerfristig ihre Exklusivität und Schönheit, da hierfür gegenüber Schuhen noch feinere und damit empfindlichere Lederqualitäten eingesetzt werden. Weniger gegen Nässe dient in diesem Fall die Grundimprägnierung in erster Linie der Vermeidung tiefgreifender Verschmutzung (vgl. Abschn. 8.3.1). Wird trotzdem einmal eine Reinigung notwendig, empfiehlt sich im Falle von Glattledern die Anwendung eines Leder-Schaumreinigers (vgl. Abschn. 8.3.4 und **Tab. 8.9**). Zur Pflege wird anschließend eine farblose Emulsionscreme dünn aufgetragen. Dabei handelt es sich ebenfalls um Öl-in-Wasser-Emulsionen, deren pflegende Bestandteile speziell auf Bekleidungsleder abgestimmt sind.

Bei Kleidung aus Rauleder steht zunächst wieder das Aufrauen im Vordergrund. Hierfür werden spezielle Bürsten aus Gummi oder ähnlichem Material angeboten. Für die besonders strapazierten Stellen wie Kragen oder Taschen stehen mechanische so genannte Velourcleaner, die aus speziellem Material gefertigt sind, zur Verfügung.

Vom Einsatz farbiger Pflegemittel sollte man in jedem Fall absehen, da sich auf großen Flächen nur schwer eine Gleichmäßigkeit erreichen lässt. Auch eine leichte Abfärbung ist nicht immer zu vermeiden.

Die gleiche Pflegeprozedur einschließlich der Mittel lässt sich dann auch auf andere Lederwaren und -accessoires übertragen.

Auch bei *Ledermöbeln* geben die für die Bezüge eingesetzten Lederqualitäten Art, Umfang und Mittel der Pflege vor. Ledermöbel aus Glattleder behandelt man ein- bis zweimal im Jahr mit speziellen Schaumprodukten, die leichten und angetrockneten Schmutz lösen. Emulsionscremes oder Lotionen sorgen anschließend dafür, dass das Leder geschmeidig bleibt. Sind die Möbel direkter Sonneneinstrahlung ausgesetzt oder stehen sie unmittelbar an einem Heizkörper, empfiehlt es sich, diese Behandlung öfters zu wiederholen. Fester sitzender Schmutz auf glatten Möbelledern lässt sich mit einem Schaumreiniger entfernen, wie er auch für Schuhe eingesetzt wird (vgl. **Tab. 8.9**). Diese Produkte verfügen über rückfettende Eigenschaften und verstärken so den Schutz vor Nässe und Wiederanschmutzung. Auch nach einer solchen Reinigungsprozedur kann das Leder wie oben beschrieben mit einer entsprechenden Creme oder Lotion nachbehandelt werden.

Auch mit Rauledern bezogene Möbel können mit Schaumprodukten gereinigt werden. Als Nachbehandlung ist hier jedoch das Aufrauen mit einer geeigneten Krepp- oder Gummibürste am wichtigsten. Imprägniersprays sollten hierfür nicht eingesetzt werden. Auf Grund der Vielfalt der Ledertypen, die nicht immer leicht zu erkennen und zu unterscheiden sind, sollte eine Pflegemittelverträglichkeit vor dem großflächigen Einsatz an Möbeln an einer unauffälligen Stelle getestet werden [8.2].

8.5 Literatur

[8.1] Werner & Mertz GmbH, *Jubiläums-Broschüre 100 Jahre Marke ERDAL*, Mainz, **2001**.

[8.2] K. Lange, Salzenbrodt GmbH & Co KG, in: IKW Broschüre *Haushalt & Pflege*, 2. Aufl., Frankfurt a. M. **1999**.

[8.3] G.E. Moog, Die Herstellung von Leder, *Conf. Proc. 47. Kongress der SEPAWA*, Bad Dürkheim, **2000**, S. 235-237.

[8.4] T.L. Taeger, Über den Einsatz der Hilfsmittel zur Entfettung, Fettung und Hydrophobierung in der Lederherstellung, *Conf. Proc. 47. Kongress der SEPAWA*, Bad Dürkheim, **2000**, S. 238-252.

[8.5] O. Besching, *Handbuch für die Schuhindustrie*, 13. Aufl., Dr. Alfred Hüthig Verlag, Heidelberg, **1981**.

[8.6] E. Bischoff, Schuhpflege, in: *Ullmanns Enzyklopädie der technischen Chemie*, 4. Aufl., Bd. 20, **1981**.

[8.7] Erdal-Rex GmbH, *Broschüre Schuhpflege: »Ein glänzendes Sortiment«*, E. Albrecht Verlags-KG, Gräfelfing.

[8.8] Industrieverband Körperpflege- und Waschmittel e.V. (IKW), Empfehlungen zur Qualitätsbewertung für Lederpflegemittel, *SÖFW J.* **2002**, 128, H. 10, 22-32.

[8.9] Industrieverband Körperpflege- und Waschmittel e.V. (IKW), Empfehlung zur Pflegemittelechtheit von Schuhobermaterialien, *SÖFW J.* **2006**, 132, H. 11, 81-82.

9 Autoreinigungs- und -pflegemittel

Seinen Ursprung nahm unser Automobil in seiner heutigen Ausführung bekanntlich, als die Ingenieure *G. Daimler* und *K. Benz* im Jahre 1885 unabhängig voneinander in ihren Werkstätten Cannstadt und Mannheim einen »Benzinmotorwagen« konstruierten. Als dieser dann im Laufe seiner Weiterentwicklung ein lackiertes Blechkleid erhielt und zahlreiche Materialien an verschiedenen Stellen in unterschiedlichsten Funktionen Verwendung fanden, stellten sich die ersten Fragen einer Reinigung und Pflege.

Ein erwähnenswertes Produktangebot hierzu auf chemischer Grundlage entstand erst nach dem Zweiten Weltkrieg etwa zwischen 1950 und 1955. Der Grund, warum erst so spät die Spezialreinigungs- und Pflegemittel für das Auto Bedeutung erlangten, dürfte darin liegen, dass erst mit der Erfindung der synthetischen Tenside die Basis für ein Stoff-Trägersystem gegeben war und z.B. Lackreiniger und Polituren als Emulsionen hergestellt werden konnten.

Die Entwicklung sowohl des Automobils selbst als auch der auf die verwendeten vielen Werkstoffe abzustimmenden Reinigungs- und Pflegemittel nahm ab diesem Zeitpunkt bis heute einen rasanten Verlauf. Für Teile aus Textil, Leder oder Chrom – letztere sind heute allerdings eher durch Edelstahl ersetzt, war die Entwicklung von Spezialprodukten erforderlich. Deren Rezepturen sind zum Teil recht komplex aufgebaut, um den Bedürfnissen der Materialschonung einerseits und der besonderen Verschmutzung andererseits, z.B. Flecken im Polster, gerecht zu werden. Auf eine genauere Beschreibung dieser Spezialitäten muss hier verzichtet werden, da sie den Rahmen dieses Buchs sprengen würde. Darüber hinaus sind diese Produkte dem privaten Verbraucher nur eingeschränkt zugänglich und werden eher professionell in der Gebrauchtwagenaufbereitung eingesetzt.

Die folgenden Ausführungen werden sich daher auf die Produkte beschränken, die für die Reinigung und Pflege der größeren Flächen am Auto, wie der lackierten Teile, der Scheiben oder der Felgen, konzipiert wurden, die der Verschmutzung und Beanspruchung des täglichen Fahrbetriebs besonders ausgesetzt sind.

9.1 Autowäsche

Wenn Autobesitzer ihr Auto reinigen wollen, ist die erste Maßnahme eine Grundreinigung und Wäsche. Früher war es üblich, diese per Hand vor der Garage, am Straßenrand oder sogar am Ufer eines Bachs vorzunehmen. Die hiermit verbundene Umweltbelastung durch das ungehinderte Eindringen von Öl, Fett und Reinigungsmittelrückständen in das Erdreich sowie der technische Fortschritt haben die Autowäsche heute in automatische Waschanlagen [9.1] an der Tankstelle (**Abb. 9.1**) oder in ebenfalls mit entsprechenden Wasseraufbereitungs-, Abscheide- und Entsorgungsanlagen ausgerüstete Selbstbedienungs (SB)-Waschboxen verlagert [9.2]. Eventuell noch gegebene Möglichkeiten einer Autowäsche auf dem Privatgrundstück sind in den Stadt- oder Gemeindesatzungen geregelt.

Abb. 9.1: Blick in eine Waschstraße für PKW

Die an den Tankstellen angebotenen Waschprogramme erlauben einen je nach Wunsch und Geldbeutel mehr oder weniger intensiven Waschaufwand zu betreiben. Je nach Verschmutzungsgrad des Fahrzeugs ist eine Vorwäsche besonders der Problemzonen, z.B. der durch Insekten verschmutzten Frontpartie, zweckmäßig. Durch den Einsatz eines schwach alkalisch eingestellten Vorsprühreinigers (**Tab. 9.1**), der mit Hilfe eines Drucksprühgeräts aufgetragen wird, kann der Schmutz aufgeweicht werden und lässt sich dann im Hauptwaschgang leichter entfernen.

Als Standard beginnt dann die Wäsche mit dem Einschäumen, d.h. dem Waschwasser wird entweder von Hand oder automatisch ein Shampoo zugesetzt. Der möglichst gleichmäßig verteilte feinporige Schaum hat drei Funktionen. Erstens dient er zur leich-

Tab. 9.1: Rahmenrezeptur für Vorsprühreiniger

Inhaltsstoffe	Anteil in %	Funktion

Tenside
  anionische
  nichtionische
  amphotere
	
	5 bis 20
	2 bis 10
	2 bis 5
		Anlösen von Straßen-
		schmutz, Insekten etc.

Phosphate oder/und Komplex- bildner	2 bis 10	Reinigungsverstärkung/ Wasserhärtebindung
Lösemittel, wassermischbar	2 bis 10	Reinigungsverstärkung
Wasser	ad 100	Lösemittel

teren Ablösung des Schmutzes von der Lackoberfläche, zweitens sind die schaumbildenden Tenside (vgl. auch Kap. 2.1) so genannte Dispergiermittel, d.h. sie halten den Schmutz in Schwebe, was das spätere Abspülen erleichtert. Drittens bildet der Schaum eine gewisse Schutzschicht gegenüber der mechanischen Beanspruchung der Lackoberfläche durch die Bürsten. Die für die Autowäsche eingesetzten Vorreiniger und Shampooprodukte bestehen im Wesentlichen aus einem Gemisch anionischer und nichtionischer Tenside. Sie können in geringem Umfang auch organische Lösemittel und alkalische Komponenten enthalten. Eine Richtrezeptur ist in **Tab. 9.2** dargestellt.

Tab. 9.2: Rahmenrezeptur für Autoshampoos

Inhaltsstoffe	Anteil in %	Funktion

Tenside
  anionische
  nichtionische
	
	5 bis 30
	5 bis 30
		Benetzung der Oberfläche, Ablösen von Öl und Fett, Schmutzaufnahme

Lösemittel, nicht wassermischbar, z.B. aliphatische Kohlenwasserstoffe	0 bis 10	Lösung von Öl und Fettrückständen
rückfettende Pflegekomponente	0 bis 5	Glanzsteigerung und Konservierung
Wasser	ad 100	Lösemittel

Nach dem gründlichen Abspülen des den Schmutz tragenden Schaums erfolgt die Trocknung mittels eines Luftgebläses oder durch das Abledern von Hand. Zur Vorbereitung einer optimalen Trocknung muss zunächst der durch das Abspülen des Schaums auf der Fahrzeugoberfläche entstandene Wasserfilm aufgerissen werden. Durch das Aufsprühen eines so genannten Hydrophobierungsmittels **(Tab. 9.3)** läuft das Wasser zu kleinen Perlen zusammen und kann so von der Luft des Trocknungsgebläses leicht

Tab. 9.3: Rahmenrezeptur für Hydrophobierungsmittel

Inhaltsstoffe	Anteil in %	Funktion

Tenside
  kationische
  nichtionische
	
	8 bis 20
	10 bis 30
		Aufreißen des Wasserfilms, Emulgierwirkung

Lösemittel nicht wassermischbar, z.B. Kohlenwasserstoffe oder Fettsäureester	10 bis 30	Verstärkung des Hydrophobieffekts
wassermischbare	5 bis 20	Lösungsvermittler
Silicone	0 bis 5	Wasserverdrängung
Wasser	ad 100	Lösemittel

weggeblasen werden. Basis der Hydrophobierungsmittel ist im Gegensatz zu den Shampoos ein Gemisch kationischer Tenside und Hilfsstoffe.

Neben Tensidgemischen werden zur Autowäsche auch Kombinationsprodukte angeboten, die weitere Bestandteile enthalten und in der Lage sind, auf der Lackoberfläche nach der Wäsche und Trocknung einen Schutzfilm zu hinterlassen (Waschkonservierungsmittel, 2-in-1-Autoshampoo). Die Kombinationsprodukte werden wie das Shampoo automatisch oder von Hand auf das Fahrzeug aufgesprüht. Sie enthalten ebenfalls ein Gemisch von vorherrschend kationischen und nichtionischen Tensiden, sowie Wachsbestandteile, die später auf der Lackoberfläche verbleiben, den Glanz erhöhen und u.a. ein gutes Abperlen von Regen- und Schmutzwasser bewirken. Eine Richtrezeptur ist in **Tab. 9.4** dargestellt.

Tab. 9.4: Rahmenrezeptur für Waschkonservierungsmittel

Inhaltsstoffe	Anteil in %	Funktion
Tenside		
kationische	1 bis 10	Oberflächenbenetzung
nichtionische	2 bis 10	Emulgator
Wachse	0 bis 20	Film- und Glanzbildner
Siliconöle	0 bis 10	Film- und Glanzbildner
Lösemittel, nicht wassermischbar, z.B. aliphatische Kohlenwasserstoffe	3 bis 20	Verstärkung des Hydrophobiereffekts
Wasser	ad 100	Lösemittel

Die Anforderung nach erhöhtem Glanz kann auch durch ein Siliconquat in einem 2-in-1-Autoshampoo erfüllt werden, das mit den anionischen Tensiden der Formulierung ein so genanntes divergentes Tensidsystem (vgl. Kap. 2.1) bildet [9.3].

Da beim Aufsprühen dieser Produkte auch die Scheiben erfasst werden und beim nächsten Regen die Sicht beeinträchtigt werden kann, ist es wichtig, besonders die Windschutzscheibe nach der Trocknung mit einem lösungsmittelhaltigen Reinigungstuch, das an der Tankstelle erhältlich ist, gründlich abzureiben.

Die kationischen Tenside wirken darüber hinaus im Abwasser demulgierend. Dies ermöglicht, dass vom Waschwasser aufgenommene Öl- und Fettrückstände, wie sie am Auto anhaften können, sich in der Abscheideanlage leicht vom Brauchwasser trennen lassen. Die eingesetzten Tenside sind leicht biologisch abbaubar und belasten die Kläranlagen daher nicht.

9.2 Felgenreiniger

Bei Leichtmetallfelgen zeigt sich eine Verschmutzung vor allem durch den Abriebstaub der Bremsbeläge ganz besonders auffällig. Nicht nur aus optischen Gründen, sondern auch wegen einer möglichen Schädigung der erwärmten Felge durch »Einbrennen« dieses Staubs ist eine regelmäßige und gründliche Reinigung zweckmäßig. Die Radwaschbürsten der Waschanlagen reichen hierzu bei stark verschmutzten Felgen in der Regel nicht aus, so dass der zusätzliche Einsatz eines chemischen Reinigers notwendig wird. Ein solcher Reiniger wird meistens in einer Pumpsprühflasche oder Aerosoldose angeboten und kann dann so gezielt auch an schlecht zugänglichen Stellen der oft sehr filigran gestalteten Felgen eingesetzt werden (**Abb. 9.2**).

Abb. 9.2: Anwendung eines Felgenreinigers

Da die Verschmutzung an den Felgen nach langer Fahrt sehr stark haftet, muss auch das Reinigungsmittel etwas aggressiver formuliert sein, d.h. auch der Einsatz von Säuren oder Laugen kann notwendig sein, um eine ausreichende Wirksamkeit zu erzielen. Die Rezepturen sind jedoch so abgestimmt, dass das Metall der Felgen oder auch deren Schutzlackierung nicht angegriffen werden, sofern die empfohlene Einwirkungszeit des aufgesprühten Felgenreinigers eingehalten wird und die Flüssigkeit nicht eintrocknen kann. Grundlage auch dieser Rezepturen sind Tensidgemische, die durch geeignete Säuren oder Laugen, z.B. Phosphorsäure bzw. Kalilauge, teilweise auch durch organische Lösemittel zur Beseitigung von Fett- und Ölrückständen, ergänzt werden. Auch Schutzkomponenten für die Metalloberflächen (Inhibitoren) werden eingesetzt (**Tab. 9.5**).

Für die weniger hartnäckigen Fälle, d.h. für leichtere Verschmutzungen, wie sie auftreten, wenn das Fahrzeug einer regelmäßigen Reinigung unterzogen wird, werden säure-

Tab. 9.5: Rahmenrezeptur für Felgenreiniger

Inhaltsstoffe	Anteil in %	Funktion
Tenside		Anlösen der Verschmutzung
kationische	5 bis 15	
nichtionische	5 bis 15	
Phosphate	5 bis 20	Verstärkung der Reinigungswirkung
Lösemittel, wassermischbar	5 bis 15	Verstärkung der Reinigungswirkung
Säure oder Lauge	0 bis 5	Umwandlung diverser Schmutzbestandteile in wasserlösliche Substanzen
Lösungsvermittler	5 bis 15	Stabilisierung der Reinigerlösung
Korrosionsinhibitor	1 bis 5	Korrosionsschutz
Wasser	ad 100	Lösemittel

und alkalifreie Felgenreiniger angeboten. Obwohl alle Reinigervarianten umweltgerecht formuliert sind, sollten sie nicht am Straßenrand, sondern nur in den entsprechend ausgerüsteten SB-Waschboxen eingesetzt werden.

9.3 Lackpflege

Nach Wäsche und Felgenreinigung wird nicht selten sichtbar, dass der Lack unter dem regelmäßigen Fahrbetrieb, der von Wind und Wetter, Staub und Steinschlag, Temperatureinwirkung und Sonneneinstrahlung sowie nicht zuletzt von der Fahrweise bestimmt wird, mehr oder weniger stark gelitten hat. Ob das Fahrzeug die Nacht in einer Garage oder unter einem Straßenbaum verbringt, trägt zur Belastung des Autolacks sehr unterschiedlich bei. Möchte man also zum Werterhalt einen Beitrag leisten, sollte spätestens, nachdem das Auto 1/2 bis 1 Jahr alt ist, die regelmäßige Lackpflege einsetzen. Die zu ergreifenden Maßnahmen richten sich nach dem augenblicklichen Zustand der Lackoberfläche. Ist diese noch relativ neuwertig oder sind schon matte Stellen als Folge von Verwitterungserscheinungen zu erkennen?

9.3.1 Lackreinigung

Ist der Lack noch neuwertig und weitgehend unbeschädigt, reicht eine normale Wäsche des Fahrzeugs. Bei ältern, bereits matten oder verkratzen Lackoberflächen muss ein Lackreinigungsmittel eingesetzt werden, das abrasive Bestandteile enthält (vgl. Abschn. 9.3.3), um die verwitterten und losen Pigment- und Lackpartikel sowie oberflächliche Schrammen und Kratzer z.B. an den Türgriffen mechanisch zu entfernen. Art und Menge der eingesetzten abrasiven Bestandteile sind maßgebend dafür, ob es sich um einen

Tab. 9.6: Rahmenrezeptur für Autopolituren und Lackreiniger

Inhaltsstoffe	Anteil in %	Funktion

Tenside
  anionische
  nichtionische
	
	1 bis 3
	1 bis 2
		
		Benetzung der Oberfläche,
		Emulgierwirkung

Wachse	0 bis 10	Film- und Glanzbildung
Siliconöle	0 bis 8	Film- und Glanzbildung sowie Polierhilfe
Lösemittel, nicht wassermischbar, z.B. aliphatische Kohlenwasserstoffe	10 bis 30	Lösungsvermittler
Poliermittel	3 bis 20	Oberflächenglättung
Wasser	ad 100	Lösemittel

einfachen Lackreiniger, eine noch flüssige Schleifpolitur oder gar eine Schleifpaste handelt. Die Anwendung von Schleifpolituren und -pasten erfordert viel Erfahrung, um irreparable Schäden zu vermeiden, und sollte daher dem Fachpersonal von Lackierbetrieben und Gebrauchtwagenaufbereitern überlassen werden.

Die Lackreinigung ist also eine dem jeweiligen Zustand der Lackoberfläche angepasste und vorbereitende Maßnahme. Eine Rahmenrezeptur ist **Tab. 9.6** zu entnehmen.

9.3.2 Konservierung und Versiegelung

Beide Maßnahmen dienen dem Schutz der Lackoberfläche. Sie unterscheiden sich in der Wirkungsdauer. Eine Konservierung, d.h. hier Oberflächenschutz, verbleibt nur relativ kurzfristig, wohingegen eine Versiegelung langfristig angelegt ist. Die Konservierung wird in der Regel mit der normalen Autowäsche (s. Kap. 9.1), die Versiegelung jedoch mit der Autopolitur verbunden.

9.3.3 Autopolitur

Die Inhaltsstoffe der hierfür zur Verfügung stehenden Produkte sind je nach Anwendungsschwerpunkt ausgewählt und in den Formulierungen kombiniert. Abrasivstoffe bestimmen je nach Art, Härte und Menge die Intensität des Abriebs der Lackoberfläche und damit den Umfang der Reinigung, der Glättung und des Glanzes. Die Bandbreite reicht vom relativ weichen Calciumcarbonat über Kieselkreide, einem natürlichen Agglomerat aus Quarz und lamellarem Aluminiumsilicat, bis zum sehr harten Aluminiumoxid in den unterschiedlichsten Korngrößen.

Als Schutzkomponenten werden u.a. Silicone eingesetzt. Polydimethylsiloxane erhöhen die Beständigkeit und den Glanz des Schutzfilms. Silicone mit polaren Aminogruppen sorgen für eine wirksame Verankerung der Politur auf der Lackoberfläche und dienen daher bevorzugt der Versiegelung, d.h. Dauerhaftigkeit des Schutzes. Dreidimen-

Abb. 9.3: Handpolitur einer Karosserieoberfläche

sional vernetzte Siliconharze erhöhen die Langzeitwirkung und verbessern den Abperleffekt von Wasch- und Schmutzwasser. Ebenfalls eine schützende Funktion der Autopolitur wird durch natürliche oder synthetische Wachsbestandteile erreicht. Der Wachstyp und die gewählte Konzentration beeinflussen maßgeblich die Qualität des Schutzfilms. Eine hohe Filmelastizität und eine wasserabstoßende Wirkung werden durch Einsatz von plastischen Mikrowachsen erreicht. Die Griff- bzw. Schmierfestigkeit des Schutzfilms wird durch den Anteil von synthetischen Hartparaffin-Wachsen bestimmt.

Wesentlich für den Anwender ist auch die Polierbarkeit des Produkts, d.h. der notwendige mechanische Kraftaufwand **(Abb. 9.3)**. Dieser lässt sich durch den Einsatz der bereits oben erwähnten Polydimethylsiloxane, die in Typ und Menge dem gewählten Wachskörper jeweils angepasst werden können, beeinflussen, ohne die sonstigen Filmeigenschaften zu verändern. Weicher eingestellte Wachstypen vertragen nur relativ geringe Anteile an Siliconölen, da der Film sonst schmiert. Umgekehrt kann bei härter eingestellten Wachsanteilen relativ viel Siliconöl als Gleitmittel eingesetzt und die Polierbarkeit verbessert werden.

Zusammenfassend kann zur Filmqualität und Polierbarkeit gesagt werden, dass niedriger viskose Siliconöle und weiche Wachse eine leichte Polierbarkeit ergeben. Man muss jedoch einen verminderten Glanz und geringere Langzeitwirkung in Kauf nehmen. Demgegenüber sind höher viskose Siliconöle und härtere Wachse schwerer auszupolieren, ergeben jedoch einen ausgezeichneten Glanz und eine gute Beständigkeit des Schutzfilms gegen Witterungseinflüsse und Shampoo-Wäsche.

Da die oben beschriebenen wichtigsten Rezepturbestandteile nicht ohne Weiteres miteinander vermischt werden können, ist ein geeignetes Trägersystem hierfür notwendig, d.h. es gibt Autopolituren auf Basis von organischen Lösemitteln, Wasser oder auch als Emulsionen. Hierzu stehen ergänzend die üblichen Hilfsmittel wie Emulgatoren, Tenside, Dispergier-, Verdickungs- und Konservierungsmittel zur Verfügung (**Tab. 9.6**).

9.4 Scheibenreiniger

Einen wesentlichen Anteil der Gesamtoberfläche des Autos machen die Scheiben aus, die dem Fahrer und den begleitenden Insassen eine optimale Rundumsicht ermöglichen sollen.

9.4.1 Außenreinigung

Eine Außenreinigung erfahren alle Scheiben in der Autowaschanlage, wobei anschließend Hydrophobierungsmittel mit einem Reinigungstuch entfernt werden müssen.

Moderne Fahrzeuge sind heute mit Windschutzscheiben-, teilweise auch mit Scheinwerferwaschanlagen ausgerüstet, die eine Reinigung während des laufenden Fahrbetriebs ermöglichen. Da eine mechanische Reinigungswirkung, z.B. durch den Scheibenwischer, sehr begrenzt ist, kommt der chemischen Hilfe durch entsprechende Waschwasserzusätze ganz besondere Bedeutung zu. Das entsprechende Produktangebot berücksichtigt die Tatsache, dass im sommerlichen oder winterlichen Fahrbetrieb unterschiedliche Verhältnisse hinsichtlich Klima und Verschmutzungsqualität der Scheiben herrschen. In beiden Fällen handelt es sich um Wirkstoffkonzentrate, die in entsprechenden Packungsgrößen angeboten werden und nach Zugabe in das Wasser der Scheiben- und Scheinwerferwaschanlage (**Abb. 9.4**) je nach Vorschrift in einer Verdünnung von 1:1 bis 1:100 vorliegen.

Die Rezepturgestaltung beider Versionen ist aus zwei Gründen nicht ganz einfach. Erstens wird bei modernen Fahrzeugen als Material für die Scheinwerferabdeckung, aber

Abb. 9.4: Nachfüllen eines Scheibenreinigers in das Vorratsgefäß unter der Motorhaube

auch für andere Scheiben zunehmend Polycarbonat-Kunststoff verwendet, der bei Kontakt mit nichtionischen Tensiden (außer Alkylpolyglucosiden) zur Spannungsrisskorrosion neigt. Zweitens ist bedingt durch den Fahrtwind die Verweildauer des Reinigers auf der Scheibe außergewöhnlich kurz. Beide Anforderungen an die Formulierung schränken die Tensidauswahl ein und erfordern den zusätzlichen Einsatz von Spezialchemikalien, z.B. Komplexbildnern.

Waschwasserzusätze für den Sommerbetrieb

Neben der ständigen Verschmutzung durch den Straßenstaub, Abgase, Gummiabrieb etc. wird der Sommerschmutz auf Windschutzscheiben und Scheinwerfern in erster Linie durch die organischen Bestandteile toter Insekten bestimmt. Sommerreiniger enthalten nur einen geringen Anteil an Lösemitteln, sie sind im Wesentlichen auf Wasserbasis aufgebaut.

Waschwasserzusätze für den Winterbetrieb

Im Winter sind Streusalzrückstände vorherrschend. Der alkoholische Lösungsmittelanteil der Winterprodukte ist hoch, weil neben der Reinigung auch eine Frostschutzwirkung erbracht werden muss, um die Waschanlagen nicht einfrieren zu lassen. In dem verwendeten Alkoholgemisch sind in der Regel sowohl einwertige als auch höherwertige Alkohole, z.B. Ethylenglykol, vertreten **(Tab. 9.7)**.

Tab. 9.7: Rahmenrezeptur für Scheibenreiniger (Sommer und Winter)

Inhaltsstoffe	Sommer Anteil in %	Winter Anteil in %	Funktion

Tenside
  anionisch
  nichtionisch
	
	5 bis 30
	5 bis 30
		
		0 bis 2
		0 bis 2
			Benetzung und Aufnahme organischer Schmutzpartikel

Ein- und höherwertige Alkohole	0 bis 15	50 bis 90	Lösemittel bzw. Frostschutz
Nitrilotriessigsäure (NTA)	0 bis 5		Komplexbildner
Wasser	ad 100	ad 100	Lösemittel

9.4.2 Innenreinigung

Ergänzend notwendig zur Außenreinigung ist die immer wieder unterschätzte Innenreinigung der Scheiben, die bekanntlich von Hand durchgeführt werden muss. Wird der sich auch auf der Scheibeninnenseite bildende Schmutzfilm, der oft übersehen wird, nicht regelmäßig entfernt, beeinträchtigt er die Sicht besonders nachts mehr als die leichter erkennbaren Verschmutzungen der Scheiben von außen. Für die Innenreinigung stehen Scheibenreinigungsmittel, meistens in einer Pumpsprühflasche angeboten, zur

Verfügung. Es handelt sich um Produkte, die in ihrer Zusammensetzung und Anwendung den aus dem Haushalt bekannten Fensterreinigern (vgl. Kap. 7.1) weitgehend entsprechen. Ein relativ hoher Anteil an alkoholischen Lösemitteln löst die auf der Scheibeninnenseite abgelagerten Verschmutzungen gut ab. Dieser recht hartnäckig haftende Schmutzfilm entsteht durch elektrostatisch angezogenen Staub, ein gewisses Ausdünsten (»Schwitzen«) der Kunststoffverkleidungen, Nikotinablagerungen bei Rauchern, die Atemluft und die Transpiration der Fahrzeuginsassen.

9.5 Kunststoffreiniger

Während die im Außenbereich verwendeten Kunststoffteile vielfach lackiert sind und somit der Lackpflege unterliegen, handelt es sich im Innenbereich meistens um unbehandelte Kunststoffoberflächen, z.B. Armaturenbrett (**Abb. 9.5**) und Türverkleidungen. Diese unterliegen ähnlichen Einflüssen durch Sonnenlicht, Klima oder Staub wie die Innenseiten der Autoscheiben (vgl. Abschn. 9.4.2). Für deren Reinigung und Pflege stehen Spezialprodukte zur Verfügung. Diese konzentrierten, auf Alkoholbasis aufgebauten Flüssigprodukte weisen neben ihrer reinigenden und Glanz gebenden Wirkung auch einen starken antistatischen Effekt auf, der nach der Behandlung der Oberfläche längere Zeit anhält und somit die Wiederanschmutzung verzögert. Besonders wegen dieser speziellen Eigenschaft finden Kunststoffreinigungs- und -pflegemittel über das Auto hinaus auch eine breite Anwendung im Haushalt. Neben verschiedenen Alkoholen und den Antistatikwirkstoffen enthalten die Produkte auch Tenside. Eine Rahmenrezeptur zeigt **Tab. 9.8**.

Die oben beschriebenen Reinigungs- und Pflegemittel decken im Wesentlichen die Bereiche des Autos ab, die einer ständigen und intensiven Verschmutzung ausgesetzt sind. Es gibt jedoch noch verschiedene Stellen und Materialien, die ebenfalls, zumindest von Zeit zu Zeit, einer Reinigung und Pflege bedürfen. Hierzu ist jedoch in der Regel der Einsatz von gezielt konzipierten Spezialprodukten, wie z.B. Teerentferner, notwendig.

Abb. 9.5: Anwendung eines Kunststoffreinigers für das Armaturenbrett

Tab. 9.8: Rahmenrezeptur für Kunststoffreiniger

Inhaltsstoffe	Anteil in %	Funktion
Tenside		Netzmittel und Emulgator
anionische	0 bis 5	
nichtionische	0 bis 5	
Alkohole	5 bis 30	Lösemittel
Antistatikum	0 bis 5	antistatische Wirkung
Parfümöl	0 bis 1	Geruchsüberdeckung
Wasser	ad 100	Lösemittel

9.6 Literatur

Allgemeine, weiterführende Literatur
IKW-Broschüre *Haushalt + Pflege*, 2. Aufl., Frankfurt a. M., **1999**.
M. Berghoff, *Autopflege*, Heel Verlag, Königswinter, **2000**.
V. Schrenk, *Polituren*, Info-Broschüre Degussa-Hüls AG, Gelsenkirchen-Buer, **2000**.

Spezielle Literatur

[9.1] Th. Meneghini, Typen von Kfz-Waschanlagen und neue Entwicklungen, *Vortrag auf dem 45. Kongress der SEPAWA*, Bad Dürkheim, **1998** – ref. in *SÖFW J.* **1998**, 124, 970-977.

[9.2] F. Voigts, Abwasserreinigung und -aufbereitung (physikalisch, chemisch, biologisch) in Kfz-Anlagen, *Vortrag auf dem 45. Kongress der SEPAWA*, Bad Dürkheim, **1998** – ref. in *SÖFW J.* **1998**, 124, 970-977.

[9.3] Jutta Henning, F. Müller, J. Peggau, Divergente Tensidsysteme für Haushaltsprodukte – Außergewöhnliche Kombinationen mit kationischen und anionischen Tensiden, *Conf. Proc. 48. Kongress der SEPAWA*, Bad Dürkheim, **2001**, S. 235-243.

10 Ökologische Aspekte bei der Anwendung von Reinigungs- und Pflegemitteln im Haushalt

10.1 Ökologische Sicherheit von Reinigungs- und Pflegemitteln

Gemeinsam ist den Wasch- und Reinigungsmitteln, dass sie nach Gebrauch weitestgehend bzw. in sehr großem Umfang in das Abwasser und damit prinzipiell in die Umwelt gelangen. Deshalb hat auch bei Reinigungsmitteln das Thema der ökologischen Sicherheit bei der Entwicklung und Vermarktung entsprechender Produkte einen hohen Stellenwert.

10.1.1 Grundlagen der ökologischen Sicherheitsbewertung von Produktinhaltsstoffen

Die ökologische Sicherheit von formulierten Produkten, die wie Wasch- und Reinigungsmittel aus einer Vielzahl einzelner Komponenten bestehen können, basiert auf der Sicherheitsbewertung der einzelnen Inhaltsstoffe. Wenn solche Zubereitungen nach Gebrauch in das Abwasser gelangen, bilden deren Inhaltsstoffe einen Teil der vielen in Abwässern vorhandenen chemischen Verbindungen und können deshalb sinnvoller Weise nicht mehr als »Produkt«, sondern nur auf der Ebene der Einzelstoffe bewertet werden. Vor diesem Hintergrund und auch aus ökonomischen und Tierschutzgründen werden die ökotoxikologischen Eigenschaften eines formulierten Produkts aus den entsprechenden Daten der Einzelkomponenten (analog einem »Baukastensystem«) rechnerisch ermittelt. Dass dies eine wissenschaftlich zulässige Vorgehensweise ist, wurde in Untersuchungen nachgewiesen, bei denen die nach dem Rechenverfahren (unter Annahme einer additiven Wirkung der Komponenten) ermittelten ökotoxikologischen Daten von mehr als 50 Konsumentenprodukten mit früher experimentell erhaltenen Resultaten verglichen wurden [10.1]. In zwei Drittel der Fälle führten Prognose und Experiment zu einem vergleichbaren Ergebnis, in den übrigen Fällen lieferte die Rechenmethode strengere Prognosen. In keinem Fall führten die rechnerisch ermittelten Werte zu einer Unterbewertung der realen aquatischen Toxizität dieser Gemische.

Auch wenn die Produkte zunächst überwiegend in das Abwasser gelangen, können sich die Inhaltsstoffe auf Grund ihrer physikalisch-chemischen Eigenschaften (z.B. Wasserlöslichkeit, Adsorptionsverhalten, Flüchtigkeit) in den verschiedensten Umweltbereichen wie Wasser, Klärschlämmen, Sedimenten, Boden und Luft in unterschiedlichem Ausmaß wiederfinden und potenziell einen Einfluss auf die dort lebenden Organismen ausüben. Für die notwendige ökologische Sicherheitsbewertung (Umweltrisiko-Analyse) sind daher zunächst zwei wesentliche Fragenkomplexe zu beantworten:

1. Was geschieht mit diesen Substanzen in der Umwelt, wo verbleiben sie und welche Konzentrationen sind in der Umwelt (Wasser bzw. Boden) zu erwarten (Expositionsbewertung)?

2. Welche Wirkungen haben diese Substanzen auf die Lebewesen in der Umwelt und unterhalb welcher Konzentration können solche Wirkungen ausgeschlossen werden (Effektbewertung)?

Dieses Konzept – der Vergleich der in der Umwelt zu erwartenden Konzentration eines Stoffs (PEC = predicted environmental concentration) mit der Konzentration, bei der erwartungsgemäß keine Wirkungen mehr auftreten (PNEC = predicted no effect concentration) – stellt die Grundlage international verwendeter Umweltrisiko-Bewertungsverfahren dar und wird in der EU seit geraumer Zeit verbindlich für die Umwelt-Sicherheitsbewertung von chemischen Verbindungen angewandt [10.2]. Erst wenn gezeigt werden kann, dass die erwartete Umweltkonzentration (PEC) nicht über der PNEC liegt, kann von der ökologischen Sicherheit des Stoffs bzw. der darauf basierenden Produkte ausgegangen werden (**Abb. 10.1**).

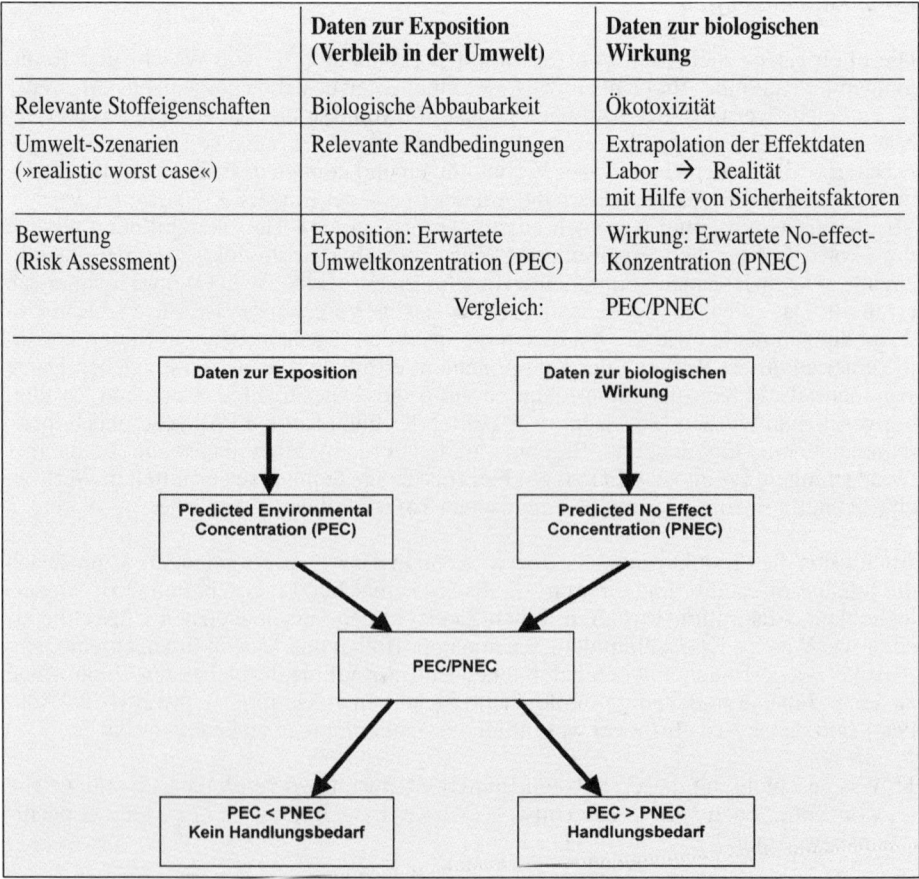

Abb. 10.1: Ökologische Risikobewertung von Stoffen nach EU-Richtlinien

Expositionsanalyse und Effektbewertung sind somit die zwei zentralen Elemente der Umweltverträglichkeitsbewertung. Der Verbleib in der Umwelt und die Wirkung auf die Umwelt werden dabei wesentlich von den stoffspezifischen Eigenschaften beeinflusst, insbesondere dem biologischen Abbauverhalten und den ökotoxikologischen Eigenschaften. Die Verknüpfung dieser stoffbezogenen Informationen mit den konkreten Randbedingungen des Stoffeinsatzes, z.B. im Falle der Expositionsanalyse die Berücksichtigung der Stoffeinsatzmengen, der Situation bei der Abwasserreinigung etc., im Fall der Effektbewertung die Anwendung von Sicherheitsfaktoren, liefert schließlich die konkreten Konzentrationswerte für den PEC/PNEC-Vergleich. Die beiden für die Umweltrisikobewertung entscheidenden Stoffeigenschaften, Abbauverhalten und Ökotoxizität, werden nachfolgend kurz diskutiert. Ausführlichere Darstellungen dieser Thematik im Kontext von Wasch- und Reinigungsmitteln finden sich in der Literatur [10.3] [10.4].

10.1.2 Biologischer Abbau

Der biologische Abbau ist der wichtigste Prozess, der häufig bereits in Abwässern, besonders aber in Kläranlagen, Gewässern und auch in Böden für die endgültige Entfernung von organischen Verbindungen aus der Umwelt verantwortlich ist. Der Abbau erfolgt durch Mikroorganismen meist in der Gegenwart von (Luft-)Sauerstoff in einem mehrstufigen Prozess (**Abb. 10.2**). Zunächst wird die Ausgangsverbindung in ein Primär-Abbauprodukt überführt und nachfolgend in weiteren Abbauschritten zu immer kleineren und einfacheren Zwischenprodukten zerlegt, bis zuletzt alle Bausteine der

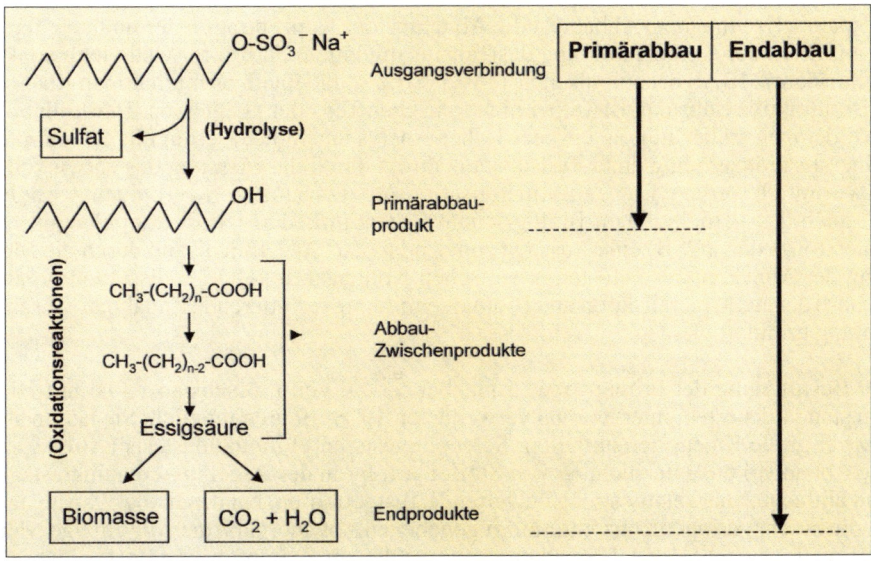

Abb. 10.2: Begriffe der biologischen Abbaubarkeitsbewertung am Beispiel Fettalkylsulfat (FAS)

Ausgangsverbindung in Mineralisationsprodukte wie Kohlenstoffdioxid, Wasser, Salze sowie in Biomasse (bakterielles Zellmaterial) umgewandelt sind (Endabbau). Auch wenn nach den ersten Abbauschritten (Primärabbau) ein Großteil der organischen Bestandteile der Ausgangsverbindung noch vorliegt, so ist doch bereits der Nachweis eines schnellen und vollständigen Primärabbaus für viele chemische Verbindungen von hoher ökologischer Bedeutung.

Bei den in Wasch- und Reinigungsmitteln hauptsächlich für die Reinigungswirkung verantwortlichen grenzflächenaktiven Stoffen, den Tensiden, wird in den meisten Fällen bereits durch den Primärabbau ihre relativ hohe Giftigkeit gegenüber Wasserorganismen (Ökotoxizität) deutlich verringert. Dies war der wesentliche Grund, warum es für die beiden wichtigsten Tensidgruppen, die anionischen und die nichtionischen Tenside, EU-weit seit Jahrzehnten eine gesetzlich geforderte Mindest-(Primär)Abbaubarkeit für den Einsatz in Wasch- und Reinigungsmitteln gab. Für den langfristigen Verbleib einer chemischen Verbindung und ihrer Abbauzwischenprodukte (Metaboliten) in der Umwelt ist aber letztlich entscheidend, ob ein vollständiger Abbau erfolgt, da nur in diesem Fall eine vollständige Wiedereingliederung des organisches Materials in die natürlichen Stoffkreisläufe sichergestellt ist. Deshalb fordert die seit 2005 gültige EU-Detergenzienverordnung für alle in Wasch- und Reinigungsmitteln verwendeten Tenside den Nachweis der Endabbaubarkeit als gesetzliche Voraussetzung für den Einsatz in Konsumentenprodukten.

Sowohl die Primärabbaubarkeit wie auch das Endabbauverhalten einer Testsubstanz lassen sich mit Hilfe geeigneter analytischer Messverfahren bestimmen. Der Primärabbau kann mittels Substanz-spezifischer bzw. – wie in den gesetzlichen Regelungen vorgesehen – Tensidgruppen-spezifischer Verfahren verfolgt werden. Mit letzteren wird beispielsweise in einem Abbautest die Abnahme der Konzentration der intakten Tenside auf Basis der Komplexbildung des Tensids mit einem Farbstoff (Methylenblauaktive Substanz/MBAS bei anionischen Tensiden) bzw. mit einem bismuthaltigen Reagenz (Bismut-aktive Substanz/BiAS bei nichtionischen Tensiden) gemessen. Der Endabbau wird demgegenüber mittels unspezifischer Analysenparameter ermittelt. So kann der Mineralisationsumfang einer Testsubstanz direkt durch die Messung des entwickelten CO_2 ermittelt werden. Da beim Mineralisationsprozess Sauerstoff verbraucht wird, liefert auch das Verhältnis von Biologischem Sauerstoffbedarf (BSB) zum Chemischen Sauerstoffbedarf (CSB) eine Aussage zum Endabbau. Schließlich kann durch die Messung der Abnahme des gelösten organischen Kohlenstoffs (DOC = dissolved organic carbon) der aus Mineralisation und Biomassenbildung resultierende Endabbau-Gesamtumfang ermittelt werden.

Die Bestimmung der Primär- bzw. Endabbaubarkeit von Prüfsubstanzen ist mit Hilfe von standardisierten, international verwendeten Testverfahren möglich. Sie lassen sich in zwei große Kategorien aufteilen: Screeningtests und Simulationstests (**Abb. 10.3**). Die Abbaubarkeitsuntersuchung von Stoffen erfolgt in der Regel in Screeningtests. Es sind einfache, aber relativ streng bewertete Testverfahren, bei denen die Testsubstanz für die in sehr geringer Konzentration zugegebenen Abbauorganismen die einzige Nährstoffquelle darstellt. Im Allgemeinen stammen die zur Beimpfung der Tests eingesetzten Mikroorganismen aus dem Ablauf einer kommunalen Kläranlage, aus Flusswasser oder Bodenproben. Die Testdauer beträgt bis zu vier Wochen, wobei in regelmäßigen

	Screening-Tests	Kläranlagen-Simulationstests
Merkmale	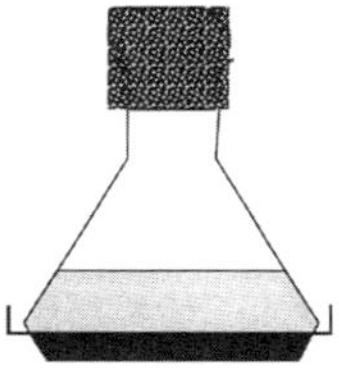 • einmalige Substanzzugabe • Testsubstanz ist alleinige C-Quelle • Testdauer bis zu 4 Wochen • streng bewertend	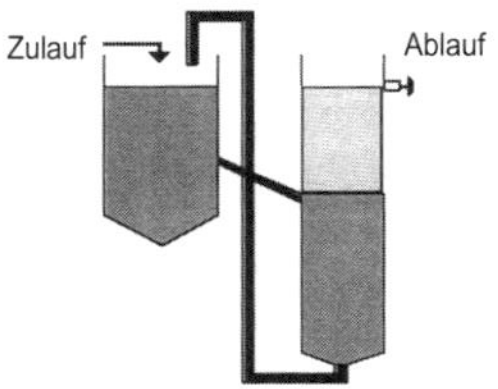 • kontinuierliche Dosierung von Testsubstanz und synthetischem Abwasser • Aufenthaltszeit: 3 bis 6 h • realitätsnahe Bewertung
Beispiele	*Primärabbau (relevant für frühere EU-Detergenzienrichtlinie zu anionischen und nichtionischen Tensiden)*	
	OECD Screening-Test (Auswahltest) gefordert ≥ 80% (MBAS, BiAS)	OECD Confirmatory-Test (Bestätigungs-Test) gefordert ≥ 80% (MBAS, BiAS)
	Endabbau (relevant für EU-Chemikaliengesetzgebung und aktuelle EU-Detergenzienverordnung)	
	OECD Tests für leichte biologische Abbaubarkeit (OECD 301): z.B. • Closed Bottle Test: > 60% BSB/CSB* • DOC die-away Test: > 70% C-Abnahme* • CO_2 Evolutions-Test: > 60% CO_2-Bildung*	Coupled Units Test: Messung der DOC-Abnahme [%]

* Grenzwert für Einstufung »leicht biologisch abbaubar«

Abb. 10.3: Standard-Methoden zur biologischen Abbaubewertung

Abständen Proben aus den Testansätzen entnommen und analysiert werden. Im so genannten OECD Screening Test (Auswahltest) wurde z.B. die Primärabbaubarkeit von Tensiden geprüft; nur Tenside, die innerhalb von 19 Tagen mindestens eine MBAS- bzw. BiAS-Abnahme von 80 Prozent aufwiesen, waren für den Einsatz in Wasch- und Reinigungsmitteln zugelassen. Die für die aktuellen gesetzlichen (End-)Abbauanforderungen maßgeblichen Screeningtests basieren auf den international verwendeten »OECD Tests auf leichte biologische Abbaubarkeit« (OECD 301 A bis F). Aufgrund der strengen Test-Rahmenbedingungen erlaubt das Überschreiten festgelegter Abbaugrenzwerte (z.B. 60% CO_2-Entwicklung bzw. BSB/CSB, 70% DOC-Abnahme) die Schlussfolgerung, dass der (End-)Abbau der betreffenden Substanz in der Umwelt schnell und letztlich vollständig erfolgt. Beispiele solcher Endabbau-Screeningtests sind der DOC-die away-Test (OECD 301 A), der CO_2-Evolutionstest (OECD 301 B) und der Geschlossene Flaschentest (OECD 301 D). Nach der EU-Detergenzienverordnung müssen Tenside innerhalb der 28-tägigen Testdauer einen Endabbau von mindestens 60% CO_2-Entwicklung bzw. BSB/CSB aufweisen.

Wegen der erwähnten Stringenz der Screeningtests ist ein negatives Abbauresultat noch kein endgültiger Beweis für die schlechte Abbaubarkeit einer Testverbindung. Um deshalb eine realistische Bewertung des Abbauverhaltens in einer konkreten Umweltsituation, z.B. bei der biologischen Abwasserreinigung zu erhalten, wurden Modelle für biologische Kläranlagen entwickelt, die eine unmittelbare Prognose des Primär- und Endabbauverhaltens einer Substanz unter Kläranlagenpraxisbedingungen erlauben (**Abb. 10.3**). Im Gegensatz zu den Screeningtests wird die Testsubstanz kontinuierlich in die Modellanlage zudosiert, in der die Abbauorganismen in hoher Dichte als so genannter Belebtschlamm vorliegen. Zusammen mit der Testsubstanz wird ein hoher Überschuss an leicht abbaubaren Verbindungen (»synthetisches Abwasser«) zugegeben, so dass eine den realen Umweltverhältnissen entsprechende Konkurrenzsituation besteht. Untersuchungen im Rahmen des Umweltmonitorings haben gezeigt, dass die Abbaudaten aus solchen Simulationstests realistische Prognosen liefern. Beispiele für Kläranlagen-Simulationstests sind der OECD Confirmatory Test (Bestätigungs-Test, Primärabbau-Bewertung) und der Coupled Units Test (OECD 303 A); letzterer misst den Endabbau einer Testverbindung an Hand des Vergleichs der DOC-Abnahmen in einer Kontroll-Modellkläranlage (Zudosierung von synthetischem Abwasser) und der eigentlichen Testanlage. Die Abbaubewertung von Substanzen in Kläranlagen-Simulationstests spielte im Zusammenhang mit der früher gesetzlich geforderten Primärabbaubarkeit von anionischen und nichtionischen Tensiden eine Rolle: der Grenzwert war 80 Prozent MBAS- bzw. BiAS-Abnahme. Im Rahmen der heute gültigen EU-Detergenzienverordung haben Daten aus Abbausimulationstests nur eine begrenzte Bedeutung. Mindestanforderungen zur DOC-Abnahme im Coupled Units Test existieren nicht, doch werden bei gut endabbaubaren Verbindungen C-Eliminationsraten von über 80 Prozent erzielt.

10.1.3 Ökotoxizität

Das zweite für die Umweltsicherheitsbewertung von Stoffen maßgebliche Kriterium bezieht sich auf die Giftigkeitswirkung gegenüber den Organismen in der Umwelt. Dabei können selbstverständlich nicht alle verschiedenen, in den Umweltbereichen vorkommenden Organismenarten auf ihre Empfindlichkeit gegenüber einer Testsubstanz

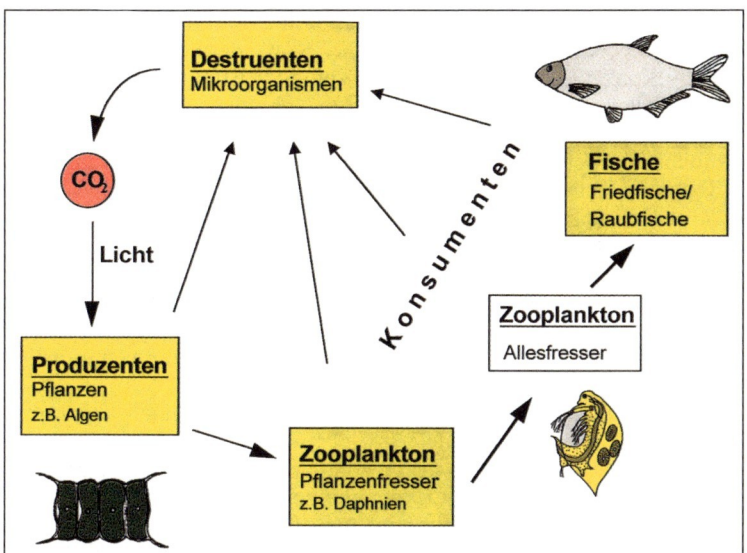

Abb. 10.4: Schema der aquatischen Nahrungskette

untersucht werden. Deshalb werden für das Ökosystem der Gewässer einige für Laboruntersuchungen besonders geeignete Repräsentanten des aquatischen Nahrungsnetzes in internationalen Standardtests geprüft **(Abb. 10.4)**: Beginnend mit den Algen als wichtigen Vertretern der pflanzlichen Organismen, über die Daphnien (Wasserflöhe) als pflanzenfressende tierische Organismen und die Fische als Vertreter einer der oberen Ebenen der Nahrungskette wird mit den Abbau-Mikroorganismen der Kreislauf des Kohlenstoffs im Gewässer-Ökosystem wieder geschlossen.

Ökotoxikologische Testsysteme unterscheiden sich aber nicht nur hinsichtlich der Testorganismen, sondern auch in der Testart. Erste grundsätzliche Erkenntnisse zum ökotoxischen Potenzial eines Stoffs können in den vergleichsweise einfachen akuten Toxizitätstests gewonnen werden. Dabei ermittelt man in einer Konzentrationsreihe die höchste Substanzkonzentration, bei der noch keine letalen (z.B. bei Fischen) bzw. wesentliche Lebensäußerungen betreffenden Effekte (z.B. Schwimmfähigkeit bei Daphnien) auftreten (LC 0 bzw. EC 0), sowie die niedrigste Prüfkonzentration, die bei allen Versuchsorganismen zu akuten Effekten führt (LC 100 bzw. EC 100). Aus diesen Daten wird die üblicherweise für die Bewertung der akuten aquatischen Toxizität von Stoffen verwendete LC 50 bzw. EC 50 berechnet (LC = lethal concentration, EC = effect concentration).

Bei Ökotoxizitätstests mit Algen und im Bakterien-Zellvermehrungshemmtest steht demgegenüber nicht die Letalwirkung der Substanz gegenüber dem Testorganismus im Mittelpunkt, sondern der Einfluss auf die Vermehrung der Organismen. Es handelt sich deshalb im Grunde genommen nicht mehr um Akuttests, sondern um so genannte chronische Tests, die verständlicherweise meist deutlich empfindlicher sind. Bei Tests dieser Art wird die so genannte No-observed-effect-Konzentration (NOEC) ermittelt, d.h. die höchste Prüfkonzentration, bei der noch keinerlei Effekte im Vergleich zur Kontrolle (ohne Testsubstanz) zu beobachten sind.

Auch im subchronischen Fischtest (28 Tage) und besonders im so genannten Early Life Stage Test mit Fischen (1-2 Monate) sowie im chronischen 21-Tage-Daphnien-Reproduktionstest (Messparameter: Anzahl der gebildeten Jungtiere) beschreibt die ermittelte NOEC eine Stoffkonzentration, bei der auch die besonders empfindlichen biologischen Prozesse wie Wachstum, Reife und Reproduktion der Testorganismen noch nicht negativ beeinflusst werden. Aus diesem Grund bilden die in solchen recht aufwändigen subchronischen/chronischen Untersuchungen erhaltenen NOEC-Werte eine besonders verlässliche Basis für die zur Umweltrisikobewertung benötigte PNEC.

Da die im Labor erhaltenen LC/EC 50- bzw. NOEC-Werte noch keine unmittelbare Schlussfolgerung auf die für die reale Umwelt relevante No-effect-Konzentration erlauben, werden in Abhängigkeit von der Art und der Anzahl der Testdaten Sicherheitsfaktoren angewendet, um zu der PNEC zu gelangen. So wird z.B. der niedrigste akute Toxizitätswert (EC 50) von drei Testorganismen (Fische, Daphnien, Algen) durch den Faktor 1000 geteilt, um zur Predicted-no-effect-Konzentration zu gelangen. Bei den empfindlicheren und für Risikobewertungen aussagefähigeren chronischen Tests entspricht beim Vorliegen von NOEC-Daten zu drei verschiedenen Organismenarten die PNEC einem Zehntel der NOEC des empfindlichsten Testorganismus.

10.1.4 Weitere ökologische Bewertungskriterien

Neben Abbauverhalten und aquatischer Toxizität gehört auch das *Bioakkumulationspotenzial* zu den für eine ökologische Bewertung chemischer Verbindungen relevanten Kriterien. Unter Bioakkumulation oder Biokonzentration versteht man die Anreicherung einer Substanz im lebenden Organismus über die in der Umgebung (z.B. bei Fischen in der aquatischen Umwelt) vorliegenden Konzentrationen hinaus. Im Falle einer hohen Bioakkumulation würde die Umweltkonzentration nicht der im Organismus vorhandenen Stoffkonzentration entsprechen, so dass eine Umweltrisikobewertung auf der Grundlage des PEC/PNEC-Vergleichs zu Unterbewertungen führen würde. In den meisten Fällen wird das Bioakkumulationspotenzial einer Substanz durch den Wasser/Octanol-Verteilungskoeffizienten abgeschätzt. Dieser Verteilungskoeffizient ist ein Maß für die Fettlöslichkeit (Lipophilie) und wird als logarithmische Größe *log K_{ow}* angegeben. Dieser experimentell oder rechnerisch zu ermittelnde Parameter kann für die Berechnung einer Reihe weiterer ökologisch relevanter Daten (z.B. Wasserlöslichkeit und Adsorptivität) herangezogen werden, hat aber in Hinblick auf die Bioakkumulation klare Beschränkungen seiner Aussagefähigkeit. Verlässliche Bewertungen auf Basis des Biokonzentrationsfaktors (BCF) werden oft erst im Durchflusstest mit Fischen (OECD 305) nach Bestimmung der Stoffkonzentrationen im Testfisch und im Testwasser erhalten. Bei einem BCF $\geq$ 100 bzw. ersatzweise einem *log K_{ow}* $\geq$ 3 wird von einer signifikanten Bioakkumulation ausgegangen. Eine hohe Bioakkumulation kombiniert mit schlechter biologischer Abbaubarkeit kann selbst bei Verbindungen mit nur sehr geringen Einsatzmengen zu Problemen führen, wie das Beispiel der früher in Parfümen eingesetzten Nitromoschusverbindungen zeigt.

Bei manchen Stoffen stellt sich die Frage eines möglichen *Eutrophierungspotenzials*, also ihrer direkten oder indirekten Wirksamkeit (z.B. durch Remobilisierung von Spurenstoffen aus Gewässersedimenten) als zusätzliche Nährstoffquelle für pflanzliche Gewässerorganismen (z.B. Algen). Durch diese Düngewirkung wird die übermäßige Bildung organischer Biomasse ermöglicht, die beim Absterben der Pflanzen und der nachfolgenden mikrobiellen Zersetzung zu Sauerstoffmangel im Gewässer mit allen negativen Folgen für die dort lebenden Organismen führen kann. Im Vergleich zu der aus Phosphor- und Stickstoffeinträgen resultierenden Nährstoffzufuhr dürfte allerdings die indirekt durch organische Stoffe hervorgerufene eutrophierende Wirkung von sehr untergeordneter Bedeutung sein.

10.1.5 Ökologische Aspekte der Inhaltsstoffe im Einzelnen

Die ökologische Sicherheitsbewertung der Reinigungsmittel-Inhaltsstoffe basiert auf den stoffspezifischen Eigenschaften der Verbindungen, wie z.B. dem Abbauverhalten und der Ökotoxizität, sowie den Einsatzrandbedingungen. Diese Gesichtspunkte sollen nachfolgend für die wesentlichen Komponenten von Reinigungs- und Pflegemitteln für den Haushalt näher diskutiert werden.

Tenside

Die Tenside sind das »Herzstück« von Wasch- und Reinigungsmitteln, da sie für die Schmutzablösung von Oberflächen z.B. bei Textilien und Geschirr sorgen. Diese grenzflächenaktive Wirkung beeinflusst aber auch biologische Oberflächen wie die Zellmembranen und macht Tenside daher relativ toxisch gegenüber Wasserorganismen. Auf Grund ihres ökotoxischen Potenzials und der hohen Verbrauchsmengen stellen die Tenside sicherlich die Reinigungsmittel-Rohstoffkategorie mit der höchsten Umweltrelevanz dar.

Mengenmäßig am bedeutendsten für den Einsatz in Reinigungsmitteln sind die *anionischen Tenside*, besonders das lineare Alkylbenzolsulfonat (LAS). Darüber hinaus kommen aber auch Alkansulfonate, Fettalkylsulfate (FAS) und Fettalkylethersulfate (FAES), letztere in erheblichem Umfang in Handgeschirrspülmitteln, zum Einsatz. Wegen ihrer günstigen synergistischen Wirkungen beim Reinigungsprozess werden diese anionischen Tenside im Regelfall zusammen mit *nichtionischen Tensiden*, besonders Fettalkylethoxylaten (FAEO), in Reinigerprodukten verwendet. Andere nichtionische Tenside wie Fettsäurealkanolamide und Fettamin-*N*-oxide sowie amphotere Tenside werden ebenfalls in verschiedenen Reinigertypen eingesetzt, dienen aber meist nur als Additive mit entsprechend geringeren Einsatzkonzentrationen. Da die Haupttenside in Reinigungsprodukten identisch sind mit den auch im Waschmittelbereich eingesetzten Verbindungen und deren ökologische Eigenschaften in der Literatur bereits ausführlich beschrieben wurden [10.3], soll hier nur kurz eine Übersicht der ökologischen Aspekte zu den relevanten anionischen und nichtionischen Tensiden gegeben werden.

Selbstverständlich erfüllten alle diese Tenside die in Deutschland bereits seit 1964 (für anionische) bzw. 1977 (für nichtionische Tenside) bestehenden gesetzlichen Anforderungen an die biologische Abbaubarkeit, d.h. sie erreichen im OECD-Screeningtest Abbauresultate, die mit deutlich mehr als 90 Prozent MBAS- bzw. BiAS-Abnahme über den Mindestanforderungen liegen [10.5]. Unter Praxisbedingungen, d.h. in kommunalen Kläranlagen, werden für diese Tenside Abnahmen von über 99 Prozent gemessen [10.6]. Auch im Hinblick auf die Endabbaubarkeit weisen diese Tenside sehr günstige Eigenschaften auf. Sie sind nach den OECD-Kriterien als »leicht biologisch abbaubar« einzustufen und erfüllen damit die gesetzlichen (End-)Abbaubarkeitsanforderungen nach der EU-Detergenzienverordung. In einer Reihe darüber hinausgehender Tests konnte ihr rückstandsfreier Abbau nachgewiesen werden [10.7].

In Bezug auf die ökotoxikologischen Eigenschaften weisen die für Wasch- und Reinigungsmittel typischen anionischen und nichtionischen Tenside ebenfalls ein ähnliches Verhalten auf. Die akute aquatische Toxizität gegenüber Fischen, Daphnien und Algen bewegt sich überwiegend im Bereich von 1 bis 10 mg/L (LC/EC 50), d.h. diese Verbindungen sind als toxisch gegenüber Wasserorganismen einzustufen. Die NOEC-Werte aus Langzeit-Toxizitätsuntersuchungen liegen erwartungsgemäß etwa eine Größenordnung niedriger, d.h. im Bereich von 0,1 bis 1 mg/L. Auf Basis der vorhandenen ökotoxikologischen Daten und der aus Kläranlagenmonitoring-Untersuchungen abgeleiteten PEC-Werte wurde vor wenigen Jahren für die mengenmäßig wichtigsten Tensidgruppen (LAS, FAES, FAEO und Seife) eine Umweltrisikobewertung durchgeführt [10.6]. Sie bestätigte, dass trotz der vergleichsweise hohen aquatischen Toxizität dieser Verbindungen dank ihrer sehr guten biologischen Abbaubarkeit die Umweltkonzentrationen (PEC) unterhalb der PNEC liegen und somit kein Risiko für die aquatische Umwelt mit dem Einsatz dieser Tenside verbunden ist. In diesem Zusammenhang ist durchaus erwähnenswert, dass das geschichtlich älteste, in Reinigungsmitteln im Einsatz befindliche Tensid, die Seife, weder im Hinblick auf die Abbaueigenschaften noch in Bezug auf die aquatische Toxizität signifikante Unterschiede bzw. Vorteile gegenüber den diskutierten modernen Tensiden aufweist.

Abgesehen von diesen großvolumigen Tensidgruppen werden in Reinigungsmitteln auch *Spezialtenside* mit besonderem Eigenschaftsprofil eingesetzt, wie z.B. besonders schaumarme nichtionische Tenside im Geschirrspülmittelbereich. Während bis 1989 im Rahmen einer Übergangsregelung für diesen Anwendungszweck Tenside eingesetzt werden durften, die nicht die gesetzliche Anforderung an den Primärabbau erfüllten, werden heute dafür bestimmte Fettalkylalkoxylate, z.B. Blockcopolymere mit Ethoxylat- und Propoxylat-Blöcken sowie Endgruppen-verschlossene Alkylethoxylate, z.B. Alkylethoxylatbutylether, verwendet. Diese schaumarmen Tensidtypen entsprechen den Abbauanforderungen der aktuellen europäischen Tensidgesetzgebung, sind also biologisch leicht abbaubar und weisen ein den übrigen Tensiden entsprechendes Ökotoxizitätsprofil auf.

Die früher in Reinigern sehr prominenten *Alkylphenolethoxylate* (APEO) spielen schon lange keine Rolle in diesen Produkten mehr. In Deutschland werden sie seit 1987 auf Grund einer freiwilligen Industrievereinbarung ebenso wie in vielen anderen europäischen Ländern nicht mehr in Haushaltsprodukten eingesetzt, da sie zwar die gesetzlichen Abbauanforderungen erfüllen, der Endabbau aber nur sehr langsam unter Bildung von Zwischenprodukten mit erhöhter aquatischer Toxizität verläuft. Zusätzlich kamen APEO in den letzten Jahren in die Diskussion, da einige der Abbauzwischenprodukte auf eine gewisse Wirksamkeit als so genannte Umwelthormone (endokrin wirksame Substanzen) hinweisen, d.h. potenziell in den Stoffwechsel und besonders in die Reproduktions- und Entwicklungsprozesse bei Mensch und Tier in Folge einer Östrogen ähnlichen Wirkung eingreifen können. Dennoch sollte erwähnt werden, dass die Wirksamkeit dieser APEO-Abbauprodukte um Größenordungen unter der von in Kontrazeptiva eingesetzten und in Kläranlagenabläufen nachweisbaren synthetischen Östrogenen liegt. Zudem machte die kürzlich in der EU-Risikobewertung für Nonylphenol [10.8] erhaltene Bewertung deutlich, dass die ökotoxikologische PNEC niedriger liegt als die Wirkschwelle für die östrogene Wirkung.

Schließlich sind auch noch Vertreter einer ebenfalls in Reinigern verwendeten Tensidgruppe, der *amphoteren Tenside*, kurz anzusprechen. Diese von den Einsatzmengen her kleinste Tensidgruppe weist Verbindungen unterschiedlicher chemischer Struktur auf, von denen allerdings nur die Alkylbetaine und die Alkylamidopropylbetaine von größerer Relevanz sind, da sie im Bereich der manuellen Geschirrspülmittel eingesetzt werden. In Bezug auf die biologische Primärabbaubarkeit bestanden für diese Tenside keine gesetzlichen Anforderungen, so dass bis vor kurzem auch keine stoffgruppenspezifische analytische Messmethode zur Verfügung stand, die den Primärabbaugrad zu ermitteln erlaubt hätte. Nach der neuen EU-Detergenzienverordnung muss aber auch für diese Tensidgruppe die Endabbaubarkeit in Tests zur leichten biologischen Abbaubarkeit nachgewiesen werden. Alkylbetaine, charakterisiert durch einen linearen C_{12}- bis C_{16}-Alkylrest und eine Trimethylammoniumacetat-Struktur als hydrophilem Molekülteil, werden unter den Standardbedingungen der OECD Ready Biodegradability Tests (OECD 301 A bis F) meist als leicht biologisch abbaubar bewertet, Alkylamidopropylbetaine sind ebenfalls leicht biologisch abbaubar [10.9]. Auch im Hinblick auf die ökotoxikologischen Eigenschaften sind Amphotenside durchaus mit den vorher besprochenen Tensidgruppen vergleichbar. Die akuten Toxizitätswerte bewegen sich gegenüber Fischen, Daphnien und Algen überwiegend im Bereich von 1 bis 10 mg/L, charakterisieren also diese Tenside ebenfalls als toxisch gegenüber Wasserorganismen.

Lösungsvermittler

Zur Löslichkeitsverbesserung von in Wasser schwer löslichen Verbindungen werden bei der Konfektionierung von flüssigen Wasch- und Reinigungsmitteln Lösungsvermittler (Hydrotrope) eingesetzt. Typische Vertreter hierfür sind Xylol- und Cumolsulfonat. Diese beiden Verbindungen sind nach den OECD-Kriterien leicht biologisch abbaubar und weisen nur eine mäßige bis geringe akute aquatische Toxizität auf. In Anbetracht des günstigen ökologischen Profils und der relativ kleinen Einsatzmengen (ca. 1% im Produkt) sind nachteilige Wirkungen auf die Umwelt auszuschließen.

Lösemittel

Organische Lösemittel finden sich in vielen Reinigern. Es handelt sich dabei um eine breite Palette möglicher Verbindungsklassen wie Alkohole (z.B. Ethanol, 2-Propanol, Butanol, 2-Butanol, Ethylenglykol), Aceton, Glykolether, aliphatische und aromatische Kohlenwasserstoffe, Terpentinöl etc. Während die Alkohole, Aceton und Glykolether als leicht biologisch abbaubar und wenig aquatoxisch einzustufen sind, ist bei den Kohlenwasserstoffen eine differenziertere Betrachtung erforderlich. Diese Verbindungen sind zumindest prinzipiell biologisch abbaubar; zudem spielen für den Verbleib in der Umwelt auch physikalisch-chemische Eigenschaften, wie z.B. Adsorptionsvermögen und Flüchtigkeit, eine wichtige Rolle. Solche Stoffe werden daher im Abwasserreinigungsprozess weitgehend entfernt. Die aquatoxischen Eigenschaften sind – abgesehen von der Tatsache, dass eine Prüfung in Standardtestsystemen durch die geringe Wasserlöslichkeit vieler dieser Stoffe erschwert ist – nicht sehr ausgeprägt, d.h. die LC/EC 50-Werte bewegen sich im Bereich oberhalb von 100 mg/L bzw. oberhalb der Löslichkeitsgrenze.

Säuren und Alkalien

Säuren in Reinigungsprodukten dienen vorwiegend zur Beseitigung von Mineralverschmutzungen. Neben anorganischen Verbindungen (z.B. Natriumhydrogensulfat oder Amidosulfonsäure) werden auch organische Säuren wie Citronensäure, Essigsäure, Ameisensäure und Milchsäure eingesetzt. Für Alkalien als Wirksubstanzen in Reinigern repräsentativ sind Natron- und Kalilauge, Natriumcarbonat (Soda), Natriummetasilicat, Ammoniak und organische Amine (z.B. Mono-, Di- und Triethanolamin).

Während für die mineralischen Komponenten der ökologische Aspekt allenfalls in der pH-Beeinflussung des Abwassers und im Beitrag zur Salzfracht besteht – Aspekte, die in Anbetracht des aus den Reinigungsmitteln resultierenden geringen Volumenbeitrags zum Gesamtabwasser eine sehr untergeordnete Rolle spielen, sind die angegebenen organischen Säuren und Alkalien alle »leicht biologisch abbaubar« und von sehr geringer aquatischer Toxizität (LC/EC 50 > 100 mg/L).

Komplexbildner und Dispergatoren

Ähnlich wie bei Waschmitteln tragen auch in vielen Reinigungsmitteln organische bzw. anorganische Komplexbildner neben Tensiden wesentlich zum Reinigungserfolg bei. Die Aufgabe der Bindung von härtebildenden Calcium- und Magnesiumionen wird dabei überwiegend von Phosphaten oder Polycarboxylaten wahrgenommen. Die aquatische Toxizität von Phosphaten und Polycarboxylaten ist sehr gering. Polycarboxylate sind zwar nur schlecht biologisch abbaubar, doch werden sie in Kläranlagen hoch eliminiert ($\geq 90\%$), so dass ihr Einsatz für die Gewässerorganismen kein Risiko darstellt.

Dennoch wird der Einsatz von Phosphaten auf Grund ihres Eutrophierungspotenzials nach wie vor kritisch diskutiert. Phosphate können zum übermäßigen Wachstum von Algen besonders in langsam fließenden Gewässern sowie in marinen Küstenbereichen beitragen – mit erheblichen Folgen wegen der Sauerstoffverarmung beim saisonalen Absterben der Algen. Zwar liefern die Phosphateinsatzmengen in Reinigerprodukten (meist unter 5%) im Allgemeinen nur einen geringen Beitrag zur Phophatfracht der Abwässer, doch sind seit einigen Jahren die maschinellen Geschirrspülmittel aus Leistungsgründen wieder zu Tripolyphosphaten als Enthärterbasis zurückgekehrt, was in der Phosphor-Mengenbilanz durchaus zu Buche schlägt. Bei einer jährlichen Produktverbrauchsmenge von ca. 60 000 Tonnen in Deutschland resultiert aus Haushalts-Maschinengeschirrspülmitteln ein Phosphateintrag ins Abwasser von ca. 5900 Tonnen Phosphor pro Jahr [10.10]. Berücksichtigt man den Kläranlagen-Anschlussgrad und die Kläranlagentypen in Deutschland sowie den durchschnittlichen P-Eliminationsgrad in mechanischen (< 1%) und mechanisch-biologischen (40%) Kläranlagen sowie solchen mit einer dritten Reinigungsstufe (90%), so werden die Oberflächengewässer auf Grund dieser Produktkategorie mit etwa 1200 Tonnen Phosphor pro Jahr belastet. Bezogen auf die Gesamtphosphatbelastung der Fließgewässer von 37 000 Tonnen Phosphor pro Jahr (diffuse Einträge aus landwirtschaftlichen Nutzflächen, häusliche und industrielle Abwässer, Regenwasserbehandlung etc.), ergibt sich damit ein Beitrag von weniger als 3,5 Prozent [10.11]. Vor dem Hintergrund der zunehmenden Ausrüstung von Kläranlagen mit der dritten Reinigungsstufe und der mit phosphatfreien Formulierungen nur eingeschränkt erreichbaren anwendungstechnischen Produktleistung wird diese P-Belastung als vertretbar angesehen. An diesem Beispiel wird der Grundsatz deutlich, dass eine gute Produktleistung zwar keine hinreichende, aber eine notwendige Voraussetzung für die Umweltverträglichkeit darstellt.

Ein weiterer in Reinigungsmitteln als Komplexbildner begrenzt verwendeter Inhaltsstoff ist Nitrilotriacetat (NTA). NTA ist leicht biologisch abbaubar und nur wenig toxisch gegenüber Wasserorganismen, hat sich aber wegen früherer kontroverser Diskussionen um seine Umweltverträglichkeit nicht richtig durchgesetzt. Der Verbrauch von NTA in Haushaltsprodukten ist daher vergleichsweise gering (400 t jährlich) [10.10].

Die starken Komplexbildner EDTA und Phosphonate sind biologisch schwer abbaubar, ihre aquatische Toxizität ist mit LC/EC 50-Werten über 100 mg/L allerdings relativ gering. Während EDTA die Abwasserreinigung in Kläranlagen nahezu ohne Elimination passiert, liegt der Eliminationsgrad für Phosphonate bei 50 Prozent in konventionellen Kläranlagen und bei 90 Prozent in Anlagen mit dritter Reinigungsstufe. Phosphonate werden in Gewässern abiotisch abgebaut, teils durch hydrolytische, teils durch photochemische Prozesse unter Bildung von Zwischenprodukten, die ihrerseits zumindest teilweise einem weiteren biologischen Abbau zugänglich sind. Die Komplexierungseigenschaften und die schlechte Eliminierbarkeit von EDTA führten zur Besorgnis einer möglichen Schwermetallremobilisierung aus Gewässersedimenten, so dass in den letzten zehn Jahren besonders in Deutschland durch freiwillige Industriemaßnahmen die Einträge in Fließgewässer deutlich reduziert wurden. Die aus Haushaltsreinigungsprodukten stammenden EDTA-Mengen in Deutschland lagen 1999 bei 27 t, entsprechend 3,5 Prozent des Gewässergesamteintrags von 800 Tonnen pro Jahr [10.12].

Lösliche Silicate

Natriumdisilicat wird vor allem in Maschinengeschirrspülmitteln, aber auch in Reinigern eingesetzt und liefert die für den Reinigungseffekt wesentliche Alkalität der Reinigerlösung. Lösliche Silicate wurden 1999 in Wasch- und Reinigungsmitteln in Deutschland in einem Umfang von ca. 22 000 Tonnen verwendet [10.10]. Ökotoxikologisch sind Natriumsilicate ohne Einfluss, da diese auch in der Natur vorkommende Verbindungen praktisch untoxisch sind. Bezogen auf die in Gewässern vorliegenden Siliciumkonzentrationen sind diese Einträge von nur geringer Relevanz: Wenn man von einer durchschnittlichen Silicium-Konzentration von ca. 4 mg/L in Flusswasser ausgeht [10.13], so tragen diese Produkte beispielsweise etwa zwei Prozent zur jährlichen Si-Gesamtfracht im Rhein bis zur deutsch-holländischen Grenze (mit einem Einzugsgebiet von ca. 40 Mio. Einwohnern) bei.

Bleichmittel

Bleichmittel dienen zur Fleckentfernung durch oxidative Zerstörung von Farbstoffen. Gleichzeitig führen diese oxidativen Prozesse auch zu einer Keimverminderung, so dass damit auch ein Hygiene-relevanter Beitrag zum Reinigungsprozess geleistet wird. Als Bleichmittel dienen in Reinigungsprodukten entweder Aktivsauerstoff- oder Aktivchlorverbindungen.

Zu den wichtigsten Aktivsauerstoffverbindungen gehören Natriumperborat und -percarbonat, die bei der Produktanwendung zu Wasserstoffperoxid und Borat bzw. Carbonat zerfallen. Während H_2O_2 durch die Reaktion mit den reduzierenden Stoffen im Reinigungsgut und nachfolgend im Abwasser vollständig abgebaut wird, verbleiben Borat und Carbonat/Hydrogencarbonat im Abwasser, passieren ohne nennenswerte Elimination die Kläranlage und gelangen so in die Gewässer, wobei der Borateintrag aus Wasch- und Reinigungsmitteln noch deutlich höher liegt als der Carbonateintrag.

Die aquatische Toxizität beider anorganischer Verbindungen ist sehr gering, auch wenn Bor gegenüber einigen Nutzpflanzen (z.B. Obstbäume, Tomaten, Weinreben) eine spezifische Phytotoxizität aufweist, die Bor-haltige Abwässer zur Bewässerung ungeeignet macht. Die zunehmende Substitution von Perborat durch Percarbonat als bleichwirksamer Komponente in Vollwaschmitteln führt derzeit zu einem erheblichen Rückgang des aus Wasch- und Reinigungsmitteln stammenden Boreintrags in die Gewässer.

Von deutlich höherem Wirkungsgrad als die Sauerstoffbleiche ist die Verwendung von Aktivchlor, das in Form von Hypochlorit oder organischen Chlorträgern (z.B. Natriumdi- und -trichlorisocyanurat) zur Anwendung kommt. Zur Stabilisierung des Aktivchlors müssen flüssige Produkte stark alkalisch eingestellt werden. Damit haben sie eine starke Ätzwirkung und sind daher mit entsprechenden Vorsichtsmaßnahmen zu handhaben. Im Hinblick auf das Umweltverhalten ist wesentlich, dass ca. 99 Prozent des Aktivchlors sehr schnell durch die Oxidation organischer und anorganischer Verbindungen sowie durch *N*-Chlorierung stickstoffhaltiger Verbindungen (z.B. Ammoniak, Aminosäuren und Proteine) unter Chloridbildung abreagieren:

$$R-NH_2 + Cl_2 \longrightarrow R-NHCl + H^+ + Cl^-$$

Nur etwa ein Prozent des Aktivchlors führt zur Entstehung chlorierter organischer Verbindungen, die mit dem Summenparameter AOX analytisch erfasst werden können. Unter AOX versteht man die Summe der Konzentrationen aller aus einer Wasserprobe an Aktivkohle absorbierbaren organischen Halogenverbindungen von Chlor, Brom und Iod (X = Halogen).

AOX bestehen aus verschiedenen, vorwiegend polaren und makromolekularen chemischen Verbindungen mit Monochlor-Substitution. Der überwiegende Teil dieses AOX-Materials ist daher auch biologisch abbaubar und lässt kein signifikantes Bioakkumulationspotenzial erwarten. Auch wenn durch die vorhandenen Untersuchungsdaten nicht vollständig ausgeschlossen werden kann, dass in geringem Umfang auch längerlebige und eventuell toxische Reaktionsprodukte mit Aktivchlor gebildet werden, so ist dieses Gefahrenpotenzial in seiner Quantität doch erheblich zu relativieren.

Duftstoffe

Wenn Duftstoffe auch nur in sehr geringen Konzentrationen in den Reinigungsmittelformulierungen enthalten sind (im Allgemeinen 0,05 bis 1%), können sie doch vom ökologischen Standpunkt aus nicht vernachlässigt werden. Üblicherweise handelt es sich um sehr komplexe Mischungen aus einer großen Anzahl einzelner Riechstoffe, die sich in ihrer chemischen Struktur und damit auch in ihren ökologischen Eigenschaften unterscheiden. Wegen ihrer geringen Einsatzmengen, ihrer Flüchtigkeit und Adsorptivität wurden Duftstoffe lange Zeit als wenig relevant für die aquatische Umwelt angesehen. Neuere Untersuchungen zeigten aber, dass bestimmte Duftkomponenten, wie z.B. Nitromoschusverbindungen und polycyclische Moschusverbindungen, nicht nur in Gewässern, sondern auch im Fischgewebe nachgewiesen werden können – eine Folge der schlechten Abbaubarkeit und eines signifikanten Bioakkumulationspotenzials. Riechstoffe mit einem derartigen ungünstigen ökologischen Eigenschaftsprofil wurden in Deutschland und anderen europäischen Ländern in Parfümrezepturen für Wasch- und Reinigungsmittel ersetzt, obwohl ihre Umweltrisikobewertung mit einem PEC/PNEC-Verhältnis von < 1 kein unmittelbares Problem für die Umwelt indizierte. Diese Beispiele zeigen, dass bei dieser Kategorie von Produktinhaltsstoffen noch ein erheblicher ökologischer Informationsbedarf besteht, der gegenwärtig im Rahmen von Absicherungsprogrammen der Parfümrohstoffhersteller intensiv abgearbeitet wird.

Wachse und Polymere

Als Pflegekomponenten in Putz- und Pflegemitteln werden hochmolekulare organische Verbindungen, wie natürliche (z.B. Bienenwachs) und synthetische Wachse (z.B. oxidiertes Polyethylen), Harze und synthetische Polymere (z.B. Polyacrylate) verwendet. Aus derartigen Stoffen bestehende Pflegefilme werden bei der Grundreinigung von Oberflächen wieder abgetragen und gelangen so, meist in partikulärer Form, in das Abwasser. Auf Grund ihrer Schwerlöslichkeit und Polymerstruktur sind sie in der Regel dem biologischen Abbau nicht oder nur sehr langsam zugänglich, werden aber unter Kläranlagenbedingungen in erheblichem Umfang zusammen mit dem Klärschlamm eliminiert. Zusammen mit der geringen Ökotoxizität dieser schwerlöslichen polymeren Verbindungen ergeben sich keine Gefahrenaspekte für die aquatische Umwelt.

Antimikrobielle Wirkstoffe/Konservierungsstoffe

In vielen Flüssigprodukten ist ein Schutz vor mikrobiellem Verderb bereits durch die pH-Bedingungen (z.B. bei stark sauren und alkalischen Reinigern) oder durch die hohe Tensidkonzentration gegeben. Verschiedene flüssige Reinigungsmittel benötigen aber Konservierungsstoffe, um die Lagerstabilität der Produkte zu erhöhen. Es handelt sich dabei um antimikrobielle Wirkstoffe, die das Wachstum von Bakterien und/oder Pilzen hemmen oder diese Organismen abtöten.

In den letzten Jahren ist eine Reihe von Reinigungsmitteln auf den Markt gekommen, die diese antimikrobielle Wirkung explizit als Teil der Produktleistung ausloben. Unabhängig von der zum Teil kontrovers geführten Diskussion über den Sinn bzw. die Notwendigkeit, solche Produkte im Haushalt anzuwenden, wird in diesem Kontext auch die Frage nach den ökologischen Aspekten des Einsatzes solcher biozider Substanzen gestellt. Zunächst sei darauf hingewiesen, dass diese Wirkstoffe in den Fertigprodukten in einer solchen Konzentration enthalten sind, dass sie bei einer starken Verdünnung, wie sie spätestens nach der Entsorgung einer Reinigerlösung im Abwasser auftritt, keine Hemmwirkung mehr aufweisen. Eine Beeinträchtigung der Abbauleistung der Abwasserbakterien in Kläranlagen durch die in starker Verdünnung vorliegenden antimikrobiellen Wirkstoffe zu erwarten, ist sicherlich unrealistisch. Andererseits muss betont werden, dass vom ökologischen Standpunkt nur solche Wirkstoffe als langfristig akzeptabel anzusehen sind, die unter diesen Abwasserreinigungsbedingungen auch weiter abgebaut werden, d.h. ihre biozide Wirksamkeit verlieren und damit – trotz hoher aquatischer Toxizität – keine langfristige Gefahr für die Gewässerorganismen darstellen.

Die Auswahl an biologisch leicht abbaubaren, in Reinigerformulierungen einsetzbaren konservierenden bzw. bioziden Stoffen ist relativ begrenzt. Aldehyde, Alkohole und Säuren (z.B. Benzoesäure, Salicylsäure) werden biologisch leicht abgebaut. Auch die quaternären Ammoniumverbindungen (z.B. Benzalkoniumchlorid, s. **Tab. 2.19**) sind biologisch gut abbaubar oder zumindest in hohem Ausmaß durch Adsorption am Schlamm eliminierbar. Demgegenüber spielen antimikrobielle Wirkstoffe, die nicht leicht abbaubar, gleichwohl aber in Kläranlagen gut eliminierbar sind, wie z.B. einige Isothiazolin- und Biguanidderivate, im Haushaltsreinigerbereich keine oder nur noch eine untergeordnete Rolle. Mittelfristig wird die Anzahl der zur Desinfektion einsetzbaren antimikrobiellen Wirkstoffe eher abnehmen und der Umfang ihrer ökologischen Absicherungsdaten zunehmen, da mit der neuen EU-Biozid-Richtlinie (98/8/EG) ein Aufnahmeverfahren biozider Wirkstoffe in eine Positivliste etabliert wurde, das erhebliche Anforderungen auch in Bezug auf die ökologischen Daten und die Risikobewertung dieser Wirkstoffe stellt.

10.2 Ökobilanzen

10.2.1 Was ist eine Ökobilanz?

Mit dem steigenden Umweltbewusstsein in der Gesellschaft begann auch die Wirtschaft frühzeitig mit der Ermittlung und Abwägung von Umwelteinflüssen. Die Umweltauswirkungen von Produktion und Produkten wurden zu wichtigen Themen in der öffentlichen Diskussion und Unternehmen suchten daher nach Wegen, um die Umwelteinflüsse ihrer Aktivitäten zu messen und zu minimieren. Ein wichtiges Hilfsmittel bei diesen Bestrebungen ist die so genannte Ökobilanz.

Mit dem Begriff *Ökobilanz* können unterschiedliche Anwendungsbereiche verbunden sein:

- die umweltökonomische Gesamtrechnung als Ergänzung zu volkswirtschaftlichen Betrachtungen,
- die firmenbezogene Ökobilanz als Teil einer betriebswirtschaftlichen Untersuchung sowie
- die produktbezogene Ökobilanz.

Die Unterschiede zwischen den drei Anwendungsbereichen werden durch Aufstellung der geographischen Begrenzungen für diese Instrumente deutlicher. Während die Grenzen der umweltökonomischen Gesamtrechnung der Grenze einer Region, eines Staats oder eines Staatenbunds entsprechen, endet die firmenbezogene Ökobilanz am Zaun des Firmenstandorts. Produktbezogene Ökobilanzen beziehen alle Regionen und Stufen ein, die auf dem Lebensweg eines Produkts »von der Wiege bis zu Bahre« berührt werden. Dies kann bei komplexen Produkten viele Teile der Erde umfassen. So kommen einige der für die Herstellung eines Waschmittels benötigten Rohstoffe wie Bauxit aus Australien, Borax aus Kalifornien, Palmöl aus Malaysia oder Steinsalz aus Deutschland, d.h. selbst bei Betrachtung eines in Deutschland hergestellten Produkts muss man weltweite Informationen einbeziehen. Die englische Bezeichnung *Life Cycle Assessment* (LCA = Lebenswegbetrachtung) trifft den Inhalt sehr viel besser als produktbezogene Ökobilanz, heute in der Fachliteratur als »die« Ökobilanz bezeichnet. Nur diese wird nachfolgend behandelt.

Diese Betrachtung des gesamten Lebenswegs eines Produkts oder einer Dienstleistung von der »Wiege bis zur Bahre« bedeutet, die Studie beginnt mit der Entnahme der benötigten Rohstoffe aus der Natur und endet mit der Rückgabe aller involvierten Stoffe an die Natur. Zwischen diesen beiden Polen werden alle Schritte, wie z.B. Transport von Materialien, Energiebereitstellung, Herstellung von Zwischenprodukten mit allen gasförmigen und flüssigen Emissionen sowie evtl. entstehenden Abfällen, einbezogen. **Abb. 10.5** illustriert eine solche Betrachtung.

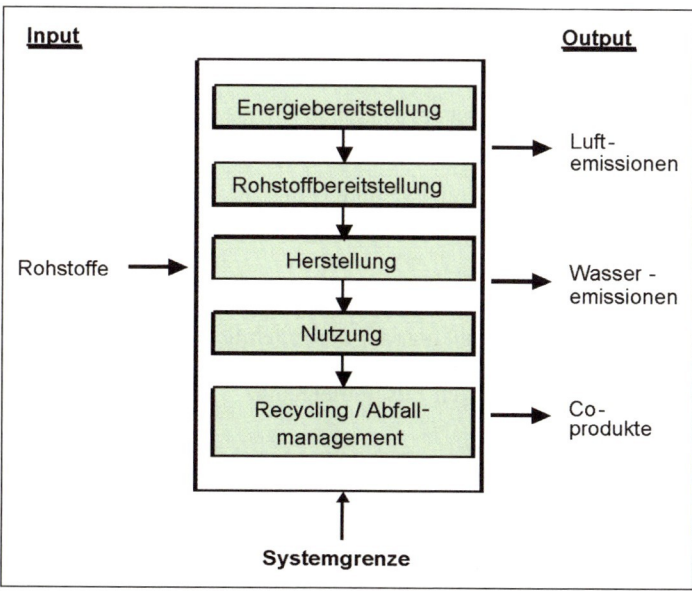

Abb. 10.5: Ökobilanzrahmen

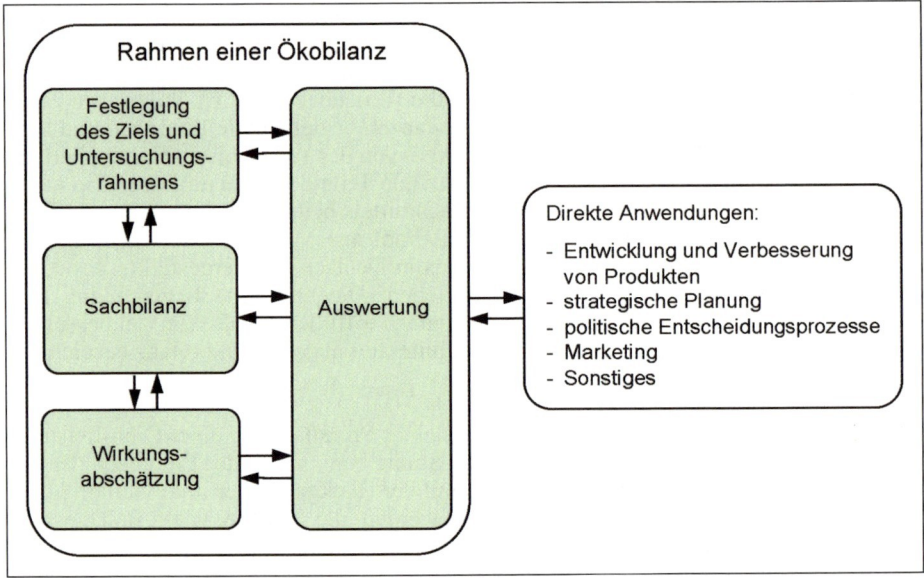

Abb. 10.6: Bestandteile einer Ökobilanz (nach ISO 14040 [10.14])

Nach der quantitativen Erhebung der Stoffflüsse berücksichtigt eine Ökobilanz auch die Auswirkungen der identifizierten Emissionen und Freisetzungen auf die Umwelt. Und schließlich werden die so gewonnenen Erkenntnisse bewertet und in einem Report zusammengefasst.
Die Erstellung einer Ökobilanz ist ein systematischer, schrittweise durchgeführter Prozess und besteht aus vier Bestandteilen:

- Festlegung des Ziels und des Untersuchungsrahmens
- Sachbilanz
- Wirkungsabschätzung
- Auswertung.

Bei Entscheidungsprozessen kann u.a. auf die Ergebnisse von Ökobilanzen zurückgegriffen werden. Entscheidungsprozesse sind aber nicht mehr Gegenstand der Ökobilanz. **Abb. 10.6** verdeutlicht diesen Zusammenhang.

10.2.2 Nutzen von Ökobilanzen

Ökobilanzen können bei Entscheidungen helfen, Produkte oder Prozesse auszuwählen, die die geringste Auswirkung auf die Umwelt haben. Informationen aus Ökobilanzen können zusammen mit anderen Kriterien, z.B. ökonomischen oder sozialen Aspekten, ein Gesamtbild über die Nachhaltigkeit des betrachteten Vorgangs ergeben.

Obwohl Entscheidungsprozesse nicht Bestandteil von Ökobilanzen sind, können diese doch als Basis für bedeutende Entscheidungen auf politischer und volkswirtschaftlicher Seite dienen. Voraussetzung für die Akzeptanz solcher Entscheidungen und zur Vermeidung von Diskussionen auf Grund unterschiedlicher Auslegungen ist, dass diese Ökobilanzen den in den folgenden Unterkapiteln beschriebenen Anforderungen genügen (Transparenz der Daten und Berechnungen, kritische Prüfung durch Experten usw.). Berücksichtigung muss dabei auch finden, dass neben der Ökobilanz die Ergebnisse anderer ökologischer Instrumente (z.B. Risikoabschätzung) herangezogen werden. Selbstverständlich können Entscheidungen nicht allein aus ökologischer Sicht getroffen werden, sondern es müssen auch die schon erwähnten ökonomischen und sozialen Aspekte berücksichtigt werden.

Mit Ökobilanzen werden nicht nur Produkte, sondern ganze Systeme untersucht. Im Fall des Spülmittels interessiert nämlich neben dem Produkt vielmehr die Funktion des Systems, d.h. die Beantwortung der Fragen, wie viel Spülmittel und Energie werden benötigt, um ein Maßgedeck zu spülen, und welche Umweltwirkungen gehen davon aus.

Durch diese ganzheitliche Betrachtungsweise ermöglichen es Ökobilanzen eventuelle Verschiebungen von Umweltlasten von einem Lebensschritt zum anderen zu erkennen und so Fehlinterpretationen zu vermeiden.

Ein weiterer Nutzen ist das Erkennen von Schwachstellen innerhalb eines Lebenswegs. So können Lebenswegabschnitte mit hohem Energiebedarf bzw. hohen Umweltauswirkungen erkannt und gezielt optimiert werden.

Von einer Ökobilanz kann man dagegen nicht erwarten, dass das Ergebnis in einer Zahl zusammengefasst wird und – mit anderen verglichen – als besser oder schlechter eingestuft werden kann. Alle solchen Versuche mussten scheitern, da das hierfür notwendige Berechnungsverfahren subjektive Bewertungsmaßstäbe beinhaltet, die bei der Darstellung des Endergebnisses verloren gehen.

10.2.3 Normungen

Während der Entwicklung des Instruments »Ökobilanz« sind verschiedene Probleme aufgetreten. Zum einen wurden sehr große Erwartungen gestellt. Ökobilanzen sollten Antworten auf alle ökologischen Fragestellungen zu einem Produkt oder System geben. Darüber hinaus sollten die Antworten möglichst auf eine Zahl verdichtet werden. Zum anderen wurden häufig zu gleichen Produkten widersprüchliche Ergebnisse veröffentlicht. Ergebnisse von Ökobilanzen können durch verschiedene Faktoren sehr stark beeinflusst werden. So kann z.B. durch Veränderung der Systemgrenzen das Ergebnis einer ganzheitlichen Betrachtung stark verändert, ja sogar ins Gegenteil verkehrt werden.

Zur Klärung von Anwendungsmöglichkeiten und methodischen Problemen wurden Forderungen nach einheitlichen Standards erhoben und mit der Normenreihe 14040ff Regeln geschaffen, die beschreiben, wie Ökobilanzen durchzuführen sind, was sie beinhalten müssen, welche Angaben zu machen und wie die Ergebnisse darzustellen sind.

Die Norm ISO 14040 beschreibt den generellen Rahmen einer Ökobilanz [10.14]. Forderungen aus dieser Norm beziehen sich im Wesentlichen auf die Transparenz der Methode und der benutzten Daten. ISO 14041 [10.15] ist eine mehr technische Norm und beschreibt die ersten beiden Phasen einer Ökobilanz: die Bestimmung des Ziels und der Untersuchungsrahmen sowie Regelungen das Dateninventar betreffend. Die Wirkungsabschätzung wird in ISO 14042 [10.16] dargestellt und ISO 14043 [10.17] schließlich gibt Anforderungen und Empfehlungen zur Auswertung.

In den Normen konnten und können keine absoluten Regeln, gültig für alle Studien, fest geschrieben werden. Vielmehr müssen die Regeln und Anforderungen hinreichend flexibel sein, so dass sie auf Ökobilanzen in allen Arbeitsgebieten angewandt werden können.

10.2.4 Erstellen von Ökobilanzen

Bestimmung von Ziel und Untersuchungsrahmen einer Ökobilanz

Der erste Schritt bei der Erstellung einer Ökobilanz ist die Bestimmung von Ziel und Rahmen der Untersuchung. Die folgenden sechs Entscheidungen müssen zu Beginn einer Ökobilanzstudie getroffen werden:

- Eindeutige Definition des Ziels einschließlich der Gründe für die Erstellung und die beabsichtigte Zielgruppe.
- Welche Informationen werden erwartet?
- Wie sollen die Daten und Ergebnisse dargestellt werden?
- Was soll in die Studie mit einbezogen werden und was nicht?
- Welche Genauigkeit wird gefordert?
- Grundregeln zur Durchführung der Untersuchungen müssen definiert werden, z.B. über die Dokumentation von Annahmen oder über die Überprüfung der Qualität der Studie durch externe, unabhängige Gutachter (im Englischen *Peer Review*).

Die Durchführung einer Ökobilanz ist ein iterativer Prozess, d.h. dass im Laufe der Untersuchungen Erkenntnisse gewonnen werden können, die es u.U. erfordern verschiedene Aspekte des Untersuchungsrahmens zu verändern um das ursprüngliche Ziel zu erreichen. Auch kann es sein, dass auf Grund unvorhergesehener Einschränkungen oder Bedingungen das Ziel der Studie geändert werden muss. Solche Änderungen müssen zusammen mit einer Begründung umfassend dokumentiert werden.

Sachbilanz (Dateninventar)

Der zweite und wichtigste Schritt bei der Erstellung einer Ökobilanz ist die Beschaffung der notwendigen Daten, das Erstellen des Dateninventars (englisch *Life Cycle Inventory – LCI*). Das ist der Prozess der Quantifizierung der Energie- und Rohstoffanforderungen, der Emissionen in die Luft und das Wasser, der Abfälle und anderer Freisetzungen über den gesamten Lebensweg des Produkts oder Prozesses. Das Dateninventar bildet die Grundlage für die weitere Bewertung der Umwelteinflüsse und mögliche Verbesserungen.

Wichtige Punkte bei der Durchführung dieser Phase einer Ökobilanz sind

Erstellung eines Flussdiagramms: Ein Flussdiagramm veranschaulicht auf grafischem Wege die Grenzen und den Umfang der untersuchten Systeme. Es ist ein gutes Hilfsmittel, die Input- und Outputströme darzustellen. **Abb. 10.7** zeigt ein vereinfachtes Beispiel.

Erstellung eines Plans zur Datensammlung: In dem Plan zur Datensammlung werden die gewünschte Datenqualität, die Datenquellen und -typen definiert und Qualitätsindikatoren erstellt.

Sammeln der Daten: Da technische Prozesse einer laufenden Wandlung und Optimierung unterliegen, können hochwertige Daten nicht der Literatur entnommen werden. Datenbeschaffung ist daher oft eine Kombination aus Recherche, Firmenbesuchen und Kontakten mit Rohstoffherstellern und anderen Experten. Oftmals stehen auch Fragen der Vertraulichkeit einer ausreichenden Datensammlung im Wege. So genannte Treuhändermodelle, bei denen verschiedene Hersteller die Werte einem unabhängigen Berater übermitteln, können hier hilfreich sein. Diese Berater erstellen aus den Einzeldaten anonymisierte Mittelwerte eines Prozesses oder Produkts und stellen diese interessierten Dritten zur Verfügung.

Bewerten und Berichten der Daten: Nachdem alle Daten zu den involvierten Stoffen und benötigten Energien zur Verfügung stehen, werden diese, in der Regel mit einem speziellen Berechnungsprogramm, verarbeitet. Hierbei werden alle im Lebensweg vorkommenden Stoff- und Energieströme mengenmäßig bezogen auf die Funktionelle Einheit und die daraus resultierenden Umweltbelastungen berechnet. Eine Funktionelle Einheit kann ein Spülgang, ein Maßgedeck oder auch ein Quadratmeter gereinigte Bodenfläche sein.

Das Ergebnis dieser Berechnung ist eine Auflistung der Rohstoffe, die der Natur entnommen wurden, der Emissionen, die zurück in die Natur gelangen, und der benötigten Energien über den gesamten Lebensweg des betrachteten Objekts. Die Ergebnisse müssen auf ihre Genauigkeit hin untersucht werden und den in den Zielen der Ökobilanz festgelegten Anforderungen genügen.

Bei der Dokumentation des Dateninventars sind die Methodik der Berechnung sowie alle Annahmen und Abschätzungen zu dokumentieren. Das Dateninventar kann verschieden dargestellt werden, z.B. als Gesamtliste der In- und Outputströme oder den einzelnen Medien zugeordnet, auf die sie einwirken (Luft, Wasser, Land). Die Daten den einzelnen Lebenswegschritten oder Prozessen zuzuordnen ist ebenfalls gebräuchlich.

Wirkungsabschätzung

Die Wirkungsabschätzung (engl. *Life Cycle Impact Assessment – LCIA*) ist eine Abschätzung der potenziellen Einwirkungen auf Mensch und Umwelt resultierend aus den im Dateninventar identifizierten Emissionen und dem Bedarf an Energie und Rohstoffen.

Die Wirkungsabschätzung stellt die Verbindung zwischen dem Prozess oder Produkt und den potenziellen Umwelteinflüssen her. Das Konzept dieser Komponente einer Ökobilanz ist das der so genannten Stressoren. Ein Stressor ist ein Bündel von Faktoren, die zur gleichen Wirkung auf die Umwelt führen können. Zum Beispiel kann die Emission von Treibhausgasen (Stressor) zur globalen Erwärmung (Wirkung) führen. Zwar können auch an Hand der LCI-Daten Rückschlüsse gezogen werden, die Wirkungsabschätzung kann aber eine präzisere Basis bereitstellen. Durch Verwendung so genannter Konvertierungsfaktoren werden die unterschiedlich starken Einflüsse der einzelnen Emissionen auf eine bestimmte Umweltwirkung relativiert.

In der Literatur sind verschiedene wissenschaftlich anerkannte Modelle zur Wirkungsabschätzung beschrieben ([10.18] bis [10.20]). Die Hauptschritte einer Wirkungsabschätzung werden nachfolgend dargestellt.

Auswahl und Definition von Wirkungskategorien: In diesem ersten Schritt einer Wirkungsabschätzung werden Kategorien mit bestimmten Auswirkungen auf die Umwelt, die menschliche Gesundheit o.ä. festgelegt. Beispiele für allgemein verwendete Kategorien sind Globale Erwärmung, Versauerungspotenzial (saurer Regen), Eutrophierung und Ozonbildungspotenzial (Sommersmog).

Klassifizierung: In diesem Schritt werden die im Dateninventar ermittelten Emissionen den Wirkungskategorien zugeordnet, z.B. Kohlenstoffdioxid zur Kategorie Globale Erwärmung oder Schwefeloxide zu Kategorie Versauerungspotenzial. Einzelne Emissionen können auch verschiedenen Kategorien zugeordnet werden: So tragen z.B. Stickstoffoxide sowohl zum Versauerungspotenzial als auch zum Eutrophierungspotenzial bei.

Charakterisierung: Die Charakterisierung nutzt wissenschaftlich basierte Umrechnungsfaktoren, so genannte Konvertierungsfaktoren, um die Ergebnisse der Dateninventare in repräsentative Indikatoren der Wirkung auf Umwelt und Gesundheit umzurechnen. Mit Hilfe dieser Indikatoren werden die unterschiedlichen Wirkungen einzelner Emissionen innerhalb einer Wirkungskategorie angeglichen, um zu repräsentativen Daten zu kommen.

Beispiel: Methan trägt pro Masseneinheit 11 mal mehr zur globalen Erwärmung bei als Kohlenstoffdioxid, d.h. die im Inventar ermittelten Methanemissionen werden nach der Formel

$$\text{Dateninventar} \times \text{Konvertierungsfaktor} = \text{Wirkungsindikator}$$

mit 11 multipliziert und so in »Kohlenstoffdioxidäquivalente« umgerechnet.

Schwefeldioxid und Stickstoffoxide werden mit entsprechenden Faktoren in Wasserstoffionen-Äquivalente umgerechnet.

In **Tab. 10.1** sind einige häufig verwendete Kategorien und die dort zugeordneten Emissionen aufgeführt.

Tab. 10.1: Emissionen und Wirkungskategorien

Wirkungskategorie	Relevante Inventardaten	Konvertierungsfaktor rechnet um in....	Wirkungsindikator
Globale Erwärmung / Treibhauseffekt	Kohlenstoffdioxid Stickstoffdioxid Methan Chlorfluorkohlenwasserstoffe	Kohlenstoffdioxid-Äquivalente	Erwärmungspotenzial
Stratosphärischer Ozonabbau	Chlorfluorkohlenwasserstoffe Halone	Trichlorfluormethan-Äquivalente	Ozonabbaupotenzial
Versauerung	Schwefeloxide Stickstoffoxide Ammoniak	Wasserstoffionen-Äquivalente	Versauerungspotenzial
Eutrophierung	Phosphate Stickstoffoxide Stickstoffdioxid Ammoniak	Phosphat-Äquivalente	Eutrophierungspotenzial

Bewertung und Dokumentation der Ergebnisse: Die Summe der mit den jeweiligen Faktoren berechneten Werte ergibt die Wirkungsindikatoren der einzelnen Kategorien. In der Dokumentation der Ergebnisse müssen alle Annahmen und Grenzen sowie die Methode der Untersuchung beschrieben werden.

Auswertung

Die Auswertung einer Ökobilanz identifiziert, quantifiziert, überprüft und bewertet Informationen aus den Ergebnissen des Dateninventars und der Wirkungsabschätzung und kommuniziert sie effektiv.

Die Aufgaben einer Auswertung können wie folgt umschrieben werden:

1. Basierend auf den Ergebnissen der durchgeführten Phasen der Ökobilanz Resultate analysieren, Rückschlüsse ziehen, Beschränkungen erklären und Empfehlungen aussprechen sowie diese Resultate in transparenter Weise beschreiben.
2. Verständliche, komplette und konsistente Präsentation der Ergebnisse der Ökobilanzstudie entsprechend den Zielen und dem Umfang der Studie.

Die Auswertung von Ökobilanzen ist beim Vergleich verschiedener Alternativen nicht zur Entscheidungsfindung in dem einfachen Sinne geeignet, dass beispielsweise Alternative 2 besser als 3 ist und diese deshalb die bessere Wahl wäre. Ökobilanzen sollen lediglich ein besseres Verständnis dafür vermitteln, welche Einwirkungen auf Umwelt und Gesundheit mit den jeweiligen Alternativen verbunden sind. Sie sollen die Pros und Kontras der Alternativen gegenüberstellen.

Die Auswertung einer Ökobilanz soll folgende Teile enthalten:

- Identifizierung der signifikanten Parameter
Im ersten Schritt einer Interpretation werden die drei vorhergehenden Phasen einer Ökobilanz auf die Elemente hin untersucht, die am meisten zu den Ergebnissen des Dateninventars und der Wirkungsabschätzung beigetragen haben, d.h. auf die »Signifikanten Parameter«. Solche signifikanten Parameter können Inventardaten, wie Energiebedarf, Emissionen oder Abfall, sein oder auch Wirkungsindikatoren, wie z.B. Ressourcenverbrauch.

- Beurteilung der Vollständigkeit, Sensitivität und Konsistenz der Daten
Dieser zweite Schritt beschreibt das Vertrauen in die und die Zuverlässigkeit der Ökobilanzdaten. Ein Vollständigkeitstest stellt sicher, dass alle relevanten Informationen für die Auswertung vorhanden sind.
Mit einer Sensitivitätsanalyse wird bewertet, inwieweit die Unsicherheiten der im ersten Schritt bestimmten signifikanten Parameter zuverlässige Vergleiche beeinflussen. Und schließlich wird in einer Konsistenzprüfung bestimmt, ob die Annahmen, Methoden und Daten der Ökobilanz mit dem festgelegten Ziel und Betrachtungsrahmen übereinstimmen.

- Schlussfolgerungen, Empfehlungen und Bericht über signifikante Parameter
In diesem letzten Schritt werden aus den gewonnenen Erkenntnissen Schlussfolgerungen gezogen und entsprechende Empfehlungen ausgesprochen.

10.2.5 Kritische Prüfung

Eine wesentliche Forderung der oben genannten Normen ist die Durchführung einer »Kritischen Prüfung«. Von einem oder mehreren an der Studie nicht beteiligten, unabhängigen Sachverständigen wird hierbei die Ökobilanz auf Übereinstimmung mit den erwähnten Normen überprüft sowie die Durchführung der Studie, die Datenqualität usw. beurteilt. Es wird ein Gutachten erstellt, das in den Bericht der Ökobilanz aufzunehmen ist. Es enthält mögliche Abweichungen oder Unklarheiten, die bei der Erstellung der Ökobilanz aufgetreten sein können. Der Ersteller der Ökobilanz kann dann hierzu Stellung nehmen.

Diese Prüfungen können intern oder extern durchgeführt werden. Durch dieses Vorgehen wird gewährleistet, dass Ökobilanzen transparente und seriöse Ergebnisse liefern. Auch sind dadurch Vergleiche von Ökobilanzen untereinander eher möglich, da sie an Hand gleicher Regeln erstellt wurden.

10.2.6 Bericht

In einem abschließenden Bericht müssen alle hier beschriebenen Phasen der Ökobilanz genau dokumentiert werden. Dateninventar, Berechnungsprozeduren, Methoden der Wirkungsabschätzung und Ergebnisse müssen dargelegt werden. Insbesondere müssen alle Annahmen, Beschränkungen und Voraussetzungen erwähnt sein. Der Abschlussbericht muss auch das Gutachten des Experten über die Kritische Prüfung enthalten.

Durch eine klare und umfangreiche Dokumentation werden Missinterpretationen vermieden.

10.2.7 Beispiel zur Anwendung von Ökobilanzen

Als Beispiel für die Anwendung von Ökobilanzen soll hier die bereits in Auszügen veröffentlichte Untersuchung über das System Spülen erläutert werden [10.21].

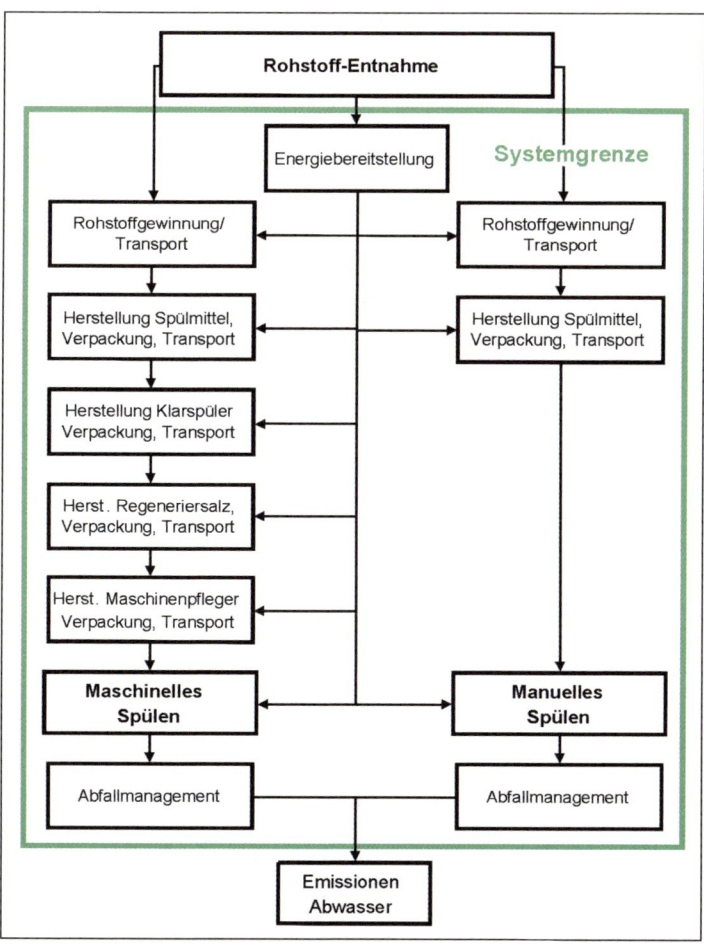

Abb. 10.7: Systemgrenze des Systems »Spülen«

Zielbestimmung und Betrachtungsrahmen

Ziel dieser Untersuchung war es festzustellen, welche Umwelteinflüsse von den Systemen Hand- und Maschinenspülen ausgehen, und eventuelle Unterschiede deutlich zu machen. Das in **Abb. 10.7** dargestellte Flussdiagramm verdeutlicht die Grenzen der Systeme.

Nicht betrachtet wurde neben der Abfall- und Abwasserentsorgung die Ökobilanz der Geschirrspülmaschinen. Beim Vergleich mit Waschmaschinen zeigte sich, dass die Nutzungsphase den weitaus größten Teil der Umweltauswirkungen verursacht. Herstellung und Entsorgung der Maschine haben dagegen einen vernachlässigbaren Anteil.

Als *Funktionelle Einheit* wurde ein Spülgang in der Maschine, d.h. die Reinigung von 12 Maßgedecken, definiert. Die Studie wurde im Zeitraum von Januar 1994 bis Januar 1995 erstellt. Die untersuchten Spül- und Zusatzmittel sind Produkte der Marken Somat und Pril, die typisch für die Marktprodukte dieses Zeitraums waren.

Die weiteren Rahmenbedingungen sind **Tab. 10.2** zu entnehmen.

Die Angaben über Wasser- und Stromverbrauch stammen aus dem Untersuchungsbericht der RWE vom 1. August 1993 [10.22]. Die Mengenangaben sind die empfohlenen Dosierungen des Herstellers. Sowohl das Wasser für die Spülmaschine als auch das zum Handspülen wurden elektrisch erwärmt.

Tab. 10.2: Rahmenbedingungen zum System Spülen

Parameter	Maschinenspülen	Handspülen
Energiebedarf (Durchschnitt)	1,72 kWh (65°-Programm)	1,83 kWh
Wasserverbrauch	23 L	48,3 L
Spülmittel	25 g	10 g
Klarspüler	3 g	–
Regeneriersalz	25 g	–
Maschinenpfleger	1 g	

Dateninventar

Bei der Berechnung und Darstellung der Dateninventare zeigt sich deutlich, welchen großen Einfluss die Bezugsgrößen und Systemgrenzen haben. Betrachtet man nur das Spülmittel und stellt man den Energiebedarf bezogen auf 1 kg dar, ergibt sich folgender Vergleich (**Abb. 10.8**).

Für die Herstellung des Maschinenspülmittels ist ein Energieaufwand von 49,3 MJ/kg erforderlich gegenüber 28 MJ beim Handspülmittel. Ähnliche Relationen zeigen sich bei den ermittelten Luftemissionen, dargestellt in **Abb. 10.9**.

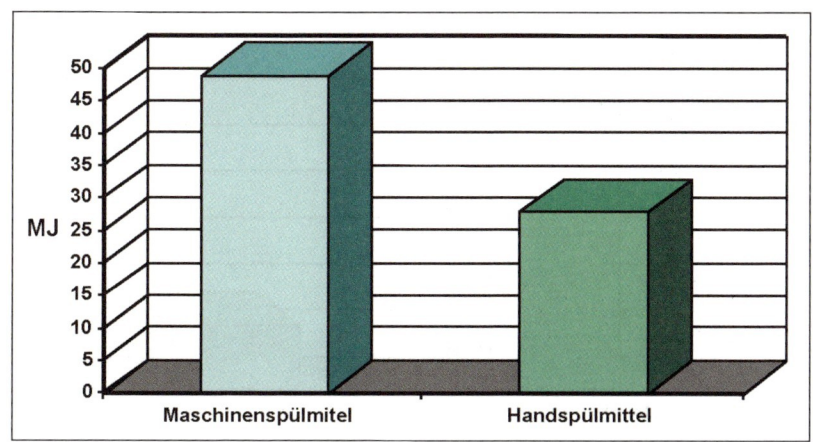

Abb. 10.8: Energiebedarf [in MJ/kg] für die Herstellung von Spülmitteln

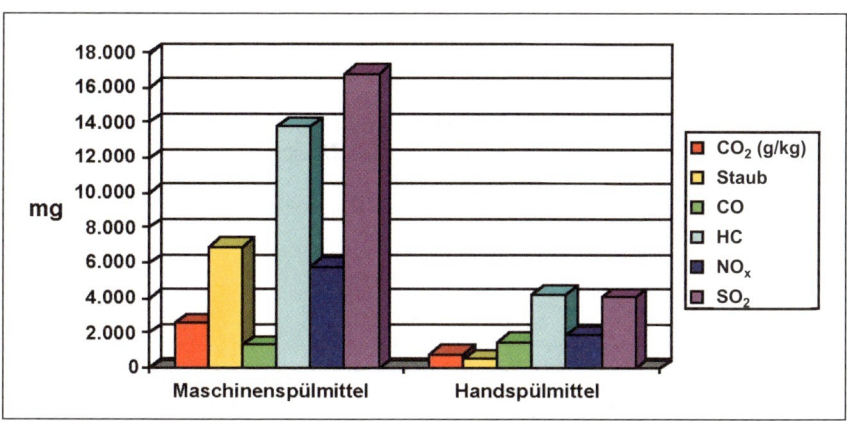

Abb. 10.9: Luftemissionen bei der Herstellung von 1 kg Spülmittel (HC = Kohlenwasserstoffe)

Auch hier scheint das Handspülmittel weniger umweltbelastend zu sein, ebenso bei der Betrachtung des Energiebedarfs und der Emissionen pro empfohlene Dosis der eingesetzten Spülmittel (**Abb. 10.10** und **10.11**).

Energiebedarf und Luftemissionen sprechen deutlich für das Handspülmittel.

Erweitert man nun die Systemgrenzen und bezieht den Spülvorgang mit ein, ändern sich die Relationen vollkommen (**Abb. 10.12**). Jetzt dominiert ganz eindeutig der Spülvorgang. Etwa 93 Prozent des Energiebedarfs beim Maschinenspülen und 97 Prozent beim

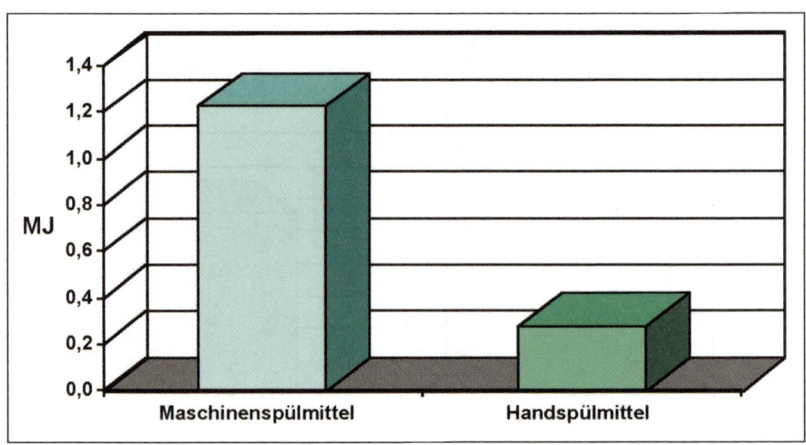

Abb. 10.10: Energiebedarf für die Herstellung pro Spülmitteldosis

Handspülen müssen dem Spülvorgang zugeordnet werden. Die niedrigere Spültemperatur (ca. 44°C) beim Handspülen wird durch den höheren Wasserbedarf kompensiert. Die blauen Anteile der Balken in **Abb. 10.12** repräsentieren den Energiebedarf zur Bereitstellung des benötigten Wassers sowie beim maschinellen Spülen die zusätzlich eingesetzten Produkte Klarspüler, Regeneriersalz und Maschinenpfleger.

Da die Luftemissionen im Wesentlichen aus der Bereitstellung der benötigten Energie resultieren, zeigt sich hier ein ähnliches Bild.

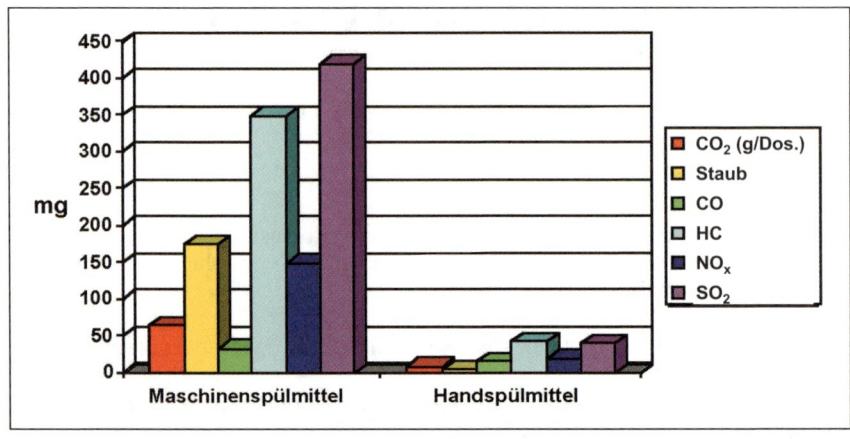

Abb. 10.11: Luftemissionen bei der Herstellung pro Spülmitteldosis

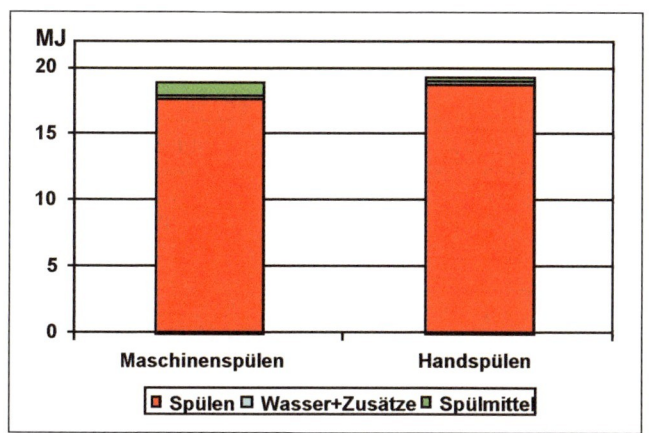

Abb. 10.12: Energiebedarf pro Spülgang

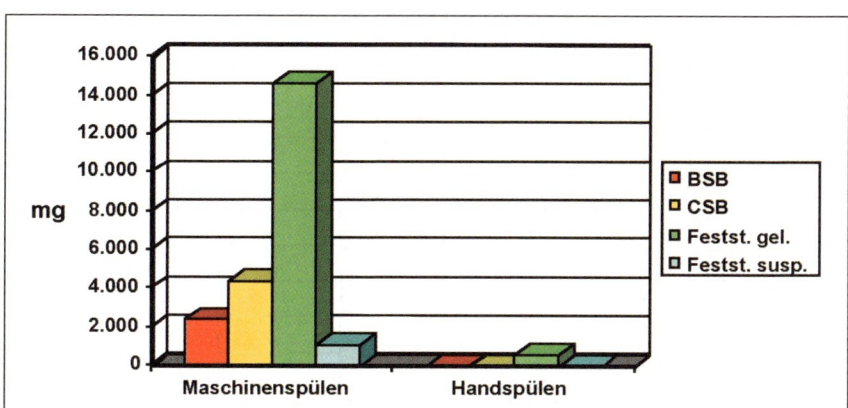

Abb. 10.13: Wasseremissionen pro Spülgang

Ganz anders sieht es bei den Wasseremissionen aus. Diese werden hauptsächlich durch das Spülmittel und dessen Herstellung bzw. durch die Vorprodukte verursacht. Bei dieser Art der Emissionen hat das Handspülmittel deutliche Vorteile. In Abb. **10.13** sind beispielhaft vier Emissionen – Biologischer Sauerstoffbedarf (BSB), Chemischer Sauerstoffbedarf (CSB), gelöste und suspendierte Feststoffe – aufgeführt.

Wirkungsabschätzung

Zur Wirkungsabschätzung existieren einige anerkannte Modelle. Eines davon ist das Modell CML 92 [10.18]. Dort werden die verschiedenen Emissionen den Wirkungska-

Tab. 10.3: Wirkungsindikatoren und Emissionen

Emissionen	Wirkungsabschätzung Umrechnungsfaktoren			
	Globales Erwärmungspotenzial (GWP)	Versauerungspotenzial (AP)	Photochem. Ozonbildungspotenzial (POCP)	Eutrophierungspotenzial (NP)
Kohlenstoffdioxid	1			
Kohlenwasserstoffe (ber. als Methan)	11		0,007	
Stickoxide		0,7		0,13
Schwefeldioxid		1		
Chemischer Sauerstoffbedarf				0,022

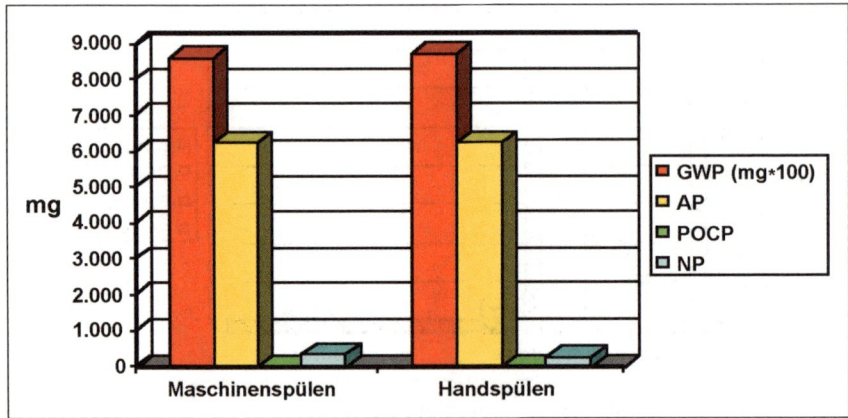

Abb. 10.14: Maschinen- und Handspülen (Abkürzungen s. **Tab. 10.3**)

tegorien zugeordnet und nach Multiplikation mit einem Konvertierungsfaktor addiert und in mg pro Funktionale Einheit dargestellt. **Tab. 10.3** listet einige dieser Kategorien und Emissionen mit den entsprechenden Faktoren auf.

Die sich auf Grund dieser Berechnungen ergebenden Werte für Maschinen- und Handspülen sind in **Abb. 10.14** grafisch dargestellt.

Es zeigt sich auch in dieser Darstellung, dass kaum Unterschiede zwischen den beiden Systemen bestehen.

Auswertung

Das Ergebnis dieser Analyse kann folgendermaßen zusammengefasst werden: Unter durchschnittlichen Bedingungen und wenn das zum Spülen benötigte Wasser mit elektrischer Energie erwärmt wird, unterscheiden sich das Spülen mit der Maschine und von Hand nicht wesentlich.

Wie können nun die in den vorhergegangenen Betrachtungen ermittelten Werte beeinflusst werden? Da der Anteil der Spülmittel an den Gesamtemissionen und dem Energiebedarf sehr gering ist, wird eine Änderung an dieser Stelle keinen großen Einfluss haben. Anders bei der Nutzungsphase: Hier kann ein geänderter Energiebedarf erheblich in die Ökobilanz eingreifen.

Ein Weg dazu ist die Reduktion der Spültemperatur. Durch ein Sparprogramm der Spülmaschine auf 50°C reduziert, ist eine Einsparung von 4,5 MJ pro Spülgang zu erreichen (**Abb. 10.15**). Das sind ca. 24 Prozent.

Auch die Verwendung der meist im Haushalt schon vorhandenen Warmwasserversorgung zum Spülen kann zu erheblichen Änderungen der Umweltbelastungen führen. Von großer Bedeutung ist die Technik der Warmwasseraufbereitung. Das Erwärmen von Wasser mit brennstoffbetriebenen Kesseln erfordert in der Regel einen geringeren Primärenergieaufwand und somit der daraus resultierenden Emissionen als dies mit elektrischem Strom der Fall ist. Solarbetriebene Anlagen verursachen noch geringere Belastungen. Allerdings sind bei der Verwendung von Warmwasser u.a. auch Energieverluste zu berücksichtigen, die von dem Leitungssystem (Zirkulations- bzw. Stichleitungen, Fernwärme) und den Zapfgewohnheiten der Verbraucher abhängig sind.

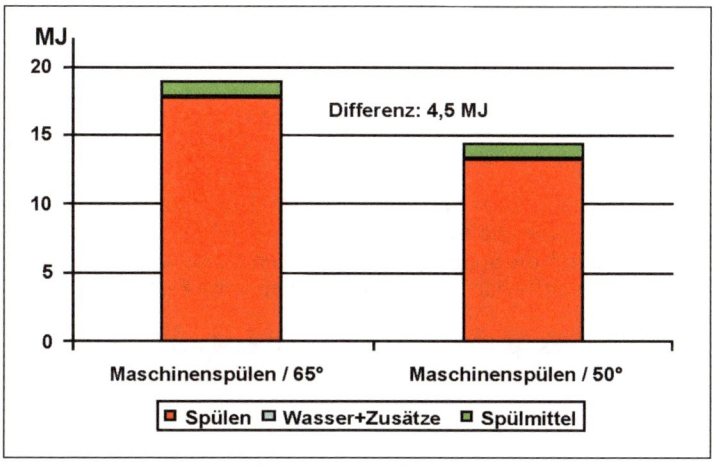

Abb. 10.15: Energiebedarf bei geringerer Temperatur

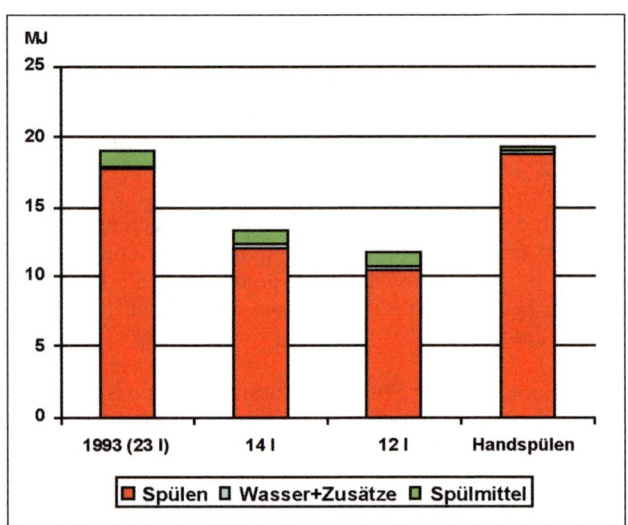

Abb. 10.16: Verbesserte Maschinentechnik

Welche Auswirkungen diese Änderungen der Rahmenbedingungen auf den Vergleich von Maschinen- und Handspülen hat, wurde im Rahmen dieser Untersuchung nicht ermittelt.

Weiterentwicklungen

Die im oben beschriebenen Beispiel genannten Daten basieren auf dem Kenntnisstand von 1992. Seither sind Spülmittel und Zusatzstoffe sowie die Technik der Spülmaschinen weiterentwickelt worden. Nach Angaben der HEA [10.23] haben Maschinen im Jahr 2001 nur noch 14 L Wasser und 1,05 kWh pro Spülgang benötigt, in manchen Fällen sogar nur 12 L und 0,9 kWh. Werden diese Daten zu Grunde gelegt, ergibt sich das in **Abb. 10.16** gezeigte Bild des Gesamtenergiebedarfs pro Spülgang mit deutlichen Vorteilen für das maschinelle Spülen. Die Luft-emissionen ändern sich entsprechend.

Auch die Entwicklung moderner Spülmittel und Produktionsmethoden haben Einfluss auf die hier gezeigten Umwelteinwirkungen dieser Produkte, was sich besonders auf die im Wesentlichen durch die Spülmittel verursachten Wasseremissionen (Biologischer und Chemischer Sauerstoffbedarf, gelöste und suspendierte Feststoffe) auswirken kann.

Ein aktueller Vergleich des Spülens von Hand und in der Maschine findet sich in Abschn. **4.3**.

10.3 Literatur

[10.1] W. Guhl, Validität der Ökotoxizitätsprognose von Zubereitungen auf Grundlage der Inhaltsstoffdaten, *SÖFW J.* **1997**, 123, 959-967.

[10.2] *Technical Guidance Document on risk assessment in support of Commission Directive 93/67/EEC on risk assessment for new notified substances of Commission Regulation (EC) No. 1488/94 on risk assessment for existing substances and of Directive 98/8/EC of the European Parliament and of the Council concerning the placing of biocidal products on the market.* European Chemicals Bureau, Ispra, **2003**. >http://ecb.jrc.it<

[10.3] G. Wagner, *Waschmittel – Chemie und Ökologie*, 2., aktualis. Aufl., Ernst Klett Verlag, Stuttgart, **1997**.

[10.4] J. Steber, Systematik der ökologischen Absicherung chemischer Produkte, *SÖFW J.* **1995**, 121, 1063-1080.

[10.5] P. Schöberl, H.J. Bock, L. Huber, Ökologisch relevante Daten von Tensiden in Wasch- und Reinigungsmitteln, *Tenside Det.* **1988**, 25, 86-98.

[10.6] T.C.J. Feijtel, E.J. van de Plassche, Environmental risk characterisation of 4 major surfactants used in the Netherlands, *RIVM Report No. 679101 025*, National Institute of Public Health and the Environment, Bilthoven, Niederlande, **1995**.

[10.7] J. Steber, Wie vollständig sind Tenside abbaubar? *Textilveredlung* **1991**, 26, 348-354.

[10.8] European Chemicals Bureau, *European Union Risk Assessment Report: Nonylphenol (CAS-No.: 25154-52-3)*, Report Version Nov. **2000**. Empfehlung der Kommission vom 7. Nov. 2001 über die Ergebnisse der Risikobewertung und über die Risikobegrenzungsstrategien für die Stoffe Nonylphenol; Phenol, 4-Nonyl, verzweigt (*Amtsblatt der EG* L 319/30 vom 4. Dez. **2001**).

[10.9] A. Domsch, Biodegradability of Amphoteric Surfactants. In: *Biodegradability of Surfactants* (Hrsg.: D.R. Karsa, M.R. Potter), Blackie Academic & Professional, London, **1995**.

[10.10] Informationen vom Industrieverband Körperpflege- und Waschmittel (IKW), Frankfurt, **2000**.

[10.11] G. Metzner, Phosphates in Municipal Wastewater, *Tenside Surf. Det.* **2001**, 38, 360-367.

[10.12] EDTA-Eintragsbilanz 1999, *EDTA-Fachgespräch im Umweltbundesamt Berlin*, 23. Nov. **2000**.

[10.13] B. Streit, *Lexikon Ökotoxikologie*, VCH Verlagsgesellschaft, Weinheim, **1991**.

[10.14] DIN EN ISO 14040, *Ökobilanz, Prinzipien und Allgemeine Anforderungen*, Beuth-Verlag, Berlin, **1997**.

[10.15] DIN EN ISO 14041, *Ökobilanz, Festlegung des Ziels und des Untersuchungsrahmens sowie Sachbilanz*, Beuth-Verlag, Berlin, **1998**.

[10.16] DIN EN ISO 14042, *Ökobilanz, Wirkungsabschätzung*, Beuth-Verlag, Berlin, **2000**.

[10.17] DIN EN ISO 14043, *Ökobilanz, Auswertung*, Beuth-Verlag, Berlin, **2000**.

[10.18] R. Heijungs (Hrsg.), *Environmental Life Cycle Assessment of Products, Bd. 1: Guide, Bd. 2: Background*, Centrum voor Milieukunde (CML), Leiden, **1992**.

[10.19] Umweltbundesamt (Hrsg.), *Bewertung von Ökobilanzen*, UBA-Texte 92/**99**.

[10.20] M. Goedkoop, R. Spriensma, *The Eco-indicator 99*, Prè Consultants, Amersfoort, April **2000**.

[10.21] C. Gutzschebauch, J. Härer, P. Jeschke, R. Schröder, Dagmar Zaika, Geschirrspülen von Hand und in der Maschine – ein Systemvergleich, *Hauswirtschaft und Wissenschaft* **1996**, No. 2, 51.

[10.22] RWE Energie, *Versuchsbericht Vergleich der Wirtschaftlichkeit zwischen dem Handspülen und dem Spülen mit der Maschine*, **1993**.

[10.23] Hauptberatungsstelle für Elektrizitätsanwendung (HEA), Frankfurt a. M., persönliche Mitteilung.

11 Verbrauchersicherheit bei der Anwendung von Reinigungs- und Pflegemitteln

Reinigungs- und Pflegemittel sind in jedem Haushalt mehr oder weniger umfangreich präsent. Sie werden regelmäßig benutzt und ein Hautkontakt mit diesen Mitteln ist bei der Anwendung häufig nicht zu vermeiden. Diese Mittel sollen einerseits möglichst wirksam bei der Schmutzbeseitigung sein, dürfen aber andererseits die Haut nicht angreifen oder die Gesundheit anderweitig beeinträchtigen. Damit stellt sich die Frage nach möglichen gesundheitlichen Risiken durch den Gebrauch von Reinigungs- und Pflegemitteln.

11.1 Allgemeine toxikologische Aspekte

Bei bestimmungsgemäßem Gebrauch sind Reinigungs- und Pflegemittel für den Verbraucher heute sicher. Allerdings können einige Mittel durchaus ein Risikopotenzial für die Gesundheit besitzen, z.B. für kleine Kinder, bei empfindlicher Haut, unsachgemäßer oder sehr häufiger Anwendung, zu hoher Dosierung oder durch Unachtsamkeit oder Fahrlässigkeit.

> **Alle Dinge sind Gift**
> **Und nichts ist ohn Gift;**
> **Allein die Dosis macht,**
> **daß ein Ding kein Gift ist.**
>
> **Paracelsus (1493 – 1541)**

Ein umfangreicher gesetzlicher Rahmen und zusätzliche freiwillige Vereinbarungen regeln den Verbraucherschutz bei der Handhabung von Reinigungs- und Pflegemitteln (vgl. Kap. 12).

Den Herstellern der Rohstoffe für Reinigungs- und Pflegemittel kommt dabei die zentrale Verantwortung für die toxikologische Absicherung der Stoffe zu, die sie in den Verkehr bringen, also an die Produzenten von Reinigungs- und Pflegemitteln oder direkt an Endverbraucher abgeben. Alle Chemikalien, die neu in den Verkehr gebracht werden, müssen von den Herstellern toxikologisch gemäß Chemikaliengesetz überprüft werden. Bei Altstoffen, die vor 1981 im Verkehr waren, greifen die Rohstoffhersteller auf alle bisher vorliegenden Daten und Erfahrungen zurück und nehmen danach eine toxikologische Einstufung vor.

Die Produzenten von Reinigungs- und Pflegemitteln nutzen die Daten und Informationen der Rohstoffhersteller und nehmen darauf aufbauend die toxikologische Einstufung der fertigen Erzeugnisse vor. Die Einstufung der Erzeugnisse erfolgt im Wesentlichen durch gesetzlich vorgeschriebene Rechenmodelle (vgl. Kap. 12) aus den Daten der verwendeten Rohstoffe. Liegt ein entsprechendes Gefährdungspotenzial vor, so erfolgt eine Kennzeichnung mit dem Zusatz »reizend«, »ätzend«, »gesundheitsschädlich«, »leichtentzündlich«, »hochentzündlich« oder »umweltgefährlich« und dem zugehörigen Gefahrstoffsymbol. Beispiele für Produkte mit einer entsprechenden Kennzeichnung sind in Kap. 12 aufgeführt.

Tab. 11.1: Expositionswege von Reinigungs- und Pflegemitteln und toxikologische Untersuchungen der verwendeten Inhaltsstoffe

Mögliche Exposition mit Reinigungs- und Pflegemitteln	Beispiele	Toxikologische Absicherung der verwendeten Inhaltsstoffe
Hautkontakt	Kontakt mit Reinigungsmitteln bei der Anwendung, verdünnt oder unverdünnt	• Hautverträglichkeitsprüfungen • Irritative Effekte • Akute dermale Toxizität • Percutane Toxizität • Sensibilisierung Zusätzlich zu berücksichtigen: • Chronische dermale Toxizität
Kontakt mit Schleimhäuten	Versehentlicher Kontakt mit dem Mund, Spritzer ins Auge	Zusätzlich zu berücksichtigen: • Toxikologische Untersuchungen an Schleimhäuten
Inhalation	Anwendung von Sprays und Pumpsprühern, Anwendung stark lösemittelhaltiger Produkte	In seltenen Ausnahmefällen: • Inhalationstoxikologische Prüfungen von Handelsprodukten
Orale Aufnahme	Versehentliches Verschlucken	• Akute orale Toxizität • LD_{50}-Wert

Wenn Informationen vorliegen, dass die berechnete Einstufung die tatsächliche Gefährdung über- oder unterbewertet, so wird die Einstufung entsprechend angepasst. Solche Informationen können z.B. toxikologische Literaturdaten, Ergebnisse von *In-vitro*-Tests oder Untersuchungen mit freiwilligen Probanden, z.B. auf Reizwirkung, sein. In Form von Rückmeldungen oder Beanstandungen seitens der Verbraucher, der Verbraucherverbände, medizinischer Einrichtungen und anderer Institutionen findet weiterhin eine kontinuierliche Produktbeobachtung statt.

Einen Überblick über mögliche Expositionen beim Umgang mit Reinigungs- und Pflegemitteln mit den entsprechenden toxikologischen Untersuchungen der Rohstoffhersteller bietet **Tab. 11.1**. Ziel dieser Untersuchungen ist es, die Rezeptur und die Verpackung der Reinigungs- und Pflegemittel so zu gestalten, dass bei sachgemäßer und vorhersehbarer Anwendung keine Gesundheitsschäden entstehen können.

11.2 Haut und Hautschutz

Der Kontakt mit Reinigungsmitteln belastet zwangsläufig die Haut. Im Allgemeinen, bei geringem und kurzzeitigem Hautkontakt, wird dies von der Haut ohne Weiteres verkraftet. Es treten aber auch Fälle auf, in denen es nach Gebrauch von Reinigungsmitteln zu Hautreizungen, -erkrankungen oder Unverträglichkeitsreaktionen kommt, die als Kontaktekzem, Kontaktdermatitis oder Kontaktdermatose bezeichnet werden. Man unterscheidet dabei zwischen einem toxischen und allergischen Kontaktekzem (**Abb. 11.1**).

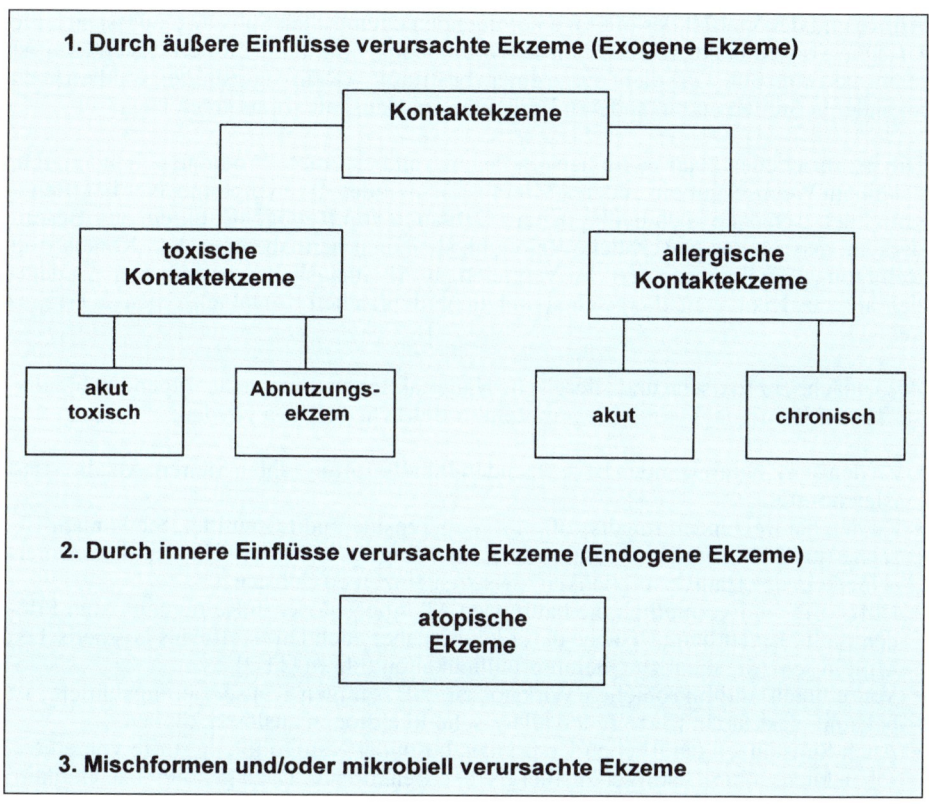

Abb. 11.1: Systematik der Ekzeme

Ein toxisches Ekzem, häufig auch als irritatives Ekzem bezeichnet, tritt auf als akute Reaktion bei Kontakt mit einer hautreizenden Substanz und äußert sich durch Hautrötungen, Bläschenbildung, Schwellungen, rissige Haut und lokale Entzündungen an den kontaktierten Stellen. Sobald die schädliche Einwirkung aufhört, bessert sich der Zustand der Haut wieder.

Ein allergisches Kontaktekzem tritt vorwiegend an den Stellen auf, die Kontakt zum Allergen hatten, kann aber auch den ganzen Körper betreffen. Zu beobachten sind Hautrötungen, starker Juckreiz und entzündliche Reaktionen. Bei länger anhaltendem Kontakt bildet sich ein chronisches Kontaktekzem aus, wobei dann nicht mehr eindeutig zwischen allergischer und toxischer Reaktion zu unterscheiden ist. Ist erst einmal ein chronisches Kontaktekzem aufgetreten, so ist eine Heilung sehr schwierig und langwierig. Es hilft dann nur noch die strikte Vermeidung eines jeglichen Kontakts zum auslösenden Stoff.

Auf Grund der Vielfalt der in Frage kommenden chemischen Substanzen lässt sich die Ursache von Kontaktekzemen nur selten eindeutig ermitteln. Zu berücksichtigen ist auch, dass eine Substanz nicht nur in einem bestimmten Reinigungsmittel, sondern auch an anderen Stellen und in anderen Produkten im Haushalt vorkommen kann.

Die beschriebenen Hautreaktionen sind häufig an bestimmte Produkte gebunden, d.h. bei einem Wechsel auf ein anderes Mittel verschwinden die Symptome. Nur in selteneren Fällen treten sie auch bei jeglichem Gebrauch von Reinigungsmitteln auf. Besonders intensiv ist das gewerbliche Reinigungspersonal berufsbedingt dem Kontakt mit Reinigungsmitteln ausgesetzt. Im Vergleich zu Privathaushalten besteht hier ein deutlich höheres Risiko, an allergischen und nichtallergischen Kontaktekzemen zu erkranken [11.1].

Als Ursache für toxische und allergische Hautreaktionen müssen die folgenden Inhaltsstoffe von Reinigungs- und Pflegemitteln in Betracht gezogen werden:

- Zu den stark hautreizenden bzw. ätzenden Inhaltsstoffen zählen Säuren, Alkalien und Bleichmittel.
- Zu den hautreizenden Inhaltsstoffen zählen Tenside und Lösemittel. Sie können Ursache für eine akute Hautreaktion sein, allerdings gibt es hier sehr deutliche Unterschiede in der Hautverträglichkeit zwischen einzelnen Substanzen.
- Duftstoffe sind vermutlich die häufigsten Allergieauslöser in Reinigungs- und Pflegemitteln. Eigentliche Ursache dafür können aber auch Duftstoffe aus kosmetischen Mitteln sein, die dann zu Querempfindlichkeiten führen [11.2].
- Von einigen antimikrobiellen Wirkstoffen, z.B. einigen Konservierungsmitteln, ist bekannt, dass sie in Einzelfällen allergische Reaktionen auslösen können.
- Auch Substanzen natürlichen Ursprungs, besonders einige Inhaltsstoffe von etherischen Ölen, führen häufiger zu allergischen Reaktionen. Dazu gehören u.a. Geraniol und gealtertes, d.h. oxidiertes Limonen.

Obwohl Reinigungs- und Pflegemittel bei Kontakt die Haut zwangsläufig belasten (ansonsten hätten sie auch keine Reinigungswirkung), muss betont werden, dass Reinigungs- und Pflegemittel heute toxikologisch sehr gut abgesichert sind [11.3]. Nur selten treten Unverträglichkeits- oder Sensibilisierungsreaktionen auf. Echte Allergien durch Reinigungs- und Pflegemittel sind in den letzten Jahren nur in wenigen Einzelfällen dokumentiert ([11.4] bis [11.6]). Entscheidend für den Grad der Hautbelastung sind Einwirkdauer und Anwendungshäufigkeit bei der Benutzung von Reinigungs- und Pflegemitteln.

Durch geeignete Hautschutzmaßnahmen (Hautschutzcreme, Handschuhe), Auswahl der Reinigungsmittel nach gesundheitlichen Kriterien und genaue Einhaltung der Sicherheitshinweise und Dosieranleitungen lässt sich ein mögliches Gesundheitsrisiko zusätzlich verringern. Hautschutzmaßnahmen sind dabei für Menschen mit empfindlicher oder vorgeschädigter Haut von besonders großer Bedeutung [11.7]. Wichtig ist die Vorsorge. Sind eine Allergie oder eine chronische Hauterkrankung gegenüber einem bestimmten Reinigungs- oder Pflegemittel erst einmal aufgetreten, so hilft wie bereits oben erwähnt nur der völlige Verzicht auf das Mittel oder den erkannten Inhaltsstoff.

Das Tragen geeigneter Handschuhe beim Putzen oder Geschirrspülen von Hand ist eine sehr effektive Schutzmaßnahme für die Haut, wird aber im Haushalt relativ selten praktiziert. Bekannt ist, dass Latex-Handschuhe (Naturkautschuk) Allergien auslösen können. Es gibt aber heute Alternativen dazu: PVC-Handschuhe (ohne Phthalate als Weichmacher) sowie Handschuhe aus Polyethylen oder anderen Kunststoffen. Das lästige Schwitzen der Hände lässt sich verringern, wenn die Handschuhe innen mit Baumwolle gefüttert sind.

Auch spezielle Hautschutzpräparate (Cremes, Salben, Gele), die vor der hautbelastenden Tätigkeit aufgetragen werden, und Hautpflegecremes, die nach dem Kontakt mit Reinigungsmitteln angewendet werden, können helfen, die Belastung der Haut deutlich zu verringern [11.8].

11.3 Toxikologische Aspekte bei Inhalation

Betrachtet werden muss unter toxikologischen Aspekten auch die Aufnahme von Reinigungsmitteldämpfen über die Atemwege. Dies ist von Bedeutung bei Reinigungsmitteln, die als Spray angeboten werden, und bei leicht verdampfbaren Lösemitteln.

In den achtziger Jahren wurden vermehrt Fälle von Vergiftungen durch Inhalation von Lederimprägniersprays beobachtet. Bis heute ist der Grund für die Vergiftungen nicht eindeutig gefunden worden. Man vermutet, dass feindispergierte Fluorcarbonharze und/oder reaktive Polysiloxane in Verbindung mit damals gebräuchlichen Lösemitteln die Ursache waren [11.9]. Bedingt durch zahlreiche Rezepturänderungen und eindeutige Warnhinweise werden seit den neunziger Jahren nur noch äußerst selten Vergiftungsfälle gemeldet. Auf jeden Fall sollte bei der Anwendung von Ledersprays auf gute Durchlüftung geachtet werden.

In den letzten Jahren steigt der Marktanteil von sprühfähigen Angebotsformen bei Reinigungsmitteln. Hier spielt die bequeme Handhabung (convenience) eine große Rolle. Bei der Anwendung von Pumpsprühern und Sprays, z.B. citronensäurehaltigen Badezimmer- und Duschreinigern, sollte eine Inhalation nach Möglichkeit vermieden werden. Die toxikologischen Risiken dürften aber wesentlich geringer sein als bei den Lederimprägniersprays, weil die Tröpfchengröße beim Sprühen relativ groß ist und die Mittel deshalb nicht bis in die feinen Lungenalveolen dringen können. Zur Thematik Inhalation von Lösemitteln finden sich weitere Informationen in Abschn. 11.4.2.

11.4 Die Inhaltsstoffe im Einzelnen

11.4.1 Tenside

Auf Grund der umfassenden Verwendung in Reinigungsmitteln und ihrer grundsätzlich fettlösenden Wirkung kommt den Tensiden aus toxikologischer Sicht eine besondere Bedeutung zu. Für Menschen und Säugetiere sind Tenside wenig giftig, so dass es beim Verschlucken dieser Substanzen in der Regel nicht zu größeren Gesundheitsschäden kommt.

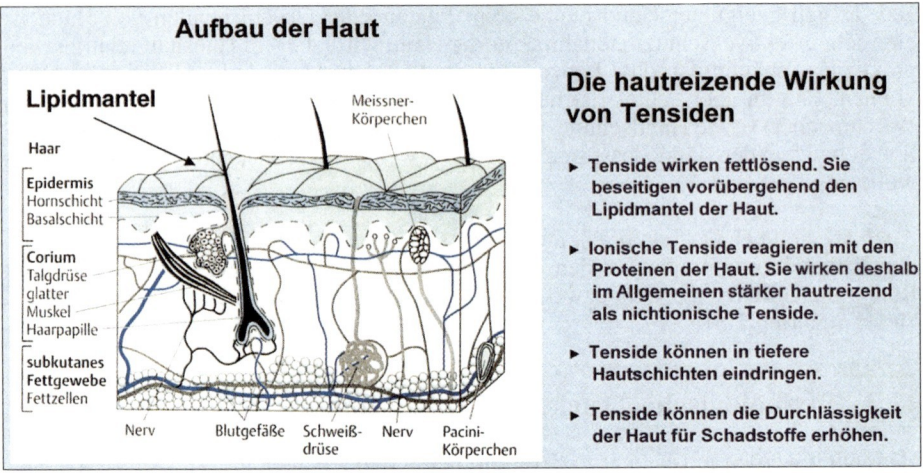

Abb. 11.2: Aufbau der Haut und Einwirkung von Tensiden auf die Haut

Genauer betrachtet werden muss die Wirkung von Tensiden bei Hautkontakt. Tenside beseitigen durch ihre emulgierende Wirkung bei Körperkontakt den Lipidmantel der Haut. Darüber hinaus waschen sie auch wasserlösliche Anteile der äußeren Hautschicht aus, z.B. Aminosäuren, Kohlenhydrate und Salze, die für das Wasserbindungsvermögen der Haut von großer Bedeutung sind (**Abb. 11.2**).

Der pH-Wert der Haut (gesunde Haut: pH = 5,0 bis 5,5) verändert sich durch Tensidkontakt vorübergehend. Puffervermögen und Wasserbindungsvermögen der Haut gehen verloren. Erst nach ca. vier Stunden ist die Haut weitgehend, nach 24 Stunden vollständig regeneriert.

Grundsätzlich verhalten sich alle Tenside in ihrer entfettenden Wirkung ähnlich. Die Seife wirkt dabei nicht stärker hautreizend als andere Tenside, wie ihr durch die alkalische Reaktion häufig unterstellt wird. Im Gegenteil – Seife ist auf Grund ihrer chemischen Struktur und rückfettenden Eigenschaften hautverträglicher als einige der als »pH-neutral« bezeichneten anionischen Tenside. Durch die Alkalität der Seife wird der pH-Wert der Haut nur kurzfristig in Richtung höherer pH-Werte verschoben. Normale Haut ist in der Lage, durch hauteigene Puffersubstanzen den alten pH-Zustand innerhalb von wenigen Minuten wieder herzustellen [11.10].

Wenn die schützende Fettschicht der Haut entfernt wird, trocknet die Haut aus, sie wird spröde und rissig. Dabei geht auch der natürliche Schutz durch symbiotische Bakterien (»Hautflora«) verloren. Die Folgen können Reizungen und Rötungen der Haut sein. In die kleinen Hautrisse können nun chemische Substanzen, krankmachende Bakterien und Pilze viel leichter eintreten als bei intakter Hautschicht. Allergien können sich leichter entwickeln. Die Hautverträglichkeit gegenüber Tensiden hängt dabei im hohen Maße vom Hauttyp ab. Personen mit empfindlicher Haut reagieren besonders sensibel auf Tensidkontakt.

Ionische Tenside, sowohl anionische als auch kationische Tenside, wirken deutlich stärker hautreizend als nichtionische und amphotere Tenside, denn Tenside wirken nicht nur fettlösend. Zu beachten ist auch eine Reaktion von ionischen Tensiden mit entsprechend entgegengesetzt geladenen Ionen innerhalb der Proteinstrukturen in den äußeren Hautschichten. Dadurch kann es zu Strukturveränderungen (Denaturierungen) der Hautproteine kommen. Dies erklärt die ausgeprägte Reizwirkung ionischer Tenside. Bedingt durch ihre chemische Struktur können alle Tenside Zellmembranen passieren und in tiefere Hautschichten eindringen. Darüber hinaus erhöhen Tenside die Durchlässigkeit der Haut für Schadstoffe.

Zu den besonders hautverträglichen Tensiden zählen die neu entwickelten Alkylamphoacetate und -propionate und die Zuckertenside (Alkylpolyglucoside). Letztere gehören zu den hautverträglichsten Tensiden, die wir kennen. Sie besitzen praktisch kein Hautreizungspotenzial mehr und eignen sich ausgezeichnet für den Einsatz in Handgeschirrspülmitteln, Allzweck- und Badezimmerreinigern.

Durch Mischungen von amphoteren Tensiden mit anionischen Tensiden lässt sich das Hautreizungspotenzial der letzteren deutlich reduzieren, weil die ionische Ladung teilweise kompensiert werden kann und sich dadurch die Affinität zu Proteinen verringert.

Die Hautverträglichkeit der Fertigerzeugnisse hängt aber nicht allein von den eingesetzten Tensiden ab. Sie lässt sich durch optimierte Tensidmischungen und Zusatzstoffe weiter verbessern. Die Hautverträglichkeit steigt durch

- vermehrten Einsatz von nichtionischen Tensiden und Verwendung von Zuckertensiden,
- toxikologisch optimierte Tensidmischungen, z.B. Zusatz von amphoteren Tensiden,
- Verwendung von hautfreundlichen Zusatzstoffen, z.B. Proteinhydrolysaten oder Aloe vera-Extrakten.

Alle Konzepte werden in der Praxis realisiert und z.T. auch miteinander kombiniert. Man findet dann häufig den Zusatz »Balsam« oder »hautschonend« auf der Verpackung.

11.4.2 Lösemittel

Wenn Lösemittel mit der Haut in Berührung kommen, wird die schützende Fettschicht der Haut entfernt. Die Haut trocknet aus und wird rissig. Die hautreizenden Wirkungen sind ähnlich denen von Tensiden, doch sind Lösemittel auf Grund der stark entfettenden Wirkung häufig noch stärker hautreizend als Tenside. Grundsätzlich verhalten sich alle Lösemittel ähnlich, die hautreizende Wirkung hängt in erster Linie ab von der Konzentration des Lösemittels und Dauer der Einwirkung.

In Reinigungsmitteln häufig verwendet werden Lösemittel vom Typ der Glykolether, die sich durch eine hohe Reinigungsleistung auszeichnen. Untersuchungen zu den Gesundheitsauswirkungen der Glykolether zeigen, dass die meisten Glykolether bei sachgerechter Anwendung toxikologisch unbedenklich sind. Von den mehr als 30 verschiedenen technisch relevanten Glykolether-Typen werden vier als toxikologisch bedenklich eingestuft: Ethylenglykolmonomethylether, Ethylenglykolmonoethylether und deren Derivate sowie die sich davon ableitenden Acetate (Ethylenglykolmonomethylether-Acetat und Ethylenglykolmonoethylether-Acetat). Beim metabolischen Abbau im Organismus können aus diesen Substanzen die giftigen Abbauprodukte Methoxyessigsäure bzw. Ethoxyessigsäure entstehen. Diese Glykolether werden gemäß den Kriterien des Chemikaliengesetzes mit dem Symbol »T« gekennzeichnet, da sie als reproduktionstoxisch eingestuft worden sind. Sie werden in Haushaltsreinigern nicht eingesetzt. Das in Reinigungsmitteln häufig verwendete Butylglykol ist bei unverdünnter Verwendung als gesundheitsschädlich (Xn), Dibutylglykol als reizend (Xi) und Isopropoxy-1-propanol/Isopropoxy-2-propanol (Isomerengemisch) als nicht gesundheitlich gefährlich (ohne Gefahrstoffsymbol) eingestuft. Glykolether sind relativ hochsiedende Lösemittel, so dass ihr Dampfdruck bei Zimmertemperatur verhältnismäßig niedrig ist. Entsprechend gering ist dadurch auch das toxikologische Risiko durch Inhalation dieser Substanzen.

Unter den Lösemitteln hat der Einsatz von etherischen Ölen, z.B. Citrus-, Orangen- und Terpentinöl, deutlich zugenommen, weil diese als gesundheitlich besonders verträglich angesehen werden. Bezüglich des hautreizenden Potenzials verhalten sich diese Lösemittel nicht anders als andere, darüber hinaus können Probleme durch Allergien auftreten:

- Schon lange bekannt ist die allergieauslösende Wirkung von Δ^3-Caren (**Abb. 11.3**), das, je nach Herkunft, in stark unterschiedlicher Menge in Terpentinöl enthalten sein kann [11.11].
- Aus Limonen, dem Hauptinhaltsstoff von Citrus- und Orangenöl, kann sich bei längerem Stehenlassen an der Luft durch Reaktion mit Sauerstoff das stark allergieauslösende Limonenepoxid bilden. Limonenhaltige etherische Öle sollten daher immer mit Antioxidantien konserviert werden.

Gesundheitsrisiken durch Inhalation von Lösemitteln können bei Benutzung lösemittelhaltiger Sprays und beim Reinigen mit stark lösemittelhaltigen Produkten auftreten, vor allem wenn nicht gelüftet wird. Hier ist besonders den Produkten mit wasserunlöslichen Lösemitteln Aufmerksamkeit zu schenken, z.B. Fleckentfernern, Möbelpolituren, Fußboden-, Schuh- und Lederpflegemitteln. Als gesundheitlich besonders bedenklich sind die leichtflüchtigen, wasserunlöslichen aromatischen Kohlenwasserstof-

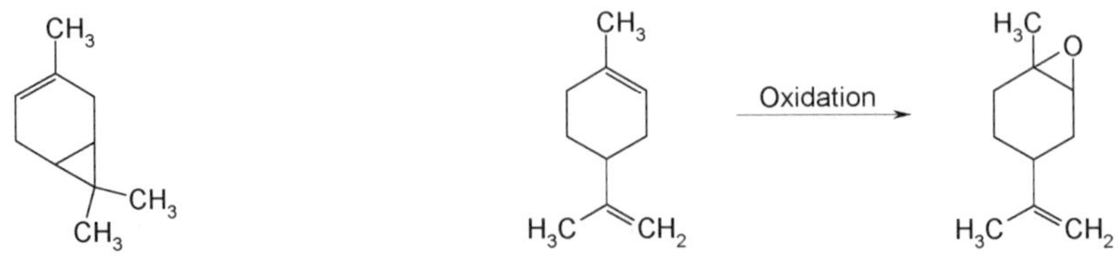

Abb. 11.3: Strukturformeln von Δ^3-Caren, Limonen und Limonenepoxid

fe (Toluol und Xylol) eingestuft, die immer noch in einigen Spezialreinigungs- und Pflegemitteln zu finden sind.

Die gesundheitlich bedenklichen chlorierten Kohlenwasserstoffe, z.B. Perchlorethylen (Tetrachlorethen), werden spätestens seit Ende der achtziger Jahre nicht mehr in Reinigungs- und Pflegemitteln verwendet.

11.4.3 Säuren und Alkalien

Ein Hautkontakt mit sauren oder alkalischen Reinigungsmitteln führt zu Hautreizungen und kann bei stark sauren oder alkalischen Mitteln auch Verätzungen zur Folge haben. Stark saure oder stark alkalische Mittel sind deshalb immer mit dem Gefahrstoffsymbol »ätzend« gekennzeichnet und mit Vorsicht zu handhaben.

Die weitaus größte Gefahr geht dabei von solchen Abflussreinigern aus, die einen stark alkalischen Wirkstoff in Form von Natrium- oder Kaliumhydroxid enthalten. Bei Hautkontakt mit derartigen Mitteln werden schwere Verätzungen hervorgerufen, ein versehentliches Verschlucken führt zu lebensbedrohlichen Zuständen. Alkalien wirken zusätzlich stark quellend auf das Hautgewebe. Besonders gefährdet durch Alkalien sind die Augen. Schon kleine Spritzer einer starken Lauge im Auge können zur sofortigen Erblindung führen. Auch Backofenreiniger und alkalische Reiniger auf Aktivchlorbasis sind auf Grund ihrer hohen Alkalität vorsichtig zu handhaben (s. Kästen S. 306 und S. 310).

Die Risiken beim Umgang mit maschinellen Geschirrspülmitteln haben sich in den letzten Jahren wesentlich verringert. Während früher schon bei Verschlucken weniger Krümel eines maschinellen Geschirrspülmittels bei Kindern Lebensgefahr bestand, gibt es derartige Unfälle heute nicht mehr, da starke Alkalien wie Natriummetasilicat nicht mehr verwendet werden. Früher lag der pH-Wert einer 1%igen Lösung eines maschinellen Geschirrspülmittels bei etwa 12, heute liegt er zwischen 9 und 11.

Alle in Reinigungsmitteln verwendeten Säuren verhalten sich bezüglich ihrer hautreizenden Wirkung ähnlich. Ihre Wirkung hängt ab vom pH-Wert und damit von der Stärke der Säure und der Konzentration bei der Anwendung.

Größere Konzentrationen von Säuren sind in stark sauren WC-Reinigern und Entkalkern enthalten, doch sind die davon ausgehenden Gefahren geringer als bei stark alkalischen Mitteln. Starke Säuren wie Salzsäure werden aus Sicherheitsgründen seit Langem nicht mehr in Haushaltsreinigungsmitteln verwendet.

Verätzungen durch Laugen sind im Allgemeinen schmerzhafter und tiefergehender als durch Säureeinwirkung. Das liegt u.a. daran, dass sich das Gewebe unter Säureeinwirkung zusammenzieht, dabei die Hautproteine denaturiert werden und so eine gewisse Schutzschicht gegen weitere Säureeinwirkung gebildet wird. Bei Laugenverätzungen ist dies nicht der Fall. Das verätzte Gewebe wird vielmehr teilweise aufgelöst und gibt dadurch tieferliegende Gewebeschichten frei.

11.4.4 Bleichmittel

Die verschiedenen Bleichmittel müssen auf Grund ihrer unterschiedlichen chemischen Eigenschaften differenziert betrachtet werden.

Natriumperborat/-percarbonat: Diese Bleichmittel werden u.a. in maschinellen Geschirrspülmitteln eingesetzt. Beide Substanzen wirken hautreizend durch ihre hohe Alkalität, weniger durch den Peroxidgehalt. Ein Hautkontakt mit Percarbonat und Perborat sollte grundsätzlich vermieden werden. Maschinelle Geschirrspülmittel, die diese Bleichmittel enthalten, sind als reizend (Xi) gekennzeichnet.

Wasserstoffperoxid: In Hygienereinigern auf Aktivsauerstoffbasis sowie in flüssigen Bleichmitteln wird Wasserstoffperoxid als verdünnte wässrige Lösung verwendet. Wasserstoffperoxid hat ein hautreizendes Potenzial. Oberhalb einer Konzentration von 5% im Fertigerzeugnis wird eine Wasserstoffperoxidlösung als reizend (Xi), oberhalb 20% als ätzend (C) gekennzeichnet.

Natriumhypochlorit: Während Reinigungsmittel, die Natriumhypochlorit enthalten, in Deutschland nur verhältnismäßig wenig verwendet werden, sind derartige Mittel in anderen Ländern, z.B. Spanien, Frankreich oder den USA, weit verbreitet [11.12]. Natriumhypochlorit hat eine stark hautreizende Wirkung, bedingt durch die hohe Alkalität (Natriumhypochloritlösungen haben einen pH-Wert von etwa 12) und die stark oxidierende Wirkung des Hypochlorit-Anions (OCl^-) und der freien hypochlorigen Säure (HOCl).

Ein Hautkontakt mit hypochlorithaltigen Lösungen sollte grundsätzlich vermieden werden. Diese Mittel sind als reizend (Xi) oder ätzend (C) eingestuft **(Abb. 11.4)**. Vorsicht ist wegen der Inhalationsgefahr auch beim Gebrauch von hypochlorithaltigen Mitteln zum Sprühen geboten.

Die größte Gefahr geht von hypochlorithaltigen Lösungen aus, wenn sie mit Säuren oder sauren Reinigungsmitteln zusammenkommen. Dabei bildet sich die freie hypochlorige Säure, die mit herstellungsbedingt immer vorhandenen Chlorid-Ionen weiterreagiert und zu Chlorgas zerfällt, das beim Einatmen sehr stark giftig wirkt:

$$OCl^- + H_3O^+ \rightarrow HOCl + H_2O$$

$$HOCl + Cl^- + H_3O^+ \rightarrow Cl_2\uparrow + 2 H_2O$$

Enthält Natriumhydroxid und Natriumhypochlorit. Reizt die Augen und die Haut. Darf nicht in die Hände von Kindern gelangen. Berührung mit den Augen und der Haut vermeiden. Bei Verschlucken sofort ärztlichen Rat einholen und Verpackung oder Etikett vorzeigen.
Nicht mischen mit Säuren.
Vorsicht! Nicht zusammen mit anderen Produkten verwenden, da gefährliche Gase (Chlor) freigesetzt werden können.

Reizend

Abb. 11.4: Ausschnitt eines Etiketts für einen hypochlorithaltigen Haushaltsreiniger

11.4.5 Duftstoffe

Rund 3000 verschiedene Einzelsubstanzen natürlicher oder synthetischer Herkunft sind in den verschiedenen Parfümölen für Kosmetika, Körperreinigung, Raumluftbedufter und im Bereich der Wasch- und Reinigungsmittel enthalten. Ein Parfümöl für Reinigungs- und Pflegemittel enthält im Allgemeinen zwischen 10 und 100 verschiedene Einzelsubstanzen (s. auch Kap. 2.11).

Von einigen Duftstoffen ist bekannt, dass sie im Einzelfall Unverträglichkeitsreaktionen und Allergien auslösen können. Zu diesen toxikologisch problematischen Duftstoffen zählen u.a. Zimtaldehyd, Zimtalkohol, Eugenol, Isoeugenol, Geraniol und einige Nitromoschusduftstoffe [11.13]. Ärzte können für therapeutische Zwecke von den Herstellerfirmen auf Anfrage Hintergrundinformationen zur Zusammensetzung von Parfümölen bekommen.

In eine breitere öffentliche Diskussion sind die synthetischen Moschusduftstoffe (Nitromoschusverbindungen, polycyclische Moschusduftstoffe) geraten, weil sie seit Anfang der neunziger Jahre in geringer Konzentration in der Muttermilch gefunden werden. Ursache dafür ist die fehlende biologische Abbaubarkeit und gute Fettlöslichkeit der synthetischen Moschusduftstoffe [11.14]. Vom Menschen werden die Moschusduftstoffe im Wesentlichen bei direktem Kontakt über die Haut aufgenommen, die Aufnahme über die Nahrung spielt nur eine untergeordnete Rolle. Die Hauptaufnahmequelle sind vermutlich kosmetische Mittel. Ob sich daraus ein toxikologisches Risiko für den Menschen ergibt, wird sehr kontrovers diskutiert. Bei einigen Moschusduftstoffen besteht ein Verdacht auf krebserzeugendes Potenzial. Eine umfassende toxikologische Bewertung der synthetischen Moschusduftstoffe steht bisher noch aus.

Seit 1994 ist die Anwendung von Nitromoschusverbindungen auf freiwilliger Basis von den Herstellern von Wasch- und Reinigungsmitteln stark eingeschränkt worden. Seit Ende der neunziger Jahre geht auch die Anwendung polycyclischer Moschusduftstoffe stark zurück.

Allgemein ist bisher über die biologische Abbaubarkeit sowie toxikologische und ökotoxikologische Aspekte von Duftstoffen noch zu wenig bekannt.

11.4.6 Antimikrobielle Wirkstoffe

Die einzelnen bioziden Wirkstoffe werden in Kap. 2.5 vorgestellt. Von einigen Konservierungsmitteln und antimikrobiellen Wirkstoffen ist bekannt, dass sie bei häufigem und regelmäßigem Kontakt in Einzelfällen allergische Reaktionen und Unverträglichkeitsreaktionen auslösen können.

- *Dibromdicyanobutan* (in Kombination mit Phenoxyethanol) führt unter den Konservierungsmitteln am häufigsten zu Allergien und Sensibilisierungsreaktionen [11.15] [11.16].
- Auch von *Isothiazolinonen* (z.B. Kathon CG®) sind Allergien und Sensibilisierungsreaktionen bekannt [11.16]. Produkte, die ein Methylisothiazolinon/Chlormethylisothiazolinon-Gemisch enthalten, sind nach der Novellierung der Gefahrstoffverord-

nung seit dem 30. Juli 2002 ab 15 ppm (parts per million) mit R 43 (sensibilisierend bei Hautkontakt) zu kennzeichnen.
- *Aldehyde* (Formaldehyd, Glyoxal, Glutardialdehyd): Das allergieauslösende Potenzial von Formaldehyd und anderen Aldehyden ist lange bekannt. Allergien durch Formaldehyd sind dokumentiert [11.17]. Das allergieauslösende Potenzial von Formaldehydabspaltern, z.B. Imidazolidinylharnstoff, wird als deutlich geringer angesehen [11.18].

11.4.7 Enzyme

Enzyme sind heute in fast allen maschinellen Geschirrspülmitteln zu finden. Verwendet werden Proteasen und Amylasen. Obwohl in der Öffentlichkeit häufig über Allergien durch Enzyme in Wasch- und Reinigungsmitteln diskutiert wird, sind bis heute bei Verbrauchern keine Fälle von Enzymallergien durch Hautkontakt belegt. Allergien sind beschrieben worden bei Inhalation von Enzymstaub, wie dies in den sechziger Jahren bei Arbeitern in der Enzymproduktion vorgekommen ist. Heute ist eine Inhalation von Enzymstaub im Haushalt durch die Verkapselung der Enzyme (Enzymprills) ausgeschlossen.

Proteasen können in höherer Konzentration hautreizend wirken. Ein Hautkontakt mit maschinellen Geschirrspülmitteln sollte aber wegen der darin vorhandenen Alkalien ohnehin vermieden werden.

11.4.8 Nebenprodukte bei der Produktion von Inhaltsstoffen für Reinigungs- und Pflegemittel

Bei der Herstellung der Rohstoffe für Reinigungs- und Pflegemittel können z.B. durch nicht optimierte Produktionsbedingungen, unzureichende Reinigung der Ausgangsmaterialien oder der hergestellten Produkte toxikologisch relevante Verunreinigungen und Nebenprodukte entstehen, die bei der Beurteilung der Toxizität der Inhaltsstoffe in Betracht gezogen werden müssen.

- Dioxan kann unter ungünstigen Produktionsbedingungen als Nebenprodukt bei der Produktion von Tensiden entstehen, bei denen Ethylenoxid als Rohstoff verwendet wird, z.B. den Fettalkoholethersulfaten (FAES). Dioxan steht in dem Verdacht, Krebs auszulösen. Durch geänderte Herstellungstechnologien kann heute die Dioxanbildung bei der Produktion von FAES weitgehend verhindert werden.
- Bildung von *N*-Nitrosaminen aus Diethanolamin: Diethanolamin kann bei der Reaktion mit nitrosierenden Verbindungen (Nitrate, Nitrite, Stickstoffdioxid) zum *N*-Nitrosodiethanolamin weiterreagieren.

```
HO—CH₂—CH₂ \                                      HO—CH₂—CH₂ \
            N—H  +  nitrosierende      ⟶                     N—N=O
HO—CH₂—CH₂ /        Verbindung                    HO—CH₂—CH₂ /

   Diethanolamin   (Nitrat, Nitrit,               N-Nitroso-diethanolamin
                    Nitroverbindung)
```

Von dieser Substanz und anderen *N*-Nitrosaminen ist bekannt, dass sie ein sehr starkes krebserzeugendes Potenzial aufweisen. Diethanolamin entsteht als Nebenprodukt bei der Produktion von Triethanolamin, das häufiger in Reinigungs- und Pflegemitteln verwendet wird. Der Kontrolle von Obergrenzen für Diethanolamin in Fertigerzeugnissen kommt deshalb eine wichtige Bedeutung zu. Weiterhin dürfen in Erzeugnissen, die Ethanolamine enthalten, keine nitrosierenden Verbindungen vorkommen.

11.5 Unfälle im Haushalt und missbräuchliche Handhabung

Zu den häufigsten Unfällen mit Haushaltschemikalien in Deutschland und weltweit gehört die versehentliche orale Aufnahme von Haushaltsreinigungs- und Waschmitteln. In Deutschland liegen keine genauen Zahlen über Unfälle mit Reinigungsmitteln vor. Die Auswertungen der Giftinformationszentren lassen vermuten, dass es jährlich mehrere Tausend Unfälle mit Reinigungsmitteln gibt, von denen die weitaus überwiegende Zahl glimpflich abläuft. Die Zahl von schweren Unfällen beim Umgang mit Reinigungsmitteln dürfte in der Größenordnung von 100 pro Jahr liegen.

Die Auswertung der Unfallstatistiken lässt folgende Schlüsse zu:

- In der überwiegenden Zahl der Fälle sind Kinder im Alter von ein bis vier Jahren betroffen.
- Bei Erwachsenen, besonders bei älteren und pflegebedürftigen Menschen, verlaufen Unfälle durch Verschlucken von Reinigungsmitteln oft wesentlich schwerwiegender. Anders als bei Kindern, wo es bedingt durch gute Reflexe meist bei einem kleinen Schluck bleibt und auch Teile davon wieder ausgespuckt werden, trinken ältere und möglicherweise auch verwirrte Menschen insgesamt größere Mengen, u.U. bis zu 500 mL [11.19].
- Rein tensidhaltige Mittel, z.B. Allzweckreiniger und Handgeschirrspülmittel, die in geringen Mengen von ein bis zwei Schluck aufgenommen werden, führen kaum zu größeren gesundheitlichen Problemen. Bei verschluckten Mengen von deutlich mehr als 100 mL können allerdings auch harmlose tensidhaltige Mittel zu lebensbedrohlichen Zuständen führen.

Die meisten schweren Unfälle durch Reinigungsmittel werden durch stark saure oder stark alkalische Mittel verursacht. In erster Linie sind das Abflussreiniger, maschinelle Geschirrspülmittel, Entkalker, Sanitärreiniger und Backofenreiniger. Derartige Mittel können bei oraler Aufnahme schwerwiegende Reizungen oder sogar Verätzungen hervorrufen.

Unfall mit Grillreiniger – Schwere kindliche Verätzung der Speiseröhre und des Magens nach Verschlucken von Natriumhydroxid-haltigem Grillreiniger

Der Fall: Ein etwa dreijähriger Junge trank aus einer Colaflasche den darin abgefüllten Grillreiniger, der 13,5% Natriumhydroxid enthielt (pH-Wert: 13,3), während die Großmutter mit Putzarbeiten beschäftigt war. Anschließend hat er wiederholt blutig erbrochen und ist zeitweise nicht ansprechbar gewesen. Es erfolgte die Aufnahme in eine Kinderklinik.

Die Behandlung: Das Kind musste über mehrere Wochen im Krankenhaus künstlich ernährt werden, weil Rachen, Speiseröhre und Magen sehr stark verätzt waren. Nach vier Wochen und nach mehrfacher Weitung der Speiseröhre mittels Ballon (Ballondilatation) war das Kind in der Lage wieder flüssige Nahrung aufzunehmen. Im Verlauf der Behandlung wurde vollständig auf orale Ernährung umgestellt und nach sechs Wochen stationärem Aufenthalt konnte die Entlassung unter weiterer ambulanter Therapie erfolgen.

Hinweise: Backofen- und Grillreiniger werden als flüssige oder pastöse Zubereitungen in Spraydosen oder Streichflaschen angeboten. Die Zusammensetzung der einzelnen Produkte ist nicht einheitlich. Wegen ihrer meist hohen Alkalität sind nach Verschlucken immer Verätzungen an Haut und Schleimhaut zu erwarten. Deshalb sind Backofen- und Grillreiniger immer mit den entsprechenden Warnhinweisen versehen und Produkte für den privaten Endverbraucher zusätzlich mit kindersicheren Verschlüssen ausgestattet.

Im vorliegenden Fall handelt es sich um ein Produkt für die gewerbliche Anwendung mit besonders hoher Alkalität, das auch vom Hersteller als »ätzend« gekennzeichnet ist und Hinweise auf besondere Gefahren trägt: *R35 – Verursacht schwere Verätzungen.*

Tragisch war, dass dieses vom Hersteller korrekt gekennzeichnete Produkt durch die Verwender in eine Lebensmittelverpackung ohne Kennzeichnung umgefüllt worden war und es somit zu diesem schweren Unfall durch Unachtsamkeit kommen konnte.

[Quelle: Bundesinstitut für gesundheitlichen Verbraucherschutz und Veterinärmedizin (BGVV): Ärztliche Mitteilungen bei Vergiftungen 1999]

Um Unfälle durch eine versehentliche Aufnahme von Reinigungs- und Pflegemitteln zu verhindern bzw. deren Folgen gering zu halten, sind verschiedene vorsorgende Maßnahmen getroffen worden bzw. notwendig:

- Warnhinweise auf der Verpackung: Kennzeichnung der gefährlichen Merkmale des Erzeugnisses (Gefahrstoffsymbole).
- Hinweise auf Sicherheits- und Schutzmaßnahmen bei der Anwendung.
- Wichtige toxikologisch und gesundheitlich relevante Daten werden von den Herstellern an das Bundesinstitut für Risikobewertung (BfR) und die Giftinformationszentren in Deutschland weitergegeben. Bei letztgenannten sind die Informationen für Ärzte und Laien jederzeit abrufbar.
- Neue Entwicklungen bei den Maschinengeschirrspülmitteln (→ niederalkalische Mittel), Abflussreinigern (→ alkaliarm auf Enzymbasis) und WC-Reinigern (→ ohne Hypochlorit) vermindern das Gesundheitsrisiko beim Umgang mit derartigen Mitteln deutlich. Bestimmten Reinigungsmitteln werden auch Bitterstoffe zugesetzt (z.B. Bitrex), um sie ungenießbar zu machen und das Risiko von Unfällen durch versehentliches Verschlucken zu senken.

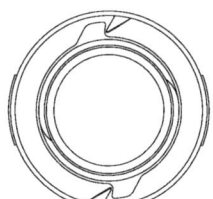

Ausgangssituation

- Der Verschluss ist verschlossen und dicht.
- Die innenliegenden Anschlagnocken des Verschlusses liegen vor den am äußeren Umfang des Flaschenhalses angebrachten Anschlägen.
- Zwei Drückflächen befinden sich 90° versetzt am Kappenäußeren.

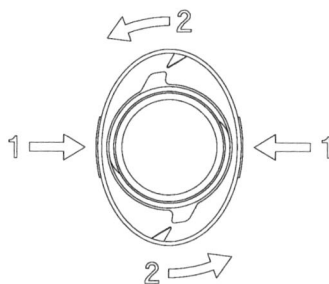

Betätigung

- Die Verformung des Verschlusses durch Aufbringen von Druck auf die gegenüberliegenden Druckflächen bewirkt ein Abheben der beiden um 90° versetzten Anschlagnocken im Verschluss.
- Sobald diese mit den Anschlagnocken der Flasche keine radiale Überlappung mehr bilden, lässt sich der Verschluss durch eine Drehbewegung von der Flasche abschrauben.
- Die Druckkraft braucht nicht während des ganzen Abschraubvorganges durch die Finger aufgebracht werden.

Die Steigung des Gewindes bewirkt eine Bewegung der Kappe in axialer Richtung der Flaschenmündung und auf Grund der begrenzten Höhe der Flaschennocken ist schon nach einer Drehung des Verschlusses von 180° keine radiale oder axiale Nockenüberlagerung mehr vorhanden. Der Verschluss kann nun alleine durch Drehen von der Flasche entnommen werden.

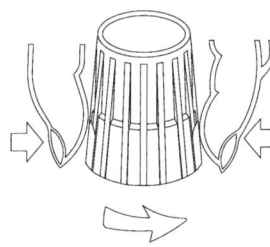

Die Kindersicherheit bei diesem System besteht also aus einer Kombination zwei verschiedener Bewegungen in der richtigen Reihenfolge.
Für den (erwachsenen) Verbraucher ist dies durch ein verständliches Piktogamm auf der Verpackung dargestellt.

Abb. 11.5: Kindergesicherter Schraubverschluss. Funktionsprinzip »Drücken & Drehen«

- Reinigungsmittel sollten immer so aufbewahrt werden, dass sie für kleine Kinder und geistig verwirrte Menschen nicht zugänglich sind. Besonders gefährliche Produkte sind durch eine Kindersicherung vor dem unbefugten Öffnen geschützt (**Abb. 11.5**). Eine Verwechslung mit Lebensmittelverpackungen sollte ausgeschlossen sein.

Leider wird gegen diese Maßnahmen in der Praxis teilweise verstoßen:

- Reinigungsmitteln wird im Haushalt häufig nicht die notwendige Aufmerksamkeit entgegengebracht. Sie werden für Kinder leicht zugänglich aufbewahrt und nur ungenügend gesichert.
- Reinigungsmittel werden in ungeeigneten Behältnissen gelagert. Dazu zählen z.B. die Aufbewahrung in Getränkeflaschen oder das Umfüllen in Behältnisse ohne oder mit unzureichender Kennzeichnung.

Spezielle Risiken:

- Bei Inhalation größerer Mengen Lösemittel kann es zu Schädigungen des Zentralnervensystems kommen. Nervenzellen sind relativ fetthaltig. Das für die Funktion der Nervenzelle wichtige Fett kann durch Lösemittel herausgelöst und die Funktion der Zelle dadurch gestört werden. Die Schädigungen stellen sich bei genügend hoher Lösemittelkonzentration in der Atemluft rasch ein und klingen auch rasch wieder ab. Dazu gehören Schwindel, Abgeschlagenheit, Kopfschmerzen. Der Organismus erholt sich anschließend völlig, wenn die Konzentration nicht zu hoch war. Bei sehr hoher Lösemittelkonzentration treten rauschartige Zustände und Symptome wie bei einer medizinischen Narkose auf. Derartige Symptome können auftreten, wenn lösemittelhaltige Reinigungsmittel als Schnüffeldroge missbraucht werden. Der Missbrauch als Schnüffeldroge ist besonders unter Jugendlichen in armen Ländern verbreitet, z.B. Brasilien oder Rumänien, und extrem riskant, denn die Inhalation derart hoher Konzentrationen von Lösemitteln kann zu schweren und irreversiblen Zerstörungen des zentralen Nervensystems führen.

- Sprays können hochentzündliche Treibgase enthalten, z.B. Propan oder Butan. Hier ist die hohe Feuergefahr zu beachten.

- Beim Vermischen von hypochlorithaltigen alkalischen Haushaltsreinigern mit sauren Reinigern kann Chlorgas entstehen (Abschn. 11.4.4). Auf Grund der deutlichen Warnhinweise kommt es heute aber nur noch äußerst selten zu Unfällen in diesem Bereich.

11.6 Literatur

[11.1] A. Hasselmann, K. Kölmel, Berufsdermatosen des Reinigungspersonals, *Arbeitsmed. Sozialmed. Umweltmed.* **1995**, 30, 108-120.

[11.2] A. Beyer, D. Eis (Hrsg.), *Praktische Umweltmedizin. Loseblattsammlung*, Springer Verlag, Berlin, **1995-2001**, hier: A. Schnuch, Teil 8, S. 16.

[11.3] Industrieverband Körperpflege- und Waschmittel e. V. (IKW), *Wasch-, Reinigungs- und Pflegemittel im Haushalt – Zusammensetzung, Toxikologie, Therapiemöglichkeiten bei Unfällen im Haushalt*, Frankfurt a. M., **2001**.

[11.4] W.H. Matthies, Allergies by Detergents and Cleansing Products: Facts and Figures, *Tenside Surf. Det.* **1997**, 34, 450-454.

[11.5] M.A. Flyvholm, Contact Allergens in Registered Cleaning Agents for Industrial and Household Use, *Brit. J. Ind. Med.* **1993**, 50, 1043-1050.

[11.6] H. Tronnier, Allergische und nichtallergische Hautreaktionen durch chemische Produkte und Rohstoffe, *SÖFW J.* **1987**, 113, 279 ff.

[11.7] F. Klaschka (Hrsg.), *Empfindliche Haut*, Diesbach Verlag, Berlin, **1992**.

[11.8] BAGUV, *Hautkrankheiten und Hautschutz, Schriftenreihe zur Theorie und Praxis der Unfallverhütung*, Teil 11, München, **1993**.

[11.9] BGVV, *Ärztliche Mitteilungen bei Vergiftungen*, **1997**, S. 25-26.

[11.10] W. Umbach, *Kosmetik*, Thieme Verlag, Stuttgart, **1995**, S. 61.

[11.11] R. Treudler, G. Richter, J. Geier, A. Schnuch, C.E. Orfanos, B. Tebbe, Increase in Sensitization to Oil of Turpentine, *Contact Dermatitis* **2000**, 42, 68-73.

[11.12] F. Racioppi, P.A. Daskaleros, N. Besbelli, A. Borges, C. Deraemaeker, S.I. Magalini, A.R. Martinez, C. Pulce, M.L. Ruggerone, P. Vlachos, Household Bleaches Based on Sodium Hypochlorite: Review of Acute Toxicology and Poison Control Center Experience, *Fd. Chem. Toxic.* **1994**, 32, H. 9, 845-861.

[11.13] P.J. Frosch, J.D. Johanson, I.R. White (Hrsg.), *Fragances – Beneficial and Adverse Effects*, Springer Verlag, Berlin, **1997**.

[11.14] B. Liebl, S. Ehrenstorfer, Nitromoschusverbindungen in der Frauenmilch, *Gesundh.-Wes.* **1993**, 55, 527-532.

[11.15] W. Keilig, Kontaktallergie auf einen neuen Konservierungsstoff (Euxyl K 400), *Parfümerie und Kosmetik* **1991**, 72, 167 ff.

[11.16] A. Markowetz, Neue Aspekte bei der Konservierung von Kosmetika, *SÖFW J.* **2002**, 128, H. 4, 20-24.

[11.17] A. Schnuch, J. Geier, Formaldehydallergie: Aktuelle Trends im internationalen Vergleich, *Allergologie* **1997**, 20, 205-214.

[11.18] J. Geier, H. Lessmann, A. Schnuch, T. Fuchs, Kontaktallergien durch formaldehydabspaltende Biozide, *ibid.* **1997**, 20, 215-224.

[11.19] Bundesinstitut für Risikobewertung (BfR), *Ärztliche Mitteilungen bei Vergiftungen*, **1990** bis **2006**. Erscheint jährlich.

12 Gesetzliche Regelungen und freiwillige Vereinbarungen zu Reinigungs- und Pflegemitteln

Die wesentlichen Regelungen zu Reinigungs- und Pflegemitteln finden sich in folgenden Gesetzen bzw. Verordnungen:

- Lebensmittel-, Bedarfsgegenstände- und Futtermittelgesetzbuch, Bedarfsgegenständeverordnung
- Europäische Detergenzienverordnung, Wasch- und Reinigungsmittelgesetz
- Chemikaliengesetz, Gefahrstoffverordnung, Chemikalienverbotsverordnung
- Eichgesetz, Verpackungsverordnung.

12.1 Lebensmittel-, Bedarfsgegenstände- und Futtermittelgesetzbuch (LFGB)

Während das Wasch- und Reinigungsmittelgesetz und das Chemikaliengesetz nur für bestimmte Reinigungs- und Pflegemittel relevant sind, gilt das Lebensmittel-, Bedarfsgegenstände- und Futtermittelgesetzbuch (LFGB) [12.1] für alle Produkte aus dieser Gruppe. Es verbietet, Reinigungs- und Pflegemittel herzustellen oder »in den Verkehr zu bringen«, die

- auf Grund ihres Geruchs oder ihrer Aufmachung mit Lebensmitteln verwechselt werden können oder
- bei bestimmungsgemäßem oder vorauszusehendem Gebrauch die Gesundheit des Verbrauchers schädigen können.

»In den Verkehr bringen« wird im Gesetz definiert als »das Anbieten, Vorrätighalten zum Verkauf oder zu sonstiger Abgabe, Feilhalten und jedes Abgeben an andere«.

Die **Bedarfsgegenständeverordnung** [12.2] schreibt für bestimmte Reinigungs- und Pflegemittel Warnhinweise vor. Demnach müssen Produkte, die mehr als 0,1% Formaldehyd enthalten, mit dem Hinweis gekennzeichnet werden *»Enthält Formaldehyd«*. Imprägniermittel für Leder- und Textilerzeugnisse in Aerosolpackungen sind mit folgender Aufschrift zu versehen: *»Vorsicht! Unbedingt beachten! Gesundheitsschäden durch Einatmen möglich! Nur im Freien und bei guter Belüftung verwenden! Nur wenige Sekunden sprühen! Großflächige Leder- und Textilerzeugnisse nur im Freien besprühen und gut ablüften lassen! Von Kindern fernhalten!«* Damit soll vorauszusehender Fehlgebrauch verhindert werden.

12.2 Europäische Detergenzienverordnung, Wasch- und Reinigungsmittelgesetz (WRMG)

Die europäische Detergenzienverordnung [12.3] gilt für »Detergenzien«, also für Geschirrspül- und Reinigungsmittel, Textilwaschmittel, -bleichmittel und Weichspüler. Als europäische Verordnung gilt sie unmittelbar in allen Mitgliedstaaten der Europäischen Union seit dem 8. Oktober 2005.

Ein Schwerpunkt der Detergenzienverordnung liegt auf dem Gewässerschutz. Tenside, die in Detergenzien, also z.B. in Reinigungs- oder Geschirrspülmitteln, für Privatverbraucher eingesetzt werden, müssen **vollständig** biologisch abbaubar sein (vgl. Kap. 10.1.2). Dies gilt für anionische, nichtionische, amphotere und kationische Tenside.

Die Detergenzienverordnung enthält auch Vorschriften zum Verbraucherschutz bzw. zur Verbraucherinformation, nämlich durch die Vorschriften über die Angabe von Kontaktdaten der für die Vermarktung verantwortlichen Firma sowie über die Nennung von Bestandteilen auf den Verpackungen und zusätzlich im Internet. Darüber hinaus haben Ärzte das Recht, die Rezepturen von Detergenzien mit näheren Angaben zu den Gehalten der einzelnen Inhaltsstoffe direkt von der jeweiligen, für die Vermarktung verantwortlichen Firma abzurufen.

Die Verpackungen von Detergenzien müssen gut leserlich und unverwischbar den Namen und die Anschrift der für die Vermarktung verantwortlichen Firma tragen sowie deren Rufnummer und Internetadresse und ggf. eine E-Mail-Adresse. Darüber hinaus müssen folgende Stoffe bzw. Stoffgruppen genannt werden, sofern sie mit einem Anteil von mehr als 0,2 Prozent im Produkt enthalten sind: Phosphate, Phosphonate, anionische Tenside, kationische Tenside, amphotere Tenside, nichtionische Tenside, Bleichmittel auf Sauerstoffbasis, Bleichmittel auf Chlorbasis, EDTA, NTA, Phenole und Halogenphenole*, Paradichlorbenzol*, aromatische Kohlenwasserstoffe, aliphatische Kohlenwasserstoffe, halogenierte Kohlenwasserstoffe*, Seife, Zeolithe, Polycarboxylate. Die Gehaltsangabe soll in Prozentbereichen erfolgen: < 5%, 5-15%, 15-30%, ≥ 30%. Unabhängig von ihrer Konzentration müssen die Stoffgruppen Enzyme, Desinfektionsmittel, Duftstoffe und optische Aufheller genannt werden, wenn sie in den Reinigungsmitteln enthalten sind. Die mit Sternchen (*) gekennzeichneten Stoffe bzw. Stoffgruppen sind allerdings in Deutschland seit langem nicht mehr relevant. So verzichten die Hersteller von Reinigungsmitteln seit 1987 in Deutschland freiwillig auf den Einsatz leichtflüchtiger Chlorkohlenwasserstoffe.

Darüber hinaus müssen bestimmte Duftstoffe namentlich genannt werden. Diese Information dient dem Schutz von Personen, die wissen, dass sie auf diese Stoffe allergisch reagieren können. Es handelt sich dabei um 26 Duftstoffe, sowohl synthetischer Art als auch natürlicher Herkunft. Sobald die folgenden Stoffe mit mehr als 0,01 Prozent im Endprodukt enthalten sind, erscheinen ihre jeweiligen INCI-Bezeichnungen [12.4] auf den Verpackungen (**Tab. 12.1**).

Tab. 12.1: Kennzeichnungspflichtige Duftstoffe

Stoffname	INCI-Bezeichnung
Amylcinnamal	AMYL CINNAMAL
Benzylalkohol	BENZYL ALCOHOL
Cinnamylalkohol	CINNAMYL ALCOHOL
Citral	CITRAL
Eugenol	EUGENOL
Hydroxycitronellal	HYDROXYCITRONELLAL
Isoeugenol	ISOEUGENOL
Amylcinnamylalkohol	AMYLCINNAMYL ALCOHOL
Benzylsalicylat	BENZYL SALICYLATE
Cinnamal	CINNAMAL
Cumarin	COUMARIN
Geraniol	GERANIOL
4-(4-Hydroxy-4-methylpentyl)-3-cyclohexencarboxaldehyd	HYDROXYISOHEXYL 3-CYCLOHEXENE CARBOXALDEHYDE
Anisylalkohol	ANISE ALCOHOL
Benzylcinnamat	BENZYL CINNAMATE
Farnesol	FARNESOL
2-(4-*tert*-Butylbenzyl)-propionaldehyd	BUTYLPHENYL METHYLPROPIONAL
Linalool	LINALOOL
Benzylbenzoat	BENZYL BENZOATE
Citronellol	CITRONELLOL
Hexylzimtaldehyd	HEXYL CINNAMAL
D-Limonen	LIMONENE
Methylheptincarbonat	METHYL 2-OCTYNOATE
3-Methyl-4-(2,6,6-trimethyl-2-cyclohexen-1-yl)-3-buten-2-on	ALPHA-ISOMETHYL IONONE
Eichenmoosextrakt	EVERNIA PRUNASTRI EXTRACT
Baummoosextrakt	EVERNIA FURFURACEA EXTRACT

Schließlich müssen auch Stoffe, die zur Konservierung eingesetzt werden, unabhängig von ihrem Gehalt im Endprodukt mit ihrer INCI-Bezeichnung (z.B. PHENOXYETHANOL, ...) auf den Verpackungen genannt werden. Auch diese Angabe dient dem Schutz von Personen, die wissen, dass sie auf diese Stoffe allergisch reagieren können.

Das Wasch- und Reinigungsmittelgesetz (WRMG) [12.5] hat zweierlei Aufgaben:

– Zum einen dient es der Umsetzung solcher Bestimmungen, deren Regelung die Detergenzienverordnung den Mitgliedstaaten der Europäischen Union freistellt. Hierzu

zählt die Vorschrift, dass die Nennung der Stoffgruppen auf den Verpackungen (z.B. »Bleichmittel auf Sauerstoffbasis«) in deutscher Sprache erfolgen muss und ferner die Benennung des Umweltbundesamtes als zuständige deutsche Behörde für Detergenzien. Darüber hinaus bestimmt das WRMG, dass die Rezepturen von Detergenzien mit näheren Angaben zu den Gehalten der einzelnen Inhaltsstoffe an das Bundesinstitut für Risikobewertung (BfR) gesandt werden müssen, das sie den deutschen Giftinformationszentren zur Verfügung stellt.
– Zum anderen gelten in Deutschland neben den »Detergenzien« noch weitere Produkte als Wasch- und Reinigungsmittel. Hierzu zählen Produkte, die zwar weder reinigen noch bleichen noch die Wäsche weich machen, aber nach Gebrauch ins Abwasser gelangen können, wie z.B. bestimmte Bodenpflege- oder Imprägniermittel. Gemäß dem WRMG müssen die qualitativen Rezepturen solcher Produkte in Deutschland auch den Verbrauchern im Internet verfügbar gemacht werden. Dem BfR müssen die Rezepturen mit näheren Angaben zu den Gehalten der einzelnen Inhaltsstoffe gemeldet werden, damit sie das BfR den Giftinformationszentren zur Verfügung stellt.

12.3 Chemikaliengesetz

Die Anforderungen an die Wirksamkeit von Reinigungs- und Pflegemitteln machen es in manchen Fällen erforderlich, Stoffe einzusetzen, die neben den gewünschten, für die Reinigung oder Pflege notwendigen, auch gefährliche Eigenschaften aufweisen. Für gefährliche Stoffe und Zubereitungen, das sind Mischungen mehrerer Stoffe, gilt das Chemikaliengesetz [12.6]. Zweck des Chemikaliengesetzes ist es, sowohl den Menschen als auch die Umwelt vor schädlichen Einwirkungen gefährlicher Stoffe und Zubereitungen zu schützen. Die Gefahren sollen erkennbar gemacht und abgewendet werden, dem Entstehen schädlicher Einwirkungen soll vorgebeugt werden.

Gefahr / Risiko

Die im alltäglichen Sprachgebrauch meistens gleichbedeutend verwendeten Begriffe »Gefahr« und »Risiko« sind im Chemikalienrecht unterschiedlich belegt:

Die »Gefahr« bezeichnet eine Stoffeigenschaft (wie zum Beispiel leichtentzündlich oder reizend). Der Begriff »Risiko« berücksichtigt darüber hinaus, inwieweit man auch einer bestimmten Gefahr ausgesetzt (exponiert) ist. Das Risiko wird als das Produkt aus Gefahr mal Exposition formuliert:

Risiko = Gefahr x Exposition

Das Risiko, einer bestimmten Gefahr ausgesetzt zu sein, kann z.B. durch geeignete Darreichungsformen verringert werden. Beispielsweise kann ein WC-Duftspüler zwar die Gefahreneigenschaft aufweisen, die Haut zu reizen. Da es aber höchstens kurzzeitig beim Nachfüllen zu Hautkontakt (= Exposition) kommt, ist das dadurch entstehende Risiko äußerst gering.

Gefährlich-keitsmerkmal	Gefahren-symbol	Kenn-buchstabe	Beispiele von Reinigungs- und Pflegemitteln mit diesen Gefährlichkeitsmerkmalen
Entzündlich	*(ohne Symbol)*	*(ohne Kennbuchstabe)*	alkoholhaltige Fleckentferner
leicht-entzündlich	 🔥	F	Produkte in Druckgasdosen mit hochentzündlichen Treibmitteln, wie z.B. Propan/Butan
hoch-entzündlich		F+	
reizend	 ✕	Xi	WC-Reiniger, Maschinengeschirrspülmittel, Imprägniermittel für Textilien und Leder, Backofenreiniger
ätzend		C	Abflussreiniger, selten bei Maschinengeschirrspülmitteln
umwelt-gefährlich		N	Imprägniermittel für Textilien und Leder

Abb. 12.1: Mögliche Gefahrenmerkmale bei Reinigungs- und Pflegemitteln

Bei Reinigungs- und Pflegemitteln für private Endverbraucher können die in **Abb. 12.1** dargestellten Gefahrenmerkmale vorkommen.

Auf Grundlage des Chemikaliengesetzes hat der deutsche Gesetzgeber die **Gefahrstoffverordnung** [12.7] erlassen. Sie enthält u.a. die Bestimmungen zur Kennzeichnung. Gemäß der Gefahrstoffverordnung müssen auf den Verpackungen in deutscher Sprache folgende Angaben deutlich lesbar und unverwischbar angebracht sein:

- Handelsname oder Bezeichnung der Zubereitung,
- Name und vollständige Anschrift des Verantwortlichen für das Inverkehrbringen,
- Hinweise auf besondere Gefahren (»R-Sätze«, z.B. R14 »Reagiert heftig mit Wasser«), ggf. Gefährlichkeitsmerkmal(e) (z.B. »Leichtentzündlich« oder »Reizend«) und die entsprechenden Gefahrensymbol(e), dadurch werden die Gefahren erkennbar gemacht,
- »Sicherheitsratschläge« (»S-Sätze« z.B. S1/2 »Unter Verschluss und für Kinder unzugänglich aufbewahren«), dadurch soll dem Entstehen schädlicher Einwirkungen vorgebeugt werden,

Tab. 12.2: Gesetzliche Grundlagen für vorgeschriebene Kennzeichnungselemente

	Detergenzien-verordnung	Zubereitungs-richtlinie	Bedarfs-gegenstände-verordnung	Fertig-packungs-verordnung
Handelsname des Erzeugnisses	X	X		
Name und Anschrift des Herstellers bzw. Einführers	X	X		X
Telefonnummer	X	X		
Internetadresse und ggf. E-Mail-Adresse	X			
Inhaltsstoffe bzw. -stoffgruppen	X			
Gefahrensymbol(e)		X		
R- und S-Sätze		X		
Bei ätzenden Zubereitungen: Name des Gefahrenauslösers		X		
Füllmenge				X
Hinweis ab 0,1% Formaldehyd			X	
Imprägniermittel-Warnhinweis			X	

- die chemische Bezeichnung von ätzenden Stoffen, wenn durch sie die Zubereitung als ätzend gekennzeichnet werden muss (»Gefahrenauslöser«, z.B. in Abflussreinigern: »Enthält Natriumhydroxid«).

Ätzende Reinigungsmittel dürfen nur dann im Einzelhandel angeboten werden, wenn die Verpackungen mit kindergesicherten Verschlüssen und tastbaren Warnzeichen für Blinde versehen sind.

Desinfektionsmittel und Reinigungs- oder Pflegemittel, die mit Auslobungen wie z.B. »antibakteriell« oder »antimikrobiell« vermarktet werden, gelten als **Biozid-Produkte**. Derzeit müssen die Rezepturen von Biozid-Produkten der Bundesanstalt für Arbeitsschutz und Arbeitsmedizin (BAuA) gemeldet werden. Die BAuA weist den Produkten eine Meldenummer zu, die auf den Verpackungen der Produkte genannt werden muss. Die Meldenummer hat fünf Ziffern, diesen ist der Buchstabe **N** vorangestellt (z.B. N 98765). Für Biozid-Produkte wird es künftig anstelle der derzeit geltenden Regelungen für den Verbraucher- und Umweltschutz ein behördliches Zulassungsverfahren ge-

> **Übersicht**
>
> **Europäische Richtlinien und Verordnungen als Grundlage deutscher Rechtssetzung**
>
> Die deutschen Gesetze und die auf deren Grundlage erlassenen Verordnungen sind zumeist Umsetzungen von **Richtlinien des Europäischen Parlaments und des Rates**. Der »Rat« ist die Vertretung der Mitgliedstaaten der Europäischen Union (EU). Richtlinien enthalten sowohl Bestimmungen, die in allen EU-Mitgliedstaaten umgesetzt werden **müssen** (z.B. Kennzeichnung gefährlicher Stoffe und Zubereitungen mit Gefahrensymbol[en]), als auch solche, die die Mitgliedstaaten verlangen **können** (z.B. Angabe der R- und S-Sätze in der Landessprache).
>
> | Europäische Richtlinie | Gesetz bzw. Verordnung in Deutschland |
> |---|---|
> | Stoffrichtlinie (67/548/EWG) Biozid-Produkte-Richtlinie (98/8/EG) Zubereitungsrichtlinie (1999/45/EG) | Chemikaliengesetz, Gefahrstoffverordnung, Biozidverordnung, Biozid-Meldeverordnung |
> | Beschränkungsrichtlinie (76/769/EWG) | Chemikalienverbotsverordnung |
>
> **Verordnungen des Europäischen Parlamentes und des Rates** wie die Detergenzienverordnung (EG) Nr. 648/2004 gelten in ihren verbindlichen Teilen (z.B. Abbaubarkeit der Tenside) unmittelbar in allen Mitgliedstaaten der EU, ohne dass es einer Umsetzung in nationales Recht bedarf. Optionalen Bestimmungen in Verordnungen (z.B. Angabe der Inhaltsstoffe in der Landessprache) können die Mitgliedstaaten in nationales Recht überführen. Im Falle optionaler Bestimmungen der Detergenzienverordnung ist dies in Deutschland mit dem Wasch- und Reinigungsmittelgesetz erfolgt.

ben. Biozid-Produkte dürfen dann in Deutschland nur vermarktet werden, wenn sie u.a. vom Bundesinstitut für Risikobewertung (BfR) und vom Umweltbundesamt als wirksam und akzeptabel für die Umwelt und die Verbraucher beurteilt und anschließend von der BAuA amtlich zugelassen worden sind.

Das Chemikaliengesetz schreibt für Hersteller von bestimmten gefährlichen Zubereitungen vor, dass die Informationen u.a. zu den Inhaltsstoffen dieser Zubereitungen an das Bundesinstitut für Risikobewertung (BfR), Berlin, gemeldet werden müssen. Das BfR gibt diese Informationen an die deutschen Giftinformationszentren weiter. Aus dem Bereich der Reinigungs- und Pflegemittel sind davon praktisch nur die wenigen als »ätzend« zu kennzeichnenden Produkte und Biozid-Produkte (z.B. Desinfektionsmittel) betroffen. Die Rezepturdaten der anderen Reinigungsmittel und bestimmter Pflegemittel müssen dem BfR aufgrund des Wasch- und Reinigungsmittelgesetzes gemeldet werden (siehe auch Kapitel 12.2). Auch vor dem Inkrafttreten dieser gesetzlichen

Verpflichtungen haben die Hersteller von Reinigungs- und Pflegemitteln den Giftinformationszentren die Rezepturdaten aufgrund einer Vereinbarung [12.8] freiwillig zur Verfügung gestellt, um zu gewährleisten, dass die Giftinformationszentren im Falle von missbräuchlicher Anwendung oder versehentlichem Verschlucken von Reinigungs- und Pflegemitteln rasch Auskunft erteilen können.

Nach der deutschen **Chemikalienverbotsverordnung** [12.9] dürfen als »giftig« oder »sehr giftig« zu kennzeichnende Produkte nicht über die Selbstbedienung vermarktet werden. Darüber hinaus sind für Reinigungs- und Pflegemittel insbesondere die Verbote bestimmter Inhaltsstoffe wichtig. So ist es verboten, Wasch-, Reinigungs- und Pflegemittel für private Endverbraucher mit mehr als 0,2% Formaldehyd in den Verkehr zu bringen. Ebenso ist die Abgabe von Zubereitungen an private Endverbraucher verboten, wenn darin krebserzeugende, erbgutverändernde oder fortpflanzungsschädigende Stoffe (jeweils Kategorie 1 oder 2 [12.10]) enthalten sind.

12.4 Eichgesetz, Fertigpackungsverordnung

Das Eichgesetz [12.11] hat als Ziel, die Verbraucher beim »Erwerb messbarer Güter zu schützen und die Messsicherheit beim Gesundheits-, Arbeits- und Umweltschutz zu gewährleisten«. Da Reinigungs- und Pflegemittel ausschließlich fertig abgepackt vermarktet werden, ist für diese Produktgruppe auch die Fertigpackungsverordnung [12.12] von Bedeutung, die auf Grundlage des Eichgesetzes erlassen worden ist. Sie schreibt u.a. vor, dass die Füllmenge nach Volumen (bei flüssigen oder pastösen Produkten) in Litern, Zentilitern oder Millilitern bzw. nach Gewicht (bei festen Produkten wie Pulvern oder Tabletten) in Gramm oder Kilogramm gekennzeichnet werden muss. In Ausnahmefällen kann auch die Stückzahl angegeben werden. Darüber hinaus muss auch der Name oder die Firma und der Ort vom Hersteller der Fertigpackung gekennzeichnet werden. Fertigpackungen müssen grundsätzlich so gestaltet und befüllt sein, dass sie keine größere Füllmenge vortäuschen, als in ihnen enthalten ist.

Die **Tab. 12.2** stellt die gesetzlichen Grundlagen der einzelnen Kennzeichnungselemente nebeneinander, **Abb. 12.2** zeigt ein Beispiel für die Kennzeichnung eines Abflussrohrreinigers.

12.5 Freiwillige Vereinbarungen

Verschiedene internationale und nationale Initiativen dienen – neben den gesetzlichen Vorschriften – der Verbesserung von Sicherheit, Gesundheits- und Umweltschutz.

Wichtige eigenverantwortliche Beiträge der Industrie sind Verzichtserklärungen oder freiwillige Vereinbarungen, die sich auf Inhaltsstoffe beziehen. In Deutschland zählen dazu für Reinigungs- und Pflegemittel zum Beispiel:

- Seit 1975 freiwillige Meldung der Rezepturen von Reinigungs- und Pflegemitteln an die Giftinformationszentren.
- Verzicht auf Alkylphenolethoxylate (APEO) seit 1986.

- Verzicht auf leichtflüchtige chlorierte Kohlenwasserstoffe (CKW) und Fluorchlorkohlenwasserstoffe (FCKW) seit 1987.
- Verpflichtung zur Halbierung des Einsatzes von Ethylendiamintetraessigsäure (EDTA) und ihren Salzen seit 1991.
- Verzicht auf den synthetischen Riechstoff Moschusxylol seit 1993.
- Enzym-Typenkennzeichnung auf den Packungen von Wasch- und Reinigungsmitteln für Privathaushalte seit 1996.

Radikal Rohrfrei

Anwendung: Stehendes Wasser restlos entfernen. 1 Esslöffel Radikal Rohrfrei in den Abfluss geben, mit 1 Tasse kaltem Wasser nachspülen. Radikal Rohrfrei 1 Stunde einwirken lassen, dann Kaltwasserhahn vorsichtig aufdrehen.

Ätzend

Verursacht schwere Verätzungen. Reagiert heftig mit Wasser. Unter Verschluss und für Kinder unzugänglich aufbewahren. Bei der Arbeit geeignete Schutzhandschuhe und Schutzbrille tragen. Beschmutzte Kleider sofort ausziehen. Behälter dicht geschlossen halten. Niemals Wasser hinzugießen. Bei Berührung mit den Augen sofort gründlich abspülen und Arzt konsultieren. Nach versehentlichem Einnehmen sofort große Mengen Wasser trinken, sofort Arzt aufsuchen und Packung vorzeigen. Bei Unfall oder Unwohlsein sofort Arzt hinzuziehen. Verschüttetes Gut sofort zusammenkehren und mit viel Wasser im Spülbecken wegspülen. Neigt bei Berührung mit brennbaren Stoffen zur Selbstentzündung. Keinesfalls in den Papierkorb oder Abfalleimer werfen. Zum Löschen kein Wasser verwenden.

Enthält: Natriumhydroxid, Aluminium und anorganische Salze

500 g

4 099999 999999

Müllermaier Reinigungsmittelwerk GmbH
Müllergasse 3
99999 Maiershausen
Rufnr.: 09999/99-0

— Handelsname

— Gebrauchsanweisung, Dosierungsempfehlung

— Gefahrensymbol, Gefährlichkeitsmerkmal

— Gefahrenhinweise Sicherheitsratschläge

— Gefahrenauslöser

— Füllmenge

— Firmenname, Anschrift, Rufnr.

Abb. 12.2: Beispiel für die Kennzeichnung eines Abflussreinigers

12.6 Literatur und Anmerkungen

[12.1] Lebensmittel-, Bedarfsgegenstände- und Futtermittelgesetzbuch (LFGB) vom 26. April 2006 (BGBl. I, S. 945).

[12.2] Bedarfsgegenständeverordnung i.d. Fassung vom 23. Dezember 1997 (BGBl. I, S. 5), zuletzt geändert durch die 13. Änderungsverordnung vom 20. Dezember 2006 (BGBl. I, S. 3381).

[12.3] Verordnung (EG) Nr. 648/2004 des Europäischen Parlaments und des Rates vom 31. März 2004 über Detergenzien (*Amtsbl. der EU* L 104, S. 1-35, vom 8. April 2004), zuletzt geändert durch die Verordnung (EG) Nr. 907/2006 vom 20. Juni 2006 (*Amtsbl. der EU* L 168 vom 21. Juni 2006, S. 5-10).

[12.4] Das Kürzel INCI steht für »International Nomenclature of Cosmetic Ingredients«, also die internationale Benennung kosmetischer Inhaltsstoffe.

[12.5] Gesetz über die Umweltverträglichkeit von Wasch- und Reinigungsmitteln (Wasch- und Reinigungsmittelgesetz – WRMG) vom 29. April 2007 (BGBl. I, S. 600-603).

[12.6] Gesetz zum Schutz vor gefährlichen Stoffen, Neufassung vom 20. Juni 2002 (BGBl. I, S. 3096), zuletzt geändert durch Art. 231 der Verordnung vom 31. Oktober 2006 (BGBl. I, S. 2435).

[12.7] Verordnung zum Schutz vor gefährlichen Stoffen in der Fassung vom 23. Dezember 2004 (BGBl. I, S. 3759), zuletzt geändert durch Art. 4 der Verordnung vom 6. März 2007 (BGBl. I, S. 270).

[12.8] Vereinbarung zwischen der Europäischen Vereinigung der Giftinformationszentren und klinischen Toxikologen (EAPCCT, *European Association of Poison Centres and Clinical Toxicologists*) und dem Internationalen Verband der Wasch-, Reinigungs-, Putz- und Pflegemittelindustrie (AISE, *Association internationale de la savonnerie, des détergents et des produits d'entretien*).

[12.9] Verordnung über Verbote und Beschränkungen des Inverkehrbringens gefährlicher Stoffe, Zubereitungen und Erzeugnisse nach dem Chemikaliengesetz, Neufassung vom 13. Juni 2003, zuletzt geändert durch Art. 6 der Verordnung vom 6. März 2007 (BGBl. I, S. 277).

[12.10] Kategorie 1: Stoffe, die beim Menschen bekanntermaßen krebserzeugend, erbgutverändernd oder fortpflanzungsgefährdend wirken. Kategorie 2: Stoffe, die bekanntermaßen als krebserzeugend, erbgutverändernd oder fortpflanzungsgefährdend für den Menschen angesehen werden sollten.

[12.11] Gesetz über das Mess- und Eichwesen in der Neufassung vom 23. März 1992 (BGBl. I, S. 712), zuletzt geändert durch das Gesetz vom 2. Februar 2007 (BGBl. I, S. 58).

[12.12] Verordnung über Fertigpackungen in der Neufassung vom 8. März 1994 (BGBl. I, S. 451), zuletzt geändert durch Art. 392 der Verordnung vom 31. Oktober 2006 (BGBl. I, S. 2459).

Sachregister

2-in-1-Autoshampoo 256
2-in-1-Handgeschirrspülmittel 158
2-in-1-Produkte 21, 155, 160, 163, 166, 168
2-in-1-Tablette 162
3-in-1-Produkte 21, 163, 168
3-in-1-Produktkonzept 168
3-in-1-Tablette 162

Abbautest 268
Abfall 288
Abflussreiniger 13, 16, 74, 84, 200, **212-213**, 307, 311, 312, 321, 322, 324, 325
Ablaufverhalten 68, 155, 160, 194
Abperleffekt 245, 246, 260
Abrasion 63
Abrasiva 12, 51, **95, 96**, 197, 198, 202, 203, 221, 258, 259
Abriebfestigkeit 129, 133
Absorption 235
Abstoßung, elektrische 24
~, elektrostatische 100
Abwaschen 154, 155
Abwasser 74, 154, 265, 267, 270, 276, 278, 279, 317
Abwasserbelastung 23, 25
Abwasserreinigung 267, 270, 275, 277
Aceton 93, 217, 275
6-Acetyl-1,1,2,4,4,7-hexamethyltetralin 105
N-Acetylverbindung 75
Acrylharze 135, 136, 137
Acrylnitril 132
Acrylnitril-Butadien-Styrol-Copolymere 132, 206
Acryloberfläche 205
Acrylsäure 97, 98, 114
Acrylsäureperfluoralkylester 114
Acylamidoalkylbetaine 52
Adaption 92

Adsorption 59, 63, 67, 87, 99, 100
Adsorptionsenergie 148
Adsorptionsvermögen 275
Adsorptivität 272, 278
Äpfelsäure 72
Aerosole 107, 238
Aerosolpackungen 207, 232, 246, 257, 317
Aerosolspray 246
Äscher 243
Ästhetik s. Produktästhetik
Agar-Agar 99
Agglomeration 99
Ahorn 140
AISE 89
Aktivchlor 15, 77, 84, 92, 162, 179, 203, 277, 278, 307
Aktivchlorverbindungen 81
Aktivsauerstoff 15, 16, 17, 77, 92, 213, 277, 307, 308
Aldehyde 80, 84, 90, 102, 243, 280, 310
Algen 270, 271, 272, 274, 275, 276
Alginate 99
Aliphaten 93
Alkalibeständigkeit 129
Alkalien 51, 69, 70, **73-74**, 79, 91, 92, 127, 130, 201, 202, 204, 217, 228, 242, 257, 258, 272, 302, **307**, 310
Alkalihydroxide 69, 201
Alkalireserve 73
Alkalisilicate 69
Alkalität 178, 203, 216, 277, 304, 307, 308, 312
Alkane, verzweigte 93
Alkansulfonate 52, 54, 58, 68, 156, 157, 191, 197, 201, 202, 208, 210, 273
Alkohole 16, 65, 80, 81, 82, 85, 87, 89, 93, 102, 110, 135, 156, 170, 201, 202, 216, 217, 228, 231, 262, 263, 264, 275, 280
Alkoholreiniger 192

Alkydharze 135, 136
Alkylamidopropylbetaine 275
Alkylamphoacetate 157, 305
Alkylamphopropionate 157, 305
Alkylbenzol 53, 55
Alkylbenzolsulfonate 52, 53, 55, 67, 68, 98, 156, 157, 191, 197, 208, 210, 273, 274
Alkylbetaine 275
Alkylethersulfate *s.* Fettalkylethersulfate
Alkylethoxylate 65, 192
Alkylethoxylatbutylether 274
Alkylierung 55
Alkylphenolethoxylate 53, 65, 274, 324
Alkylphosphorsäurepartialester 95
Alkylpolyglucoside 58, 59, 65, 68, 109, 156-158, 191, 197, 201, 206, 208, 210, 262, 305
~, chemische Struktur 58
~, Herstellung 58
Alkylsulfate *s.* Fettalkylsulfate
Allergene 230, 301
Allergieauslösendes Potenzial 82
Allergieauslöser 302, 306, 310
Allergiehäufigkeit 33
Allergien 83, 302, 303, 306, 309, 310
Allesreiniger *s.* Allzweckreiniger
Allzweckreiniger *s.a.* Reiniger *od.* Reinigungsmittel
Allzweckreiniger 12, 13, 17, 19, 20, 21, 39, 47, 71, 84, 85, 93, **189-198**, 199, 200, 202, 221, 222, 228, 305, 311, 318
~, Anforderungen 190
~, Angebotsformen 195
~, Dosierung 194
~, Materialverträglichkeit 194
~, Reinigungsleistung 190
~, Zusammensetzung 191
Allzweckreiniger-Tücher 195, 196
Aloe vera 156, 158, 305
Alterung 133, 149
Altstoffe 299
Aluminium 16, 61, 74, 119, 120, 148, 182, 203, 206, 243
Aluminiumgeschirr 120

Aluminiumoberfläche 205
Aluminiumoxide 95, 197, 202, 203, 259
Aluminiumsilicate 95, 202, 203, 259
Aluminiumspäne 74, 212
Aluminiumwerkstoffe 120
Ambrox 101, 103
Ameisensäure 72, 201, 202, 206, 207, 208, 210, 243, 276
Amidosulfonsäure 71, 84, 202, 204, 207, 208, 210, 276
Amine 52, 65, 74, 201, 276
Aminharze 135
Amin-*N*-oxide 52, 68, 101, 156, 212, 273
Aminopolycarbonsäure 97
Aminosäure 77, 78, 90, 183, 278, 304
Aminotrismethylentrisphosphonsäure 98
Ammoniak 36, 104, 214, 276, 278, 287
Ammoniaklösung 74
Ammoniumlactat 105
Ammoniumsulfat 243
Ammoniumverbindungen, quaternäre *s.a.* Benzalkoniumchlorid
Ammoniumverbindungen, quaternäre 52, 69, 87, 89, 280
Amphiphile 52, 59, 65, 217
Amphotenside *s.a.* Tenside, amphotere
Amphotenside 89, 274, 275, 305, 318
Amylacetat 101
Amylase 77, 78, 165, 178, 181, 217, 310
Amylcinnamal 319
Amylcinnamylalkohol 319
Anforderungen, Bodenpflegemittel 223
~, Glasreiniger 217
~, an Reinigungstechnik und -chemie 232
Angebotsformen 69, 209, 210
~, Allzweckreiniger 194
~, Glasreiniger 216
~, Handgeschirrspülmittel 160
~, Maschinengeschirrspülmittel 171
~, WC-Reiniger 209
Anilinfarbe 242

Anilinleder 242
Aniontenside *s.* Tenside, anionische
Anisylalkohol 319
Anlaufen von Silber 183, 184
Anlauffarben 170
Anosmie 105
Anschmutzungen, farbige 178
Anschmutzungsverhalten 133, 134
Antibakterielle Handseife 155, 158
Antibakterielle Reiniger 199
Antibakterielle Wirkung 74, 94, 201, 202, 205, 207
Antibeschlageffekt 216, 217
Antibeschlagmittel 13, 16
Antigene 91
Antimikrobielle Handgeschirrspülmittel 155
Antimikrobielle Wirkstoffe 33, **78-93**, 196, 279, 280, 302, 309
Antioxidantien 306
Antischimmelmittel 84
Antistatika 132, 221, 263, 264
AOX 278
APG *s.* Alkylpolyglucoside
Appretur 63
Aranja 206
Arbeitsflächen 158, 189, 190
Arbeitsplatten 84, 129, 132
Arbeitsschutz 49
Armaturen 72, 119, 120, 121, 199, 200, 206
Armaturenbrett 263
Aromastoffe 134, 181
Aromaten 93
Arzneimittelwirkstoffe 59
Asphalt 109
Assoziationskonzentration 100, 101
Ata-Mann 39
ATMP *s.a.* Aminotrismethylentrisphosphonsäure *od.* (Nitrilotrismethylen)-triphosphonsäure
ATP-Synthese 87
Aufglasdekor 122, 164, 178
Aufglasur 125
Aufglasurdekor 179
Aufheller 318
Aufladung, elektrostatische 134, 136
Aufrauen 250, 251

Aufrauung 134, 140
Aufrissmittel 111
Aufziehvermögen 108
Auslaugung 125
Auspolierbarkeit 112
Ausrüstung, schmutzabweisend 114, 146, 232, 235
Austrocknung 158
Auswahltest 268, 269, 318
Autolackierung 133, 135, **137**, **138**
Automatische Waschanlagen 18
Autopflege 96, 110, 138
Autopflegemittel 17, 93, 111, **253**
Autopolituren 111, 259, 261
Autoreinigungsmittel 17, **253**
Autoshampoo 13, 255
Autowäsche **253-256**, 259
Autowaschanlage 261
Azo-Pigmente 108

Backofen 124
Backofenreiniger 13, 14, 41, 42, 199, 203, 204, 307, 312, 321
Bad 28, 30, 149, 237, 303
Badewannen 124, 202, 205, 206
Badewannenreiniger 201
Badezimmer 102, 133
Badkeramik 101
Badreiniger 13, 15, 21, 43, 71, 72, 84, 199, 200, 205, 206, 305, 317
Bakterielle Kontamination 158
Bakterien 31, 81, 85, 86, 90, 91, 279
~, Gram-negative 82, 83, 86, 93
~, Gram-positive 83, 86
Bakterienwachstum 27
Bakterien-Zellvermehrungshemmtest 271
Balkons 221
Balsam 158, 305
Barrierefunktion 87
Basislack 137
Basisnote 102
Basisseide 52
BAuA *s.* Bundesanstalt für Arbeitsschutz und Arbeitsmedizin
Baukastensysteme 215
Baukeramik 130
Baummoosextrakt 319

Baumwolle 70, 71, 237, 303
Bauschlussreinigung 26
Bauxite 280
BCF s. Biokonzentrationsfaktor
Bedarfsgegenständeverordnung 317, 322
Begehbarkeit 111
Beize 243
Beladungserkennung 175
Belebtschlamm 270
Benetzbarkeit 133, 134
Benetzung 61-63, 134, 148, 157, 166, 170, 191, 197, 201, 202, 208, 210, 216, 217, 228, 236, 255, 256, 259, 262
Benetzungsvermögen 223
Bentonite 130, 202
Benzalkoniumchlorid 80, 83, 84, 88, 89, 92, 196, 280
Benzin 93
1,2-Benzisothiazolin-3-on 80, 82, 88, 90, 91
Benzoesäure 81, 83, 84, 87, 88, 280
Benzol 55
Benzylacetat 101, 104
Benzylalkohol 319
Benzylbenzoat 319
Benzylcinnamat 319
o-Benzyl-p-chlorphenol 80
Benzylsalicylat 104, 319
Beschichtung 149
Beschlagen 217
Beschränkungsrichtlinie 323
Beständigkeit, chemische 133
~, mechanische 133
~, thermische 133
Bestätigungs-Test 269, 270, 318
Bestecke 119, 120, 121, 132, 153, 177, 178, 183
Besteckkörbe 121
Betaine 52, 57, 158, 205
Beton 70
Betonoberflächen 71
Betriebshygiene 85, 93
BiAS s.a. bismutaktive Substanz
BiAS-Abnahme 270, 273
Bidets 207
Bienenwachs 17, 109, 220, 221, 279
Biguanidinderivate 280

Bimsstein 95
Bindemittel 135, 136, 138, 142, 243
Bioakkumulationspotenzial 272, 278, 279
Bioalkohol 93
Biodiversität 48
Biofilme 92
Biokatalysatoren 163
Biokonzentration 272
Biologische Abbaubarkeit 83, 155, 190, 197, 200, 207, 217, 266, 267, 272, 273, 275, 277, 279, 309, 318
Biologische Abbaubarkeitsbewertung 267
Biologischer Sauerstoffbedarf 268, 293, 296
Biomasse 267, 268, 272
Biomembranen 64
Biotenside 59
Biotonne 28
Biozide 78, 279, 280, 322, 323
Biozide Wirkstoffe 309
Biozid-Richtlinie 82, 323
Birke 140
1,3-Bis-(hydroxymethyl)-5,5-dimethyl-2,4-imidazolidin-dion 80, 88, 91
Bismutaktive Substanz 268
Bitrex 313
Bitterstoffe 313
Bitumen 109
Blattoberflächen 148
Bleiche 78, 162, 183, 190, 201, 217
~, aktivierte 74, 75, 76
~, oxidative 74, 77
Bleichkatalysatoren 77, 164
Bleichmittel 20, 77, 84, 97, 102, 163, 171, 178, 183, 217, 218, 277, 278, 302, 308, 318, 320
Bleichmittelaktivatoren 75-77, 165, 217
Bleichsysteme 51, **74-77**, 127, 217
Bleichung 110
Bleichvermögen 75
Bleiglas 126
Bleikristallglas 122-124, 178
Blocker 222, 226
Blockcopolymere 274
Blöße 242, 243

Blumendüfte   105
Boden   265, 267
Bodenbeläge   189, 221
~, Marktdaten   143
~, textile   **142-147**, 230, 233
Bodenpflege   112, 222
Bodenpflegefilme   223, 225, 227
Bodenpflegemittel   110, 223, 224, 320
Bodenproben   268
Bodenreinigung   228
Bodenreinigungsmittel   21, 228
Bodenreinigungssysteme   21
Bodentuch   229
Bohnerbesen   226
Bohnern   37, 222, 226
Bohnerwachse   17, 222, 228
Borateintrag   278
Borax   281
Borax-Silicat-Glas   123
Borcarbid   95
2-*exo*-Bornylacetat   104
Borosilicatglas   124
Borstickstoff   95
Bouclé   144
Bouquet   103
Boxcalf   242
Bratgeschirr   134
Brenntemperatur   130
2-Brom-2-nitro-1,3-propandiol   80, 83, 88, 90
Bronopol   80, 83, 88, 90, 310
Brundtland-Kommission   48
Brunnenwasserschwärzung   183
BSB *s.* biologischer Sauerstoffbedarf
Buche   140, 142
Bürstmaschine   232
Bürstsaugen   233
Builder *s.a.* Komplexbildner
Builder   191, 217, 218
Bundesanstalt für Arbeitsschutz und Arbeitsmedizin   322
Bundesinstitut für Risikobewertung   312, 320, 323
Buntmetallreiniger   14
Butan   204
Butanol   275
Butylacetat   93, 231
2-(4-*tert.*-Butylbenzyl)-propanol   105
2-(4-*tert.*-Butylbenzyl)-propionaldehyd   319
4-*tert.*-Butylcyclohexylacetat   105
Butyldiglykol   93
n-Butylglucoside   58
Butylglykol   93, 306
Butylglykolether   191

*C*alciumamidosulfonat   71
Calciumcarbonat   95, 98, 99, 197, 198, 203, 259
Calciumionen   73, 97, 164, 166, 173, 179, 276
Calciumsulfat   71
Campher   45
Candelillawachs   108, 109
CAPB *s.* Cocoamidopropylbetaine
Carbazol   107
Carbonat   178
Carbonathärte   179
Carboxymethylcellulose   99, 204
Δ^3-Caren   306
Carnaubawachs   108, 109, 221
Carrageene   99
Carry-over effect   167
Cellulose   17, 135, 140, 247
Celluloseacetat   132, 217
Celluloseacetobutyrat   132
Celluloseether   99
Cellulosederivate   202, 208, 247
Cellulosefasern   70
Cellulosegranulat   233
Ceran®-Kochfeld   14, 203
Chemikaliengesetz   269, 299, 306, 317, **320-324**
Chemikalienverbotsverordnung   317, **321-324**
Chemischer Sauerstoffbedarf   268, 293, 294, 296
Chemische Stabilität   68
Chitin   86
Chlor   77, 131, 203, 308, 314
Chlorbleiche   203
Chlorfluorkohlenwasserstoffe   287
N-Chlorierung   278
Chlorisocyanurate   80, 84
Chlorkohlenwasserstoffe   139, 322
4-Chlor-3-methylphenol   80, 88

4-Chlor-3,5-dimethylphenol 80, 88
4-Chlor-*m*-kresol 80, 88, 89
4-Chlor-*m*-xylenol 80, 88
Chlormethylisothiazolinon 310
5-Chlor-2-methyl-4-isothiazolin-3-on 80, 83, 88, 90
Chlorophen 80
Chlorträger 74
Chrom 119, 120, 206, 253
Chromgerbung 242
Chrom-Molybdän-Stahl 120, 122
Chrom-Nickel-Stahl 119, 120, 121, 122, 172, 206
Chromophore Gruppen 108
Chromsäure 110
Chromsalz 242, 243
Chromstahl 120, 121, 122
Cinnamal 319
Cinnamylalkohol 319
Citral 102, 104, 319
Citronellol 104, 319
α-Citronellol 103
Citronenöl 104
Citronensäure 71, 72, 73, 121, 156, 166, 170, 179, 191, 196, 201, 202, 204, 207, 208, 210, 216, 219, 276, 303
Citrusduft 102, 106
Citrusnote 104, 195, 196
Citrusöl 306
Citrusreiniger 191
Citrusterpen 221
c_M-Werte 59, 60, 67
CO_2-Evolutions-Test 269, 270
Cobalt-Komplex 164
Cocoamidoamphoacetat 57
Cocoamidoamphodiacetat 57
Cocoamidopropionat 57
Cocoamidopropylbetaine 57, 58, 156, 157, 201
Cocoamphoacetate 58
Cocoamphodiacetate 58
Cocoamphopropionate 58
Coemulgatoren 66
Comonomere 109
Convenience 166, 195, 208, 303
Copolymere 99, 100, 109, 132, 133, 216, 217
Cotenside 52, 58, 63, 65

Cottoböden 227
Coupled Units Test 269, 270
CSB *s.* chemischer Sauerstoffbedarf
Cumarin 319
Cumolsulfonat 94, 156, 170, 275
Cuticula 148
Cyclodextrine 105, 106, 236, 237
Cycloester 105
Cytoplasmamembran 85, 86

*D*AED *s.a. N,N'*-Diacetyl-ethylendiamin
DAED 76
Daily shower 201
Damascon 105
α-Damascon 101, 103
Dampfreiniger 228
Daphnien 270, 271, 274, 275
Dateninventar 284, 285, 287, 288, 290
Datensammlung 285
Decan 59
Decklack 138
Decylaldehyd 104
Decylalkohol 65
Dekorationsgegenstände 130
Dekorpapier 136, 137
Denaturierung 305
Deos 153, 163, 170
Desinfektionsmittel 79, 85, 110, 318, 322, 323
Desinfektionsreiniger 85
Desoxyribonucleinsäure 91
Destruenten 271
Detachur 231
Detergenzienrichtlinie 321
Detergenzienverordnung 269, 275, **318-320**, 323
Dextrine 99
N,N'-Diacetyl-ethylendiamin 76
Dialkyldiphenyloxidsulfonate 95, 217
Dialkyltetraline 55
Diamanten 95
Dibromdicyanobutan 310
1,2-Dibrom-2,4-dicyanobutan 80, 83, 88, 90
Dibutylglykol 306
1,4-Dichlorbenzol 45
Didecyldimethylammoniumchlorid 80, 88, 131

Didodecyldiphenyloxiddisulfonate 95
Die-away Test 269, 270
Dielen 222
Dienstmädchen 36
Diethanolamin 276, 311
Dihydromyrcenol 103-106
Dimethicone Copolyols 113
2,4-Dimethyl-3-cyclohexen-1-carboxaldehyd 105
6,6-Dimethoxy-2,5,5-trimethyl-hex-2-en 105
Dimethyldichlorsilan 112
Dinatriumdodecyldiphenyloxiddisulfonat 94
Dinatrium-fettalkylethoxylatsulfosuccinat 236
Di-*n*-octylether 93, 217
Diolen® 144
1,4-Dioxacycloheptadecan-5,17-dion 104
Dioxan 310
Dioxazin 107
4-*N,N*-Di(polyoxyethylen)-amino-4'-nitro-azobenzol 107
Dipropylenglykol 105
Direktfarbstoffe 107
Dispenser 207
Dispenser-Produkte 209
Dispergatoren 51, 66, **96-99**, 110, 276
Dispergieren 157, 170
Dispergiermittel 255, 261
Dispersionen 148
Dispersionsfarben 70, 74
Dissolved organic carbon, Abnahme 270
Disulfonate 54
DMDM Hydantoin 80, 88, 90
DNA 92
DOC *s.* Dissolved organic carbon
Domänenstruktur 67
Dosierkappe 206
Dosierplatte 210
Dosierung 159
~ von Reinigern 206
Dosierungsempfehlungen 318, 322
Dosierverschlüsse 159, 194, 209
Dralon® 144

Druckfestigkeit 128
Duft 102, 107, 160
Duftringe 238
Duftspender 236
Duftspüler 13, 19, 153, 170
Duftspüler-Spender 207
Duftstoffe 103, 104, 106, 156, 158, 164, 165, 166, 170, 191, 196, 221, 228, 239, 247, 248, 278, 279, 302, 309, 318
Duroplaste 122, 132, 133, 142
Duschkabinen 131, 206
Duschkabinenreiniger 13, 15, 200, 303
Duschwände 201
Duschwanne 131

*E*asy-to-clean 148
Eau-de-Cologne-Effekt 105
Eau-de-Javel 219
EC *s.* Effect concentration
Edelmessing 206
Edelmetalle 121
Edelstahl 119, 120, 121, 163, 164, 179, 182, 202, 203, 206, 253
Edelstahlreiniger 14, 42, 96, 199, 203
EDTA *s.a.* Ethylendiamintetraessigsäure
EDTA 96, 277, 318
Effektbewertung 266, 267
Eiche 140, 142
Eichenmoosextrakt 319
Eichgesetz 317, **324**
Einpflege 223
Einschlussverbindungen 236
Einweichmittel 217
Eisen 119, 121
Eisengallus-Tinte 219
Eisenoxid 107, 149
Eisenwerkstoffe 120
Eiweiß 78
Eiweißflecken 217
Ekzeme 300, 301
Elektrophile 87, 91
Elektrolytverträglichkeit 68
Eloxal 120
Email 71, 121, 122, 124, 128, 202-205
Emissionen 285-288, 291, 293-295

Emulgatoren 109-111, 113, 114, 220-222, 242, 245, 247, 248, 250, 256, 261, 264
Emulgieren 51, 63, 170, 202
Emulsionen 65, 109, 111, 192, 220, 253, 261
Emulsionsware 247, 248
Endabbau 267-270, 274, 275
Endgruppenverschlossene Fettalkylethoxylate 58, 68, 202, 274
Energie, mechanische 162
~, thermische 162
Energiebedarf 185, 288, 290-293, 295
Energieeffizienz 48
Energieeffizienzklasse 186
Energieeinsparung 23
Energielabel 186
Energieströme 285
Energieverbrauch 172, 174
Energieverbrauchs-Kennzeichnung 185
Energieverluste 295
Entenhals 209
Entfärber 74, 218
Enthärter 163, 173, 175
Enthärtung 128, 179, 181
Entkälkung 243
Entkalker 13, 14, 71, 72, 203, 307, 312
Entnetzen 51
Entschäumer 66, 111
Enzymallergien 310
Enzyme 51, **77**, **78**, 87, 89, 91, 92, 93, 162, 163, 164, 165, 171, 178, 213, 217, 218, 242, 310, 312, 318, 325
Enzymprills 310
Epoxidharze 135
Erdal-Frosch 39
Erle 140
Erstpflege 228
Erucaamid 109
Erwärmungspotenzial 287
Esche 140
Espressomaschine 203
Essgeschirr 132
Essig 179
Essigreiniger 12, 72, 191
Essigsäure 71, 104, 191, 201, 204, 206, 208, 210, 267, 276

Ester 93, 102, 135
Esterasen 89
Esterwachse 109, 111
Ethanol 80, 81, 90, 92, 191, 192, 196, 201, 216, 218, 219, 249, 275
Ethanolamine 216
Ether 93, 216
Etherische Öle 81, 82, 93, 102, 140, 170, 302, 306
Ethoxyessigsäure 306
Ethylacetat 93, 231
Ethyldiglykol 93, 224
Ethylenbis(stearoylamid) 109
Ethylenbrassylat 104
Ethylendiamintetraessigsäure 96, 325
Ethylenglykol 93, 214, 262, 275
Ethylenglykolmonoethylether 305
Ethylenglykolmonomethylether 305
Ethylenglykolmonomethylether-Acetat 306
Ethylenoxid 310
Ethyllactat 105
Ethoxylierung 64
EU-Biozid-Richtlinie 280
Eucalyptus globulus Öl 104
Eucalyptusöl 105
Eugenol 309, 319
Europäische Richtlinien 323
Eutrophierung 286, 287
Eutrophierungspotenzial 272, 276, 286, 287, 294
Euxyl K 100® 80
Exposition 266, 320
Expositionsanalyse 267
Expositionsbewertung 265
Expositionswege 300

FAEO s. Fettalkoholethoxylate od. Fettalkylethoxylate
Färbung 243
FAES s. Fettalkylethersulfate
FAGA s. Fettsäure-N-methylglucamide
Fallfilmreaktor 53
Fallfilmröhrenreaktor 55, 56
Farbauffrischung 18, 107, 249, 250
Farbechtheitsprobe 219
Farben, flüchtige 108
Farben, irisierende 126

Farberhalt 107
Farbflecken 217
Farbgebung 247
Farbmittel **106-108**, 197
Farbstoffe 100, 106, 107, 134, 156, 158, 164, 191, 201, 202, 208, 210, 216-218, 221, 228, 243, 247, 249
~, bleichbare 78
Farbübertragungsinhibitoren 77
Farnesol 319
FAS *s.* Fettalkylsulfate
Fasern 108
Fasern, synthetische 229
Faseroberflächen 237
Faserplatten 136
Fasersättigungspunkt 141
Faservlies 146
Fassadenfarben 149
Fehlerdiagnose 179, 180
Feinschuhpflege 248
Feinschuhpflegemittel 247
Feldspat 130
Felgenreiniger 13, **257**, 258
Fenster 120, 124, 125, 127, 132, 133, 190, 217, 226
Fensterbänke 129
Fensterrahmen 140
Fensterreiniger 16, 93, 199
Fermenter 77
Fertigpackungsverordnung **322**, **324**
Festkörperoberflächen 62
Festkörper-Wasser-Grenzfläche 148
Fettablösevermögen 192
Fettalkohole 53, 58, 68, 109, 250
Fettalkoholethersulfate *s.* Fettalkylethersulfate
Fettalkoholethoxylate *s.a.* Fettalkylethoxylate
Fettalkoholethoxylate 52, 66, 100, 202
Fettalkylalkoxylate 274
Fettalkylethersulfate 53, 54, 68, 99, 156, 157, 160, 191, 201, 208, 210, 273, 274, 310
Fettalkylethoxylate 53, 57, 68, 98, 191, 201, 208, 210, 220, 273, 274
~, endgruppenverschlossene 57
Fettalkylpolyethylenglykolethersulfate 197

Fettalkylpolyglykolether 156, 197
Fettalkylsulfate 53, 54, 99, 156, 157, 201, 208, 210, 267, 273
Fettamine 52, 53
Fettamin-N-oxide *s.* Amin-N-oxide
Fettaufnahmevermögen 154, 155, 190, 200
Fette 53, 73, 91, 133-135, 218, 231, 247, 249, 255
~, sulfierte 245
Fettflecken 217
Fettgriff 248
Fettlösevermögen 163, 201, 217
Fettlöslichkeit 87, 272, 309
Fettschicht 305
Fettsäurealkanolamide 273
Fettsäureamide 156, 158
Fettsäureamidopropylbetaine 157
Fettsäureamidwachse 109
Fettsäureester 255
Fettsäuremethylester 53, 93
Fettsäuren 53, 108, 135, 138
Fettsäure-N-methylglucamide 57, 58
Fettschmutz 69, 157, 199, 201, 217, 225, 228
Fettung 243
Fettungsmittel 243
Feuchtreinigung *s.* Nassverfahren
Feuerpolitur 127
Fichte 140
Filmbildner 246, 256
Filmbildung 109, 111, 115, 135, 223, 227, 232, 235, 245, 248, 249, 259
Filmbildungstemperatur 224
Filmeigenschaften 260
Filmelastizität 260
Fische 270, 271, 272, 274, 275
Fischer-Tropsch-Synthese 108, 109
Fischgewebe 279
Fixolid 105
Flachglas 124
Flachspüler 207
Fladerschnitt 141
Flächendesinfektion 85
Flächentücher 196
Flecken, farbige 84
Flecken, hydrophobe 75, 76

Fleckentferner 13, 74, 93, 136, **217-219**, 231, 306, 321
Fleckentfernung 78, 218, 219, 231, 233, 277
Fleckensalze 96, 217
Fleckseife 13
Fliesen 72, 111, 130, 131, 189, 190, 203, 216, 217, 222, 226
Fliesen, keramische 230
Fließgewässer 276, 277
Flor 146
Flüssig-kristalline Phasen 52, 63, 64, 96, 100
Flüssigwaschmittel 58, 78
Fluorcarbonharze 18, 109, **113**, **114**, 224, 235, 245, 246, 249, 250, 303
Fluorchlorkohlenwasserstoffe 324
Fluorescein 107
Fluortenside 52, 60, 224
Fluorverbindungen 146, 325
Flussdiagramm 284, 290
Flusswasser 268, 277
Formaldehyd 83, 90, 93, 142, 310, 317, 320, 322, 324
Formaldehydabspalter 80, 83, 90, 310
Formulierung s.a. Zusammensetzung
Formulierungen 51
Formulierungshilfen **51**
Freiwillige Vereinbarungen 299, 309, 317, **324-325**
Frostschutzwirkung 262
Fugenmassen 131
Füllmenge 321, 322
Füllstoffe 135, 137, 208, 210
Funktionelle Einheit 285, 290, 293
Furniere 142
Fußböden 129, 132, 133, 140, 141, 190
~, harte 221
~, textile 221
Fußbodenbeläge 132, 139
Fußbodengrundreiniger 13, 16, 222
Fußbodenpflege 222
Fußbodenpflegemittel 199, 200, **221-228**, 306
Fußbodenpolituren 113
Fußbodenreinigung 26

Fußbodenreinigungsmittel 96, 199, 200, **221**, **228-230**, 318
Fußbodenversiegelung 132, 136
Futtermittelgesetzbuch 317
Fuzzy Logic 175

GA s. Fettsäure-*N*-methylglucamide
Galbanum artessence 105
Galbanum-Extrakt 105
Gallseife 13, 216
Gardinen 235, 236
Garne 108
Garnpadverfahren 235
Gastmoleküle 107
Gefahr 320
Gefährdungspotenzial 299
Gefährliche Stoffe 319, 321
Gefährliche Zubereitungen 319, 321
Gefährlichkeitsmerkmal 321, 325
Gefahrenauslöser 319, 322
Gefahrenhinweise 325
Gefahrenmerkmale 321
Gefahrensymbol 319, 320-323, 325
Gefahrstoffsymbol 299, 306, 307, 312, 322
Gefahrstoffverordnung 310, 317, 319, **321**, 323
Gegenzug 136
Gele 99, 159, 203, 209, 210, 238
Gelöster organischer Kohlenstoff *s.a.* Dissolved organic carbon
Gelöster organischer Kohlenstoff 268
Gelreiniger 21, 100
Gelschicht 125
Gemini-Tensid 54, 58
Genamplifikation 77, 78
Gentechnik 53, 78
Gentechnische Modifizierung 77
Gerätedesinfektion 85
Geranial 103
Geraniol 103, 104, 302, 309, 319
Geranonitril 102, 104-105
Geranylacetat 103, 104
Gerbprozess 242, 245
Gerbstoffe 140, 242, 243
Gerbung 243, 244
Gerbverfahren 243

Geruchsabsorber 13, 100, **105**, **106**, 170, **235-237**
Geruchsmoleküle 236
Geruchsrezeptoren 106
Geruchsschwäche 106
Geruchsschwellen 101
Geruchsüberdecker 248
Geruchsüberdeckung 44, 264
Gerüche, unangenehme 235
Geschirr 130, 177, 178, 179, 185, 186, 273
Geschirrkörbe 172
Geschirrspülen 22, 24, 76, 158, 177, 179, 183, 303
Geschirrspülen, Ökobilanz 289-292, 294-296
Geschirrspülmaschinen 18, 24, 120, 121, 128, 134, 153, 161-168, 170, **171-176**, 178, 181, 182, 185-187, 290, 295, 296
Geschirrspülmittel 19, 58, 68, 102, **153-188**, 274, 275, 283, 307, 308, 318
~, manuelle 84
~, maschinelle 84, 85
~, Ökobilanz 290, 293
~, wirtschaftliche Bedeutung **18-21**
Geschlossener Flaschentest 270
Gesetzliche Regelungen **317-326**
Gesundheitsrisiko 302, 306
Gesundheitsschutz 70, 82
Gewässer 267, 270, 276, 278, 279, 318
Gewässersedimente 272, 277
Gift 299, 320
Giftinformationszentren 311, 312, 320, 323, 324
Gips 71, 238
Gläser 153, 164, 179-181
Glanz 111-113, 183, 202, 220, 222, 223, 226, 242, 248, 255, 259, 260
Glanzbildner 256
Glanzbildung 259
Glas 61, 119, **122-129**, 131, 134, 163, 164, 178, 204
Glasbausteine 124
Glasdekor 125
Glasfasern 132
Glasgeschirr 125

Glaskeramik 124, 128, 178, 181
Glaskeramikkochfelder 111, 202, 203
Glaskeramikreiniger 13, 14, 96, 199, 203
Glaskorrosion 125, 127, 128, 178, 179, 182, 203
Glasoberflächen 124, 182, 216, 217
Glasreiniger 13, 16, 20, 21, 93, 199, 200, **215**, **216**
Glasschäden 125-127
Glassorten 126
Glasstein 182
Glastrübungen 127
Glastücher 196
Glasübergangstemperatur 223, 224
Glasur 124
Glaszusammensetzung 126
Glattbrand 124, 130
Glattleder 113, 241, 245, 246, 248, 251
Glattlederpflege 246
Glattlederpflegemittel 13
Gleitmittel 109, 260
Glimmer 130
Globale Erwärmung 286, 287
Globales Erwärmungspotenzial 294
Glucose 58
Glühbrand 130
Glukane 86
Glutardialdehyd 80, 84, 85, 88, 90, 310
Glycerin 93, 170, 216, 219
Glycerinmonostearate 66
Glycerintri-, -di- und -monooleat 66
Glykole 93, 109, 204
Glykolether 14, 16, 93, 203, 204, 216, 228, 275, 305, 306
Glykolethersulfate 94
Glyoxal 90, 310
Gold 206
Granat 95
Granit 129
Granulat 217, 232
Grenzflächen 51, 59, 129, 157
Grenzflächenaktive Stoffe *s.a.* Tenside
Grenzflächenaktive Stoffe 51, 90, 268
Grenzflächenaktive Verbindungen mit antimikrobieller Wirkung 80
Grenzflächenaktivität 69, 193

Grenzflächenspannung 59, 60-63, 67
Grillreiniger 13, 14, 203, 204, 312
Grünnote 104
Grünspan 69, 72
Grundierung 138
Grundimprägniermittel 13
Grundimprägnierung 18, 245
Grundreinigung 26, 223, 228, 231, 233, 235, 250, 279
Grundreinigungsmittel 13, 225
Guar 99
Guar-Gummi 78
Guaran-Verdicker 78
Guerbet-Alkohol 65
Guerbetalkoholethoxylate 57
Guerbet-Reaktion 65
Gummi 143
Gummi arabicum 99
Gummisohlen 134
Gusseisen 120, 122

*H*ändewaschen 32
Härtebildner 164
Halogene 91
Halogenhaltige Kohlenwasserstoffe 94, 318, 324
Halogenphenole 318
Halone 287
Handelsmarken 20, 160
Handgeschirrspülmittel 13, 18, 19, 25, 68, 84, 93, **153-161**, 163, 202, 273, **290-292**, 305, 311
~, Keimverminderung 158
Handpolitur 260
Handtücher 31, 32
Harnstoff 94, 104
Harnstoff-Formaldehyd-Harze 132, 142
Hartböden 219, 228
Hartchromüberzüge 121
Hartparaffin-Wachse 260
Hartwachse 111, 139
Harze 108, 111, 140, 218, 221, 222, 224, 225, 243, 279
Haushaltschemie 47
Haushaltsgeräte 124, 132, 140
Haushaltshygiene *s.* Hygiene im Haushalt

Haushaltsreiniger 90, 101, 102, 104, 108
Hausmittel 218, 231
Hausstaub 28, 30
Haut **300**
~, Aufbau 304
Hautflora 304
Haut, pH-Wert 304
Hautbarriere 158
Hauterkrankungen 300
Hautkontakt 300
Hautreaktionen 302
Hautreizungen 82, 83, 300
Hautreizungspotenzial 305, 306, 308
Hautschutz **300**
Hautschutzkomponenten 190
Hautschutzmaßnahmen 302
Hautschutzpräparate 303
Hautverträglichkeit 154, 155, 158, 160, 190, 194, 197, 200, 205, 208-302, 304, 305
Hautverträglichkeitsprüfungen 300
Hedion 101, 103, 104
HEDP *s.* 1-Hydroxyethan-1,1-diphosphonsäure
Hefen 83, 85
Heißwachse 111
Heißwassergeräte 203
Heliotropin 101, 103
Heptanisomere 246
Heptamethyltrisiloxan-Tenside 113
Herdplatten 128
Herdreiniger 13, 14, 199
Hexacosansäure 108
Hexadecyltrimethoxysilan 148
Hexylzimtaldehyd 104, 319
α-Hexylzimtaldehyd 103
High solids 135
Hirnschnitt 141
HLB-Konzept 64
HLB-Wert 65, 66, 99, 100
Hochdruckreiniger 57
Hohlglas 124
Hohlraumstruktur 236
Holz 119, 131, 136, **140-143**, 179, 220, 226, 238
Holzfasern 145
Holzfaserplatten 142

Holzfeuchte 141
Holzfußböden 45, 136, 222, 226
Holzgranulat 233
Holzlacke 136
Holzmehl 139
Holzoberfläche 17, 140, 190, 196, 205
Holzspanplatten 142
Holztreppen 222
Holzwerkstoffe 142
Hui Backofenreiniger 42
~ Wannen Wichtel 44
Hydromechanische Strömung 63
Hydrophil-hydropobe Balance 65, 66
Hydrophilie 75
Hydrophobie 111
Hydrophobierung 113, 243, 249, 250
Hydrophobierungsmittel 243, 245, 255, 256, 261
Hydrotrope s.a. Lösungsvermittler
Hydrotrope 68, **94, 95**, 157, 166, 191, 275
1-Hydroxyethan-1,1-diphosphonsäure 97, 165
Hydroxycitronellal 319
Hydroxyethylcellulose 99
4-(4-Hydroxy-4-methylpentyl)-3-cyclohexencarboxaldehyd 319
Hydroxysulfonate 54
Hygiene 27, 33, 42, 197, 199, 277
~, im Bad 31
~, im Haushalt **26-33**
~, im Küchenbereich 29, 32
~, im WC-Bereich 31
Hygieneleistung 158
Hygieneregeln 27, 28, 31, 32, 205
Hygienereiniger 13, 15, 77, 84, 199, 200, 308
Hypochlorige Säure 308
Hypochlorit 15, 68, 131, 278, 313, 314
Hypochlorit-Anion 77, 308
Hypochlorithaltige Mittel 84

*I*DS *s.* Iminodibernsteinsäure
IMI 40, 189
Imidazolidinylharnstoff 310
Iminodibernsteinsäure 97
Imprägniermittel 220, 317, 321, 322
Imprägnierschäume 113, 246

Imprägniersprays 113, 246, 249, 251
Imprägnierung 232, 245, 246, 249, 250, 251
INCI-Bezeichnungen 318, 319
Inglasdekor 122
Inhalation 300, 303, 306, 310, 314
Inhaltsstoffe *s.a.* Zusammensetzung
Inhaltsstoffe **51-115**, 303, 318, 319, 321, 322
Inhibitoren 71
Inputströme 285
Inverkehrbringen 317, 320
Ionenaustauscher 25, 128, 153, 166, 173
Ionenaustauschprozess 125, 163
Ionenpaare 68
Irisierungen 178
Irritative Effekte 300
Isoamylsalicylat 105
Isobornylacetat 103, 105
Isoeugenol 309, 319
Isojasmon 103, 104
Isoparaffine 221
Isopropoxy-1-propanol 306
Isopropoxy-2-propanol 306
Isopropylmyristat 157
Isothiazolinderivate 280
Isothiazolinone 80, 90, 92, 310
Isotridecanolethoxylate 66
Isoundecylenethoxylate 65

*J*urakalk 129
Jute 139, 145

*K*älteverhalten 68
Kaffeemaschine 203
Kalilauge 204, 257, 276
Kaliumcarbonat 73
Kaliumhydrogenoxalat 219
Kaliumhydrogensulfat 69, 84, 210
Kaliumhydroxid 74, 84, 213, 307
Kaliumhypochlorit 219
Kaliumseife 74, 218
Kalkablagerungen 69, 71, 130, 164, 199, 201, 202, 204, 207, 208, 209, 210
Kalkablösevermögen 100
Kalkbeläge 164, 170
Kalkentferner 100

Kalkentfernung 72
Kalkglas 126
Kalklöser 203, 204
Kalklösevermögen 70, 71, 201
Kalk-Natron-Glas 122-124
Kalkniederschläge 236
Kalkreiniger-Spray 205
Kalkseife 16, 44, 69
Kalkstein 71
Kaltreinigung 204
Kaltwasserlücke 165
Kaolin 130
Kaolinit 95
Karosserieoberfläche 260
Kathodentauchlack 137
Kathon CG® 80, 310
Kationtenside *s.a.* Tenside, kationische
Kationtenside 84, 89
Kautschuk 146
Keimverminderung 74, 75, 79-81, 83, 84, 156, 205, 277
Keimzahlen 85
Keimzahlreduktion 24
Kennzeichnung 47, 299, 308, 312, **318-323**, 325
Keramik 122, 124, 129, 131, 143, 153, 204, 221, 238
Keramikfliesen 129
Kernseife 44, 218
Kerzen 109, 238
Ketone 93, 108, 135
Kiefer 140
Kieselerdeprodukte 95
Kieselgur 38
Kieselkreide 259
Kieselsäure 210
Kindersicherer Verschluss 312, 313, 321
Kindersicherung 209
Kirschbaum 140
Kläranlagen 267, 268, 270, 273, 274, 276-280
Kläranlagenmonitoring 274
Kläranlagen-Simulationstest 269, 270
Klärschlamm 100, 265, 279
Klarlack 137

Klarspüler 13, 19, 121, 127, 153, 162, 163, 166, 167, **171-173**, 186, 289, 290, 292
Klarspülgang 172, 175
Klarstellen 95
Klebeverbunde 74
Klebrigkeit 232
Klebstoffe 70, 146
Kleesalz 219
Kleidung 242
Klinker 70, 71
Knäuelbildung 100
Kochgeräte 132
Kochgeschirr 121, 124, 134
Kochplatten 124
Kochsalz 100, 160, 163, 166, 173, 183, 243
Kohlenhydrate 73, 77, 304
Kohlenstoffdioxid 268, 287, 294
Kohlenwasserstoffe 102, 135, 216, 217, 255, 256, 259, 275, 291, 294, 306, 307, 318
Kohlenwasserstofftenside 60
Kohlenwasserstoffwachse 108
Kokosfasern 144, 145
Kokosfettalkoholethoxylate 66
Kokosfettsäuren 210
Kokosöl 53
Kollagenfasern 245
Kolophonium 221
Kompaktreiniger 179
Kompaktwaschmittel 76
Komplexbildner 51, 73, **96-99**, 110, 121, 163, 201, 208, 210, 217, 218, 254, 262, 276, 277
Komplexbildung 166
Konservierung 79, 80, 81, 83, 255, 259
Konservierungsmittel *s.a.* Konservierungsstoffe
Konservierungsmittel 84, 156, 191, 192, 202
Konservierungsstoffe 79, 81-84, 88-91, 93, 166, 201, 216, 224, 247, 248, 250, 261, 279, 302, 309, 318
Konsistenzprüfung 288
Kontakt, mit Schleimhäuten 300
Kontaktallergien 83
Kontaktdermatitis 300

Kontaktdermatose 300
Kontaktekzeme 300-302
Kontaktkorrosion 121
Kontaktwinkel 61
Kontamination 207
Konvertierungsfaktoren 286, 287, 294
Konzentrate 68, 156, 160, 171, 191, 195, 206, 216
Kopfnote 102
Kork 143
Korkmehl 139
Korrosion 121
Korrosionsinhibitor 258
Korrosionsschutz 163, 258
Korund 95, 136
Kosmetik 57, 58, 103, 110
Kosmetika 309
Kosmetikverordnung 82, 84
Krafft-Punkt 60
Kraftfahrzeugreiniger 57
Krankenhaushygiene 85, 93
Kreuzkontamination 27, 28, 30, 158
Kristallglas 122, 124, 127, 128, 178
Kritische Prüfung 288
Küche 28-30, 35, 84, 102, 130-132, 206
~, kleinbürgerliche 35
Küchengeräte 28, 120, 121, 204, 217
Küchengeschirr 132
Küchenreiniger 13, 14, 199, 205, 206
Kunstharz 142
Kunstharzlackierung 136
Kunstleder-Möbelbezüge 132
Kunststein 71, 119, **129-131**, 221
Kunststoffböden 134, 230
Kunststoffdispersionen 248
Kunststoffe 119, **131-138**, 178, 206, 216, 221, 238
Kunststoffoberflächen 134, 217, 263
Kunststoffpads 95
Kunststoffreiniger 13, 199, **263**, **264**
Kunststoffverarbeitung 110
Kupfer 72, 119-121
Kupfer-phthalocyanin-Pigmente 107
Kupferwerkstoffe 120

*L*acke 135, 138
Lackierung 140
Lackkonservierer 111
Lackoberflächen 70, 74, 255, **258**, 259
Lackpflege **258-261**, 263
Lackpflegemittel 13
Lackpolituren 111
Lackreinigungsmittel 253, 258, 259
Lacksubstrat 112
Lärche 140
Lagerstabilität 165
Laminate 119, 132, 136, 143, 221, 222, 226
Laminatfußböden 137, 228
Laminat-Paneele 136
Lanolinwachs 109
LAS *s.* (lineare) Alkylbenzolsulfonate
Laserstrahlen 148
Latex-Handschuhe 155, 208, 303
Laubhölzer 140, 141
Laugen 91, 133
Laurinsäure 53
LC *s.* Lethal concentration
LCA *s.* Life cycle assessment *od.* Lebenswegbetrachtung
LC/EC 50-Werte 272, 275, 277
LCI *s.* Life cycle inventory *od.* Sachbilanz
LCIA *s.* Life cycle impact assessment *od.* Wirkungsabschätzung
Lebensmittel 30, 32, 90, 124, 133, 136, 178, 181, 183, 195, 317
Lebensmittelanschmutzungen 177, 178
Lebensmittel-, Bedarfsgegenstände- und Futtermittelgesetzbuch 82, **317**
Lebensmittelerkrankungen 30, 205
Lebensmittelhygiene 29, 30
Lebensmittelindustrie 85, 110
Lebensmittelinhaltsstoffe 134
Lebensmittelvergiftungen 29, 158
Lebensmittelverpackung 313
Lebenswegbetrachtung 281
Leder 18, 112, 253
~, Aufbau 241
~, Feuchtigkeitsaufnahme 241, 245
~, Pflege 241
~, Verwendung 241, 242
Lederfarbstoffe 243
Lederherstellung **242-245**
Lederhilfsmittel 57

Lederimprägniersprays 303
Lederkleidung 242, 251
Ledermöbel 242, 251
Lederoberfläche 245, 246, 248
Lederpflege 109, 110, 111-113, 241, **245-252**
Lederpflegemittel 13, 18, 93, 106, 306
Lederquerschnitt 245
Lederreinigungsschaum 250
Legierungen 120, 121
Leinöl 138
Leinölfirnis 221
Leitfähigkeit 59
Lemon 170
Lichtstreuung 216
Licker 245
Life cycle assessment 281
Life cycle impact assessment 285
Life cycle inventory 284
Lignin 140
Ligustral 104
Lilestralis 105
Limonen 93, 302, 306, 319
Limonenepoxid 306
Linalool 104, 319
β-Linalool 103
Linienkorrosion 127
Linolensäure 138
Linoleum 16, 70, 74, 119, **138-140**, 143, 221-224, 226, 228
Linoleumböden 230
Linolsäure 138
Linoxyn 139
Lipase 213, 217
Lipide 85, 87, 91, 92, 148
Lipidmantel 304
Lipophilie 75, 87, 90, 272
Lipopolysaccharide 86
Lipoproteine 86
Lochfraß 121, 163
Lochkorrosion 127
Lösemittel 17, **51**, **93-94**, 115, 133, 135, 138, 139, 148, 166, 170, 190, 191, 204, 216, 217, 218, 222, 228, 231, 236, 238, 246-250, 254-259, 261, 262, 264, 275, 302, 303, 305, 306, 314
Löslichkeit 68
Löslichkeitsgrenze 275

Löslichkeitskurve 60
Lösungsvermittler 68, 93, **94-95**, 156, 157, 170, 191, 201, 236, 255, 258, 259, 275
Lösungsverstärker 250
Lotionen 251
Lotusblume 147
Lotus-Effekt 147-149
Luftemissionen 291, 292, 296
Lufterfrischer 44, 210, 237
Lufterfrischer-Sticks 45
Luftfeuchtigkeit 141, 142
Luftverbesserer 237, 239
Lyotrope Phasen 52

*M*agnesiumionen 73, 97, 164, 166, 173, 179, 276
Magnesiumsilicate 204
Mahagoni 140
Makroemulsionen 65, 67
Makromoleküle 131, 132
Maleinsäure 72, 97, 98, 191, 201, 202, 204
Manganionen 183
Mangankomplexe 76, 162, 164
Mannan 86
Mannanasen 77, 78
Marken 37-39, 42
Marketing 46, 47
Marktdaten **18-21**
~, Bodenbeläge 143
~, Geschirrspülmaschinen 171, 172
~, Geschirrspülmittel 19
~, Handgeschirrspülmittel 160
~, Maschinengeschirrreiniger 164
~, Reinigungsmittel 19
~, Tenside 53, 55
~, Wachse 110
~, Waschmittel 19
Marmor 70, 71, 129, 203, 205, 222, 227
Maschinengeschirrreiniger 13, 19, 68, 163-165, 170-173, 179, 183, 186, 277, 311
Maschinengeschirrspülen, Chemikalienverbrauch 25
~, Energieverbrauch 25
~, Mechanik 25

Maschinengeschirrspülmittel 13, 18, 19, 21, 73, 74, 76, 77, 84, 96, 98, 153, **161-164**, 171, 277, 290-292, 310, 312, 321
Maschinenpfleger 13, 19, 153, 163, 168, 170, 289, 290, 292
Maßgedecke 176, 177, 186, 283, 285, 290
Massivmöbel 141
Materialschäden 133
Materialschonung 23
Materialverträglichkeit 70, 190, 194, 198, 200, 206
MBAS *s.a.* methylenblauaktive Substanz
MBAS-Abnahme 270, 273
MDF-Platten 142
Mehrzweckemulsionen 223
Melaminharze 132, 136
Membranen 86
Membranaktive Verbindungen 87
Membranproteine 90
p-Menth-1-en-8-ol 104
Meraklon® 144
Mercaptan 183
MES *s.* Methylestersulfonate *od.* (Natriumsalze der) α-Sulfomonocarbonsäureester
Messer 120
Messing 72, 120, 121, 206
Metabolite 268
Metallbeschichtung 135
Metallcluster 148
Metalle 71, 112, **119-123**, 131, 134, 163, 164, 180, 206, 257
Metallkatalyse 76
Metallkomplex 225
Metallkorrosion 124
Metalloxide 122
Metallputzmittel 13, 14
Metallreiniger 57
Metallwolle 95
Methan 286, 287, 294
Methanolyse 112
Methansulfonsäure 73
Methionin 78
Methoxyessigsäure 306
2-Methoxynaphthalin 105

1-Methoxypropan-2-ol 250
Methylenblauaktive Substanz 268
Methylestersulfonate 54, 58
Methylglycin-*N,N*-diessigsäure 97
Methylheptincarbonat 319
Methylisothiazolinon 309
2-Methylisothiazolin-3-on 91, 92
2-Methyl-4-isothiazolin-3-on 80, 83, 88, 90, 91
Methyllactat 105
Methyl Pamplemousse 104
3-Methyl-4-(2,6,6-trimethyl-2-cyclohexen-1-yl)-3-buten-2-on 319
MGDA *s.* 2-Methylglycin-*N,N*-diessigsäure
Micellen 24, 52, 59, 60, 63, 64, 95, 100, 101
Micellbildungskonzentration, kritische 59, 60
Mikroemulsionen 65, 67, 93, 99, 192
Mikroorganismen 24, 26-31, 59, 77-79, 82-84, 85, 87, 89-92, 158, 267, 268, 270, 271
Mikroreliefs 148
Mikrowachse 111, 260
Mikrowellengeschirr 124, 132
Milchsäure 72, 166, 201, 202, 236, 276
Mineralgerbung 243, 244
Mineralisationsprodukte 268
Mineralöl 230
Mineralölemulsionen 220
Mineralsäuren 69
Mischgranulate 164, 171
Mischmicellen 67
Mittelnote 102
Möbel 112, 119, 120, 124, 140-142, 190, 217, 242
Möbellacke 132
Möbellackierung 136
Möbelpflege 45, 110, 111
Möbelpflegemittel 93, **220**, **221**
Möbelpolitur 13, 45, 220, 221, 306
Möbelreinigung 45
Möbelwachse 220
Mohs-Härte 203
Molybdän 121
Mono- und Dinatriumphosphat 73

Monoethanolamin 204, 276
Monosaccharide 78
Monoterpene 102
Montanesterwachse 220
Montanwachse 108, 109
Montmorillonite 99
Mopp 22, 229
Moschusduft 105
Moschusduftstoffe 309
Moschusxylol 325
Multifunktionsprodukte 20, 168
Mundrandkorrosion 181

Nachbehandlung 232
Nachfüllbeutel 216
Nachfülleinheit 210
Nachfüllpackungen 206, 210
Nachgerbung 243
Nachhaltige Entwicklung 47-49
Nachhaltiges (Ab)-Waschen 186, 187
Nachhaltigkeit 46-49, 282
Nadelfilz 146
Nadelhölzer 140, 141
Nadelvlies 143
Nährstoffe 273
Nährstoffquelle 272
Nahrungskette 270, 271
Nahrungsmittelallergien 29
Nanostrukturen 147, 148
Nanoteilchen 148
Naphthalin 45
Nappa 242
Nassreinigung 129, 230
Nassverfahren 22
Nasszurichtung 243
Natrium-2-ethylhexyl-iminodipropionat 94, 95
Natrium-2-ethylhexylsulfat 94
Natrium-3,5-xylolsulfonat 94
Natriumalkylethersulfate 94
Natriumalkylsulfate 95
Natriumaluminiumsilicate 108
Natriumbenzoat 156
Natriumcarbonat 73, 208, 213, 276
Natriumcitrat 165, 201, 210, 213
Natriumcumolsulfonat 94, 191
Natriumdichlorisocyanurat 74, 278
Natriumdisilicat 165, 277

Natriumdithionit 74, 218
Natriumformiat 243
Natriumhydrogencarbonat 165, 213
Natriumhydrogensulfat 69, 71, 84, 208, 210, 276
Natriumhydroxid 74, 84, 212, 307, 312, 322
Natriumhypochlorit 77, 80, 84, 91, 201, 203, 212, 213, 219, 308
Natriummetasilicat 74, 163-165, 276, 307
Natriummonoalkylphosphat 94
Natriumnitrat 212, 213
Natrium-nonanoyloxybenzolsulfonat 75, 76
Natriumperborat 74, 80, 84, 164, 165, 278, 308
Natriumpercarbonat 74, 80, 84, 212, 213, 217, 231, 278, 308
Natriumphosphate 74
Natriumphosphonate 96, 191, 210
Natriumpolyacrylat 100
Natriumpolycarboxylate 165
Natriumsalicylat 156
Natriumsilicate 73, 74, 123
Natriumsulfat 208, 210
Natriumsulfit 74
Natriumtrichlorisocyanurat 163, 165, 278
Natriumxylolsulfonat 94, 191
Natronlauge 191, 204, 276
Naturfasern 144, 145, 230
Naturkautschuk 303
Naturlatex 145, 146
Natursteinböden 227
Natursteine 71, 119, **129-131**, 205, 221, 222
Naturwachse 108, 220, 221
Nelumbo nucifera 147
Neral 103
Nerolin Yara Yara 105
Netzen 51
Netzmittel 51, 66, 113, 163, 223, 264
Netzvermögen 197, 207, 217
Netzwerkwandler 123
Netzwinkel 61
Netzwirkung 68
Neusilber 119, 120

Nichtionische Tenside *s.* Tenside, nichtionische
Nickel 119, 121
Nigrosin-Farbstoffe 107
Niotenside *s.a.* Tenside, nichtionische
Niotenside 52, 55
Nirosta-Spülen 43
Nitrate 311
Nitrilotriacetat 277
Nitrilotriessigsäure 97, 191, 262
(Nitrilotrismethylen)-trisphosphonsäure 97
Nitrilquats 76
Nitrite 311
Nitrocellulose 136
Nitrolack 135
Nitromoschusduftstoffe 309
Nitromoschusverbindungen 272, 279
N-Nitrosamine 311
N-Nitrosodiethanolamin 311
NOBS 75, 76
NOEC *s.a.* No-observed-effect-Konzentration
NOEC-Werte 272, 274
No-effect-Konzentration 266, 272
Nonan-1-persäure-Anion 75
Nonylaldehyd 104
Nonylphenol 274
No-observed-effect-Konzentration 271
NTA *s.a.* Nitrilotriessigsäure
NTA 318
Nubukleder 242
Nucleophile 90
Nukleinsäure 90
Nussbaum 140
Nutzschicht 137, 144-147
Nylon® 144

*O*berflächen 71, 142
~, fraktale 61
~, geschliffene 129
~, Glanz 109
~, harte **119-142**, 218
~, hydrophile 61, 62, 216, 217
~, hydrophobe 61, 134, 147, 148, 216
~, kalksteinhaltige 205
~, kratzfreie 96
~, lackierte 135, 136, 194, 217
~, mikrostrukturierte 147
~, nanostrukturierte **147-149**
~, polierte 129
~, poröse 129
~, raue 129
~, Rauigkeit 62
~, superölabstoßend 62
~, superwasserabstoßend 61
~, textile 107, 119, 218, 237
Oberflächenadsorption 167
Oberflächenbeschichtung 135, 136
Oberflächenenergie 134, 148
Oberflächenflor 250
Oberflächengewässer 276
Oberflächenladung 73
Oberflächenpotenzial 73
Oberflächenschutz 257
Oberflächenspannung 59-61, 112, 148, 157
Obstflecke 74
Obstsäfte 217
Ochsengalle 218
Octacosansäure 108
Octylaldehyd 104
OECD Confirmatory Test 269, 270
OECD Ready Biodegradability Test 275
OECD Screening Test 268, 269
OECD Tests für leichte biologische Abbaubarkeit 269, 270, 275
Ökobilanz, Auswertung 287
~, Bestandteile 282
~, Durchführung 284
~, kritische Prüfung 288
~, Normungen 283
~, Nutzen 282
~, Wirkungsabschätzung 282, 284, **285-288**, 293
Ökobilanzen **280-298**
~, Anwendungsbeispiel 289
Ökobilanzrahmen 281
Ökologie 48, 49, 162
Ökologische Sicherheit 111, **265-280**
Ökologische Sicherheitsbewertung 273
Ökonomie 48, 49
Ökoprofil 58, 65
Ökosystem 270

Ökotoxikologische Eigenschaften 265, 267, 275
Ökotoxizität 266-268, 270, 273, 279
Ökotoxizitätsprofil 274
Ökotoxizitätstest 271
Öl-in-Wasser-Emulsionen 248, 251
Ölaufnahmevermögen 157
Öle 53, 73, 134, 218, 247, 249, 255
Öle, sulfierte 220
Ölemulsionen 220
Ölschmutz 69, 201
~, Entfernung 62
Ölsäure 53, 138
Ölware 246, 247
Östrogen ähnliche Wirkung 274
1-Olefine 53
n-Olefine 55
Olefinpolymerisation 109
Olefinsulfonate 53, 54, 58
Oleophobierung 113
Orale Aufnahme 300
Orangenöl 93, 104, 306
Orangenölterpene 105
Orangenreiniger 12, 192
Organische Halogenverbindungen 80
Organoschwefelverbindungen 101
Orlon® 144
Osmotischer Druck 59
Outputströme 285
O/W-Emulgatoren 66
~, -Emulsionen 112
~, -Mikroemulsionen 67
Oxoalkoholethoxylate 66
Oxidationsmittel 68, 80, 81, 91, 92, 201, 203, 231
Oxidationspotenzial 75, 183
Ozonabbau 287
Ozonabbaupotenzial 287
Ozonbildungspotenzial 286, 294

*P*ads 235
Palmkernöl 53
Palmöl 53, 281
Panthenol 158
Pappel 140
Paradichlorbenzol 45, 318
Paraffine 55, 165, 166, 220
Paraffinsulfonate *s.* Alkansulfonate

Paraffinwachse 109, 111, 230
Parfüm 238, 272, 279
Parfümöle 44, 45, **100-105**, 197, 201, 202, 204, 208, 210, 264, 309
Parkett 136, 141, 143, 221, 222, 226
Parkettboden 228
Parkettpflegemittel 17
Parkettpfleger 222
Parkettreinigungsmittel 17, 222
Partikelschmutz 217, 221, 229, 233
Patina 69
PBTC *s.* 2-Phosphonobutan-1,2,4-tricarbonsäure
PE *s.* Polyethylen
PEC *s.a.* Predicted environmental concentration
PEC-Werte 274
PEC/PNEC-Verhältnis 267, 272, 279
Pectine 99
Peer Review 284
Penetration 170
Pentanatriumtriphosphat 73, 74, 98, 163, 165, 191
Pentanol 65
Peptide 78
Peptidoglykane 85, 86
Peracetat-Anion 74, 76
Perborat *s.* Natriumperborat
Percarbonat *s.* Natriumpercarbonat
Perchlorethylen 93, 307
Peressigsäure 75, 80
Perfluoralkylethanole 114
Perfluortenside *s.* Fluortenside
Perhydroxid-Anion 75
Perlon® 144
Peroxide 81, 91
Peroxidasen 77, 78
Persil 39
Petitgrain 104
Petitgrainöl 104
Pfannen 120, 121, 153, 178, 204
Pflanzenasche 73
Pflanzenextrakte 158
Pflanzenschutzmittel 58
Pflegedispersionen 221
Pflegefilme 24, 139, 224, 225, 227, 279

Pflegekomponenten 51, 108, 110, 156, 158, 202, 228, 247-249, 255, 279
Pflegemittel 11, 49, 51, 79, **80-82**, 90, 94, 107, **109-115**, 129, **217**, 324
~, für Auto **253**
~, für textile Bodenbeläge 230
~, freiwillige Vereinbarungen **317**
~, für Fußböden 221
~, gesetzliche Regelungen **317**
~, für Leder 241, 251
~, ökologische Sicherheit **265**
~, für Schuhe **241**
~, Verbrauchersicherheit **299**
~, wirtschaftliche Bedeutung **18-21**
Pflegemittelfilme 223
Pflegemittelverträglichkeit 252
Pflegepasten 95
pH-Wert 24, 68, 70, 73, 74, 78, 82-84, 92, 102, 156, 162, 165, 167, 168, 170, 183, 184, 190, 200, 202-204, 236, 243, 304, 307, 308, 312
pH-Wert, Reiniger für Küche und Bad 201
Phenole 87, 89, 318
Phenolderivate 80
Phenolharze 135
Phenoxyethanol 310, 319
2-Phenoxyethanol 80, 83, 88
2-Phenylalkane 55
β-Phenylethanol 103
Phenylethylalkohol 101
o-Phenylphenol 80, 88, 89
Phosphat-Äquivalente 287
Phosphate 40, 96, 164, 168, 178, 254, 258, 276, 318
Phosphatfracht 276
Phospholipide 86, 90
Phosphonate 165, 277, 318
2-Phosphonobutan-1,2,4-tricarbonsäure 97
Phosphorsäure 40, 71, 84, 204, 206, 257
Phthalate 303
Phthalimidoperoxyhexansäure 76
Phthalocyanin-Pigmente 107
Phytotoxizität 278
Pickel 243

Pigmente 106-108, 132, 138, 139, 217, 243
Pigmentschmutz 63, 98
Pilze 81, 82, 86, 90, 91, 279
α-Pinen 101
(+)−α-Pinen 103
Piperonal 104
pK_S-Werte 72
Plasma-Ätzen 148
Plasmide 77, 78
Platzbedarf 60
Plexiglas 214
PNEC *s.a.* Predicted no-effect concentration
PNEC 272, 274
Polycyclische Moschusverbindung 279
Polierbarkeit 223, 260
Polieren 96, 97, 220
Polierfähigkeit 138
Poliermittel 259
Polier-Tonerde 96
Polierwirkung 198
Polirol 46
Polish Brass 206
Politur 112, 253
Polmaterial 144
Polster 218, 253
Polsterbezüge 236
Polstermöbel 234, 235
Polstershampoo 13
Polyacrylamide 99
Polyacrylatdispersion 224, 249
Polyacrylate 98, 99, 110, 133, 216, 248, 279
Polyacrylnitrilfasern 144
Polyacrylsäurederivate 247
Polyaddition 114
Polyamide 70, 132, 236, 237
Polyamidfasern 144
Polyasparaginsäure 97, 99
Polycarbonat 122, 132, 206, 262
Polycarboxylate 97-100, 168, 217, 236, 276, 318
Polycyclischer Moschusduftstoff 309
Polydimethylsiloxane 112, 113, 259, 260
Polyester 133, 136, 139, 145, 196, 236, 237

Polyesterfasern 144
Polyester, ungesättigte 139
Polyesterharze 135, 136
Polyethylen 110, 122, 132, 133, 146, 279, 303
Polyethylenglykolether 209
Polyethylenglykolwachse 108, 109
Polyethylenwachse 110, 111, 220
Polyetherwachs 220
Polyglykolether 146, 192
Polyisocyanate 114
Polykieselsäure 99
Polymerdispersionen 108, **110**, 114, 222-224, 232, 234, 235
Polymere 17, 51, 73, 100, 101, 108, 111, 114, 149, 164, 222, 224, 225, 228, 279
Polymerfilm 238
Polymerisation 114
Polymerpartikel 227
Polymerschichten 16, 17
Polymethylmethacrylat 122, 132, 149, 206
Polyolefin-Dispersionen 110
Polyolefine 110, 134
Polyolefinwachse 108, 109
Polyose 140
Polyoxymethylen 206
Polyphosphate 197
Polypropylen 110, 122, 133, 144, 145
Polysaccharide 160, 204
Polysiloxane 69, 303
Polysulfon 132
Polystyrol 122, 132, 133
Polytetrafluorethylen 132, 134
Polyurethan 114, 132, 136
Polyurethandispersionen 110, 249
Polyurethangranulat 233
Polyurethanharze 135, 136
Polyurethanschaum 230
Polyvinylchlorid s.a. PVC
Polyvinylchlorid 133, 134, 138, 146
Porosität 130
Porzellan 125, 130, 153, 163, 164, 179, 180
Pottasche 73
PP s. Polypropylen

Predicted environmental concentration 264
Predicted no-effect concentration 266, 272
Preis-/Leistungsverhältnis 68, 155
Pressglas 126
Primärabbau 268-270, 274, 275
Primär-Abbauprodukt 267
Primärabbau-Bewertung 270
Primärtenside 157
Produktästhetik 107, 111, 156, 160, 162, 166, 191, 197, 201, 202, 204, 208, 210, 216, 228
Produktbeobachtung 300
Produktentwicklung 69
Produktgruppen **11-13**
Produktklassen 51
Produktzusammensetzung s. Zusammensetzung
Programmablauf 175
Programmsteuerung 174
Propan/Butan 207, 209, 236, 246, 249, 250, 314, 321
1-Propanol 93, 192
2-Propanol 80, 81, 93, 192, 196, 216, 246, 249, 250, 275
Propanole 90
Propylenglykol 216
Proteasen 77, 78, 165, 178, 213, 217, 310
Proteine 73, 78, 85, 87, 89-92, 278, 305, 307
Protein-Engineering 77, 78
Proteinhydrolysate 156, 158, 305
Protonierungsgrad 101
Prozesschemikalien 57, 110
Puffervermögen 304
Pulverbürste 233
Pumpspray 238
Pumpsprühflasche 257, 262, 303
Pumpventile 206
Pumpzerstäuber 246
Putzlappen 30, 32
Putztücher 183
PVC s.a. Polyvinylchlorid
PVC 71, 155, 221, 222
~, -Bodenbelag 70, 143, 223, 225-227
~, -Handschuhe 303

Pyrogene Kieselsäure 149
Pyrazine 101

*Q*uartäre Ammoniumverbindungen 52, 69, 87, 90, 280
Quarz 95, 130, 259
Quarzmehl 38
Quarzsand 122
Querempfindlichkeit 302
Querschnitt 141

R-Sätze 320-323
Radialschnitt 141
Rahmenrezeptur *s.* Zusammensetzung
Randwinkel 61, 62, 148
Randwinkelerniedrigung 67
Randwinkelhysterese 62
Rapsöl 53, 62
Rasenbleiche 39
Rauigkeit 62
Rauleder 113, 241, 242, 245, 251
Raulederpflege 249, 250
Raulederpflegemittel 13, **249, 250**
Raumbedufter 13, 235, 237, **238, 239,** 309
Raumerfrischer 101
Recycling-Prozess 153, 154
Redeposition 98
Reduktionsmittel 218
Regeneriersalz 13, 19, 25, 163, 166, 168, 172, 173, 289-291
Reinaluminium 120, 122
Reiniger *s.a.* Reinigungsmittel
Reiniger 57, 68, 101, 107, 108, 153
~, alkalische 74, 96, 103, 126, 227, 279, 307
~, desinfizierende 79
~, für harte Oberflächen 113
~, hypochlorithaltig 308, 314
~, für Küche und Bad **199-207**
~, für Küche und Bad, Anforderungen 199, 200
~, für Küche und Bad, Zusammensetzung 201
~, Kulturgeschichte **34-49**
~, niederalkalische 126, 127
~, saure 103, 205, 227, 279
~, für textile Beläge 13, 17

Reinigertablette 162, 166
Reinigung 139, 149
~, Grundlagen **21-26**
~, harter Oberflächen 189, 193
~, von Teppichböden 230
~, Toilettenbecken 42
~, von Waschkesseln 37
Reinigungsfaktoren 23, 193
Reinigungsflotte 99
Reinigungsgeräte 138, 229
Reinigungskreis *s.* Waschkreis nach Sinner
Reinigungsleistung 11, 68, 73, 156, 157, 160, 162, 164, 165, 172, 179, 190, 194, 197, 200, 205, 207, 217, 305
Reinigungsmittel 1, 38, 47, 49, 51, 53, 55, 65, 66, 70-74, 77-82, 84, 90, 93, 94, 97, 98, 100, 107, 111, 112, 129, 138, 158, 189, **217, 224**, 318, 324
~, fürs Auto **253-263**
~, freiwillige Vereinbarungen **317**
~, für Fußböden 221
~, gesetzliche Regelungen **317**
~, mit keimreduzierender Wirkung 85
~, Kulturgeschichte **34-49**
~, ökologische Sicherheit **265**
~, für textile Bodenbeläge 230
~, Verbrauchersicherheit **299**
~, wirtschaftliche Bedeutung **18-21**
Reinigungsmittelbeständigkeit 112
Reinigungsprozess 63, 100, 277
Reinigungstextil 206
Reinigungstücher 13, 20, 21, 84, 195, 196, 216
Reinigungsverfahren 22
Reinigungsverhalten 133, 134
Reinigungsverstärkung 254
Reinigungswirkung 94, 105, 193, 197, 204, 216, 217, 228, 233, 258, 261
Reinigungswirkungsklasse 186
Reiswachs 109
Reizwirkung 300
Remobilisierung 272
Resistenzentwicklung 91, 92
Ressourcenverbrauch 288
Rezeptur *s.* Zusammensetzung
Rheologie 100
Riechstoffe 102, 278, 279

Risikoabschätzung 159, 283, 320
Risikoabsicherung 83
Risikopotenzial 299
Risk Assessment 266
RNA 92
Rohrreiniger *s.* Abflussreiniger
Rolläden 132
Rolling-up-Mechanismus 62
Roll-on-System 218
Rosenoxid 104
(2*R*,4*R*)-Rosenoxid 103
Rost 69, 207, 218
Rostablagerungen 209
Rostflecken 69, 217
Rückfetter 66, 156, 158
Rückfettung 156, 304
Rüster 140
Ruß 107, 149
Rutil 107
Rutschfestigkeit 223
Rutschhemmung 110

S-Sätze 320-323
Saccharide 78
Sachbilanz 282, 284
Säurebeständigkeit 129
Säurefarbstoffe 107
Säuren 51, **69-73**, 79, 81, 85, 87, 91, 92, 101, 133, 163, 166, 203, 205, 218, 257, 258, 276, 280, 302, 307, 308
~, anorganische 71, 276
~, lipophile 89
~, organische 71, 72, 84, 196, 201, 202, 204, 207, 208, 210
Säurestärke 70
Säurewachse 109, 111
Salicylsäure 81, 84, 85, 87, 88, 280
Salz 153, 186, 304
Salzersatzstoffe 162
Salzglasur 124
Salzsäure 36, 69, 71, 206, 307
Sandpapier 95
Sandstein 129
Sanitärbereich 28, 29, 101, 203, 207
Sanitäreinrichtungen 130
Sanitärkeramik 101, 206
Sanitärreiniger 310
SAS *s.* (sekundäre) Alkansulfonate

Sauberfasern 146
Sauerstoffbleiche 74, 76, 77, 162, 183, 184, 203, 278
Saurer Regen 286
SB-Waschboxen 258
Schäumverhalten 67
Schäumvermögen 68, 155, 157
Schalldämmung 143
Scharffeuerfarben 122
Schaum 157
Schaumaerosole 209
Schaumbildner 246, 250
Schaumbremse 165
Schaumentwicklung 51, 163, 190, 197, 200, 207-209, 210
Schauminhibitoren 67, 113
Schaumleistung 217
Schaumrücken 145, 146
Schaumspray 203, 204
Schaumverhalten 234
Schaumverstärker 67, 113
Scheibenreiniger 13, **261-263**
Schellack 45, 135
Schellack-Wachs 109, 221
Scheuermilch 12, 197
Scheuermittel 12, 13, 17, 19-21, 39, 44, 47, 95, 96, 182, 189, 190, **197**, **198**, 203
~, Anforderungen 198
~, Zusammensetzung 197
Scheuern 96, 129
Scheuerpulver 12, 197
Scheuertuch 229
Schildlaus 109
Schimmel 131, 218
Schimmelbildung 83
Schimmelentferner 15, 131, 203
Schimmelflecken 217
Schimmelpilze 28, 30, 31, 83, 85
Schlagfestigkeit 138
Schleifkörper 95
Schleifpaste 259
Schleifpolitur 259
Schleifsteine 95
Schleimhäute 300
Schlingenware 144, 146
Schmierseife 13, 16, 218, 228
Schmutz 22, 23, 51, 129, 193

Schmutzablösevermögen 163
Schmutzablösung 22, 97, 273
Schmutzabweisung 129
Schmutzarten 177
Schmutzaufnahmevermögen 154, 157, 255
Schmutzbindevermögen 143
Schmutzbindung 77
Schmutzdispergierung 99
Schmutzhaftung 73
Schmutzlöser 250
Schmutzmatrix 191, 217
Schmutztragevermögen 24, 155, 190, 200
Schneidebrett 30
Schnellreinigung 204
Schnell Trocken Formel 160
Schnittflor 144
Schnüffeldroge 314
Schrubbmaschine 235
Schuhcreme 241, 246-248
Schuhe 242
Schuhlederpflege 241, **245-249**, 251
Schuhlederreinigung 250, 251
Schuhpflege 109
Schuhpflegemittel 13, 18, 106, 306
Schurwolle 144, 145
Schutzfilm 222, 223, 225, 259, 260
Schutzschicht 110, 226
Schwämme 31
Schwefelsäure 36, 38, 243
Schwermetalle 97
Schwefeldioxid 294
Schwefeloxide 286, 287
Schwefelwasserstoff 183
Screeningtest 268-270
Sedimente 265
Seide 70, 74
Seife 34, 36, 39-41, 52-54, 73, 218, 220, 228, 231, 274, 304, 318
Seifenreiniger 13, 16, 129, 222, 225
Seifenspiritus 218
Sekundärtenside 157
Selbstdiffusionskoeffizient 59
Selbstemulgierung 109, 110
Selbstglanzemulsionen 13, 17, 222-224, 248
Selbstglanz-Schuhpflege 248, 249

Selbstkonservierung 81
Selbstorganisation 63, 148
Selbstreinigung 205
Selbstreinigungseffekt 148
Selbstwaschboxen 18
Selektionsverfahren 78
Sensibilisierung 300
Sensibilisierungspotenzial 91
Sensibilisierungsreaktionen 302, 310
Sensitiv 158
Sensitivitätsanalyse 288
Sensoren 175
Sensortechnik 176
Serviergeschirr 177
Sesquiterpene 102
Sicherheitsbewertung 265
Sicherheitsfaktoren 266, 272
Sicherheitsratschläge 321, 323
Siegel 136
Sikkative 135
Silber 119-122, 163, 179, 183, 184, 205
Silber-Antimonlegierung 183
Silberbestecke 119, 164
Silberchlorid 183, 184
Silberoxid 184
Silberputzmittel 14, 183
Silberschutz 165
Silberschutzmittel 183, 184
Silbersulfid 183, 184
Silicate 178, 197, 198, 217, 277
Silicat-Polymer-Mischungen 181
Siliciumcarbid 95
Siliciumdioxid 122, 124, 129
Silicone 17, 51, 109, **111-113**, 131, 255, 259
Siliconemulsionen 114, 221
Siliconentschäumer 224
Siliconfugen 203
Siliconharze 112, 113, 260
Siliconimprägnierung 130
Siliconmassen 131
Siliconöle 14, 18, 202, 203, 220, 245-250, 256, 259, 260
Siliconquats 69, 228, 256
Silicontenside 60, 114
Siliconwachse 108, 112, 113
Siloxan-Polyether-Copolymere 112

Simulationstest 268
Sisal 144, 145
Sitzmöbel 132
Soda 69, 73, 74, 165, 183, 191, 197, 209, 217, 276
Sojaöl 53
Solnhofer Platten 129
Solubilisatoren 66
Solubilisierung 59, 63, 67, 106, 157
Solubilisierungsvermögen 95
Sommersmog 286
Sonnenblumenöl 53
Sorbinsäure 81, 83, 87, 88
Sorbitanester 109
Spannbetttücher 28
Spanplatten 136, 142
Spannungsrissbildung 133
Spannungsrisskorrosion 206, 262
Sperrholz 142
Spezialfleckmittel 13
Spezialreiniger 19, 20, 199
Spezialtenside 52, 58, 59, 69, 274
Spiegel 124, 217
Spiegelschnitt 141
Spielzeug 132
Spiritus 219
Sporen 86
Sprays 300, 303, 306, 314
Spraydose 246, 312
Spreiten 61
Spreitverhalten 112
Sprengmittel 209
Sprenkel 106
Spritzverschluss 216
Sprudeleffekt 208
Sprühapparaturen 194
Sprüharme 172
Sprühextraktion 235
Sprühextraktionsreiniger 17, 222
Sprühextraktionsverfahren 232, 233, 235
Sprühreiniger 206
Sprühsaugen 234
Sprühsauger 235
Spülbecken 84, 120, 132
Spülen 153, 154, 159, 162
~, per Hand 179, 185, 186, 187

~, maschinelles 125, 126, 128, 171, 186, 187
Spülfaktoren 162
Spülflotte 156, 157, 159, 181
Spülgang 285, 290, 293, 295, 296
Spülgut 154, 156, 157, 160, 161, 163, 166, 170, 172, 179
Spüllappen 30, 32, 158
Spülleistung 155
Spülmaschineneignung 121, 122, 178
Spülmitteldosis 292
Spülprogramm 128, 174, 175, 186
Spülprozess 125
Spülreiniger 13, 15
Spültabs 171
Spültemperatur 126, 293
Spülutensilien 186, 187
Spülvorgang 291
Stabilisatoren 132
Stabilität, thermische 82
Stärke 58, 78, 99, 105, 181
Stahlblank 43
Stahlwolle 182
Staubbindevermögen 143
Stauböl 45
Staub saugen 230
Staubsauger 233
Staubsauger-Deos 238
Staunässe 229
Steinfliesen 222, 226
Steinfußböden 129, 225
Steinfußbodenreinigungsmittel 17, 222
Steinfußbodenpflegemittel 17, 225
Steingut 130
Steinsalz 281
Steinzeug 129, 130
Sterlingsilber 119
Steroidalkohole 109
Stickstoffdioxid 311
Stickstoffoxide 286, 287, 294
Stiefelwichse 241
Stiwwelwix 241
Stoffeffizienz 48
Stoffkreisläufe 47, 48, 268
Stoffrichtlinie 323
Stoffströme 285
Stoffwechsel 274
Strapazierfähigkeit 143, 144

Streifenbildung 217
Stressoren 285, 286
Stromverbrauch 186, 290
Styrol 132
Styrol-Acrylat-Copolymere 232
Styrol-Acrylnitril-Copolymerisat 122
Styrol-Acrylsäure-Copolymere 110
Styrol-Butadien-Latex 146
Styrolcopolymere 216
Substantivität 102, 108, 216
Sulfatierung 53
α-Sulfomonocarbonsäureester 54, 58
Sulfonate, kürzerkettige 68
Sulfonat-Tenside 68
Sulfonierung 53, 55, 56
Summenparameter AOX 278
Swiffer®-Technologie 229
Swiffer®-Tuch 229
Swimmingpool 221
Synergieeffekte 111
Synergiepotenzial 58, 68
Synergismus **67-69**, 82, 157, 192, 273
Synthesefasern 229, 230
Systemgrenzen 281, 283
System Spülen 289, 290

Tabletten 153, 217, 322
Tabletten, zweilagige 164
TAED s.a. N,N,N',N'-Tetraacetylethylendiamin
TAED 75, 76, 127, 164, 165, 217
Tafelgeschirr 124
Talgdihydroxyethylbetain 100
Talgfettalkoholethoxylate 66
Tangentialschnitt 141
Tanne 140
Teak 140
Teakholz 142
Tee 217
Teebaumöl 81, 88
Teeflecke 74, 162
Teehaut 179
Teerentferner 263
Teereste 164, 179
Teestein 164, 179
Teflon 148, 235
Telogen 114
Telomerisation 114

Tensidaggregate 64
Tensidchemie 41
Tenside 17, 18, 40, 41, **51**, 52, 58,
  79-82, 89, 93, 94, 100, 148, 189-191,
  195-197, 201, 212, 213, 323
~, Adsorption 67
~, in Allzweckreinigern 191
~, amphotere s.a. Amphotenside
~, amphotere 52, 53, 55, 254, 273, 318
~, Anforderungen 67, 68
~, anionische s.a. Aniontenside
~, anionische 52-54, 55, 60, 63, 68, 69,
  89, 100, 157, 158, 192, 228, 231,
  254-256, 259, 262, 263, 268, 269,
  273, 274, 304, 305, 318
~, aquatische Toxizität 274
~, in Autopolituren 259
~, in Autoshampoos 255
~, in Backofen- und Grillreinigern 204
~, biologische Abbaubarkeit 68, 273
~, in Bodenreinigungsmitteln 228
~, chemische Struktur 54, 57
~, c_M-Werte 60
~, Einwirkung auf die Haut 302
~, in Emulsionsware 248
~, in Felgenreinigern 258
~, in Fleckensalzen 217
~, in Fleckentfernern 218
~, in Glasreinigern 216, 217
~, Grenzflächenaktivität 193
~, in Handgeschirrspülmitteln
  155-157, 159
~, harte 97
~, in Hydrophobierungsmitteln 255
~, hydrotrope 94
~, in Kalklösern 204
~, kationische s.a. Kationtenside
~, kationische 15, 52, 53, 55, 63, 68,
  69, 90, 255, 256, 258, 274, 305, 318
~, in Klarspülern 166, 167
~, in Kunststoffreinigern 263
~, in Lackreinigern 259
~, in der Lederherstellung 242, 243
~, in der Lederpflege 246
~, in der Lederreinigung 250
~, Marktdaten 53, 55
~, in Maschinengeschirrreinigern 164
~, in Maschinenpflegern 170

353

~, nichtionische *s.a.* Niotenside
~, nichtionische   52, 53, 55, 57, 60, 61, 64-68, 96, 99, 100, 133, 157, 166, 170, 192, 205, 231, 247, 248, 254-256, 258, 259, 261, 262, 263, 268, 269, 273, 274, 305, 318
~, ökologische Aspekte   273
~, oleochemische   53
~, Phasengleichgewichte   63
~, Platzbedarf   60
~, Primärabbau   268
~, in der Raulederpflege   250
~, reinigende Wirkung   70
~, in Reinigern für Glaskeramik-Kochfelder   202
~, in Reinigern für Küche und Bad   201
~, in Reinigern für Edelstahl   202
~, Reinigungsleistung   73
~, in Reinigungstüchern   196
~, Reizwirkung auf die Haut   304, 305
~, schaumarme   69, 165
~, in Scheibenreinigern   262
~, in Scheuermitteln   197
~, in Schuhcreme   247
~, in Teppichshampoos   232
~, Toxikologie   303
~, in Vorsprühreinigern   254, 255
~, in Waschkonservierungsmitteln   256
~, in WC-Duftspülern   210
~, in WC-Reinigern   208
~, in WC-Steinen   210
~, weiche   97
Tensidgesetzgebung   274
Tensidklassen   52, 53, 55, 60
Tensidkombinationen   67, 194, 205, 209, 234
Tensidmicellen *s.* Micellen
Tensid-Polymer-Komplex   148
Tensid-Rückstände   159, 233, 233
Tensidsysteme, divergente   228, 256
Tensidverordnung   269, 317, 318, 321
Teppich   28, 114, 218, 234
Teppichböden   142-144, 145, 219, 222, 226, 230, 231, 233-235
~, getuftete   145
~, gewebte   145
Teppichimprägnierer   235

Teppichreiniger   13, 17, 20, 21, 93, 113, 222, 234
Teppichreinigungspulver   232
Teppichshampoo   232, 235
Terpenalkohole   93
Terpene   81, 84, 106
Terpentin   139
Terpentinöl   45, 221, 241, 275, 306
γ-Terpinen   88
Terpinen-4-ol   88
Terpineol   104
α-Terpineol   103
Terrakotta   129, 222
Terrassen   221
Terrazzo   71, 129, 222, 227
Testbenzin   220, 221, 222, 231, 247, 248
Testverfahren   268
N,N,N',N'-Tetraacetyl-ethylendiamin   75, 76
Tetrachlorethen   307
Tetradecyl-N,N-dimethylaminoxid   59, 100
Tetrapropylenbenzolsulfonat   41, 97
Textile Oberflächen   71
Textilerfrischer   13, **235**, **236**
Textilfarben   74, 218
Textilfarbstoffe   108
Textilhilfsmittel   57
Textilien   28, 30, 114, 219, 231, 237, 253, 273
Textilindustrie   110
Textilrücken   145
Textilverarbeitung   108
Thermoplaste   132, 133
Thioharnstoff   14
Thixotropie   100
Threshold-Effekt   98
Threshold-Inhibitoren   98, 99
Tiefenpfleger   111
Tierversuche   158
Tipps, zur Fleckentfernung   219
Titan   121, 243
Titandioxid   107, 124, 149
Töpfe   120, 121, 153, 178, 182, 204
Toilettenkeramik   207
Toluol   93, 306
Tone   99

Tonerde 95, 96, 197, 198
Tongut 130
Tonkeramische Werkstoffe 130
Tonmineralien 130
Toxikologie **299**, 303, 309
Toxikologische Einstufung 299
Toxikologisches Risikopotenzial 82
Toxikologische Unbedenklichkeit 155, 190, 197, 200, 207, 217, 223
Toxizität 300, 310, 311, 320
~, aquatische 265, 271, 274, 275, 276, 277, 278, 280
Toxizitätstests 271
Toxizitätswert 272
Trägergewebe 145, 146
Trägerschicht 146
Treibgas 238, 246, 250, 314
Treibhauseffekt 287
Treibhausgase 286
Treibmittel 208, 249, 320
Treppen 129, 140, 141
Treuhändermodell 285
Trevira® 144
Triacontansäure 108
Triazolverbindungen 183
Triblock-Copolymere 148
Tributoxyethylphosphat 224, 225
Trichlorfluormethan-Äquivalente 287
Trichlorisocyanursäure 92
Triclosan 89, 92
Tricyclodecenylacetat 105
Triethanolamin 74, 204, 236, 276, 311
Triggerflasche 207
Triisopropanolammoniumlaurylethersulfat 209
Trinatriumcitrat 191
Tripelpunkt 60
Triphenylmethan-Farbstoffe 107
Tripolyphosphat 276
Trisiloxan-Copolymere 113
Triterpenalkohole 109
Trittsicherheit 143, 223
Trockenverfahren 22
Trockenwirkungsklasse 186
Trocknen 68, 99, 111, 154, 157, 158, 166, 190, 200, 250
Trocknung 134, 172, 255, 256
Trocknungsverhalten 160, 194

Trocknungsvermögen 223
Trocknungsvorgang 223, 232
Trocknungszeit 235
Trübung 59, 178, 179
Trübungsgrad 175, 176
Trübungsmessung 60
Trübungspunkte 61, 68, 95
Trübungssensor 175
Tufting 143, 145
Tuftingverfahren 146

Überdosierung 159, 160
Übergangsmetallkomplexe 76
Ultramarine 108
Umlufttrocknung 182
Umnetzen 51, 62, 157
Umnetzung 24, 63
Umweltbelastung 285, 295
Umweltbundesamt 320, 323
Umweltgesetzgebung 41
Umwelthormone 274
Umwelthygiene 27
Umweltkonzentration 266, 272
Umweltmonitoring 270
Umweltrisiko-Analyse 265
Umweltrisikobewertung 267, 272, 279
Umweltrisiko-Bewertungsverfahren 266
Umweltschutz 47, 160
Umweltverträglichkeit 47, 277
Umweltverträglichkeitsbewertung 267
Unbedenklichkeit, toxikologische 81
Undecalacton 105
Unfälle mit Grillreinigern 312
~, Reinigungsmitteln **311**, 312
Ungesättigte Polyesterharze 132
Universalreiniger s. Allzweckreiniger
Unterdosierung 164
Unterglasdekor 122
Unterhaltsreinigung 26, 129, 228
Unverträglichkeitsreaktionen 300, 302, 309
Urin 73
Urinale 207
Urinalsteine 45
Urinstein 15, 69, 71, 209
UV-Strahlung 149

Velour 144, 146
Velourcleaner 251
Velourleder 242, 249
Verätzungen 307, 308, 313
Verbrauchergesundheit 317
Verbraucherschutz 18, 47, 49, 318
Verbrauchersicherheit 82, 162, **299-315**
Verchromen 121
Verdicken durch Verdünnen 100
Verdicker 67, **99-100**, 202, 204, 208
Verdickungsmittel 247, 248, 261
Verdünnungsmittel 135
Verdylacetat 105
Verglasungen 132
Verlaufmittel 224
Verlaufsverhalten 110
Verlaufsvermögen 223
Vernetzung 133
Verpackung 47
Verpackungslösungen 209, 237, 239, 313
Verpackungsverordnung 317
Versauerung 287
Versauerungspotenzial 286, 287, 294
Verschmutzungen, calciumhaltige 97, 163, 191
~, farbige 162
~, fetthaltige 70, 73, 79
~, kalkhaltige 70, 79
~, Pigment 96
Verschmutzungsgrad 175
Versiegelung 140, 259
Verspröden 133
Verstrichung 110
Verunreinigungen, farbige 74
~, hydrophobe 208, 210
Vesikel 52, 64
Vielkomponentensysteme 69
Vim 39
Viren 86, 91
Viskose 145, 196
Viskosität 59, 67, 96, 99, 100, 109, 113, 159, 160, 247
Viskositätseinstellung 208, 247
Vitrolin 38
Vitrous glass 130
VOC s.a. Volatile organic compounds

VOC-Emissionen 93
Volatile Organic Compounds 93, 145
Vollholz 141, 142
Vollständigkeitstest 288
Vollwaschmittel 278
Vorsorgeprinzip 74
Vorsprühreiniger 254
Vorstrich 146
Vorwäsche 254

Wachsalkohole 108
Wachsdispersion 224
Wachse 16, 17, 18, 45, 51, **108, 109**, 111, 218, 220, 222, 224, 225, 226, 228, 231, 241, 243, 245, 246, 247, 248, 249, 259, 260, 279
~, epicuticulare 148
~, intracuticulare 148
~, in Möbelpflegemitteln 220, 221
Wachsemulsionen 109, 110, 111, 114, 220
Wachsester 109, 110
Wachsgepfropfte Polymere 110, 111, 224
Wachskonservierungsmittel 138
Wachspartikel 227
Wachssäuren 109
Wachsschicht 148
Wachsseife 110
Wäsche 28, 30, 74, 76, 218
Wäschedesinfektion 85
Wandfarben 239
Wannenreiniger 13, 15, 200
Warnhinweise 246, 308, 312, 314, 317, 322
Waschanlagen 257
Waschanlagen, automatische 253
Waschboxen 253
Waschbecken 84, 132
Waschen 73
Waschflotte 75
Waschhilfsmittel 19
Waschkessel 41
Waschkreis, nach Sinner 23
Waschmaschinen 120, 124, 290

Waschmittel 19, 41, 47, 51, 53, 55, 65, 66, 67, 73, 77, 90, 97-99, 158, 164, 217, 280, 317
~, -Enzyme 77, 78
Waschprogramme 254
Wasch- und Reinigungsmittelgesetz 269, 317, **318-320**, 321-323
Waschstraße 254
Wasser, Funktionen beim Reinigen 22
~, Trübungsgrad 175, 176
Wasseraufnahmevermögen 130, 134
Wasserbedarf 185
Wasserbindungsvermögen 304
Wasseremissionen 293, 296
Wasserenthärter 153, 163
Wasserenthärtung 168, 217
Wasserflöhe 270
Wasserführung 172, 173, 174
Wasserhärte 73, 127, 128, 153, 163
Wasserhärtebindung 254
Wasserhärtekarte 168
Wasserhärteunempfindlichkeit 68
Wasserkästen 207
Wasserkastensteine 15, 200
Wasserlacke 135, 136
Wasserlöslichkeit 265, 272, 275
Wasser-Luft-Grenzfläche 148
Wasser/Octanol-Verteilungskoeffizient 272
Wasser-in-Öl(W/O)-Emulsionen 220
Wasserorganismen 268, 273, 274, 275, 277
Wasserstoff 74, 212, 213
Wasserstoffionen-Äquivalente 286
Wasserstoffperoxid 75, 77, 80, 84, 85, 201, 203, 231, 278, 308
Wasserverbrauch 172, 174, 186, 290
Wasserwerkstatt 242, 243
WC 28, 237, 317
~, -Abflussrohre 207
~, -Duftgele 209
~, -Duftspüler 13, 15, 21, **209**, **210**, 320
~, -Gelreiniger 102, 105
~, -Reiniger 13, 15, 20, 21, 42, 47, 71, 72, 74, 77, 84, 85, 96, 199, 200, **207-209**, 307, 312, 321
~, -Reiniger, Anforderungen 207

~, -Reiniger, Zusammensetzung 207, 208
~, -Spüler-Gele 200
~, -Spülsteine 15, 200
~, -Steine 207, **209**, **210**
~, -Sticks 207, 209
~, -Tabs 207, 208
Webware 143
Weiche 241
Weichmacher 110, 132, 134, 223, 224, 225, 227, 245, 250, 303
Weichspüler 19, 318
Weichwachse 111
Weinsäure 216, 219
Werkstoffe 119, 122, 131
Werkstoffe, keramische 130
Wet blue 243, 244
Wiederanschmutzung 232, 233, 235, 251, 263
Wiederauffrischung 220, 221
Wildleder 242, 249
Windschutzscheibe 256, 261, 262
Wirkungsabschätzung 285, 286, 287, 288, 293
Wirkungsindikatoren 286, 287, 288, 294
Wirkungskategorie 286, 287, 293
Wischglanzmittel 224
Wischpflegemittel 13, 16, 17, 129, 222, 224
W/O-Emulgatoren 66
~, -Mikroemulsionen 67
Wolle 70, 74, 144
Wollwachs 109
Wunddesinfektion 85
Wurzelbürste 37

Xanthan 202, 208
Xylol 93, 307
Xylolsulfonat 94, 275

Young'sche Gleichung 61

Zellenzyme 89
Zellmembranen 87, 89, 90, 92, 273, 305
Zellstofffasern 145
Zellstoffwechsel 87, 90

Zellwand 86, 87, 91
Zement 129, 131
Zementfugen 203
Zementoberflächen 71
Zementschleier 69
Zementschleierentferner 17, 222
Zentralnervensystem 314
Zeolithe 318
Zerstäuber 238
Zetapotenzial 24, 73
Ziegelböden 227
Ziegenhaar 145
Zimtaldehyd 309
Zimtalkohol 309
Zink 110, 119, 121
Zinkdruckguss 206
Zinkkomplex 224
Zinkricinoleat 107, 236
Zirkon 243
Zircondioxid 124
Zitronenreiniger 12
Zitronensaft 218
Zooplankton 271
Zubereitungsrichtlinie 322, 323
Zucker 78
Zuckerbruch 202, 203
Zuckerrohrwachs 109
Zuckertenside 305
Zugbeanspruchung 133
Zugfestigkeit 128
Zugspannung 128
Zurichtung 242, 243, 245
Zusammensetzung, Abflussreiniger 213
~, Allzweckreiniger 191
~, Antigeruchsspray 236
~, Autopolituren 259
~, Autoshampoos 255
~, Backofen- und Grillreiniger 204
~, Bodenpflegemittel 224
~, Bodenreinigungsmittel 228
~, Felgenreiniger 258
~, Fleckensalze 217
~, Fleckentferner 218
~, Glasreiniger 216
~, Handgeschirrspülmittel 156
~, Hydrophobierungsmittel 255
~, Imprägnierspray 246
~, Kalklöser 204
~, Klarspüler 166
~, Kunststoffreiniger 264
~, Lackreiniger 259
~, Lederpflegemittel 246
~, Lederreinigungsschaum 250
~, Maschinengeschirrreiniger 165
~, Maschinenpfleger 170
~, Parfümöl 106
~, Pflegemittel für Möbel 220, 221
~, Polymerdispersion für Linoleum 224
~, Raulederpflege flüssig 250
~, Raulederspray 249
~, Reiniger für Edelstahl 202
~, Reiniger für Glaskeramik-Kochfelder 202
~, Reiniger für Küche und Bad 201
~, Reinigungsmittel für Möbel 220
~, Reinigungstücher 195, 196
~, Scheibenreiniger 262
~, Scheuermittel 197
~, Schuhcreme 247
~, Selbstglanzemulsion 224
~, Vorsprühreiniger 254
~, Waschkonservierungsmittel 256
~, WC-Duftspüler 210
~, WC-Reiniger 208
~, WC-Steine 210
Zweikammersysteme 210, 211
Zweiphasenreiniger 16, 192, 216
Zweischichten-Tablette 162, 171
Zwischenreinigung 233

Nachweis der Abbildungen

Alcoa World Chemicals, Frankfurt a.M.: Abb. 2.21.

Archiv der ehem. Chemischen Fabrik Roth, Bad Ems: Abb. 1.13, 1.17 bis 1.19.

Ballestra S.p.A., Mailand, Italien: Abb. 2.3.

BASF Coatings Division, Münster: Abb. 3.7.

Caramba Chemie GmbH & Co. KG, Duisburg: Abb. 9.1.

Colgate Palmolive GmbH, Hamburg: Abb. 1.2 (links).

Creavis Technologies & Innovation (Degussa AG), Marl: Abb. 3.12.

DLW Aktiengesellschaft, Delmenhorst: Abb. 3.8.

Deutsches Textilforschungszentrum Nordwest e.V., Krefeld: Abb. 2.27 und 7.8.

Fachverband für Energie-Marketing und -Anwendung (HEA) e. V., Frankfurt a.M.: Abb. 4.10, 4.12, 4.13, 4.15, 4.16 und 4.21.

Thomas Fedra, Frankfurt a. M.: Abb. 1.2 (rechts)

Wolfgang Fritsch, *Mikrobiologie*, Gustav Fischer Verlag, Jena, **1990**, S. 52: Abb. 2.18.

Fraunhofer Institut für Silicatforschung (ISC), Wertheim: Abb. 3.1.

F.X. Nachtmann GmbH, Bleikristallwerke, Riedlhütte: Abb. 3.3 bis 3.5.

GfK Consumer Panel Services, Nürnberg: Abb. 4.9.

HDM Holz-Dammers Moers GmbH, Moers: Abb. 3.6.

Henkel KGaA, Düsseldorf: Abb. 1.7, 1.11, 1.14, 1.16, 4.2, 4.8, 4.19, 4.20, 5.1, 5.2, 6.3, 6.4, 6.5.

Industrieverband Körperpflege- und Waschmittel e.V., Frankfurt a.M.: Abb. 1.3 und 11.4.

International Scientific Forum of Home Hygiene (IFH): *Richtlinien zur Verhütung von Infektionen und Kreuzinfektionen im häuslichen Umfeld*, Mailand, **1998**, S. 22: Abb. 1.10.

Interpolymer Sarl, Weißenburg, Frankreich: Abb. 7.2 und 7.3.

Georg Menshen GmbH & Co. KG, Kunststoffwerk, Finnentrop: Abb. 5.4, 7.9 und 11.5.

Miele & Cie. GmbH & Co., Gütersloh: Abb. 4.4.

Procter & Gamble European Technical Centre, Strombeek-Bever, Belgien: Abb. 7.4.

Reckitt-Benckiser GmbH, Ludwigshafen: Abb. 4.5 bis 4.7, 4.17, 4.18 und 5.5.

RZ Reinigungs- und Pflegesysteme GmbH, Meckenheim: Abb. 3.7, 3.8, 7.5 bis 7.7.

Salzenbrodt GmbH & Co. KG, Berlin: Abb. 8.4 und 8.5.

Siemens Hausgeräte GmbH, Nürnberg: 4.11 und 4.14.

Sonax GmbH & Co. KG; Neuburg a. d. Donau: Abb. 9.2 und 9.3.

Stiftung Preußischer Kulturbesitz, Berlin: Abb. 1.12.

Universität Bayreuth, Lehrstuhl Physikalische Chemie I: Abb. 2.13 und 2.24.

Universität Bonn, Botanisches Institut und Botanischer Garten: Abb. 3.11.

Verband der Deutschen Lederindustrie e.V. (VDL), Frankfurt a. M.: Abb. 8.1 bis 8.3.

Dr. O.K. Wack Chemie GmbH, Ingolstadt: Abb. 9.4 und 9.5.

Günter Wagner, *Informationsserie Wasch- und Reinigungsmittel* (Hrsg.: Fonds der Chemischen Industrie – FCI und Industrieverband Körperpflege- und Waschmittel e.V. – IKW), Frankfurt a. M, **2002**: Abb. 1.8, 1.9, 11.1 und 11.2.

Werner & Mertz GmbH, Mainz: Abb. 1.15.

wfk-Forschungsinstitut für Reinigungstechnologie, Krefeld: Abb. 5.3.

Graphische Gestaltung der Abb. 2.2, 2.6, 2.7, 2.9 bis 2.12, 2.14 und 2.16: Dipl.-Designer (FH) Gunther Schulz, Fußgönheim.

Für die freundliche Erlaubnis zur kostenlosen Nutzung des Formelzeichenprogramm *ISIS Draw* danken die Herausgeber MDL Information Systems, Inc., San Leandro, CA/USA.